新编21世纪远程教育精品教材

• 汉语言文学系列 •

古代汉语

（第二版）

殷国光　编著

中国人民大学出版社
·北京·

作者简介

殷国光，大连理工大学特聘教授，中国人民大学教授，博士生导师。研究领域涉及汉语言文字学、语言学、中国古典文献学。主要研究方向为汉语语法史，尤以上古汉语专书语言研究见长。曾获第七届北京大学王力语言学奖、全国普通高等院校第二届人文社会科学优秀成果奖。主要著作有《〈庄子〉动词配价研究》《〈吕氏春秋〉词类研究》《〈吕氏春秋〉句法研究》《上古汉语语法研究》等。

内容简介

本教材共十个单元，每个单元分“通论”和“文选”两部分。通论部分介绍学习和掌握古代汉语所必备的基础知识。文选部分精选先秦两汉的典范作品，以保证将学习重点放在文言文的源头上；除“今注”以外，增加了“古注”和“白文”两类，以提高学生利用古注阅读古籍原典的能力。本教材理论性与实用性并重，突出了古代汉语课程“培养学生阅读古书能力”的主要目标。

总序

我们正处在教育史尤其是高等教育史上的一个重大的转型期。在全球范围内，包括在我们中华大地，以校园课堂面授为特征的工业化社会的近代学校教育体制，正在向基于校园课堂面授的学校教育与基于信息通信技术的远程教育相互补充、相互整合的现代终身教育体制发展。一次性学校教育的理念已经被持续性终身学习的理念所替代。在高等教育领域，从 1088 年欧洲创立博洛尼亚（Bologna）大学以来，21 世纪以前的各国高等教育基本是沿着精英教育的路线发展的，这也包括自 19 世纪末创办京师大学堂以来我国高等教育短短一百多年的发展史。然而，自 20 世纪下半叶起，尤其在迈进 21 世纪时，以多媒体计算机和互联网为主要标志的电子信息通信技术正在引发教育界的一场深刻的革命。高等教育正在从精英教育走向大众化、普及化教育，学校教育体系正在向终身教育体系和学习型社会转变。在我国，党的十六大明确了全面建设小康社会的目标之一就是构建学习型社会，即要构建由国民教育体系和终身教育体系共同组成的有中国特色的现代教育体系。

教育史上的这次革命性转型绝不仅仅是科学技术进步推动的。诚然，以电子信息通信技术为主要代表的现代科学技术的进步，为实现从校园课堂面授向开放远程学习、从近代学校教育体制向现代终身教育体制和学习型社会的转型提供了物质技术基础。但是，教育形态演变的深层次原因在于人类社会经济发展和社会生活变革的需求。恰在这次世纪之交，人类社会开始进入基于知识经济的信息社会。知识创新与传播及应用、人力资源开发与人才培养已经成为各国提高经济实力、综合国力和国际竞争力的关键和基础。而这些仅仅依靠传统学校课堂面授教育体制是无法满足的。此外，国际社会面临的能源、环境与生态危机，气候异常，数字鸿沟与文明冲突，对物种多样性与文化多样性的威胁等多重全球挑战，也只有依靠世界各国进一步深化教育改革与创新，促进人与自然的和谐发展才能得到解决。正因为如此，我国党和政府提出了“科教兴国”“可持续发展”“西部大开发”“缩小数字鸿沟”以及“人与自然和谐发展”的“科学发展观”等基本国策。其中，对教育作为经济建设的重要战略地位和基础性、全局性、前瞻性产业的确认，对高等教育对于知识创新与传播及应用、人力资源开发与人才培养的重大意义的关注，以及对发展现代教育技术、现代远程教育和教育信息化并进而推动国民教育体系现代化，构建终身教育体系和学习型社会的决策更得到了教育界和全社会的共识。

在上述教育转型与变革时期，中国人民大学一直走在我国大学的前列。中国人民大学是一所以人文、社会科学和经济管理为主，兼有信息科学、环境科学等的综合性、研究型大学。长期以来，中国人民大学充分利用自身的教育资源优势，在办好全日制高等教育的同时，一直积极开展远程教育和继续教育。中国人民大学在我国首创函授高等教育。1952 年，校长吴玉章和成仿吾创办函授教育的报告得到了刘少奇的批复，并于 1953 年率先招生授课，为新建的共和国培养了一大批急需的专门人才。在 20 世纪 90 年代末，中国人民大学成立了网络教育学院，成为我国首批现代远程教育试点高校之一。经过短短几年的探索和发展，中国人民大学网络教育学院创建的“网上人大”品牌，被远程教育界、媒体和社会誉为网络远程教育的“人大模式”——面向在职成人，利用网络学习资源和虚拟学习社区，支持分布式学习和协作学习的现代远程教育模式。成立于 1955 年的中国人民大学出版社是新中国建立后最早成立的大学出版社之一，是教育部指定的全国高等学校文科教材出版中心。在过去的几年中，中国人民大学出版社与中国人民大学网络教育学院合作策划、创作出版了国内第一套极富特色的“21 世纪远程教育精品教材”。这些凝聚了中国人民大学、北京大学、北京师范大学等北京知名高校学者教授、教育技术专家、软件工程师、教学设计师和编辑们广博才智的精品课程系列教材，以印刷版、光盘版和网络版立体化教材的范式探索构建全新的远程学习优质教育资源，实现先进的教育教学理念与现代信息通信技术的有效结合。这些教材已经被国内其他高校和众多网络教育学院所选用。中国人民大学出版社基于“出教材学术精品，育人文社科英才”理念的努力探索及其初步成果已经得到了我国远程教育界的广泛认同，是值得肯定的。

2005 年 4 月，我被邀请出席《中国远程教育》杂志与中国人民大学出版社联合主办的“远程教育教材的共建共享与一体化设计开发”研讨会并做主旨发言，会后受中国人民大学出版社的委托为“新编 21 世纪远程教育精品教材”撰写“总序”，这是我的荣幸。近几年来，我一直关注包括中国人民大学网络教育学院在内的我国高校现代远程教育试点工程。这次更有机会全面了解和近距离接触中国人民大学出版社推出的“新编 21 世纪远程教育精品教材”及其编创人员。我想将我在上述研讨会上发言的主旨作进一步的发挥，并概括为若干原则作为我对包括中国人民大学出版社、中国人民大学网络教育学院在内的我国网络远程教育优质教育资源建设的期待和展望：

- 新编 21 世纪远程教育精品教材的教学内容要更加适应大众化高等教育面对在职成人、定位在应用型人才培养上的需要。

● 新编21世纪远程教育精品教材的教学设计要更加适应地域分散、特征多样的远程学生自主学习的需要，培养适应学习型社会的终身学习者。

● 在我国网络教学环境渐趋完善之前，印刷教材及其配套教学光盘依然是远程教材的主体，是多种媒体教材的基础和纽带，其教学设计应该给予充分的重视。要在印刷教材的显要部位对课程教学目标和要求作明确、具体、可操作的陈述，要清晰地指导远程学生如何利用多种媒体教材进行自主学习和协作学习。

● 应组织相关人员对多种媒体的远程教材进行一体化设计和开发，要注重发挥多种媒体教材各自独特的教学功能，实现优势互补。要特别注重对学生学习活动、教学交互、学习评价及其反馈的设计和实现。

● 要将对多种媒体远程教材的创作纳入对整个远程教育课程教学系统的一体化设计和开发中去，以便使优质的教材资源在优化的教学系统、平台和环境中，在有效的教学模式、学习策略和学习支助服务的支撑下获得最佳的学习成效。

● 要充分发挥现代远程教育工程试点高校各自的学科资源优势，积极探索网络远程教育优质教材资源共建共享的机制和途径。

中华人民共和国教育部远程教育专家顾问

丁兴富

前言

本教材是受中国人民大学网络教育学院委托而编写的，它的直接服务对象是中国人民大学网络教育学院的学生，当然，也适用于普通大专院校中文系或其他相关专业的学生。

本教材共十个单元，每个单元都包括“通论”和“文选”两部分。

“通论”包括字典辞书、文字、词汇、语法、语音、古注等，虽不是系统的理论，但却是掌握古代汉语所必备的、带有普遍意义的基础知识。学习“通论”，与“文选”相印证，可以把感性认识上升到理性认识，收到以简驭繁、触类旁通之效。

“文选”以散文为主，精选春秋时期至汉代的典范作品；韵文只选《诗经》和《楚辞》。为什么不选春秋以前的作品（如：殷商的甲骨卜辞、周代的铜器铭文以及《尚书》等）呢？因为它们的词汇、语法和典范的文言不同，需要专门去研究；当然，它们的数量很少，并非文言的主流，也是一个原因。为什么不选汉代以后的作品（比如唐宋八大家的散文）呢？因为春秋时期至汉代的作品是文言的源头，而唐宋八大家的散文都是仿古作品。在课时有限的情况下，自然要把主要精力放在源头上了。

每个单元的“文选”都包括今注、古注、白文三类。同一般的《古代汉语》教材相比，我们增加了古注文选和白文。我们认为，提高阅读古书的能力，不能只读今人整理过的文献，还需要读一些原著，要学会利用古注；同时，要把所学的知识转化为阅读古书的能力，必须通过一定数量的练习。练习的主要形式是自己动手，利用工具书为古文进行标点、注释和翻译。本教材编选的古注文选（除讲授的部分外）和白文都是供学生练习用的。

各单元“通论”与“文选”的编排，不是一对一的关系。各单元“通论”之间一般也没有必然的先后联系。因此，“文选”与“通论”相印证并不局限于本单元；编排在后的“通论”，如“古书的注解”“古书的标点和翻译”等，也可以根据学习的需要先学。

“通论”后设“思考题”，“文选”后设“自学提示”，以帮助学生掌握学习的主要内容和重点。

教材后附有古注文选及白文的标点文本，供学生学习时参考之用。

为统一版式，古注文选亦由直行改为横排；一应体例，均仿照原著。

本教材在编写过程中力图吸收同类教材的优点，主要参考了以下教材及专著：

王力主编《古代汉语》(修订本)，中华书局，1981 年版；

郭锡良等编《古代汉语》，北京出版社，1982 年版；

郭锡良、李玲璞主编《古代汉语》，语文出版社，1992 年版；

中国人民大学中文系古代汉语教研室编著《古代汉语》，中国人民大学出版社，1998 年版；

张双棣等编著《古代汉语知识教程》，北京大学出版社，2002 年版；

杨伯峻、何乐士著《古汉语语法及其发展》(修订本)，语文出版社，2001 年版。

凡本教材中引用、参考上述教材及专著之处，未能一一注明，特一并在此说明。

由于编者的水平有限，错误、疏漏之处在所难免，敬请同行专家和读者批评指正。

殷国光

目录

第一单元 …… 1

绪 论 …… 1

文 选 …… 4

今注 …… 4

論語 …… 4

《論語》三十章 …… 4

禮记 …… 12

《禮記》五則 …… 12

古注 …… 15

論語集解 …… 15

《里仁》十章 …… 16

季氏將伐顓臾（季氏） …… 18

禮記正義 …… 19

伯高死於衛（檀弓上） …… 20

白文 …… 21

《論語》十章 …… 21

第二单元 …… 23

通 论 …… 23

文字知识 …… 23

文 选 …… 37

今注 …… 37

孟子 …… 37

齊桓晉文之事（梁惠王上） …… 37

孟子見梁襄王（梁惠王上） …… 42
舜之不告而娶（萬章上） …… 43
古注 …… 45
孟子章句 …… 45
“孟子去齊”二章（公孫丑下） …… 45
不見諸侯（滕文公下） …… 47
桀紂之失天下（離婁上） …… 49
白文 …… 51
燕人畔 …… 51
齊人有一妻一妾 …… 51
第三单元 …… 52
通　论 …… 52
词汇知识 …… 52
文　选 …… 60
今注 …… 60
孟子 …… 60
許行（滕文公上） …… 60
外人皆稱夫子好辯（滕文公下） …… 66
古注 …… 68
孟子注疏 …… 68
“滕文公問曰”三章（梁惠王下） …… 68
孟子謂戴不勝曰（滕文公下） …… 70
白文 …… 72
夫子當路於齊 …… 72
今有負其子而汲者 …… 73
第四单元 …… 74
通　论 …… 74
字典辞书 …… 74
文　选 …… 81
今注 …… 81
左傳 …… 81
齊晉鞌之戰（成公二年） …… 81
齊國佐不辱使命（成公二年） …… 84

子産論尹何爲邑（襄公三十一年） …… 86
古注 …… 87
春秋經傳集解 …… 87
鄭伯克段于鄢（隱公元年） …… 88
晉公子重耳之亡（僖公二十三年） …… 91
白文 …… 97
子産不毁鄉校 …… 97
楚子將以商臣爲大子 …… 97
第五单元 …… 99
通 论 …… 99
古书的注解 …… 99
文 选 …… 107
今注 …… 107
左傳 …… 107
晋靈公不君（宣公二年） …… 107
國語 …… 110
富辰諫襄王（周語中） …… 110
句踐灭吴（越語上） …… 113
古注 …… 118
春秋左傳正義 …… 118
鄭子産有疾（昭公二十年） …… 118
國語注 …… 120
邵公諫厲王止謗（周語上） …… 120
白文 …… 123
滕侯薛侯來朝 …… 123
齊桓公伐楚 …… 123
第六单元 …… 125
通 论 …… 125
语法知识 …… 125
文 选 …… 138
今注 …… 138
戰國策 …… 138
魯仲連義不帝秦（趙策三） …… 138

司馬錯與張儀爭論於秦惠王前（秦策一） …… 144
韓非子 …… 146
說難 …… 146
古注 …… 150
戰國策校注 …… 150
齊人有馮煖者（齊策四） …… 151
蘇秦始將連横（秦策一） …… 155
白文 …… 164
察今 …… 164
功名 …… 165
第七单元 …… 166
通　论 …… 166
语法知识 …… 166
文　选 …… 179
今注 …… 179
莊子 …… 179
逍遥遊（節選） …… 179
德充符（節選） …… 183
荀子 …… 185
王霸（節選） …… 185
古注 …… 188
莊子注 …… 188
匠石之齊（人間世） …… 188
荀子注 …… 191
勸學（節選） …… 191
白文 …… 197
秋水（節選） …… 197
天論（節選） …… 198
第八单元 …… 199
通　论 …… 199
语法知识 …… 199
文　选 …… 215
今注 …… 215

史記 …… 215
魏其武安侯列傳 …… 215
魏公子列傳 …… 228
漢書 …… 234
龔遂傳 …… 235
古注 …… 239
史記三家注 …… 239
淮陰侯列傳（節選） …… 239
漢書注 …… 243
李廣傳（節選） …… 243
白文 …… 247
管晏列傳 …… 247
第九单元 …… 250
通 论 …… 250
古书的标点和翻译 …… 250
文 选 …… 259
今注 …… 259
詩經 …… 259
關雎 …… 259
靜女 …… 260
柏舟 …… 261
氓 …… 262
七月 …… 265
東山 …… 268
古注 …… 270
毛詩箋 …… 270
河廣（衛風） …… 271
伐檀（魏風） …… 271
崧高（大雅） …… 273
毛詩正義 …… 279
桃夭（周南） …… 279
白文 …… 282
有形之類 …… 282

隰斯彌見田成子 …… 283

第十单元 …… 284

通 论 …… 284

语音知识 …… 284

文 选 …… 297

今注 …… 297

楚辭 …… 297

離騷（節選） …… 298

山鬼 …… 303

哀郢 …… 305

古注 …… 308

楚辭章句 …… 308

國殤 …… 308

涉江 …… 310

白文 …… 314

天下皆知美之爲美 …… 314

小國寡民 …… 314

附录 古注文选及白文标点文本 …… 316

第一单元 …… 316

第二单元 …… 320

第三单元 …… 323

第四单元 …… 327

第五单元 …… 332

第六单元 …… 335

第七单元 …… 343

第八单元 …… 347

第九单元 …… 353

第十单元 …… 358

第一单元

绪 论

一、“古代汉语”课程的性质、目的和研究对象

“古代汉语”是一门语言工具课。其教学目的是培养学生阅读古书的能力，提高语言素养，为批判地继承中国古代文化遗产打下语言基础。

“古代汉语”课程的性质、目的决定了它不是一门理论课，尽管本课程也讲授语音、词汇、文字、语法、古注等方面的基础知识，但这些知识的讲授是围绕培养学生阅读古书能力这一教学目的服务的，因此，不求理论的系统与完整。“古代汉语”课程也不是文学欣赏课，它以讲解字、词、句为主，不对作品进行艺术分析。

古代汉语是一个比较宽泛的概念，大致说来它有两个系统：一个是以春秋战国时期的口语为基础而形成的上古汉语书面语以及后代用这种书面语写成的作品，即通常所说的文言；一个是六朝以后在北方话基础上形成的古白话，如唐、五代时期的敦煌变文、禅家语录、宋元话本、明清小说等。文言是本课程的研究对象。

为什么本课程以文言作为研究对象呢？因为文言是我国古代文献资料所使用的最基本的书面语形式。文言是在口语的基础上形成的，但是文言一经形成，就具有很强的独立性，即使口语已经发生了极大的改变，作为书面语的文言也可以基本保持不变。文言作为汉民族共同的标准书面语的地位一直十分稳固，在汉代以后的一千五百多年里我国的主要文献仍然是用文言写成的（如二十四史），这种状况一直保持到新文化运动兴起、白话文替代了文言文的时候。因此，要阅读古代文献，要继承源远流长的中华民族传统文化，就必须学习文言。

需要说明的是，从语言学的角度来看，作为本课程研究对象的文言，并非一时一地的语言，其中既有时代的差异，又有地域的差异。这种差异既有语音上的，也有语法上的、词汇上的。比如，我们说，古代汉语判断句的特点是没有系词“是”，如《庄子·逍遥游》中的“南冥者，天池也”，其实这是先秦汉语的特点；到了汉代，系词“是”就已经出现了，《史记·刺客列传》中就有“此必是豫让也”的句子，只不过很

少罢了。当然，产生差异的主要原因之一是口语演变对文言作用的结果。口语的演变曲折地反映在文言里，研究不同时期文言之间的差异，探索文言的不同时间层次，这是一种历时的研究，是汉语史研究的重要内容之一。而本课程则是把研究对象看作一个整体，即在研究和学习的过程中忽略不同时期、不同地域文言间的差异，充分发掘和把握文言的大同，即发掘和把握文言相对于现代汉语的主要特点。至于其内部的差异，仅在必要时予以说明。

二、本教材的结构

本教材分为通论和文选两部分。

通论包括语音、词汇、文字、语法、古注等，是掌握古代汉语所必备的带有普遍意义的基础知识。

文选以散文为主，精选春秋时期至汉代的典范作品。为什么不选春秋以前的作品（如：殷商的甲骨卜辞、周代的铜器铭文、《尚书》等）呢？因为它们的词汇、语法和典范的文言不同，需要专门去研究，即使提倡古文运动的韩愈在《进学解》中也说："周《诰》殷《盘》，佶屈聱牙。"（周《诰》，指《尚书》中的《大诰》《康诰》《酒诰》等；殷《盘》，指《尚书》中的《盘庚》三篇）可见其艰涩难懂了。当然，它们的数量很少，也是一个原因。为什么不选六朝以后的作品（比如唐宋八大家的作品）呢？因为，春秋时期至汉代的作品是文言的源头，而唐宋八大家的作品都是仿古作品。在课时有限的情况下，自然要把主要精力放在源头上了。

文选分今注、古注、白文三类。同一般的《古代汉语》教材相比，我们增加了古注和白文。我们认为，提高阅读古书的能力，不能只读今人整理过的文献，还需要读原著，要学会利用古注。

三、如何学习古代汉语

（1）熟读（背诵）一定数量的文选，是获得感性认识、培养古代汉语"语感"的基本途径。我们所说的熟读，不是死记硬背，而是要建立在理解的基础之上，关键的字词句一定要弄明白，切忌囫囵吞枣。

语言有三要素：语音、词汇、语法。古代的语音虽然与今天大不相同，甚至古代语音的音值，直到今天我们也不十分清楚，但这基本上不影响我们阅读古代文献，因为记录古代汉语的汉字是表意体系文字。至于语法，古今差别不大，问题容易解决。而词汇是处在不断的变化之中，有旧词的消亡，有新词的产生，也有词义的变化。因此，学习古代汉语，词汇是第一位的。学习古代汉语也像学习外语一样，需要记单词。记单词，常用词是重点。掌握一定数量的常用词（王力主编的《古代汉语》提出 1 000 个左右），是阅读古书的基础。

学习词汇，难点不在"迥异"，而在"微殊"。所谓"迥异"是指今天已不用的字词。如：《诗经·邶风·匏有苦叶》中“人涉卬（áng）否”中的“卬”，又如《诗经·豳风·七月》“献豜（jiān）于公”中的“豜”，《诗经·小雅·楚茨》“祝祭于祊（bēng）”中的“祊”。这样的地方一般不会出错，解决起来也很容易，只要一查字典就明白了，原来“卬”是第一人称代词“我”，“豜”的意思是三岁的大猪，“祊”是古代宗庙门内设祭的地方。所谓“微殊”是指现代还用的字词，但古今词义已有差异。比如《孟子·公孙丑下》中有“孟子去齐”，是说孟子离开齐国，“去”是“离开”的意思，与今天的“去”运动方向正相反。这样的字词，稍一疏忽，便会出错。比如一本书在讲解汉代乐府诗《陌上桑》中的“来归相怨怒，但坐观罗敷”一句时，将诗中的“坐”解释为动词“坐着”，其实，诗中的“坐”是虚词，是“因为”的意思，和杜牧《山行》诗“停车坐爱枫林晚”中的“坐”的意思是一样的。又如《史记·淮南衡山列传》中有一句：“宾客来者，微知淮南、衡山有逆计，日夜从容劝之。”有一本书将“劝”释为“劝阻”，也是不准确的。因为“劝”在春秋时期至西汉，是“勉励”、“鼓励”他人去做某事。因此，这句话的意思是，来的宾客暗中得知淮南、衡山有造反的意图，日夜怂恿鼓动他们。将“劝”释为“劝阻”，意思就完全反了。至于“劝”的“劝阻”“规劝”义，则是后起义（至少是东汉以后）。再如白居易《王昭君二首》中有这样两句诗：“满面胡沙满鬓风，眉销残黛脸销红。”关于“脸销红”，有的赏析文章说，昭君的脸上也失去了红润。这样解释，乍看起来也说得过去，其实是讲错了。因为古代（至少唐代是这样）“脸”与“面”有别，“面”相当于今天说的“脸”，而古代的“脸”是指目下颊上涂脂粉的地方。自然，“红”也不是指肤色的红润，而是指胭脂。我们说难在“微殊”，就是说，人们在阅读古书时容易在“微殊”处以今律古。我们要求大家记常用词，重点就是记那些古今意义不同的“微殊”之处。

有些古义保存在现代汉语的成语及复合词中，如：赴汤蹈火（汤，沸水）、佩服（服，佩带）、走马观花（走，跑）、不刊之论（刊，删削）、大放厥词（厥，其）、有的放矢（的，靶心）等。联系这些成语及复合词，会有益于对古代汉语常用词的理解和掌握。

（2）学习通论，与文选相印证，可以把感性认识上升到理性认识，收到以简驭繁、触类旁通之效。各单元通论与文选的编排，不是一对一的关系。各单元通论之间一般也没有必然的先后联系。因此，文选与通论相印证并不局限于本单元；编排在后的通论，如“古书的注解”“古书的标点和翻译”等，也可以根据学习的需要先学。

（3）多做标点、注释、翻译等练习，通过练习，把知识转化为能力。

学习古代汉语的基础知识，学习文选仅仅靠听老师讲授是不够的。要把所学的知识转化为阅读古书的能力需要一定数量的练习。练习的主要形式是自己动手，利用工具书为古注文选、今注文选进行标点、注释和翻译。

四、讲授方法

以文选为纲，穿插通论，讲练结合。

以文选为纲是说在教学中要把文选放在首要地位，通论的讲授当以文选为基础，为学习文选服务；穿插通论是说通论的讲授要与文选结合，不仅结合本单元的文选，还应该贯穿全书的文选来进行，以期相互印证，收到以简驭繁、触类旁通之效；讲练结合是说在讲授（尤其是古注文选的讲授）之中，要加强练习，把练习列为课堂教学的一个重要环节。

教材中的今注文选分为精讲与阅读，古注文选讲练参半，白文供练习之用。

文选

今注

論語

《论语》一书由孔子的门人及其再传弟子编辑而成，书中记载了孔子及其一些弟子的言行，是儒家学派的经典著作。

现存《论语》共20篇，每篇又分为若干章，内容涉及政治主张、教育原则、伦理观念、道德修养等方面。

《论语》为语录体散文的典范，语言含蓄隽永，许多语句后来成为格言或成语。如：人无远虑，必有近忧；名正言顺；当仁不让；任重道远；不耻下问；欲速则不达；学而不厌，诲人不倦；等等。

《论语》成书约在战国初期。汉初曾流传《古论》《齐论》《鲁论》三种本子，东汉郑玄以《鲁论》为主要依据，参考《齐论》《古论》，为《论语》作注，今亦残佚。魏时的何晏集汉儒以来各家之说，成《论语集解》，这就是我们今天所看到的最早的《论语》注本。《论语》通行的注本有《论语注疏》（魏何晏集解，宋邢昺疏）、宋代朱熹的《论语集注》和清人刘宝楠的《论语正义》。

《論語》三十章

曾子曰[1]："吾日三省吾身[2]：爲人謀而不忠乎？與朋友交而不信乎？傳不習乎[3]？"（學而）

[1] 曾子：名参（shēn），字子舆，孔子的弟子。

[2] 日：每天。

[3] 傳（chuán）：指老师传授的知识。

子禽問於子貢曰[1]："夫子至于是邦也，必聞其政，求之與[2]？抑與之與[3]？"子貢曰："夫子温、良、恭、儉、讓以得之。夫子之求之也，其諸異乎人之求之與[4]？"（學而）

[1] 子禽：孔子的弟子，姓陈名亢，字子禽。子貢：姓端木，名赐，字子贡，孔子的弟子。按：春秋时期，姓、氏有别，姓是族号，如周人姬姓，氏是姓的分支，"陈"实为子禽的氏，"端木"实为子贡的氏。战国以后，人们往往以氏为姓，姓、氏逐渐合一，到了汉代，通称为姓。

[2] 與（yú）：语气词，后写作"歟"。

[3] 抑：连词，表示选择，相当于"还是"。

[4] 其諸：或者。

有子曰[1]："禮之用，和爲貴[2]。先王之道，斯爲美[3]。小大由之[4]，有所不行。知和而和，不以禮節之[5]，亦不可行也。"（學而）

[1] 有子：名若，孔子的弟子。

[2] 和：适中。

[3] 斯：此。

[4] 由：经由，遵循。

[5] 節：节制。

子貢曰："貧而無諂[1]，富而無驕，何如？"子曰："可也。未若貧而樂道，富而好禮者也。"子貢曰："詩云：'如切如磋，如琢如磨[2]。'其斯之謂與[3]？"子曰："賜也，始可與言詩已矣，告諸往而知來者[4]。"（學而）

[1] 無：不。

[2] 见《诗经·卫风·淇奥》。切、磋、琢、磨，都是加工的意思，只是加工对象不同。毛传："治骨曰切，象曰磋，玉曰琢，石曰磨。"

[3] 斯：此。

[4] 諸：第三人称代词。往：往者，这里指已知的事。

子曰："吾十有五而志於學[1]，三十而立[2]，四十而不惑，五十而知天命，六十而耳順[3]，七十而從心所欲，不踰矩[4]。"（爲政）

[1] 有：通"又"，连词。

[2] 立：指事业有成。

[3] 耳順：指一听别人的言语，就知道他的心意。

[4] 矩：准则。

孟武伯問孝[1]，子曰："父母唯其疾之憂[2]。"（爲政）

[1] 孟武伯：鲁国大夫，姓仲孙，名彘（zhì），"武"是谥号。

［2］“其疾”是“憂”的宾语，“之”是宾语前置的标记。

哀公問曰[1]：“何爲則民服？”孔子對曰：“舉直錯諸枉[2]，則民服；舉枉錯諸直，則民不服。”（爲政）

［1］哀公：鲁国国君。姬姓，名蒋，“哀”是谥号。

［2］直：指正直之人。錯：通“措”，放置。諸：“之于”的合音字。枉：指邪曲之人。

孔子謂季氏[1]，“八佾舞於庭[2]，是可忍也，孰不可忍也！”（八佾）

［1］季氏：季孙氏，鲁国大夫，是鲁国最有权势的贵族。按：《论语》中，“谓某某”是评论某某；“谓某某曰”是对某某说。

［2］佾（yì）：古代乐舞的行列。八人一行，称为一佾。依礼，天子用八佾，诸侯用六佾，大夫用四佾。

哀公問社於宰我[1]。宰我對曰：“夏后氏以松[2]，殷人以栢，周人以栗，曰，使民戰栗。”子聞之，曰：“成事不説[3]，遂事不諫[4]，既往不咎[5]。”（八佾）

［1］問社：問做社主用什么木料。社，指社主，即土神的神主。宰我：孔子的弟子，姓宰，名予，字子我。

［2］以：用。

［3］説：解释。

［4］遂：既成的。

［5］咎：追究过失。

宰予晝寢。子曰：“朽木不可雕也，糞土之牆不可杇也[1]；於予與何誅[2]？”子曰：“始吾於人也，聽其言而信其行；今吾於人也，聽其言而觀其行。於予與改是。”（公冶長）

［1］杇（wū）：粉刷，涂饰。

［2］與（yú）：语气词。誅：谴责。

季文子三思而後行[1]。子聞之，曰：“再[2]，斯可矣[3]。”（公冶長）

［1］季文子：名行父（fǔ），鲁国大夫。文，谥号。

［2］再：数词，两次。

［3］斯：连词，则。

子曰：“甯武子[1]，邦有道則知[2]，邦無道則愚[3]。其知可及也，其愚不可及也。”（公冶長）

［1］甯武子：卫国大夫，名俞，“武”是谥号。

［2］知（zhì）：聪明，后写作“智”。

［3］愚：指佯愚，韬光养晦。

顏淵、季路侍[1]。子曰："盍各言爾志[2]？"子路曰："願車馬衣輕裘[3]，與朋友共，敝之而無憾[4]。"顏淵曰："願無伐善[5]，無施勞[6]。"子路曰："願聞子之志。"子曰："老者安之，朋友信之，少者懷之[7]。"（公冶長）

[1] 顏淵：名回，字子渊。季路：即子路，名由。二人都是孔子的弟子。侍：在尊长身旁陪伴。

[2] 盍（hé）：相当于"何不"。

[3] 唐石经初刻本无"輕"字，当为衍文。

[4] 敝：坏，这里是使动用法。無：不。憾：恨。

[5] 伐：夸耀。

[6] 施：显扬，表白。

[7] 懷：归依。安、信、懷，都是使动用法。

子曰："賢哉，回也！一簞食[1]，一瓢飲，在陋巷，人不堪其憂，回也不改其樂。賢哉，回也！"（雍也）

[1] 簞（dān）：古代盛饭的竹器。

子曰："知者樂水[1]，仁者樂山。知者動，仁者静。知者樂，仁者壽。"（雍也）

[1] 知（zhì）：聪明，后写作"智"。樂（yào）：喜爱。

子曰："默而識之[1]，學而不厭[2]，誨人不倦，何有於我哉[3]？"（述而）

[1] 識（zhì）：记住。

[2] 厭：满足。

[3] 对我来说有什么呀？

子曰："飯疏食[1]，飲水[2]，曲肱而枕之[3]，樂亦在其中矣。不義而富且貴，于我如浮雲。"（述而）

[1] 飯：吃。疏食：粗粮。

[2] 水：冷水。

[3] 曲：弯曲，使动用法。肱（gōng）：胳膊从肩到肘的部分，泛指手臂。

子曰："三人行[1]，必有我師焉[2]。擇其善者而從之，其不善者而改之。"（述而）

[1] 三人：几个人。"三"并非确指"三"。

[2] 焉：相当于"于此""于彼"。

曾子有疾，召門弟子曰："启予足[1]，启予手！《詩》云[2]：'戰戰兢兢，如臨深淵，如履薄冰。'而今而後，吾知免夫[3]！小子！"（泰伯）

[1] 启：视。后作"晵"。

[2] 见《诗经·小雅·小旻》。

[3] 免：免于祸害。夫（fú）：语气词。

子曰："篤信好學[1]，守死善道[2]。危邦不入，乱邦不居。天下有道則見[3]，無道則隱。邦有道，貧且賤焉，耻也；邦無道，富且貴焉，耻也。"（泰伯）

[1] 篤信：指笃信于道。

[2] 死：为……而死。

[3] 見（xiàn）：出现。

子畏於匡[1]，曰："文王既没[2]，文不在兹乎[3]？天之將喪斯文也[4]，後死者不得與於斯文也[5]；天之未喪斯文也，匡人其如予何[6]？"（子罕）

[1] 畏：拘禁。这里是被动用法。匡：春秋时邑名。

[2] 没：死。后写作"殁"。

[3] 文：指文化遗产。兹：此。

[4] 斯：此。

[5] 與（yù）：与闻。

[6] 其：副词，加强反问语气。如予何：把我怎么样。

子疾病[1]，子路使門人爲臣[2]。病間[3]，曰："久矣哉，由之行詐也[4]！無臣而爲有臣。吾誰欺？欺天乎？且予與其死於臣之手也，無寧死於二三子之手乎[5]！且予縱不得大葬，予死於道路乎！"（子罕）

[1] 病：病势严重。

[2] 臣：专为垂死之人而设。死者衣衾手足的安排，以及梳理头发、修剪指甲诸事都由"臣"处理。依礼，诸侯之死才能有"臣"。

[3] 間（jiàn）：病好转。

[4] 之：助词，主谓结构"由行诈"不独立成句的标记。

[5] 無：音节助词，无义。

顔淵死，子哭之慟[1]。從者曰："子慟矣！"曰："有慟乎？非夫人之爲慟而誰爲[2]？"（先進）

[1] 慟（tòng）：极度悲痛。

[2]"非夫人之爲慟"是"非爲夫人慟"的介词宾语前置形式。之：助词，宾语前置的标记。夫（fú）：那。

子貢問："師與商也孰賢[1]？"子曰："師也過，商也不及。"曰："然則師愈與[2]？"子曰："過猶不及。"（先進）

[1] 師：颛（zhuān）孙师，字子张。商：卜商，字子夏。两人都是孔子的弟子。

[2] 愈：胜过。

子路、曾晳、冉有、公西華侍坐[1]。

子曰："以吾一日長乎爾[2]，毋吾以也[3]。居則曰[4]：'不吾知也！'如或知爾[5]，則何以哉[6]？"

子路率爾而對曰[7]："千乘之國[8]，攝乎大國之閒[9]，加之以師旅[10]，因之以饑饉[11]，由也爲之，比及三年[12]，可使有勇，且知方也[13]。"

夫子哂之[14]。

"求！爾何如？"

对曰："方六七十[15]，如五六十[16]，求也爲之，比及三年，可使足民[17]。如其禮樂[18]，以俟君子[19]。"

"赤！爾何如？"

对曰："非曰能之，願學焉。宗廟之事[20]，如會同[21]，端章甫[22]，願爲小相焉[23]。"

"点！爾何如？"

鼓瑟希[24]，鏗爾[25]，舍瑟而作[26]，對曰："異乎三子者之撰[27]。"

子曰："何傷乎？亦各言其志也。"

曰："莫春者[28]，春服既成，冠者五六人[29]，童子六七人，浴乎沂[30]，風乎舞雩[31]，詠而歸。"

夫子喟然嘆曰[32]："吾與點也[33]！"

三子者出，曾晳後[34]。曾晳曰："夫三子者之言何如[35]？"

子曰："亦各言其志也已矣。"

曰："夫子何哂由也？"

曰："爲國以禮，其言不讓[36]，是故哂之。唯求則非邦也與[37]？安見方六七十如五六十而非邦也者[38]？唯赤則非邦也與？宗庙會同，非诸侯而何？赤也爲之小[39]，孰能爲之人？"（先進）

[1] 曾晳：名点，曾参的父亲。冉有：名求，字子有。公西華：名赤，字子华。三人都是孔子的弟子。

[2] 因为我比你们年纪大些。以：因为。一日：一两天。長：年长。乎：介词，引进比较对象。

[3]（人家）不用我了。毋：不。以：用。

[4] 居：闲居，指平时。

[5] 或：无定代词，有人。

[6]（你们）做什么呢？以：做。

[7] 率爾：轻率的样子。

[8] 乘：一车四马。拥有一千辆兵车的国家在当时只能算中等国家。

[9] 攝：夹。

[10] 師旅：古代军队编制单位，这里指大国来犯的军队。
[11] 因：继续。饑饉：泛指饥荒。饑，谷不熟；饉，菜不熟。
[12] 比及：等到。
[13] 方：道义。
[14] 哂（shěn）：微笑。
[15] 六七十里见方。
[16] 如：或者。
[17] 足：富足，使动用法。
[18] 如：至于。其：那。
[19] 俟（sì）：等待。
[20] 指诸侯祭祀祖先的事。宗廟，祖庙。
[21] 會：指诸侯会盟。同：指诸侯一起朝见天子。
[22] 端：玄端，一种礼服。章甫：一种礼帽。端章甫，都用作动词。
[23] 相（xiàng）：祭祀或会盟时，主持赞礼和司仪的人。
[24] 鼓：弹奏。希：稀疏。
[25] 鏗（kēng）爾：象声词。
[26] 舍：放下。作：站起来。
[27] 撰：才干。
[28] 莫（mù）春：指三月。莫，后来写作“暮”。
[29] 冠（guàn）者：成年人。古时，男子二十岁行冠礼，以示成年。
[30] 沂：水名。
[31] 風：用作动词，吹风，乘凉。舞雩（yú）：古时求雨的祭坛。
[32] 喟（kuì）然：叹息的样子。
[33] 與（yù）：赞同。
[34] 後：后出。
[35] 夫（fú）：那。
[36] 讓：谦让。
[37] 唯：语气词。邦：国家。
[38] 者：语气词。
[39] 爲之小：给诸侯做小相，双宾语结构。

子貢問政[1]。子曰：“足食，足兵，民信之矣[2]。”子貢曰：“必不得已而去[3]，於斯三者何先[4]？”曰：“去兵。”子貢曰：“必不得已而去，於斯二者何先？”曰：“去食。自古皆有死，民無信不立。”（顏淵）

[1] 問政：问怎样治理政事。按：《论语》中，“問某某”是问什么，某某都是问的内容，“問於某某”是问谁，某某是问的对象。《颜渊》中“司马牛问君子”只能理解为前者。
[2] 之：代国家。

［3］去：去掉。

［4］斯：此。何先：先去掉哪一样。

子夏爲莒父宰[1]，問政。子曰："無欲速[2]，無見小利。欲速則不達，見小利則大事不成。"（子路）

［1］莒父（jǔ fǔ）：鲁邑名。宰：地方长官。

［2］無：通"毋"，不要。

子貢曰："管仲非仁者與？桓公殺公子糾，不能死，又相之[1]。"子曰："管仲相桓公，霸諸侯，一匡天下[2]，民到于今受其賜。微管仲[3]，吾其被髮左衽矣[4]！豈若匹夫匹婦之爲諒也[5]，自經於溝瀆而莫之知也[6]！"（憲问）

［1］齐襄公无道，鲍叔牙奉公子小白出奔莒国，管仲奉公子纠出奔鲁国。襄公被杀后，公子小白先入齐国，立为国君，即齐桓公，随即兴兵伐鲁，逼迫鲁国杀了公子纠。由于鲍叔牙的推荐，管仲做了齐国的相。"不能死，又相之"即指这件事。死：为……而死，这里是殉难的意思。

［2］匡：匡正。

［3］微：假如没有。

［4］其：副词，表示推测语气。被（pī）髮左衽（rèn）：指当时"夷狄"的风俗，意思是中原被夷狄所占。被：披。衽：衣襟。

［5］匹夫匹婦：指普通百姓。諒：信用。

［6］經：上吊。瀆：小水沟。

子貢問曰："有一言而可以終身行之者乎[1]？"子曰："其恕乎[2]！己所不欲，勿施於人。"（衛靈公）

［1］一言：指一个字。

［2］其：语气词，表推测语气。

陽貨欲見孔子[1]，孔子不見，歸孔子豚[2]。孔子時其亡也[3]，而往拜之。遇諸塗[4]。

謂孔子曰："來！予與爾言。曰：懷其寶而迷其邦[5]，可謂仁乎？曰：不可。——好從事而亟失時[6]，可謂知乎[7]？曰：不可。——日月逝矣，歲不我與[8]。"孔子曰："諾，吾將仕矣。"（陽貨）

［1］陽貨：又叫陽虎，季氏家臣中最有权势的人。見（旧读 xiàn）：谒见，使动用法。

［2］歸：通"馈"，赠送。豚：小猪。

［3］時：伺，窥伺。亡：不在。

［4］諸："之于"的合音字。塗：道路。

［5］懷：怀揣着。迷：乱，使动用法。

［6］亟（qì）：屡次。

［7］知（zhì）：聪明，后写作“智”。

［8］與：这里是等待的意思。

自学提示

（1）掌握下列带点的词语：

舉直錯諸枉　八佾舞於庭　再，斯可矣　願無伐善　無施勞　知者樂水　默而識之　學而不厭　飯疏食　啓予足　子畏於匡　病閒　攝乎大國之閒　如五六十　鼓瑟希　莫春者　吾與點也　微管仲　吾其被髮左衽矣　自經於溝瀆　陽貨欲見孔子　歸孔子豚　孔子時其亡也　好從事而亟失時　歲不我與

（2）重点掌握下列句子：

其斯之謂與？

父母唯其疾之憂。

於予與何誅？

何有於我哉？

久矣哉，由之行詐也！

非夫人之爲慟而誰爲？

禮記

《礼记》也称《小戴礼记》，为西汉时期戴圣纂辑，共49篇，是一部先秦至秦汉时期的礼学文献选编。

《礼记》作者非一时之人，其内容亦十分驳杂。其中有些篇章解释礼经（即《仪礼》），有些篇章记述某项礼节条文和某项政令，有些篇章谈关于礼制的理论，此外，还有些篇章记录孔子及其弟子的言论以及孔门和时人的杂事。这部书对于我们研究古代社会伦理观念、宗法制度、阶级关系和儒家的各派思想等，都很有参考价值。

《礼记》的通行注本是中华书局影印《十三经注疏》本（清代阮元主持校刻）《礼记注疏》，东汉郑玄注，唐孔颖达疏，唐陆德明音义。

《禮記》五則

孔子之衛，遇舊館人之喪[1]，入而哭之哀。出，使子貢説驂而賻之[2]。子貢曰：“於門人之喪，未有所説驂，説驂於舊館，無乃已重乎[3]？”夫子曰：“予鄉者入而哭之[4]，遇於一哀而出涕[5]。予惡夫涕之無從也[6]？小子行之。”（檀弓上[7]）

[1] 館人：掌管馆舍的官吏。按：此馆人曾奉君命接待过孔子，故称之为“舊館人”。

[2] 説：通“脱”，解下。驂：辕马旁边拉边套的马。賻（fù）：赠送财物助人办理丧事。

[3] 無乃：恐怕。已：太。

[4] 鄉（xiàng）者：刚才。

[5] 遇见主人向我志哀甚为专一，而使我不由得为他流泪。一：专一。涕：泪。

[6] 我怎能只为他流泪，而没有相应的礼物赠送呢？惡（wū）：何，怎么。

[7] 檀弓：春秋时鲁人，出现于篇首，因以名篇。

孔子蚤作[1]，負手曳杖[2]，消摇於門[3]，歌曰：“泰山其頽乎[4]？梁木其壞乎[5]？哲人其萎乎[6]？”既歌而入，當户而坐[7]。子貢聞之曰：“泰山其頽，則吾將安仰？梁木其壞、哲人其萎，則吾將安放[8]？夫子殆將病也[9]。”遂趨而入。夫子曰：“賜！爾來何遲也？夏后氏殯於東階之上[10]，則猶在阼也[11]；殷人殯於兩楹之間[12]，則與賓主夾之也；周人殯於西階之上，則猶賓之也[13]。而丘也，殷人也[14]。予疇昔之夜夢坐奠於兩楹之間[15]。夫明王不興，而天下其孰能宗予[16]？予殆將死也。”蓋寢疾七日而没[17]。（檀弓上）

[1] 蚤：通“早”，早晨。作：起来。

[2] 負手：背着手。曳（yè）：拉，拖。

[3] 消摇：逍遥，悠闲自得的样子。

[4] 頽：崩塌。

[5] 梁木：指栋梁。

[6] 萎：喻病逝。

[7] 當：面对着。

[8] 放（fǎng）：仿效。

[9] 殆：恐怕。

[10] 殯：停柩待葬。

[11] 阼（zuò）：大堂前东面的台阶。按：古代宾主相见，宾客走西阶，主人走东阶。阼仍是主人之位。

[12] 楹（yíng）：厅堂前部的立柱。按：厅堂上，楹东西各一，分别叫做东楹、西楹。主人之位在东楹东边，宾客之位在西楹西边。

[13] 賓：名词意动用法，把……当做宾客。

[14] 丘也，殷人也：按：孔子的祖先是宋人，是殷的后裔，故自称殷人。

[15] 疇昔：昨天。奠：祭奠，被动用法。兩楹之間：厅堂的正中位置。按：君王君临天下之位亦在兩楹之間。

[16] 宗：尊奉。

[17] 蓋：大约。没：去世。

有子問於曾子曰：“問喪於夫子乎[1]？”曰：“聞之矣：喪欲速貧，死欲速朽。”有子曰："是非君子之言也。"曾子曰："參也聞諸夫子也。"有子又曰："是非君子之言也。"曾子曰："參也與子游聞之。"有子曰："然。然則夫子有爲言之也[2]。"曾子以斯言告於子游。子游曰："甚哉，有子之言似夫子也[3]。昔者夫子居於宋，見桓司馬自爲石椁[4]，三年而不成。夫子曰：'若是其靡也[5]，死不如速朽之愈也。'死之欲速朽，爲桓司馬言之也。南宫敬叔反[6]，必載寶而朝。夫子曰：'若是其貨也[7]，喪不如速貧之愈也。'喪之欲速貧，爲敬叔言之也。"曾子以子游之言告於有子，有子曰："然。吾固曰非夫子之言也。"曾子曰："子何以知之？"有子曰："夫子制于中都[8]，四寸之棺，五寸之椁[9]，以斯知不欲速朽也。昔者夫子失魯司寇[10]，將之荆[11]，蓋先之以子夏[12]，又申之以冉有[13]，以斯知不欲速貧也。"（檀弓上）

[1] 問：当作"聞"（依《经典释文》）。喪：这里指丢官免职。夫子：指孔子。

[2] 有爲（wèi）：有所为，即"有所指"的意思。

[3] 甚：厉害。按：这句话为突出感叹语气，将谓语"甚"及句尾语气词"哉"置于主语"有子之言似夫子"之前。

[4] 桓司馬：宋大夫桓魋（tuí）。椁（guǒ）：同"槨"，外棺。

[5] 若是其靡：像这样地奢侈。靡：奢侈，浪费。其：助词。

[6] 南宫敬叔：即孟僖子的儿子仲孙阅。反：返，这里指返回鲁国。

[7] 貨：用作动词，行贿。

[8] 制：规定。中都：鲁国的都邑，故址在今山东汶上县西。

[9] 四寸、五寸：指棺椁的厚度。

[10] 司寇：官名。

[11] 之荆：指到楚国应聘。之：往。

[12] 蓋：语气词，表示确认语气。先之以子夏：先派子夏去了解情况。

[13] 申：重复。

穆公問於子思曰[1]："爲舊君反服[2]，古與[3]？"子思曰："古之君子，進人以禮[4]，退人以禮[5]，故有舊君反服之禮也；今之君子，進人若將加諸膝[6]，退人若將隊諸淵[7]，毋爲戎首[8]，不亦善乎！又何反服之禮之有[9]？"（檀弓下）

[1] 穆公：鲁穆公。子思：孔子的孙子。

[2] 舊君：已退休或被罢黜、放逐的臣子称以前所事之君为"舊君"。反：返回。服：指服丧。按：据《仪礼·丧服》，为旧君服齐衰（cuī）三个月。

[3] 古：指古代的礼仪。

[4] 進：指任用。

[5] 退：指罢免。

[6] 加諸膝：形容爱之如赤子。

[7] 隊（zhuì）：坠，使动用法。

[8] 毋：不。戎首：发动战争的主谋。

[9] 又有什么反服之礼呢？按：“有”的宾语“何反服之禮”前置，“之有”的“之”是宾语前置的标志。

仲尼祖述堯、舜[1]，憲章文、武[2]；上律天時[3]，下襲水土[4]。辟如天地之無不持載[5]，無不覆幬[6]，辟如四時之錯行[7]，如日月之代明[8]。萬物并育而不相害，道并行而不相悖，小德川流[9]，大德敦化[10]，此天地之所以爲大也。（中庸[11]）

[1] 祖述：尊奉，效法。

[2] 憲（xiàn）章：用作动词，奉为典范。

[3] 律：遵循。

[4] 襲：因循。

[5] 辟如：譬如。

[6] 幬（dào）：覆盖。

[7] 錯：交错。

[8] 代：更替。

[9] 川流：言如川水之流，浸润萌芽。

[10] 敦化：言仁爱敦厚，化生万物。

[11] 中庸：《礼记》篇名。本篇前8则主要阐发中庸之道，故以名篇。

自学提示

（1）掌握下列带点的词语：

仲尼祖述堯、舜　憲章文、武　上律天時　下襲水土　辟如四時之錯行　爲舊君反服　退人若將隊諸淵　毋爲戎首　若是其靡也　若是其貨也　天下其孰能宗予孔子蚤作　吾將安放　夏后氏殯於東階之上　猶賓之也　蓋寢疾七日而沒　使子貢說驂而賻之　予鄉者入而哭之

（2）重点掌握下列句子：

又何反服之禮之有？

甚哉，有子之言似夫子也。

古注

論語集解

（三国·魏）何晏等集解。

何晏等：指何晏等五人。一般直称何晏集解。集解：古注的一种形式。汇集诸家之说以解之。何晏《论语集解序》：“集诸家之说，记其姓名，有不安者，颇

为改易。”“集诸家之说”，指《论语集解》集孔安国、包咸、周氏、马融、郑玄（以上为汉儒）、陈群、王肃、周生烈（以上为三国时人）等诸家之说。“记其姓名”，指记其姓以名其人，如“郑曰”“王曰”之类；“名”，称说之义，非名字之名。“有不安者”，指于义有不安者。“颇为改易”，凡注首不言“某曰”，及诸家说下言“一曰”者，皆为何晏之言，改易先儒之处。

《里仁》十章

子曰里仁爲美鄭曰里者仁之所居居於仁者之里是爲美[1]擇[2]不處仁焉得知[3]鄭曰求居而不處仁者之里不得爲有知

[1] 郑以“居於仁”释“里仁”。里，所居，活用为动词居。仁，仁之所在。

[2] 擇：求居。

[3] 知：智。

子曰不仁者不可以久處約[1]孔曰久困則爲非不可以長處樂孔曰必驕佚仁者安仁包曰惟性仁者自然體之[2]故謂安仁[3]知者利仁[4]王曰知仁爲美故利而行之

[1] 約：贫困。

[2] 體之：躬行仁道。之，代仁。

[3] 安仁：安于仁。行仁则心安。

[4] 利仁：利用仁。知道仁德有利而行仁。

子曰唯仁者能好人能惡人孔曰唯仁者能審人之所好惡[1]

[1] 古人云：“贵仁者所好恶得其中也。”宋代邢昺疏云：“唯有仁德者无私于物，故能审人之好恶也。”

子曰苟志於仁矣無惡也孔曰苟誠[1]也言誠能志[2]於仁則其餘[3]終無惡[4]

[1] 释“苟”为假设连词。誠：果真。

[2] 志：立志。

[3] 其餘：指言行。

[4] 無惡：意思是没有邪恶的东西。

子曰富與貴是人之所欲也不以其道得之不處[1]也孔曰不以其道得富貴則仁者不處貧與賤是人之所惡也不以其道得之[2]不去也

時有否泰[3]故君子履道而反貧賤此則不以其道得之雖是人之所惡不可違而去之君子去仁惡乎[4]成名孔曰惡乎成名者不得成名爲君子君子無終食之間違[5]仁造次[6]必於是[7]顛沛[8]必於是馬曰造次急遽顛沛偃仆雖急遽偃仆不違仁

[1] 處：这里是享有的意思。

[2] 得之：依上下文，当为“去之”。

[3] 否（pǐ）泰：指时运的坏与好。

[4] 惡（wū）乎：于何，在哪里。

[5] 違：离开。

[6] 造次：匆忙仓促。

[7] 必於是：一定与仁同在。是，指代仁。

[8] 顛沛：颠仆，这里是困顿窘迫的意思。沛，通“跋”，倒下。

子曰我未見好仁者惡不仁者好仁者無以尚[1]之孔曰難復加也惡不仁者其爲仁矣不使不仁者加乎其身[2]孔曰言惡不仁者能使不仁者不加非義於己不如好仁者無以尚之爲優有能一日[3]用其力於仁矣乎我未見力不足者孔曰言人無能一日用其力脩仁者耳我未見欲爲仁而力不足者蓋[4]有之矣我未之見也孔曰謙[5]不欲盡誣時人言不能爲仁故云爲能有爾我未之見也[6]

[1] 尚：超过。邢昺疏云：“言性好仁者为德之最上，他行无以更上之。”

[2] 不仁者：不符合仁义的东西。身：己。

[3] 一日：说明动作行为持续的时间。这里极言时间之短。

[4] 蓋：表示推测的副词，大概。

[5] 謙：谦退，指说话留有余地。

[6]“爲能有爾”句：大意是，这样的人大概还是有的，只是我还未曾见到罢了。按：这句注释可能有误字，皇侃本作“为能仁有耳，其我未见也”。

子曰人之過[1]也各於其黨[2]觀過斯[3]知仁[4]矣孔曰黨黨類小人不能爲君子之行非小人之過當恕而勿責之觀過使賢愚各當其所則爲仁矣

[1] 过：犯错误。

[2] 黨：类。

[3] 斯：则。

[4] 仁：同“人”（采杨伯峻说）。《后汉书·吴祐传》引此文正作“人”。

子曰朝聞道夕死可矣言將至死不聞世之有道[1]

[1] 邢昺疏云：疾世无道也。

子曰君子懷德[1]孔曰懷安也小人懷土孔曰重遷君子懷刑孔曰安於法小人懷惠包曰惠恩惠

[1] 懷德：安于德。

子曰放[1]於利而行孔曰放依也每事依利而行多怨[2]孔曰取怨之道

[1] 放（fǎng）：依循。

[2] 多怨：招致许多怨恨。

季氏將伐顓臾（季氏）

季氏將伐顓臾[1]冉有季路見[2]於孔子曰季氏將有事於顓臾孔曰顓臾伏羲之後風姓之國本鲁之附庸當時臣属鲁季氏貪其地欲滅而有之冉有與季路爲季氏臣来告孔子也孔子曰求無乃[3]爾是[4]過[5]與孔曰冉求爲季氏宰相其室爲之聚斂故孔子獨疑求教也夫顓臾昔者先王[6]以爲東蒙主[7]孔曰使主祭蒙山且在邦域之中矣孔曰鲁七百里之封顓臾爲附庸在其域中也是社稷之臣也何以伐爲[8]孔曰已属鲁爲社稷之臣何用滅之爲冉有曰夫子欲之吾二臣者皆不欲也孔曰歸咎於季氏也孔子曰求周任有言曰陳力就列不能者止馬曰周任古之良吏也言當陳其才力度己所任以就其位不能則當止危而不持顛而不扶則將焉用彼相[9]矣包曰言輔相人者當能持危扶顛若不能何用相爲且爾言過矣虎兕[10]出於柙[11]龜玉毁於櫝[12]中是誰之過與馬曰柙檻也櫝匱也失虎毁玉豈非典守者之過邪冉有曰今夫顓臾固而近於費馬曰固謂城郭完[13]堅兵甲利也費季氏邑今不取後世必爲子孫憂孔子曰求君子疾夫孔曰疾如女之言舍曰欲之而必爲之辭[14]孔曰舍其貪利之説更作他辭是所疾也丘也聞有國有家者不患寡而患不均孔曰國諸侯家卿大夫不患土地人民之寡少患政治之不均平不患貧而患不安孔曰憂不能安民耳民安則國富盖均無貧和無寡安無傾包曰政教均平則不患貧矣上下和同不患寡矣小大安寧不傾危矣夫如是故遠人不服則脩文德以來[15]之既來之則安之今由與求也相夫子遠人不服而不能來也邦分崩離析而不能守也孔曰民有異心曰分欲去曰崩不可會聚曰離析而謀動干戈於邦内孔曰干楯也戈戟也吾恐季

孫之憂不在顓臾而在蕭墻之内也鄭曰蕭之言肅[16]也蕭墻謂屏也君臣相見之禮至屏而加肅敬焉是以謂之蕭墻後季氏之家臣陽虎果囚季桓子

[1] 顓臾（zhuān yú）：故址在今山东费县西北。

[2] 見：谒见。

[3] 無乃：副词，恐怕。

[4] 是："過"的宾语"爾"前置的标记。

[5] 過：责备。

[6] 先王：指周之先王。

[7] 主：主祭人。

[8] 爲：语气词。

[9] 相（xiàng）：扶助盲人的人。

[10] 兕（sì）：独角犀。

[11] 柙（xiá）：关猛兽的木笼。

[12] 櫝（dú）：木匣。

[13] 完：坚固。

[14] 君子厌恶那种态度：不说想要做什么，而一定要为它找个说辞。夫：指示代词，那。

[15] 來：使动用法。

[16] 蕭之言肅："蕭"是肃静的意思。"蕭"从"肅"得声，属声训。之言，声训术语。

禮記正義

《礼记正义》，东汉郑玄注，唐孔颖达疏，唐陆德明音义。后来收入通行的《十三经注疏》。

郑玄（公元127—200年），字康成，东汉经学家，北海高密（今山东高密西南）人。后人称郑众为"先郑"，称郑玄为"后郑"。著有《毛诗笺》及《周礼》注、《仪礼》注、《礼记》注等。

孔颖达（公元574—648年），字冲远，冀州衡水（今属河北）人，孔子后裔，唐代著名经学家。受唐太宗之命主持编撰《五经正义》（包括《周易正义》《尚书正义》《毛诗正义》《礼记正义》和《春秋左传正义》）。

陆德明（约公元550—630年），名元朗，以字行，苏州吴（今江苏吴县）人。历仕陈、隋、唐。撰有《经典释文》30卷，采汉魏六朝230余家著作，为《周易》《尚书》《毛诗》《周礼》《仪礼》《礼记》《春秋左氏传》《春秋公羊传》《春秋谷梁传》《孝经》《论语》《老子》《庄子》《尔雅》等14部经典注音释义。

伯高死於衛（檀弓上）

伯高死於衛赴於孔子赴告也凡有舊恩[1]者則使人告之孔子曰吾惡乎哭諸以其交會尚新○惡音烏惡乎猶於何也兄弟吾哭諸廟[2]父之友吾哭諸廟門之外別親疏也○別彼列反下同師吾哭諸寢[3]朋友吾哭諸寢門之外所知[4]吾哭諸野別輕重也於野則已疏於寢則已重已猶大[5]也夫由賜[6]也見我吾哭諸賜氏本於恩哭於子貢寢門之外○夫舊音扶皇[7]如字謂丈夫即伯高見如字皇賢遍反遂命子貢爲之主[8]明恩所由曰爲爾哭也來者拜之知[9]伯高而來者勿拜也異於正主[10]○爲于僞反下注爲其疾爲褻爲我我爲皆同來者一本作爲爾哭也來者[11]

［疏］伯高至拜也○正義曰此一節論親疏所哭之處各依文解之○注別親疏也○正義曰兄弟親父友疏必哭諸廟及廟門外者兄弟是先祖子孫則哭之於廟此殷禮周則哭於寢故雜記[12]云有殯[13]聞遠[14]兄弟之喪哭之側室若無殯當哭諸正寢父之友與父同志故哭諸廟門外非先祖之親故在門外也○注別輕重也○正義曰師友爲重所知爲輕所以哭師於寢寢是己之所居師又成就於己故哭之在正寢此謂殷禮若周禮則奔喪[15]云師哭諸廟門外故鄭[16]答趙商[17]之問亦以爲然孫炎[18]云奔喪師哭諸廟門外是周禮也依禮而哭諸野若不依此禮則不可故下云惡野哭者以違禮爲野哭也○曰爲至拜也○夫子既命子貢爲主又教子貢拜與不拜之法若與女相知之人爲爾哭伯高之故而來弔爾者則爾拜之若與伯高相知而來哭者女則勿拜也凡喪之正主知生[19]知死[20]來者悉拜今與伯高相知而來不拜故鄭云異於正主

［1］恩：情义。

［2］廟：宗庙。

［3］寢：指正寝，即正厅。

［4］所知：指认识的人。

［5］大：太。

［6］賜：孔子弟子子贡名赐。

［7］皇：指皇侃，皇侃作《礼记义疏》。

［8］主：丧主，主丧之人。

［9］知：与……相识。

［10］正主：正式的丧主。按：正主当是伯高的嫡长子，在其家主丧。

［11］“于僞反”是以反切的方式为“爲”注音。关于反切注音，参看通论“语音知识”中的“传统音韵学基本知识”一节。按：陆德明音义所据版本作“为爾来者”。

［12］雜記：《礼记》篇名。

［13］殯：这里指父母死，尚停柩待葬。

［14］遠：指远房。

［15］奔丧：《礼记》篇名。

[16] 鄭：指郑玄。

[17] 趙商：人名。

[18] 孫炎：人名。

[19] 生：指丧主。

[20] 死：死者。

自学提示

(1) 掌握下列带点的词语：

不可以久處約　造次必於是　顛沛必於是　君子懷德　放於利而行　遠人不服而不能來也　在蕭墻之内　於寢則已重　赴於孔子

(2) 重点掌握下列句子：

無乃爾是過與?

何以伐爲?

君子疾夫舍曰欲之而必爲之辭。

吾惡乎哭諸?

白 文

《論語》十章

有子曰其爲人也孝弟[1]而好犯上者鮮[2]矣不好犯上而好作亂者未之有也君子務本本立而道生孝弟也者其爲仁之本與（學而）

[1] 弟（tì）：敬爱兄长，后写作“悌”。[2] 鲜（xiǎn）：少。

子曰不患[1]人之不己知患不知人也（學而）

[1] 患：忧虑，担心。

子曰由[1]誨女[2]知之乎知之爲知之不知爲不知是知也（爲政）

[1] 由：子路，名由。[2] 女（rǔ）：你。

子曰參[1]乎吾道一以貫之曾子曰唯[2]子出門人問曰何謂也曾子曰夫子之道忠恕而已矣（里仁）

[1] 参（shēn）：曾子，名参。[2] 唯：应答声。

哀公問弟子孰爲好學孔子對曰有顔回者好學不遷怒不貳過[1]不幸短命死矣今也則亡[2]未聞好學者也（雍也）

［1］不貳過：不重犯同样的错误。［2］亡：通“无”。

曾子曰士不可以不弘[1]毅任重而道遠仁以爲己任不亦重乎死而後已[2]不亦遠乎（泰伯）

［1］弘：这里指心胸宽广。［2］已：停止。

厩焚子退朝曰傷人乎不問馬（鄉黨）

子適[1]衛冉有僕[2]子曰庶矣哉冉有曰既庶矣又何加焉曰富之曰既富矣又何加焉曰教之（子路）

［1］適：到……去。［2］僕：驾车。

楚狂接輿[1]歌而過孔子曰鳳兮鳳兮何德之衰[2]往者不可諫来者猶可追已而[3]已而今之從政者殆而孔子下欲與之言趨而避之不得與之言（微子）

［1］接輿：人名。［2］何德之衰：为什么德行这样衰微呢。［3］而：语气词。

长沮桀溺[1]耦[2]而耕孔子過之使子路問津[3]焉長沮曰夫執輿[4]者爲誰子路曰爲孔丘曰是魯孔丘與曰是也曰是[5]知津矣問於桀溺桀溺曰子爲誰曰爲仲由[6]曰是魯孔丘之徒與對曰然曰滔滔者天下皆是也而誰以易之且而[7]與其從辟[8]人之士也豈若從辟世之士哉耰[9]而不輟[10]子路行以告夫子憮然[11]曰鳥獸不可與同羣吾非斯人之徒與[12]而誰與天下有道丘不與易也（微子）

［1］长沮、桀溺：都是当时的隐士。［2］耦：两人并耕。［3］津：渡口。［4］執輿：在车上手执缰绳。［5］三个“是”都是指示代词，这。［6］仲由：子路，名仲由。［7］而：代词，你们。［8］辟：避开，后写作“避”。［9］耰（yōu）：播种以后，用土盖上。［10］輟（chuò）：停。［11］憮（wǔ）然：发愣的样子。［12］與：跟……在一起。

第二单元

通 论

文字知识

语言和劳动一道，伴随着人类的出现而产生了。有声语言受到时间和空间的制约。为了把信息固定下来，流传下去，或者把信息传到远方，人类经过漫长的摸索，最终创制了记录有声语言的视觉符号系统——文字。

一、汉字的结构与许慎“六书”说

1. 汉字的性质

汉字基本上属于表意体系文字。就汉字的构成来说，只有表意和形声两大类。

汉字作为成熟的文字体系从殷商的甲骨文算起，已有 3 400 多年的历史。汉字记录语言的方式，从总的方面来看，大致有三种。一种是纯表意，即通过字的形体来体现词的含义。如：牛（甲骨文作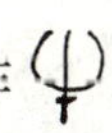）、羊（甲骨文作）、涉（甲骨文作）等。这一类字称之为表意字。第二种是纯表音，即借用同音字来记录语言中的某个词。如：连词“而”（而，象形字，甲骨文作，象胡须之形，本义为胡须）、代词“其”（其，象形字，甲骨文作，象簸箕之形，本义为簸箕）、人称代词“我”（我，象形字，甲骨文作，象兵器之形，本义为一种兵器）等。这一类字称之为表音字。第三种是半表意半表音。如：湖（以“水”表示这个字的义类，以“胡”表示这个字的读音）、诛（以“言”表示这个字的义类，以“朱”表示这个字的读音）。这一类字称之为形声字。表音字是借用现成的字，或借用表意字，或借用形声字，因此，与文字本身的构造无关。所以，就汉字的构成来说，只有表意和形声两大类。形声字虽然带有表音成分，但其音符有时又兼有表意作用，如：珥（玉做的耳饰，音符“耳”兼

表意），又如以“戋”为音符的字——钱、浅、贱、残等，都有“小”义（沈括《梦溪笔谈》：“戋，小也，水之小者曰浅，金之小者曰钱，歺而小者曰残，贝之小者曰贱，如此之类，皆以戋为义也。”），所以，汉字基本上属于表意体系文字。

2. 许慎《说文解字》与传统“六书”

传统分析汉字结构，有“六书”的说法。“六书”之名始见于《周礼》。《周礼·地官·保氏》：“保氏掌谏王恶，而养国子以道，乃教之六艺，一曰五礼，二曰六乐，三曰五射，四曰五驭，五曰六书，六曰九数。”这里没有说出“六书”的具体内容，只是作为教国子的六艺的一部分，大概是识字的科目。首次说出六书内容的，是东汉班固承袭西汉末刘歆《七略》而作的《汉书·艺文志》，它说：“古者，八岁入小学，故周官保氏掌养国子，教之六书，谓象形、象事、象意、象声、转注、假借，造字之本也。”班固明确指出“六书”是象形、象事、象意、象声、转注、假借等六种造字的方法。汉末郑玄《周礼注》引刘歆再传弟子郑众的解释：“六书，象形、会意、转注、处事、假借、谐声也。”对“六书”解释最详细的汉代学者是许慎。许慎在《说文解字叙》中提出“六书”的分目是指事、象形、形声、会意、转注、假借。并逐一下了定义，举了例字。以上三家之说基本相同。清代以后，汉字结构的分析，一般采用许慎的名称，班固的次序。即象形、指事、会意、形声、转注、假借。

下面着重介绍许慎的“六书”说。

（1）象形。

许慎说：“象形者，画成其物，随体诘诎，日月是也。”所谓“随体诘诎”，是说字形随着物体的轮廓而弯曲。象形字是早期的图画文字，是从图画脱胎出来的。跟图画比起来，它的线条是简单的，有时只勾勒出大体的轮廓或某些特征。意思很单纯，很容易分析。如：（牛）、（羊）、（日）、（月）、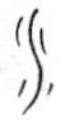（水）、（首）、（贝）、（木）、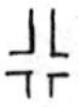（行）、（豕）、（犬）等。象形字的数量不多（不足200个），在《说文解字》所收的总字数（收字9 353个，重文1 163个）中，它只占2%左右，但它是汉字形体构造的基础，会意字、形声字的组成成分很多都是象形字。即使指事字，有些也是在象形字的基础上添加指事符号。

（2）指事。

许慎说：“指事者，视而可识，察而见意，上下是也。”所谓“视而可识”是说这种字的字形一看便知，所谓“察而见意”是说要仔细察看才能知道意义。指事字是指出一些不易用象形表示的较为抽象的概念（或无法象形的事物），不同于象形字表示具体事物形象那么明显，所以要“察而见意”。关于指事与象形的区别，古人有很好的论述。清段玉裁《说文解字注》中说：“指事之别于象形者，形谓一物，事赅万物，专博斯分。故一举日月，一举上下。上下所赅之物多，日月只一物。”清王筠

《说文释例》中说："有形者物也，无形者事也。物有形，故可象；事无形，则创意以指之而已。"

指事字在汉字中为数不多。

早期的指事字一般是独体的纯粹指事字，如：甲骨文一、二、三、四，甲骨文（上）、（下）二字是在一弧线之上、之下加一短线，表示上下之意。为刻划便利，弧线也有的作横线。又如：（大），以成年人的正面形象来表示"大"的概念。王筠《说文释例》中说："此谓天地之大，无由象之以作字，故象人之形以作大字，非谓大字即是人也。"

较晚产生的指事字有的在象形基础上加指事符号。如：本，甲骨文没有"本"字，金文作，在木下加一圆点，指示树的根部。又如：末，甲骨文没有末字，金文作，在木上加一短横指示树梢的部位，意义为树梢。再如：朱，甲骨文没有朱字，金文作或在木中间加一圆点或加一二条横线，指示树干的部位。（郭沫若："朱"乃"株"之初文……金文于"木"中作圆点以示其处……作二横者谓截去上下端而存其中段也。）这类典型的指事字还有：亦，金文作，在正面站立之人的两臂下各加一点指示腋下，字义为腋下，即是"腋"字的初文。刃，甲骨文作，在刀上加指事符号，指示刃的部位，即字义所在。

（3）会意。

许慎说："会意者，比类合谊，以见指撝，武信是也。"（比，比并。类，字类。谊，义。见 xiàn，显示。指撝 huī：同指麾，所指向的意义。）这就是说，把几个相关的字放在一起，合并它们的意义，显示出一个新的意义。仅以许慎所举的"武"字为例，止、戈组成"武"，意味着制止战争，显示的意义就是武德的武。需要说明的是，"止戈为武"是古人的道德观念，并不是"武"字的本义。"武"甲骨文作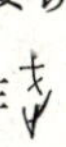，一只脚上加一支戈，表示持戈征伐之义。因此，会意字的组成必须有两个条件，一是必须是合体的，二是必须由合体的几个字组成新的意义。会意字的数量要多于象形字、指事字，是汉字的重要组成部分。

会意字的组成可以分为同体会意、异体会意两类。

1）同体会意。指同形重复组成的会意字。例如：

（从）甲骨文作，两人前后相随，义为跟随。

（竝）甲骨文作，二人并排站在地上，义为并列。

（林）甲骨文为作，王筠说："林从二木，非云止有二木也，取木与木连属不绝

之意也。”

（棘）朿 cì 为木芒，树上的刺，棘指带刺的树，酸枣树。《说文解字》：“棘，小枣丛生者，从并朿。”酸枣树丛生，所以用并朿表示。

（棗）《说文解字》：“（羊）枣也，从重（chóng）朿。”枣是单株的乔木，比棘高大，所以用重朿来表示。

（森）树木众多为森。王筠说：“多木长皃也。”并注云：“言多者，三木也；言长者，木出林上也。”

（磊）石头众多。《说文解字》：“磊，众石也，从三石。”

（茻）mǎng 草众多。《说文解字》：“茻，众草也，从四屮。”按：屮、艸（草）本一字，初生为屮，蔓延为艸。

2）异体会意。指非同形字组成的会意字。例如：

（及）甲骨文作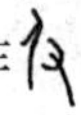，象人从后边用手抓住前边的人，表示追及之义。《说文解字》：“及，逮也，从又从人。”

（隻）甲骨文作，象手抓住一只鸟，当是“获”字的初文。

（取）甲骨文作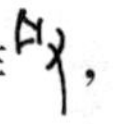，象用手拿着耳朵之形。古人猎获野兽或俘获俘虏，皆割取其耳以报功。《说文解字》：“取，捕取也，从又从耳，《周礼》：‘获者取左耳。’”

（牧）甲骨文作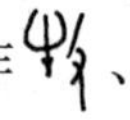、，或从羊，或从牛，用手持杖放养牛羊，义为放牧。

（莫）甲骨文作，从日在茻中，会日暮之意。《说文解字》：“莫，日且冥也。从日在茻中。”后作“暮”。

（寇）金文作，象以手持棒闯入他人屋中去击打主人的头，义为劫掠。《说文解字》：“暴也，从元从攴在宀下。”《左传》：“狄人归其元。”元，即人头。

（冠）象以手持帽戴于头上之形。从冖从元从寸。

（4）形声。

许慎说：“形声者，以事为名，取譬相成，江河是也。”（事，事物，事类。名，即字。譬，譬况，即指读音相同或相近。）所谓“以事为名”，就是根据所要表示的事物，取一个字作为意符（或称形符、形旁）；所谓“取譬相成”，就是找一个读音相同或相近的字作为声符（或称声旁），从而构成一个新字。例如许慎所举的“江、河”二字。段玉裁《说文解字注》中说：“以事为名，谓半义也；取譬相成，谓半声也。江、河之字，以水为名，譬其声如工、可，因取工、可成其名。”形声字一定是合体字。形声字由意符、声符两部分构成。意符表示意义范畴，声符表示声音类别。一个意符，一个声符，是形声字构成的基本形式。

从汉字的历史发展来看，形声字是在象形字、指事字，乃至会意字的基础上形成的。形声字是汉字构造的新形式，在汉字发展过程中，形声字是最能产的造字形式。形声字在汉字中占有绝对的多数。据统计，《说文解字》所收 9 000 多字中，形声字占 80％以上；在《康熙字典》所收 47 000 多字中，形声字占 90％以上。甲骨文中已有一定数量的形声字，如：妃、淮、沐、室等，这说明甲骨文已经初具成熟汉字体系的规模了。

（5）转注。

许慎说："转注者，建类一首，同意相受，考老是也。"关于转注，历来争论最多，有人说，所谓"建类一首"是指《说文解字》的部首，而《说文解字》在每一部首下都说凡某之属皆从某（如"凡口之属皆从口"），那就是"同意相受"；有人说，转注就是"互训"（转相为注，互相为训），《说文解字》中"考"字下说"老也"，"老"字下说"考也"就是互训的例子；还有人说，转注就是"引申"，等等，至今莫衷一是。总之，转注与汉字的内部结构无关，因而不是造字之法。

（6）假借。

许慎说："假借者，本无其字，依声托事，令长是也。"意思是说，语言中有某个词，没有为它专门造一个字，而是依照该词的读音找一个同音字来寄托该词所表示的事物，令、长两个字就是这样。许慎的定义是正确的，只是举例失当。例如语言中来往的"来"，没有专门为它造字，而是借用了已有的"来"字。来，甲骨文作，是麦的象形字，因其读音与来往之来相同，于是借以记录来往之来，来往的"来"就是个假借字，表示小麦义的"来"是本字。假借字与本字只是读音相同，在意义上毫无联系。

许慎把"令""长"当作假借字是不恰当的。在许慎看来，"令"的本义为发号，借用作县令的令；"长"的本义为久远，借用来作县长的长。其实，令、命在甲骨文中同字，作，象人张口之形，象人跽跪之形，是个会意字。发号与发号者有着明显的意义联系。长，甲骨文作，象人发长之貌，引申出久远之义，引申出年长之义，而年长者与发号者亦有明显的意义联系。因此，职官义的"令"、"长"都不是假借字。

假借只是借用已有的字，并未造出新字，因此，假借与汉字的内部结构无关，只是用字而已。

关于"六书"，古人有"四体二用"之说。"四体"指象形、指事、会意、形声，与汉字结构有关，是造字之法；"二用"指转注、假借，与汉字构造无关，是用字之法。

3. 关于形声字

形声字在全部汉字中占九成以上，因此有必要对形声字的特点做进一步的分析。

（1）意符与声符的位置。

意符与声符的位置基本上有以下六种配置方式：

左形右声：　江姑诛财；

右形左声：　顶斯锦视；

上形下声：　菜室简露；

下形上声：　斧愁婆资；

外形内声：　固阁衢裹；

内形外声：　闻问辩辮。

在这六种基本配置中，以左形右声最为常见，其次是上形下声；外形内声、内形外声则比较少见。此外，值得注意的是，还有一些特殊的配置方式。如：形在一角：荆，从艸刑声。颖，从禾顷声。脩，从肉攸声。（与“脩”配置相同的还有：修、條、倐等。）勝，从力朕声。（与“勝”配置相同的还有：滕、騰、謄、塍等。）栽，从木𢦔 zāi 声。（与“栽”配置相同的还有：裁、哉、載等。）疆，从土彊声。又如：声在一角：徒，从辵土声。（与“徒”配置相同的还有：從、徙等。）旗，从㫃 yǎn 其声。（与“旗”配置相同的还有：旌、旂等。）

从整体上分析，形声字的意符与声符的位置有多种配置方式；但是具体到每一个字上，意符与声符的位置是固定的，即只有一种配置方式。一般地说，同样的意符与声符，配置方式不同，造出的字就会音义各异。如：吟——含，忡——忠，叨——召，怡——怠，等等。只有极少数形声字的意符与声符有两种配置方式，从而造出音义相同的异体字。如：峰——峯，惭——慙，翅——翄，飙——飈，等等。

（2）省声和省形。

省声就是省去声符中的一部分，省形就是省去意符中的一部分。

省声的，例如：

珊，从玉，删省声。（珊瑚）

犖 luò，从牛，勞省声。（毛色不纯的牛）

省形的，例如：

屨，从履省，婁声。（古代的鞋。汉以前名屨，汉以后名履）

弑，从殺省，式声。（臣杀君或子杀父）

以“珊”为例。珊，左边的“玉”是意符，古人认为珊瑚是一种玉，右边的“册”是声符，但它是“删”的省略，其字音当是“删”声。其余以此类推。

省声和省形是汉字形体演变过程中简化的一种形式。省声或省形字必须将省去的部分补全才能起表音或表意作用。

省声和省形是许慎在《说文解字》中所归纳出的形声字的构成条例之一。但由于许慎在分析汉字的时候，是以小篆作为依据的，而小篆已非造字的初文，因此许慎的说解不可避免出现了一些错误，如“監”字，甲骨文作，象人俯身在盛水器上照自己的面容，是一个会意字。《说文解字》：“監，临下也，从卧，䘓 kàn 省声。”许慎未见甲骨文，只就小篆之形说解，所以错了。又如“奔”字，许慎解作“从大，贲省声”。按，“奔”字金文作，象人甩开两臂奔跑之状，下从三“止”，也不是“贲”省声。

（3）一形一声，是形声字构成的基本形式。

有些形声字表面看起来是由许多字符组成，但分析形声字，不能以字符为单位，应当以意符、声符为单位。如：鸿。由氵、工、鸟三个字符组成。古人造“鸿”字时，所谓“以事为名”，是以“鸟”为意符，所谓“取譬相成”，是取“江”为声符，尽管“江”也是一个形声字，有它的结构、音义，但用它造“鸿”字的时候，是整体作为声符拿过来使用的。又如：寶。《说文解字》：“寶，珍也，从宀、从玉、从贝，缶声。”依许慎说，“寶”是一个多意符的形声字，我们认为许慎的分析不妥。宝（寶）字甲骨文作（室内藏有玉貝之形），当是一个整体，由“宀、玉、贝”组成，而后，再以宝字作为意符，以“缶”作为声符，构成“寶”字。一个意符，一个声符，是形声字构成的基本形式。多形多声是不合乎规律的。

（4）关于意符的表义作用。

1）意符所表示的意义只是某个字的本义所属的义类，意符相同的字，其本义多属于同一个意义范畴。如从“水”（氵）的字——江、海、沐、浴、清、浊等，其本义都与水有关。从“贝”的字——资、财、贷、贿、贡、贩、贱等，因为古代以贝作货币用，所以从“贝”的字其本义大多与财物有关。但意符相同的字，其具体字义又各不相同。所以，意符只表示义类，而不表示某个字的具体意义。

一个字往往具有多个意义，就一般情况而言，意符所表示的只是该字本义所属的范畴，与引申义、假借义无关。如“游”字从水，只在“在水中浮行”这个意义上与“水”有关，至于“游”的其他意义，如“虚浮”——引申义；“交往”“游说”“行走”——通“遊”，假借义；“旌旗上的垂饰”——同斿 liú；等等，与水均无关系。

2）意符作为构字的字符，一旦确定下来之后，具有稳定性；而随着社会的发展，有的字义发生了变化，这就出现了意符和字义脱节的现象。如：从“女”的字，有些表示姓氏，如“姜”“姬”“嬴”，这是母系社会意识的反映；有些含有贬义，如“嫉”“妒”“妄”“婪”，这是奴隶社会、封建社会观念的反映（《论语》：“唯女子与小人为难养也。”）。又如“镜”从“金”、“楼”从“木”等。今之“镜”与“金”无关，“楼”与“木”的关系也不大了。这类字的意符实际上已经失去表意的作用，成为具有某种区别作用的符号。

3）由于意符只表示义类，而不表示具体的字义，所以意符的确定就没有绝对的标准。为同一个词造字，有时可以采用不同的意符，从而出现一批异体字。如：唇脣、暖煖、睹覩、辉晖、耀曜燿，等等。

（5）关于声符的表音作用。

从现代汉字来看，声符的表音作用是很微弱的，许多字声符相同而读音不同。如“江”与“红”都从“工”得声，而读音不同。据统计，《说文解字》所收的形声字7 504个，今读音与声符完全相同的只有355个，约占形声字总数的4.7%（声、韵相同而声调不同的753个，约占10%）。在造字之时，“取譬相成”，作为声符的那个字的读音与该形声字的读音应该是相同或相近的，今天之所以二者读音不同了，是因为语音的发展变化。

（6）关于声符的表意作用。

有些形声字的声符兼有表意作用。关于这一点，许慎已经有所察觉。《说文解字》中的“亦声”字，大多数是声符兼有表意作用。例如：

娶，取妇也，从女从取，取亦声。

授，予也，从手从受，受亦声。

婢，女之卑者也。从女从卑，卑亦声。

珥，瑱也。从玉、耳，耳亦声。

仲，中也。从人从中，中亦声。

从这些字的说解中可以看出，许慎认为它们是会意字，同时，构成会意字的字符之一兼表声音。实际上“亦声”字大多是加注意符的分化字（又称古今字、区别字）。如“娶”，原只作“取”（甲骨文中虽有“娶”字，但只作妇女的名字），《诗经·齐风·南山》：“取妻如之何？必告父母。”后来为了区别字义，就为“取妇”义的“取”加上一个意符“女”，从而构成一个新的形声字——“娶”。分析“娶”字的构造，当是从女取声，取兼表字义。又如“仲”字，甲骨文作（中），这就是“仲”的初文，后来为了与中间之“中”相区别，就加上一个意符“人”，从而构成一个形声字——“仲”。（罗振玉《增订殷墟书契考释》说：“古伯仲但作白中……后人加人以示别。”）分析“仲”字的构造，当是从人中声，中兼表字义。因此，上述“亦声”字，不是会意兼声，而是形声兼义，即形声字的声符兼表字义。

关于声符的表意作用，宋人王圣美曾提出“右文说”（因为形声字的声符大都处于右边，所以认为声符表示意义的学说被称作“右文说”），认为“凡字，其类在左，其义在右。如木类其左皆从木。所谓右文者，如戋（jiān），小也，水之小者曰浅，金之小者曰钱，歹（è）而小者曰残，贝之小者曰贱，如此之类，皆以戋为义也。”（沈括《梦溪笔谈》）。又如“‘青’为精明之义，故日之无障蔽者为晴，水之无溷浊者为清，目之能见明者为睛，米之去粗皮者为精”（张世南《游宦纪闻》）。宋人的“右文说”有其合理的成分，他们注意到声符具有表意作用的现象，看到了从声音研究语源的途径，但是他们把问题过于绝对化，而且所举例证分析说明也不够精细（从字体结构来看，声符并非全在右边；从字义来看，以“戋”得声的字，如：饯、践并无小义，以“青”得声的字，如：请、情、蜻并无精明义）。研究声符表意作用的目的是为了研究语源，其根本在于声音，因此不能为字形所束缚，不能拘泥于字形；声符不同者，只要音同音近，而意义相通，也是研究语源的重要依据。

二、古今字

古今字指先后产生的、有区别字义作用的、形体不同的字，即古今区别字。古和今是相对而言的，没有绝对的时代标准。清儒段玉裁说：“古今无定时，周为古则汉为今，汉为古则晋、宋为今。”产生在前的称为古字，产生在后的称为今字。古今字是汉字在孳乳分化过程中所产生的一种历史现象。造字之初，字的数量有限。而语言中的词汇是相当丰富的，而且一个词，尤其是常用词，往往兼有几种意义。为了适应记录语言的需要，解决字少词多的矛盾，古人主要采取两种方法：一是假借，如用本义为胡须的“而”来记录语言中的连词“而”，用本义为簸箕的“其”来记录语言中的代词“其”。二是词义有引申分化，而字形不变，如兄弟的“弟”，引申出孝悌义，仍用“弟”来记录。但一个字的“职务”过多，或者说它兼有多种意义，容易产生混淆，这无疑会影响人们的交际。为了交际的需要，人们就要想办法分散这个字的职务。分散字的职务的主要办法，是以这个字为基础另造新字。

假借使字义过多，需要分化的，都发生在没有本字的假借阶段。大致分三种情况，举例如下：

（1）加意符为字的假借义造区别字。比如：

栗，本义是树名，假借为“战栗”的意义，《论语·八佾》中有一句：“使民战栗。”后来没有为“栗”字的本义造字，而是加形符为它的假借义造了一个区别字“慄”字。

戚，本义是一种斧类兵器，如《诗经·大雅·公刘》中说：“干戈戚扬。”假借为“忧愁”的意义，如《庄子·大宗师》中有一句：“哭泣无涕，心中不戚。”后来加意符“心”，为它的假借义造了一个区别字“慼”。

乌，本义是乌鸦，假借为感叹词“乌呼”，后加意符为它的假借义造了一个区别字“呜”字。

（2）加意符为字的本义造区别字。比如：

其，甲骨文作，象簸箕形，本义是“簸箕”。假借为表示推测的语气词，如“今日其雨”；又借为代词、连词等。后来没有为“其”字的假借义造字，而是加意符为它的本义造了一个区别字“箕”字。

莫，本义是天色将晚。如《礼记·聘义》中说：“日莫人倦。”借来表示否定性的无定代词“没有谁”、“没有什么”的意义，如《左传·宣公二年》中说：“过而能改，善莫大焉。”《战国策·楚策》中说：“群臣莫对。”后来没有为无定代词“没有谁”等义造字，而是加意符为本义造了“暮”字。

求，本义是皮衣，甲骨文作，象皮衣的形状。借来表示寻找的意义，如《孟子·梁惠王上》中说：“如缘木求鱼。”后来没有为假借义“寻找”造字，而是加意符为本义造了“裘”字。

然，本义是燃烧，如《孟子·公孙丑上》中说：“若火之始然。”借来表示连词，如《左传·僖公三十年》：“然郑亡，子亦有不利焉。”后来没有为这个连词造字，而是加意符为其本义造了“燃”字。

（3）一个字借为它用，既为假借义造字，又为本义造字。比如：

采，甲骨文作，象用手采摘树上的果子或树叶之形。本义是“采摘”，假借为“彩色”的意义，如《孟子·梁惠王上》中说：“抑为采色不足视于目与？”后来加意符为“采”字的本义造区别字“採”字，又加意符为它的假借义造区别字“彩”字。

除了假借的情况以外，一个字本义和引申义过多，也要分化。这分两种情况：

其一，一个字产生引申义以后，为表示它的本义的字造一个区别字。比如：

禽，金文作，从“田罔”之“畢”，今声，本义为“捕获鸟兽”，是动词。引申为名词，泛指鸟兽，《白虎通·田猎》中说：“禽者何？鸟兽之总名。”后来为表示动词“擒获”义的字加意符造区别字“擒”字。

益——溢、州——洲、责——债、原——源、景——影等，都属于这一类。

其二，一个字产生引申义以后，为表示这个引申义的字造一个区别字。比如：

竟，本义是“乐曲终了”（《说文解字》：“乐曲尽为竟，从音从人。”），引申为“国界终了”“边境”，如《左传·宣公二年》中说：“越竟乃免。”后来为表示引申义的字加意符造“境”字。

取——娶、昏——婚、中——仲、共——供、解——懈、道——導等，都属于这一类。

上面两种情况，区别字构成方式大多是以原有字形为声符，再加意符构成。另外也有以原有字形为意符，再加声符构成的，比如：

食，本有“吃”的意义，由此引申出“给……吃”的意义，如《战国策·齐策四》中说：“食以草具。”后来为表示这个引申义的“食”字加声旁造“饲”（飼）字。

也有用更换意符的方式构成区别字的。比如：

说，有“喜悦”的意义，也有“解说”的意义，后来更换“说”字的意符，为

“喜悦”的意义造了区别字“悦”字。

敛——殓、赴（《战国策》：“赴於齐。”）——讣、没——歿、张——胀等，都属于这一类。

以上所有原字与区别字的关系，都是古今字的关系。为了区别字义，准确地记录语言，从而在古字的基础上分化出大量的今字，这是汉字历史发展的一个重要现象。

按道理说，今字产生之后就不应再用古字。但实际情况并非如此。即使在今字通行之后，人们在写作时还常常使用古字。如《说文解字》中已收“慼”“捨”“智”等今字，而唐宋人的著作中，有时仍把“慼”写作“戚”、“捨”写作“舍”、“智”写作“知”。这除了着意仿古之外，恐怕也是相沿成习吧。

三、异体字

异体字指音、义完全相同而只是形体不同的字。

1. 异体字的构成

异体字构成方式有多种多样：

(1) 造字方法不同，如：羴（会意，甲骨文作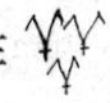）——羶（形声）、泪（会意）——淚（形声）、埜（会意，甲骨文作）——野（形声，从里予声）、（会意，从田中四木）——圃（形声，从囗 wéi 有声）；

(2) 同为表意字而偏旁不同，如：躰——体、朙——明；

(3) 同为形声字而声符不同，如：勋——勳　线——線、昵——暱、烟——煙、讹——譌、裤——袴、蚓——螾、馈——餽；

(4) 同为形声字而意符不同，如：悖——誖、杯——盃、體——軆、迹——跡、雞——鷄、鳖——鼈、嘆——歎；

(5) 同为形声字而声符意符都不同，如：剩——賸、蹟——迹、村——邨；

(6) 同一意符、声符而位置不同，如：鄰——隣、裹——裡、惭——慙、和——咊、雜——襍、群——羣、鹅——鵞、期——朞、阔——濶、够——夠。

2. 异体字与古今字的区别

异体字不同于古今字，其区别不在于“古”与“今”，因为异体字的产生也有古与今的问题，如“羴——羶”、“埜——野”；异体字与古今字的区别主要在于字形不同，其字义是否相等。如果字形不同的两个字在音、义上完全相等，在任何情况下都可以相互替代，那就是异体字；如果两者只是在某个意义上相同，而产生于后者对于前者有区别字义的作用，那就是古今字。

四、繁简字

简化字与被简化的繁体字合称繁简字。

我们现在使用的简化字，很多都是古代就有的，如：云、气、从、网、礼、无、尘等。

关于繁简字必须注意以下几种情况：

（1）同形字。

有些简化字与古书中的某些字同形，实际上是音义完全不同的字。如：

蠟——蜡：蠟，蜂蜡。蜡 zhà，蛆虫，后用为祭祀名（年终祭百神）。

臘——腊：臘，年终祭祀祖先。腊 xī，干肉。

術——术：術，道路。术 zhú，植物名。

適——适：適，往。适 kuò，疾速。

（2）同音替代字。

简化字中有些来源于意义不同的同音字。如：

後——后：後，先後之後。后，君主，引申为皇后。

穀——谷：穀，穀物（五穀）。谷，山谷。

饑——飢：饑，穀不熟，饑荒。飢，饥饿。

乾幹——干：乾，干燥。幹，树干。干，武器。

鬥——斗：鬥，争鬥。斗，量器（斗升）。

徵——征：徵，徵召，徵求。征，征伐。

（3）两字共简化为一形。如：

钟——鐘（乐器）、鍾（酒器）。

获——獲（猎获）、穫（收获）。

复——復（返回）、複（夹衣）。

历——曆（历法）、歷（经历）。

上述三种情况都导致同形字的出现，即一个简化字形代表着古代文献中两个或两个以上的字。这给我们阅读古籍带来一定困难。如果我们阅读的是用简化字排印的古籍，遇到“后”“干”之类的字，要特别留意，要注意判别它究竟是“後——后”、“乾幹——干”中的哪一个字；如果我们阅读的是用繁体字排印的古籍（或原版古籍），遇到“后”“干”之类的字，也要特别留意。例如：《史记·孝景本纪》中有“孝文在代时，前后有三男”（代，地名），句中的“后”是皇后，不要把它误认作“後”的简化字；否则，就张冠李戴了。

五、文字通假

文字通假指古代文献书面语中音同或音近的字的通用和假借。

（1）古人在记录语言中的某个词时，一般是用本字，但有时也借用与本字声音相同或相近的字。如《孟子·离娄下》中有：“蚤起，施从良人之所之。”“蚤起”就是早晨起来。“早晨”的 zǎo，本字是“早”，但这里没有用本字，而是借用了“蚤”字，之所以借用“蚤”，仅仅是因为“蚤”的读音与“早”相同。“蚤”是“早”的假借字（一般表述为“蚤”通“早”）。又如：“剥”字的本义是剥开，假借为“攴”（义为“击”），《诗经·豳风·七月》：“八月剥枣。”“俘”字的本义是俘虏，假借为宝贝的“宝”，《春秋·庄公六年》：“齐人来归卫俘。”这就是文字通假现象。

文字通假，有些是偶一用之。大概相当于现代人写别字。东汉的郑玄说：“其始书之也，仓卒无其字，或以音类比方，假借为之，趣于近之而已。”这种通假现象会给阅读古籍带来麻烦。如果不知道古书中是通假，只是因形取义，就难免望文生义，造成错误。如果不知道《诗经》中“剥”是“攴”的假借字，按字面去理解，就会产生误解。同样，如果不知道《春秋》中的“俘”是“宝”的假借字，以为是俘虏，那就错了。

古人也有不明通假而望文生义的。如《左传·隐公元年》有“庄公寤生，惊姜氏”，关于“寤生”，杜预注云：“寐寤而庄公已生。”应劭则认为生而开目能视曰寤生。他们都只从“寤”的字义上去理解，没有摆脱字形的束缚。其实“寤”是“牾”的假借字。“牾”是逆的意思。寤生就是逆生，就是难产，也就是《史记·郑世家》所说的“生太子寤生，生之难”的意思。

也有些假借字不是偶一用之，而是在古籍中常常出现。比如：

“信”字的本义是言语真实，如《老子》八十章：“美言不信。”“信”经常被借来表示“伸展”的“伸”，如《周易·系辞下》：“尺蠖之屈，以求信也。”

又如：“罢”通“疲”（《吕氏春秋》：“骤战则民罢。”），“归”通“馈”（《论语》：“归孔子豚。”），以及上文提及的“蚤”通“早”等等。

这种假借，一般是相当固定的，不会随意乱借，而且一般只是单向的，不能颠倒过来。

（2）辨识通假字要以古音为依据。王力先生说：“同音字的假借是比较可靠的，读音十分相近（或者是既双声又叠韵，或者是声母发音部位相同的叠韵字，或者是韵母相近的双声字）的假借也还是可能的，因为可能有方言的关系。”有人对王引之的《经义述闻》卷三十二《经文假借》的通假字作过统计，在252个通假字中，双声兼叠韵的110对（包括同音字），叠韵的99对，双声的21对，声韵相近的20对，声韵较远的2对。这说明假借字所表示的那个词和本字所表示的那个词的读音必须相同或基本相同，这是假借的先决条件，也是假借的原则。这里所说的读音应当是上古音，不知古音，难识通假。例如：《诗经·大雅·既醉》：“孝子不匮，永锡尔类。”从今音的角度，很难判定“锡”与“赐”的通假关系。但是从古音看，两字皆从“易”得声，同属锡部，心母。古音相同，“锡”通“赐”是没问题的。由于语音的演变，今音已不同于古音，我们考察通假现象，必须具备一些古音的知识。

（3）判定通假字，除了古音的依据之外，要有书证。例如上文所举“庄公寤生”

例，“寤”通“牾”除了它们都从“吾”得声，古音相同之外，另有《史记》作为旁证资料。再如《春秋·庄公六年》中的“齐人来归卫俘”例，我们说“俘”通“宝”，一是两字古音相近：俘，幽部，滂母；宝，幽部，帮母。它们是声母发音部位相同的叠韵字。二是有文献资料作旁证。杜预注：“《公羊》《谷梁》经、传皆言卫宝，此传（指《左传》）亦言宝。唯此经（指《春秋》）言俘，疑经误。”当然，杜预不明通假，最后一句“疑经误”的结论是不对的。

（4）文字通假与“六书”中的假借的区别。

“六书”中的假借是“本无其字”，如用已有的“来”（麦）字，借以记录来往之来的“来”；用已有的“而”（胡须）字，借来记录连词“而”。文字通假是本有其字，但在书写时却借用了另一个音同或音近的字来代替它，如上文所举的“蚤”通“早”。因此，“六书”中的假借是无本字的假借，一旦借用之后，就成为该字的固定用法而被普遍使用；而文字通假是有本字的假借，其借用，只是临时的、偶然的，并不具有普遍性。

（5）文字通假与古今字的区别。

古今字是汉字在孳乳分化过程中形成的，是一种历时的现象。今字是在古字的基础上产生的，因此，今字与古字在形音义上都有密切的联系，如：益——溢、州——洲、责——債、取——娶、昏——婚。文字通假是汉字在使用的过程中产生的，是一种共时的现象。通假字与本字之间除了语音相同或相近之外，在字形、字义上毫无联系。如：蚤——早、归——馈。因此，文字通假与古今字的区别是显而易见的。需要注意的是，在今字产生之后，古人有时还用古字，如：戚——慼，在“慼”字产生之前，用“戚”表示忧伤义，这是无本字的假借；在“慼”字产生之后（按：《左传》中已出现），古人有时还用“戚”表示忧伤义，如韩愈《祭十二郎文》：“恐旦暮死而汝抱无涯之戚也。”这只能说是用古字，而不能说“戚”通“慼”。“戚——慼”在字形上的联系显而易见，这是古今字的明显特征。

思考题

1. 为什么说汉字基本上属于表意体系？
2. 举例说明什么是“六书”。许慎关于“六书”的定义是什么？
3. 什么是“古今字”？“古今字”与文字通假现象有什么区别？
4. 什么是文字通假现象？“六书”中的“假借”与文字通假现象有什么区别？
5. 《说文解字》：“珊，从玉，删省声。”“省声”是什么意思？
6. 《说文解字》：“娶，取妇也，从女从取，取亦声。”这样分析有何不妥？
7. 《说文解字》：“寶，珍也，从宀、从玉、从贝，缶声。”这样分析有何不妥？

文 选

今 注

孟子

孟子名轲，战国时（约公元前 372 年—前 289 年）邹（今山东邹市）人。他受业于孔子的孙子子思的弟子，继承了孔子的政治思想体系，是继孔子之后儒家学派最重要的代表人物。

孟子生活在列国诸侯混战最激烈的时代。孟子提出：民贵君轻，春秋无义战，反对以力服人的“霸道”，提倡以仁义为中心的“仁政”“王道”。他的主张被认为“迂远而阔于事情”，不为各国诸侯采纳，只好退而与弟子著书，即流传至今的《孟子》。

孟子长于辩论，善用譬喻，他的文章气势磅礴，雄辩有力，在先秦诸子的散文中极为突出，对后世散文有很大影响。

《孟子》共七篇，各篇分上下。篇名取自篇首二三字。

《孟子》在宋以前，只列于诸子之林，宋始列于经部。南宋朱熹把它编入“四书”，并为之作“集注”。自此，《孟子》成为读书人必读的经典。

《孟子》现在通行的注本有《十三经注疏》本（东汉赵岐注，宋孙奭疏），以及宋代朱熹的《四书集注》、清代焦循的《孟子正义》。

齊桓晉文之事（梁惠王上）

齊宣王問曰[1]：“齊桓晉文之事[2]，可得聞乎？”孟子對曰：“仲尼之徒，無道桓文之事者，是以後世無傳焉[3]，臣未之聞也。無以[4]，則王乎[5]？”曰：“德何如，則可以王矣？”曰：“保民而王[6]，莫之能禦也[7]。”曰：“若寡人者，可以保民乎哉？”曰：“可。”曰：“何由知吾可也？”曰：“臣聞之胡齕曰[8]：王坐於堂上，有牽牛而過堂下者。王見之，曰：‘牛何之[9]？’對曰：‘將以釁鐘[10]。’王曰：‘舍之。吾不忍其觳觫[11]，若無罪而就死地[12]。’對曰：‘然則廢釁鐘與？’曰：‘何可廢也？以羊易之。’不識有諸[13]？”曰：“有之。”曰：“是心足以王矣。百姓皆以王爲愛也[14]，臣固知王之不忍也。”

［1］齊宣王：姓田名辟疆。按：其祖先是姜姓齐国的大夫，后放逐齐康公而夺得齐国政权。齐宣王是田氏齐国的第四代国君。

［2］齊桓、晉文：指齐桓公和晋文公，他们都是春秋时的霸主。

［3］道：说。傳：传述。

［4］無以：不停止，意思是，如果一定要说的话。以，通“已”。

［5］王（wàng）：王天下，言用王道统一天下。

［6］保：安，安抚。

［7］禦：阻挡。

［8］胡齕（hé）：齐宣王的近臣。

［9］之：到……去。

［10］釁（xìn）鐘：上古的一种祭礼，杀牲以血涂钟鼓。

［11］觳觫（hú sù）：恐惧战抖的样子。

［12］就：走向。

［13］識：知道。諸：“之乎”的合音字。

［14］愛：吝啬。

王曰：“然。誠有百姓者。齊國雖褊小[1]，吾何愛一牛？卽不忍其觳觫，若無罪而就死地，故以羊易之也。”曰：“王無異於百姓之以王爲愛也[2]。以小易大，彼惡知之[3]？王若隱其無罪而就死地[4]，則牛羊何擇焉？”王笑曰：“是誠何心哉？我非愛其財而易之以羊也。宜乎百姓之謂我愛也[5]。”曰：“無傷也[6]。是乃仁術也，見牛未見羊也。君子之於禽獸也，見其生，不忍見其死；聞其聲，不忍食其肉。是以君子遠庖廚也[7]。”

［1］褊（biǎn）：狭小。

［2］無：通“毋”，不要。異：奇怪。

［3］惡（wū）：何，哪里。

［4］隱：痛，怜惜。

［5］宜：应当。按：这是一个感叹句，谓语“宜”及句尾语气词“乎”置于主语“百姓之謂我愛也”之前。

［6］無傷：没有损害，意思是没有关系。

［7］遠：形容词使动用法，使……远。庖（páo）廚：厨房。

王説[1]，曰：“詩云：‘他人有心，予忖度之。[2]’夫子之謂也。夫我乃行之，反而求之，不得吾心。夫子言之，於我心有戚戚焉[3]。此心之所以合於王者，何也？”曰：“有復於王者曰：‘吾力足以舉百鈞[4]，而不足以舉一羽；明足以察秋毫之末[5]，而不見輿薪[6]。’則王許之乎[7]？”曰：“否。”“今恩足以及禽獸，而功不至於百姓者，獨何與[8]？然則一羽之不舉，爲不用力焉[9]；輿薪之不見，爲不用明焉；百姓之不見保[10]，爲不用恩焉。故王之不王，不爲也，非不能也。”曰：“不爲者與不能者之形[11]，何以異[12]？”曰：“挾太山以超北海[13]，語人曰：‘我不能。’是誠不能也。爲長者折枝[14]，語人曰：‘我不能。’是不爲也，非不能也。故王之不王，非挾太山以超北海之類也，王之不王，是折枝之類也。老吾老，以及人之老；幼吾幼[15]，以及人之幼：天下可運於掌[16]。詩云：‘刑於寡妻，至於兄弟，以御於家邦。[17]’言舉斯心加諸彼而已。故推恩足以保四海[18]，不推恩無以保妻子。古之人所以大過人者，無他焉[19]，善推其所爲而已矣。今恩足以及禽獸，而功不至於百姓者，獨何與？權[20]，然後知輕重；度[21]，然後知長短。物皆然，心爲甚。王請度之[22]。抑王興甲兵[23]，危士臣[24]，構怨於諸侯[25]，然後快於心與[26]？”

[1] 説：高兴，后写作“悦”。

[2] 见《诗经・小雅・巧言》。忖（cǔn）：揣测。度（duó）：衡量。

[3] 戚戚：心动的样子。

[4] 復：告。鈞：三十斤。

[5] 明：指视力。察：看清楚。毫：长而尖细的毛。末：末端。

[6] 輿：车。

[7] 許：应允，这里是相信的意思。

[8] 獨：偏偏。

[9] 爲：因为。

[10] 見：表示被动的标记。

[11] 形：指表现。

[12] 何以異：凭什么来区别。

[13] 挾（xié）：夹在腋下。太山：即泰山。超：跳过。北海：指渤海。

[14] 折枝：按摩肢体。

[15] 第一个“老”用作动词，尊敬。第二个“老”用作名词，指老者。第一个“幼”用作动词，爱护。第二个“幼”用作名词，指幼者。

[16] 運：转动。

[17] 见《诗经・大雅・思齐（zhāi）》。刑：用作动词，示范，后写作“型”。寡妻：君主对自己的妻子的谦称。御：治理。家邦：家和国。

[18] 推：推广。

[19] 他：别的。

[20] 權：称一称。

[21] 度（duó）：量一量。

[22] 王請：等于说“请王”，“王”前置以表示恭敬。

[23] 抑：连词，还是。興甲兵：发动战争。興，起，使动用法。

[24] 危：使动用法，使……陷入危险。

[25] 構怨：结仇。

[26] 快：痛快。

王曰："否。吾何快於是？將以求吾所大欲也[1]。"曰："王之所大欲，可得聞與？"王笑而不言。曰："爲肥甘不足於口與[2]？輕煖不足於體與[3]？抑爲采色不足視於目與[4]？聲音不足聽於耳與[5]？便嬖不足使令於前與[6]？王之諸臣皆足以供之，而王豈爲是哉？"曰："否，吾不爲是也。"曰："然則王之所大欲可知已[7]：欲辟土地[8]，朝秦楚[9]，莅中國而撫四夷也[10]。以若所爲[11]，求若所欲，猶緣木而求魚也[12]。"

[1] 所大欲：最想得到的东西。

[2] 爲（wèi）：因为。肥甘：指肥美的食物。

[3] 輕煖：指轻暖的衣服。煖，同"暖"。

[4] 采：彩色，后写作"彩"。

[5] 聲音：指音乐。

[6] 便嬖（pián bì）：君主宠幸的人。

[7] 已：句尾语气词，作用同"矣"。

[8] 辟：开辟。

[9] 朝：使动用法，使……朝见。

[10] 莅（lì）：临，言统治。中國：指中原地区。撫：安抚。四夷：指四方少数民族。

[11] 若：这样。

[12] 緣：攀登。木：树。

王曰："若是其甚與[1]？"曰："殆有甚焉[2]。緣木求魚，雖不得魚，無後災。以若所爲，求若所欲，盡心力而爲之，後必有災。"曰："可得聞與？"曰："鄒人與楚人戰，則王以爲孰勝？"曰："楚人勝。"曰："然則小固不可以敵大，寡固不可以敵衆，弱固不可以敵彊。海内之地[3]，方千里者九[4]，齊集有其一[5]；以一服八[6]，何以異於鄒敵楚哉？蓋亦反其本矣[7]？今王發政施仁，使天下仕者皆欲立於王之朝，耕者皆欲耕於王之野，商賈皆欲藏於王之市[8]，行旅皆欲出於王之塗[9]，天下之欲疾其君者[10]，皆欲赴愬於王[11]。其若是[12]，孰能禦之？"

[1] 若是：像这样，是"甚"的状语。其：语气词。

[2] 殆：只怕。

[3] 海内：指天下。

[4] 方千里者九：方千里的土地共有九块。按：《礼记·王制》："凡四海之内九州，州方千里。"

[5] 集：会集，言裁长补短总计其面积。

[6] 服：使降服。

[7] 蓋（hé）：通"盍"，何不。反：返回，后写作"返"。本：根本，指施行仁政。

[8] 藏：囤积货物。

[9] 塗：道路。

[10] 疾：憎恨。

[11] 愬：同"诉"，诉说。

[12] 其：语气词。

王曰："吾惛[1]，不能進於是矣[2]。願夫子輔吾志，明以教我[3]，我雖不敏，請嘗試之[4]。"曰："無恆產而有恆心者[5]，惟士爲能[6]。若民[7]，則無恆產因無恆心[8]。苟無恆心，放辟邪侈[9]，無不爲已。及陷於罪[10]，然後從而刑之[11]，是罔民也[12]。焉有仁人在位，罔民而可爲也？是故明君制民之產，必使仰足以事父母，俯足以畜妻子[13]，樂歲終身飽，凶年免於死亡[14]。然後驅而之善[15]，故民之從之也輕[16]。今也，制民之產，仰不足以事父母，俯不足以畜妻子，樂歲終身苦，凶年不免於死亡。此惟救死而恐不贍[17]，奚暇治禮義哉[18]？王欲行之，則盍反其本矣？五畝之宅[19]，樹之以桑，五十者可以衣帛矣[20]。雞豚狗彘之畜[21]，無失其時[22]，七十者可以食肉矣。百畝之田，勿奪其時，八口之家可以無飢矣。謹庠序之教[23]，申之以孝悌之義[24]，頒白者不負戴於道路矣[25]。老者衣帛食肉，黎民不飢不寒[26]，然而不王者，未之有也。"

[1] 惛（hūn）：糊涂。

[2] 進於是：进到这一步。

[3] 以：连词，连接状语和中心语。

[4] 嘗：试。

[5] 恆產：指田地、房屋等固定财产。恆心：指长久不变的善心。

[6] 惟：只。

[7] 若：至于。

[8] 因：因而。

[9] 放辟邪侈：指一切不遵守礼法的行为。放，放纵。辟（pì），行为不正，后写作"僻"。邪，邪曲。侈，过度。

[10] 及：等到。

[11] 從：随着。刑：对……施以刑罚。

[12] 罔：用作动词，张罗网，这里是陷害的意思。

[13] 仰：对上。俯：对下。畜：养活。

[14] 樂歲：丰年。凶年：灾年。

[15] 驅：驱赶，这里是督促的意思。之：到……去。

[16] 輕：容易。

[17] 贍：足。

[18] 奚：何。

[19] 五畝：按：合现在一亩二分多。

[20] 衣（yì）：穿。帛：丝织品。

[21] 豚（tún）：小猪。彘（zhì）：猪。

[22] 無：通"毋"。

[23] 謹：谨慎从事。庠（xiáng）序：学校，殷代叫序，周代叫庠。

[24] 申：重复，言反复说明。悌（tì）：敬爱兄长。

[25] 頒白：头发花白。頒，通“斑”。負：背东西。戴：把东西顶在头上。

[26] 黎：众。

自学提示

（1）掌握下列带点的词语：

將以釁鐘　是以君子遠庖廚也　有復於王者曰　挾太山以超北海　刑於寡妻　以若所爲　權，然後知輕重　蓋亦反其本矣　皆欲赴愬於王　是罔民也　此惟救死而恐不贍　謹庠序之教　頒白者不負戴於道路矣

（2）重点掌握下列句子：

無以，則王乎？

宜乎百姓之謂我愛也。

百姓之不見保，爲不用恩焉。

老吾老，以及人之老；幼吾幼，以及人之幼。

欲辟土地，朝秦楚，莅中國而撫四夷也。

保民而王，莫之能禦也。

孟子見梁襄王（梁惠王上）

孟子見梁襄王[1]，出，語人曰：“望之不似人君，就之而不見所畏焉[2]。卒然問曰[3]：‘天下惡乎定[4]？’吾對曰：‘定於一。’‘孰能一之[5]？’對曰：‘不嗜殺人者能一之。’‘孰能與之[6]？’對曰：‘天下莫不與也。王知夫苗乎？七八月之閒旱，則苗槁矣。天油然作雲，沛然下雨，則苗浡然興之矣。其如是，孰能禦之？今夫天下之人牧[7]，未有不嗜殺人者也。如有不嗜殺人者，則天下之民皆引領而望之矣[8]。誠如是也，民歸之，由水之就下[9]，沛然誰能禦之？’”

[1] 梁襄王：梁惠王的儿子，名嗣。

[2] 就：走近。

[3] 卒（cù）：突然，后写作“猝”。

[4] 惡（wū）乎定：定于何。惡，何。

[5] 一：统一。

[6] 與：从。

[7] 人牧：指人君。

[8] 引：伸长。領：脖子。

[9] 由：通“犹”，如同。就：趋向，流向。

自学提示

(1) 掌握下列带点的词语：

卒然問曰　天下之民皆引領而望之　由水之就下

(2) 重点掌握下列句子：

天下惡乎定？

舜之不告而娶（萬章上）

萬章問曰[1]：“詩云：‘娶妻如之何？必告父母[2]。’信斯言也，宜莫如舜[3]。舜之不告而娶，何也？”

孟子曰：“告則不得娶。男女居室，人之大倫也[4]。如告，則廢人之大倫，以懟父母[5]，是以不告也。”

萬章曰：“舜之不告而娶，則吾既得聞命矣。帝之妻舜而不告[6]，何也？”

曰：“帝亦知告焉則不得妻也。”

萬章曰：“父母使舜完廩[7]，捐階[8]，瞽瞍焚廩[9]。使浚井[10]，出，從而揜之[11]。象曰[12]：‘謨蓋都君咸我績[13]，牛羊父母[14]，倉廩父母，干戈朕[15]，琴朕，弤朕[16]，二嫂使治朕棲[17]。’象往入舜宮[18]，舜在牀琴[19]。象曰：‘鬱陶思君爾[20]。’忸怩[21]。舜曰：‘惟兹臣庶[22]，汝其於予治[23]。’不識舜不知象之將殺己與[24]？”

[1] 萬章：孟子的学生，姓万，名章。

[2] 见《诗经·齐风·南山》。如之何：怎么办。

[3] 莫：无定代词，没有谁。

[4] 居室：指夫妇同居。倫：人伦，指封建社会的伦理道德。

[5] 懟（duì）：怨恨。按：据古书（如《尚书·尧典》）记载，舜“父顽母嚚（yín 愚昧）”，常欲害舜，舜如告父母娶妻之事，必不获准，就会导致废弃人伦，怨恨父母。

[6] 帝：指尧。妻（qì）：把女儿嫁给别人。下文“不得妻”中的“妻”义同。

[7] 完：修缮。廩（lǐn）：谷仓。

[8] 捐：撤去。階：梯子。

[9] 瞽瞍（sǒu）：舜的父亲，也作“瞽叟”。

[10] 浚（jùn）：疏通。

[11] 揜（yǎn）：用土石填塞。按：这两句的意思是：父母打发舜修缮谷仓，（等舜上了屋顶，）便撤掉梯子，瞽叟烧了谷仓。（幸而舜设法逃了下来。）又打发（舜）淘井，（舜）出来了，（瞽叟不知道，）随即填塞了井口。

[12] 象：舜的同父异母弟。

[13] 謨（mó）：谋划。蓋：通“害”。都君：指舜。据《史记·五帝本纪》记载：舜“一年而所

居成聚，二年成邑，三年成都。”咸：皆。績：功劳。

[14] 牛羊父母：把牛羊分给父母。

[15] 朕：第一人称代词。按：先秦时一般人也可自称“朕”。

[16] 弤（dǐ）：雕漆的弓。

[17] 棲：床。

[18] 宫：室。按：上古时一般人的住所也可称“宫”。

[19] 琴：弹琴。

[20] 鬱陶（yù yáo）：因思念而忧思积聚的样子。爾：语气词。

[21] 忸怩（niǔ ní）：羞愧的样子。

[22] 惟：思。兹：此。庶：指众百姓。

[23] 其：副词，表祈使。於：相当于介词“为（wèi）”。

[24] 識：知道。

曰：“奚而不知也[1]？象憂亦憂，象喜亦喜。”

曰：“然則舜僞喜者與?”

曰：“否。昔者有饋生魚於鄭子產[2]，子產使校人畜之池[3]。校人烹之，反命曰[4]：‘始舍之，圉圉焉[5]；少則洋洋焉[6]；攸然而逝[7]。’子產曰：‘得其所哉！得其所哉！’校人出，曰：‘孰謂子產智？予既烹而食之，曰：得其所哉，得其所哉。’故君子可欺以其方[8]，難罔以非其道[9]。彼以愛兄之道來[10]，故誠信而喜之，奚僞焉[11]?”

[1] 奚：何。

[2] 生魚：活鱼。子產：春秋时郑国有名的政治家。

[3] 校人：掌管池沼的小吏。

[4] 反命：复命。

[5] 圉圉（yǔ yǔ）：局促不舒展的样子。

[6] 少：一会儿。洋洋：舒缓的样子。

[7] 攸然：迅速的样子。逝：往。

[8] 方：道。

[9] 罔（wǎng）：欺骗。

[10] 彼：指象。

[11] 奚僞焉：为什么假装呢。

自学提示

掌握下列带点的词语：

君子可欺以其方　難罔以非其道　以懟父母　捐階　從而揜之　謨蓋都君咸我績　二嫂使治朕棲　惟兹臣庶

古注

孟子章句

《孟子章句》，东汉赵岐撰。赵岐（? — 公元 201 年），字邠卿，京兆长陵（今陕西咸阳市东北）人，初名嘉，字台卿，后因避难改名，《后汉书》有传。“章句”是古注的一种，其特点是逐句逐章串讲、阐发大意。

“孟子去齊”二章（公孫丑下）

孟子去[1]齊尹士語人曰不識王之不可以爲湯武則是不明也識其不可然且至則是干澤也千里而見王不遇[2]故去三宿而後出晝[3]是何濡滯[4]也士則茲不悦[5]尹士齊人也干求也澤禄也尹士與論者言之云孟子不知則爲求禄濡滯淹久也既去近留於晝三日怪其淹久故云士於此事則不悦也高子以告高子亦齊人孟子弟子以尹士之言告孟子也曰夫尹士惡[6]知予哉千里而見王是予所欲也不遇故去豈予所欲哉予不得已也孟子曰夫尹士安能知我哉我不得已而去耳何汲汲[7]而驅馳乎予三宿而出晝於予心猶以爲速王庶幾[8]改之王如改諸[9]則必反[10]予我自謂行速疾矣冀王庶幾能反覆招還我矣夫出晝而王不予追也予然後浩然有歸志浩然心浩浩有遠志予雖然豈舍王哉王由[11]足用[12]爲善王如用予則豈徒齊民安天下之民舉安王庶幾改之予日望之孟子以齊大國知其可以行善政故戀戀望王之改而反之是以安[13]行也豈徒齊民安言君子達則兼善天下也予豈若是小丈夫然哉諫於其君而不受則怒悻悻然見[14]於其面去則窮日之力而後宿哉我豈若狷[15]急小丈夫恚[16]怒其君而去極日力而宿懼其不遠者哉論[17]曰悻悻然小人哉[18]言已志大在於濟一世之民不爲小節也尹士聞之曰士誠小人也尹士聞義則服章指[19]言大德洋洋介士[20]察察[21]賢者志其大者不賢者志其小者此之谓也

[1] 去：离开。

[2] 遇：指遇明君受到赏识，得行其道。

[3] 晝：邑名，在齐国都临淄西南。

[4] 濡滯：形容行动迟缓。

[5] 兹不悦：即“不悦兹”。兹，此。

[6] 惡（wū）：何。

[7] 汲汲：急切的样子。

[8] 庶幾：或许，表示希望。

[9] 諸：之。

[10] 反：使动用法，使返回。

[11] 由：通“犹”，仍，还。

[12] 用：介词，以。

[13] 安：徐。

[14] 見（xiàn）：现，显示出来。

[15] 狷（juàn）：心胸狭小。

[16] 恚（huì）：怒，怨恨。

[17] 論：指《论语》。

[18] 赵岐注引《论语·子路》“硜硜（kēng kēng）然小人哉”作“悻悻然小人哉”，以解释“悻悻然”，则“悻悻然”为器量狭小的样子。

[19] 章指：训诂术语，在一章之末概括本章宗旨。

[20] 介士：这里指狷急之士。

[21] 察察：苛察繁细的样子。

孟子去齊充虞[1]路問曰夫子若有不豫[2]色然前日虞聞諸夫子曰君子不怨天不尤人路道也於路中問也充虞謂孟子去齊有恨心顔色不悦也曰彼一時此一時也五百年必有王者興其閒必有名世[3]者由周而來七百有餘歲矣以其數則過矣以其時考之則可矣彼前聖賢之出是有時也今此時亦是其一時也五百年有王者興有興王道者也名世次聖之才物來能名正一世者生於聖人之閒也七百有餘歲謂周家王迹始興大王[4]文王以來考驗其時則可有也夫天未欲平治天下也如欲平治天下當今之世舍我其誰也吾何爲不豫哉孟子自謂能當名世之士時又值之而不得施此乃天自未欲平治天下耳非我之愆我固不怨天何爲不悦豫乎章指言聖賢興作與天消息[5]天非人不因人非天不成是故知命者不憂不懼也

[1] 充虞：人名。

[2] 豫：悦。

[3] 名世：名显于世。

[4] 大（tài）王：周文王的祖父古公亶父。

[5] 消息：盛衰变化。

自学提示

(1) 掌握下列带点的词语：

王庶幾改之　不遇故去　王由足用爲善　何爲不豫哉

(2) 重点掌握下列句子：

士則兹不悦。

不見諸侯（滕文公下）

陳代曰不見諸侯宜若小然[1]今一見之大則以王小則以霸[2]且志[3]曰枉尺而直尋[4]宜若可爲也 陳代孟子弟子也代見諸侯有來聘請孟子孟子有所不見以爲孟子欲以是爲介[5]故言此介得無[6]爲狹小乎如一見之儻得行道可以輔致霸王乎志記也枉尺直尋欲使孟子屈己信道[7]故言宜若可爲也

[1] 宜若小然：似乎太拘泥小节了。

[2] 此句为假设之辞，赵岐注用“如”“儻”点明。王（wàng）：指施行仁政，统一天下。

[3] 志：古书。清人焦循《孟子正义》引《文子》“屈寸而申尺，小枉而大直”、《尸子》“诎寸而信（shēn）尺，小枉而大直”，《志》当指此类古书。

[4] 枉尺而直尋：意思是弯曲一尺，却可以伸直八尺。枉、直，使动用法。尋，八尺。

[5] 介：节操。

[6] 得無：岂不。

[7] 信（shēn）：通“伸”，伸张。

孟子曰昔齊景公[1]田[2]招虞人以旌不至將殺之 虞人守苑囿之吏也招之當以皮冠[3]而以旌故不至也 志士不忘在溝壑勇士不忘喪其元孔子奚取焉取非其招不往也如不待其招而往何哉 志士守義者也君子固窮故常念死無棺槨没[4]溝壑而不恨[5]也勇士義勇者也元首也以義則喪首不顧也孔子奚取取守死[6]善道非禮招己則不往言虞人不得其招尚不往如何君子而不待其招直事[7]妄見諸侯者何爲也

[1] 齊景公：春秋时齐国国君。

[2] 田：打猎，后写作“畋”。

[3] 据《左传·昭公二十年》记载：国君打猎，召唤大夫用旌，召唤士用弓，召唤虞人当用皮冠。

[4] 没：死，后写作“殁”。

[5] 恨：遗憾。

[6] 死：为……而死。

［7］直事：径直做。

且夫枉尺而直尋者以利言也如以利則枉尋直尺而利亦可爲與尺小尋大不可枉大就小而以要[1]利也昔者趙簡子[2]使王良與嬖奚[3]乘終日而不獲一禽[4]嬖奚反命[5]曰天下之賤工[6]也趙簡子晉卿也王良善御者也嬖奚簡子幸臣以不能得一禽故反命於簡子謂王良天下鄙賤之工師也或[7]以告王良良曰請復之聞嬖奚賤之故請復與乘强[8]而後可强嬖奚乃肯行一朝而獲十禽嬖奚反命曰天下之良工也以一朝得十禽故謂之良工簡子曰我使掌與女乘[9]掌主也使王良主與女乘謂王良良不可王良不肯曰吾爲之範[10]我馳驅終日不獲一爲之詭遇[11]一朝而獲十範法也王良曰我爲之法度之御應禮之射[12]正殺[13]之禽不能得一横而射之曰詭遇非禮之射則能獲十言嬖奚小人也不習於禮詩云不失其馳舍矢如破[14]我不貫[15]與小人乘請辭[16]詩小雅車攻之篇也言御者不失其馳驅之法則射者必中之順毛而入順毛而出一發貫臧[17]應矢而死者如破矣此君子之射也貫習也我不習與小人乘不願掌與嬖奚同乘故請辭御者[18]且羞與射者[19]比[20]比而得禽獸雖若丘陵弗爲也如枉道而從彼何也孟子引此以喻[21]陳代云御者尚知羞恥此射者不欲與比子如何欲使我枉正道而從彼驕慢諸侯而見之乎且子過矣枉己者未有能直人者也謂陳代之言過謬也人當以直矯[22]枉耳己自枉曲何能正人章指言脩禮守正[23]非招不往枉道富貴君子不許[24]是以諸侯雖有善其辭命伯夷[25]亦不屑就[26]也

［1］要：求。

［2］趙簡子：春秋时晋国正卿赵鞅。

［3］嬖（bì）奚：受宠幸的小臣，名奚。

［4］禽：泛指鸟兽。

［5］反命：复命。

［6］工：古代从事各种技艺的人的总称。赵岐注中“工師”义同。

［7］或：无定代词，有人。

［8］强：勉强。

［9］掌與女乘：专门为你驾车。

［10］範：使……合乎规范。据《春秋谷梁传·昭公八年》记载：驾驭田猎的车，尘土飞扬不能出于轨道，马蹄应该发足相应，快慢合拍。

［11］詭遇：不按照规范驾御。按：赵岐注“横而射之曰詭遇”，误。“詭遇”当言驾车，不当言射。

［12］應禮之射：合乎礼法射箭。

[13] 正殺：指依礼法而射杀。

[14] 舍矢如破：言箭放出而中的。如，而。赵岐注误。

[15] 貫：通“惯”，习惯。

[16] 辭：拒绝。

[17] 貫臧：射穿心脏。臧，内脏，后写作“脏”。

[18] 御者：指王良。

[19] 射者：指嬖奚。

[20] 比：这里是合作的意思。

[21] 喻：晓谕。

[22] 矯：矫正。

[23] 脩禮守正：修明礼法，坚守正道。

[24] 許：应允。

[25] 伯夷：商末孤竹国君的长子，周武王伐纣，他叩马谏阻，武王灭商后，他耻食周粟，采薇而食，饿死在首阳山。封建社会把他当作抱节守志的典范。

[26] 就：依附。

自学提示

(1) 掌握下列带点的词语：

勇士不忘喪其元　吾爲之範我馳驅　爲之詭遇　我不貫與小人乘

(2) 重点掌握下列句子：

枉尺而直尋，宜若可爲也。

不見諸侯，宜若小然。

桀紂之失天下（離婁上）

孟子曰桀紂之[1]失天下也失其民也失其民者失其心也

失其民之心則天下畔[2]之簞食壺漿[3]以迎武王之師是也

得天下有道得其民斯[4]得天下矣得其民有道得其心斯得民矣得其心有道所欲與[5]之聚之所惡勿施爾[6]也

欲得民心聚其所欲而與之爾近也勿施行其所惡使民近則民心可得矣

民之歸仁也猶水之就[7]下獸之走壙[8]也故爲淵敺[9]魚者獺也爲叢敺爵[10]者鸇[11]也爲湯武敺民者桀與紂也今天下之君有好仁者則諸侯皆爲之敺矣雖欲無王不可得已

民之思明君猶水樂埤[12]下獸樂壙野敺之則歸其所樂獺獱[13]也鸇土鸇也故云諸侯好爲仁者敺民若此也湯武行之矣如有則[14]之者雖欲不王不可得也

今之欲王者猶七

年之病求三年之艾也[15]苟爲不畜終身不得苟不志於仁終身憂辱以陷於死亡今之諸侯欲行王道而不積其德如至七年病而却求三年時艾當畜之乃可得以三年時不畜藏之至七年而欲卒求之何可得乎艾可以爲灸人病乾久益善故以爲喻志仁者亦久行之不行之則憂辱以陷死亡桀紂是也詩云其何能淑載[16]胥及溺此之謂也[17]詩大雅桑柔之篇淑善也載辭[18]也胥相也刺時君臣何能爲善乎但相與爲沈溺之道也章指[19]言水性趨下民樂歸仁桀紂之毆使就其君三年之艾畜而可得一時欲仁猶將沉溺所以明鑒戒也

[1] 之：助词。标志“桀紂失天下”不獨立成句。

[2] 畔：通“叛”。

[3] 簞（dān）食壺漿：用簞装着饭食，用壶盛着浆汤。簞，盛饭用的圆形竹器。语出《孟子·梁惠王下》：“簞食壺漿以迎王師。”后为犒师拥军的典故。

[4] 斯：连词，则。

[5] 與：依赵岐注当是动词，给予。王引之《经传释词》云：“‘与’犹‘为’也，‘为’字读去声，‘所欲與之聚之’，言所欲则为民聚之也。”依王说，“與”是介词。按：王说为宜。

[6] 爾：代词，如此。赵注释为“近”，不妥。

[7] 就：流向。

[8] 壙：旷野。

[9] 毆（qū）：驱赶。

[10] 爵：通“雀”。

[11] 鸇（zhān）：鹰鹞类猛禽。

[12] 埤（bēi）：低下。

[13] 獱（bīn）：獭的一种。

[14] 則：效法。

[15] 三年之艾：据赵注，艾草可以用来治病，晾干得时间越久，药性越好。

[16] 載：音节助词。

[17] 此之謂：等于说“谓此”。之，宾语前置的标记。

[18] 辭：训诂术语，表明被释词是虚词。

[19] 章指：古注的一种形式。赵岐注《孟子》，每章之末概括全章的宗旨大意，间用韵语，称作章指。

自学提示

(1) 掌握下列带点的词语：

爲叢毆爵者　載胥及溺

(2) 掌握下列术语：

章指

白文

燕人畔

选自《孟子·公孙丑下》。

燕人畔王曰吾甚慙於孟子陳賈[1]曰王無患焉王自以爲與周公孰仁且智王曰惡[2]是何言也曰周公使管叔[3]監殷管叔以殷畔[4]知而使之是不仁也不知而使之是不智也仁智周公未之盡也而況於王乎賈請見而解之見孟子問曰周公何人也曰古聖人也曰使管叔監殷管叔以殷畔也有諸[5]曰然曰周公知其將畔而使之與曰不知也然則聖人且有過與曰周公弟也管叔兄也周公之過不亦宜乎且古之君子過則改之今之君子過則順之古之君子其過也如日月之食民皆見之及其更也民皆仰之今之君子豈徒順之又從爲之辭

[1] 陳賈：人名。[2] 惡（wū）：叹词。[3] 管叔：人名。[4] 畔：通“叛”。[5] 諸：“之于”的合音字。

齊人有一妻一妾

选自《孟子·离娄下》。

齊人有一妻一妾而處室者其良人出則必饜[1]酒肉而後反其妻問所與飲食者則盡富貴也其妻告其妾曰良人出則必饜酒肉而後反問其與飲食者盡富貴也而未嘗有顯者來吾將瞯[2]良人之所之蚤起施[3]從良人之所之徧國中無與立談者卒之東郭墦[4]閒之祭者乞其餘不足又顧而之他此其爲饜足之道也其妻歸告其妾曰良人者所仰望而終身也今若此與其妾訕其良人而相泣於中庭而良人未之知也施施[5]從外來驕其妻妾

[1] 饜（yàn）：饱。[2] 瞯（jiàn）：窥探。[3] 施（yí）：逶迤斜行。[4] 墦（fán）：墓地。[5] 施施：喜悦自得的样子。

第三单元

通　论

词汇知识

一词多义现象是古今汉语共同的语言现象，只不过由于古代汉语单音词占优势，这种现象尤为突出。例如“閒”（今分作“间”“闲”），《汉语大字典》“閒”字条下有4个读音：（1）jiàn，下有“空隙”“距离”“隔阂”“间谍”“侦伺”等15个义项；（2）jiān，下有“中间”“近来”等5个义项；（3）jiǎn，下有“通‘简’”等3个义项；（4）xián，下有“空间宽大”“空闲”等4个义项；共有27个义项（按：音项（3）下的3个义项均属假借义，当排除在外）。一个词的义项尽管错综复杂，但并非杂乱无章，而是有源有流，源一般就是词的本义，流就是词的引申义。掌握词的本义，正确地理解词的本义和引申义的关系，了解词义引申变化的规律，这对于准确地理解词义、提高阅读古书的能力，都是很重要的。

一、词的本义

（1）词的本义当指造词之初所表示的意义，即词的原始义。但文字产生之前某词的原始意义已无从知道，所以通常所说的词的本义，不一定就是词的原始义，而是指造字之初所记录的词的意义，即文字形体结构所反映的并有文献材料印证的意义。如：

行，甲骨文写作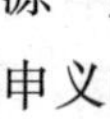，是个象形字，象十字路口之形，本义是道路。《诗经·豳风·七月》：“遵彼微行。”（遵，沿着……走。微行，小路。）

析，甲骨文写作，是个会意字，左边是木，右边是斤，本义是（顺着纹理）劈开（《说文解字》：“破木也。”）。《诗经·齐风·南山》：“析薪如之何？匪斧不克。”

来，甲骨文作，是个象形字，象小麦之形（《说文解字》：“象其芒朿（cì）之

形。”），本义是小麦。《诗经·周颂·思文》：“贻我来牟。”（来，小麦。牟，大麦。）

奔，金文作，是个会意字，从夭（象人奔跑时两手摇曳之形），从三止（“趾”的古字），本义是奔跑。《诗经·小雅·小弁》：“鹿斯之奔。”

（2）从分析汉字字形入手可以探求本义。有两点需要注意：

第一，探求本义当分析古字字形。最好是甲骨文、金文。因为甲骨文、金文距离造字的时代最近，为我们分析字形，辨认本义提供了可靠的根据（见上文诸例）。小篆字形有的就已经失去原貌了，例如“行”，小篆作，《说文解字》：“行，人之步趋也。从彳，从亍。”误将象形字解释为会意字。又如“奔”，小篆作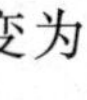，三止讹变为，《说文解字》：“奔，走也，从夭，贲省声。”误将会意字解释为形声字。《说文解字》的分析之所以出现错误，就在于许慎未见到甲骨文、金文，分析字义依靠的是小篆字形，而“行”“奔”的小篆字形、已经失去其造字之初的面貌了。至于隶定后的字形出现讹变的情形就更多了。例如“莫”，甲骨文作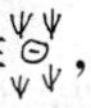，是个会意字，从日落入草（茻）中，本义是日落的时候。《诗经·齐风·东方未明》：“不夙则莫。”隶定之后，“日”下的“艸”讹变为“大”。又如“暴”，小篆作，是个会意字，《说文解字》：“暴，晞也，从日，从出，从収，从米。”分析其字意，象日出之时，双手把米拿出去晒，“暴”的本义是晒。《孟子》中“一日暴之”的“暴”，用的就是本义。但隶定之后，除“日”之外，其余部分都发生了讹变。根据“莫”“暴”隶定后的字形是无论如何分析不出其本义的。

第二，不能分析假借字字形去探求本义。例如：与“往”相对的“来”是汉语中的基本词汇，《诗经》中就出现了 73 例，如“牛羊下来”。但古人没有为来往之“来”专门造字，而是采用“依声托事”的“假借”方式，借指称“小麦”的“来”表示来往之“来”，因为二者声音相同。因此，“来”的字形记录了两个意义毫不相干的词：来$_1$，小麦；来$_2$，来到。“来”对于“来$_2$”来说是假借字形。分析“来”的字形只能探求出“来$_1$”的本义，无法探求出“来$_2$”的意义。又如“难”，本义是鸟名（《说文解字》：“鸟之短尾总名也。”），所以从“隹”（或从“鸟”），“隹”，甲骨文作，象鸟之形，“隹”就是鸟。“难”的常用义——困难、灾难、责难等，都是假借，从“难”的字形是无法分析出来的。

探求本义不仅要分析字形，还要有古代文献的材料加以证实。二者结合起来，求出的本义才是可靠的。如：元，《说文解字》说：“元，始也，从一，兀声。”许慎对“元”的意义解释和结构分析都有问题。“元”有“始”义，但“始”不是“元”的本义。“元”甲骨文作，是个指事字，人字上面一横，一横指明人的头部。由字形可以看出，“元”的本义是人头。“始”显然是“元”的引申义。我们这样说，是有古代文献的材料予以证实的。如：

狄人归其元，面如生。《左传·僖公三十三年》　　杜预注：“元，首。”

勇士不忘丧其元。《孟子·滕文公下》　　赵岐注：“元，首也。”

二、词的引申义

从本义引申出来的意义就是引申义。词义引申是造成一词多义的主要原因。

1. 词义引申的方式：直接引申与间接引申

第一，直接引申（又称辐射式引申）。指从本义直接引申出引申义。如：节。

“节”有以下几个主要义项：

①竹节。《史记·龟策列传》：“竹，外有节理，中直空虚。”

②木节。《后汉书·虞诩传》：“不遇盘根错节，何以别利器乎？”

③骨头的关节。《庄子·养生主》：“彼节者有间，而刀刃者无厚。”

④时节。《吕氏春秋·明理》：“阴阳失当，四时易节。”

⑤节奏。晋陆机《拟古诗》：“长歌赴促节。”

⑥法度。《礼记·曲礼上》：“礼不逾节。”

⑦符节。《吕氏春秋·首时》：“楚王说之，与将军之节以如秦。”

⑧准则，节操。《吕氏春秋·序意》：“子将贼吾君，而我不言之，是失人臣之节。”

⑨节制。《论语·学而》：“不以礼节之，亦不可行也。”

节（節），形声字，从竹，即声。显然，“竹节”是节的本义。其他8个义项是从竹节义引申出来的。

上面8个义项与竹节的关系可以图示如下：

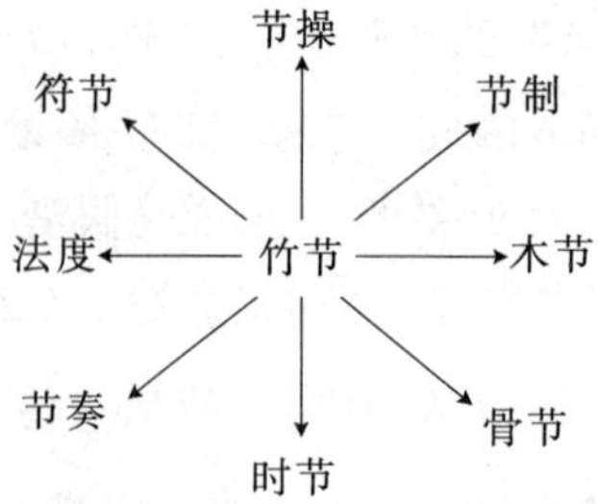

由上面的图示可以看出：（1）这8个引申义都是由它的本义“竹节”直接派生出来的，引申义之间没有派生关系。（2）这8个引申义在节的引申序列中地位是平等的。

第二，间接引申（又称链条式引申）。指从引申义再引申出新义。如：朝 zhāo。

“朝 zhāo”的本义是早晨（《说文解字》：“朝，旦也。”），《论语·里仁》：“朝闻道，夕死可矣。”引申为朝见的“朝 cháo”。《左传·成公十二年》：“朝而不夕。”孔颖达疏：“旦见君曰朝。”从朝见再引申出朝廷，即朝见之所。《左传·宣公二年》：“使妇人载以过朝。”从朝廷再引申出朝代，即朝廷存在的时间。“朝 zhāo”的引申过程可以描述如下：

早晨⟶朝见⟶朝廷⟶朝代

实际上，在词义的派生过程中，直接引申与间接引申常常是交织在一起的。下面以本节开始提到的“閒”为例加以说明。

閒，金文作，《说文解字》徐锴系传：“大门当夜闭，闭而见月光，是有间隙也。”“间”的本义是缝隙。《史记·管晏列传》：“从门间而窥其夫。”句中的“间”用的就是本义。下面将其主要的引申义按照读音分列如下：

△ jiàn

①间隔。《后汉书·东平宪王苍传》：“忧念遑遑，未有间宁。”

②距离。《淮南子·俶真》：“则美丑有间矣。”

③更迭。《尚书·益稷》：“笙镛以间。”

④嫌隙。《左传·哀公二十七年》：“君臣多间。”

⑤离间。《史记·项羽本纪》：“乃用陈平计，间项王。”

⑥侦伺。《国语·鲁语下》：“齐人间晋之祸，伐取朝歌。”

⑦间谍。《孙子·用间》：“非圣智不能用间。”

△ jiān

⑧中间（空间、时间）。《左传·僖公五年》：“师出于陈郑之间。”《国语·晋语九》：“一食之间而三叹，何也？”

⑨量词。陶潜《归田园居》：“草屋八九间。”

△ xián

⑩空闲。《左传·昭公五年》：“閒而以师讨焉。”

⑪安闲。《左传·僖公三十三年》：“吾子取其麋鹿以閒鄙邑。”

“间”的本义是缝隙，引申出间隔，这从第①例可以看出来。由此引申为第⑧例的中间、第③例的距离和第⑨例的量词用法。词义的引申由具体而抽象，由此引申为第④例的嫌隙隔阂、第⑤例的离间（使产生隔阂）、第⑥例的利用隔阂钻空子、第⑦例的间谍（利用隔阂或使产生隔阂的人）。有缝隙则有间隔，间隔一段时间更换，就引申出第③例的更迭交替。从空间向时间方面引申（第 8 例），就是第⑩例的空闲、第⑪例的安闲。从读音看，本义及前面⑦例读 jiàn，⑧、⑨两例读 jiān，⑩、⑪两例读 xián（后写作“闲”）。以上列出的 11 项并不是“间”的全部意义，只举其大略而已。“间”的引申方式既有直接引申，又有间接引申，交织在一起，如下所示。

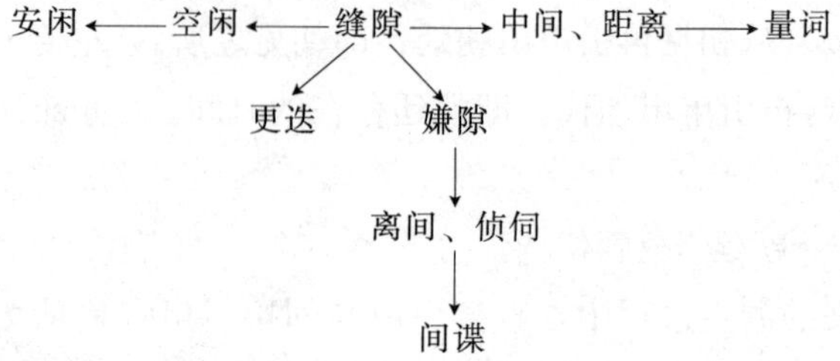

这样一个复杂的引申序列，既有意义的变化，也有读音的变化，如果不从根本入手，就很难有一个系统的清楚的了解。

2. 词义引申的途径：类比与推演

类比：是指引申义与本义所指称的对象具有某种相似之处，可以通过类比的途径实现引申。所谓相似，或是形貌性状相似，或是功能相似。前者如“节”，木节、骨节与竹节形貌相似，节气、节拍、章节与竹节性状相似，都具有匀称的间隔，所以，“节”可以引申出木节、骨节、节拍等诸义。又如“陵”，《尔雅·释地》：“大阜曰陵。”其本义是大土山。后因墓葬封土隆起为坟，其大者，形状与“陵”相似，故“陵”引申出坟墓之义。因封建帝王的坟墓高大，形状与陵更为相似，故陵又特指封建帝王的坟墓。《水经注·渭水》：“秦名天子冢曰山，汉曰陵。”后者，即功能相似，如“保”，甲骨文作，金文作，正像一个大人背着一个婴儿之形。《说文解字》：“保，养也。”“养”就是养育的意思。《尚书·康诰》有“若保赤子”，用的就是“保”的本义。由养育引申出保护，由于城堡对人来说具有同样的保护作用，于是，通过这种类比（功能相似），小城邑也叫“保”（后写作“堡”）。如《礼记·檀弓》有“公叔禺人遇负杖入保者息”。

推演：是指引申义与本义所指称的对象相互关联，可以通过连类而及的途径实现引申。如“齿”，本义是门牙，成语“唇亡齿寒”的“齿”就是用的本义，泛指牙齿；牙齿的生长与人的年龄相关，由此而引申出年龄义。如柳宗元《捕蛇者说》中说：“退而甘食其土之有，以尽吾齿。”

词的引申往往是既有类比，又有推演。如上文提及的“齿”，引申出年龄义是通过推演的途径；而引申出并列义，如《左传·隐公十一年》：“寡人若朝於薛，不敢与诸任齿。”（诸任，指诸任姓国。）显然是通过类比的途径了。

3. 引申义的读音和书写形式

词的本义和引申义通常是用一个字来表示的，读音也相同。值得注意的是，有些词的引申义改变了读音，有的后来还为引申义另外造了字。例如：

道：由道路、途径引申为引导，改读 dǎo，后写作“導”。

景：由日光引申为阴影，改读为 yǐng，后写作“影”。

解：由剖分、分解引申为松懈、懈怠，改读为 xiè，后写作“懈”。

知：由知道引申为聪明，改读为 zhì，后写作“智”。

陈：由陈列引申为列阵，改读为 zhèn，后写作“陣”（阵）。

有的只改变读音，未另造新字。如：

说：由解说引申为劝说，改读为 shuì。

有的语音未变，但却造了新字。如：

反：由翻转引申为返回，后写作“返”。

“责”比较特殊，它是“债”的古字，本读 zhài，本义就是索债的意思，如《左传·昭公二十年》：“使有司宽政，毁关，去禁，薄敛，已责。”“已责”就是停止讨债。后引申为要求、责备，改读为 zé。后为其本义另造一字“债”。

凡词义引申之后，读音或字形随之改变的，应视为新词。

4. 引申义和假借义的区别

引申义是从本义派生出来的，与本义有联系（直接的、间接的），而假借义与本义无关。如上文提到的“閒”，其本义是缝隙，后引申出“间隔”“嫌隙”“侦伺”“离间”“安闲”诸义，这些意义与“閒”的本义都有着直接或间接的联系，不再赘述。但《淮南子·要略》中有“死陵者葬陵，死泽者葬泽，故节财薄葬间服生焉”，其中的“间”是简略的意思。（按：间服，指服丧三个月。）“间”的简略义不是从“缝隙”义引申出来的，而是借“间”之音、之形，表“简”之义。因此，“简略”是“间”的假借义。无论是本无其字的假借，还是本有其字的通假，其义均与该字的本义无关，都是假借义。通常所说的一词多义不包括假借义。缝隙义、空隙义、空闲义之“间”与简略义之“间”属异词异义，是同形词。

三、词义的发展

语言中的词汇是随着社会的发展而发展的。同一个词在不同的历史时期往往存在着这样或那样的意义差别。要有历史的观点，尤其要注意现在仍然使用的词在不同历史时期意义的差别。例如在“绪论”中曾经提到过的“脸”这个词。白居易《王昭君二首》中有“满面胡沙满鬓风，眉销残黛脸销红”，有人解释说，“脸销红”就是昭君的脸上失去了红润，这样解释是不妥的。其实在唐代“脸”指的是女子目下颊上涂脂粉的地方。所以，宋代词人晏殊《破阵子》词中有“疑怪昨宵春梦好，元是今朝斗草赢，笑从双脸生”。因为是两颊，所以叫双脸。至于脸指整个面部，那是后代的事了。在掌握古今词义的变化时，下面几点是值得注意的。

1. 新义的产生和旧义的消亡

新义的产生和旧义的消亡是指词在发展过程中，义项的增加或减少。

履，在先秦是一个动词，是"践"、"踩"的意思。《诗经·小雅·小旻》："如临深渊，如履薄冰。""履"在先秦没有"鞋"的意思，至于"鞋"，先秦用"屦"。《诗经·魏风·葛屦》："纠纠葛屦，可以履霜。""屦"、"履"的这种区别，在先秦的重要文献中，如《易经》《诗经》《左传》《孟子》《周礼》《仪礼》《礼记》等，可以说是毫无例外的。大约到了战国末期，"履"已经增加了新义，可以指鞋了。如《庄子·山木》："庄子衣大布而补之，正緳（xié 鞋带）系履而过魏王。"到了汉代，"履"用于"鞋"义，已经很普遍了。这一词义变化已经在《说文解字》中反映出来，《说文解字》说："履，足所依也。""足所依"就是鞋。

举"履"为例是讲词义增生，下面以"武"为例，讲词义的消亡。

武，甲骨文作，上戈下止，表示人执戈而行，其本义当是武力征伐，由此引申出勇武的意思。正因为"武"表示人执戈而行，所以把行走留下的足迹也叫"武"。如《楚辞·离骚》："忽奔走以先后兮，及前王之踵武。"后引申为计量长度的单位词，古人以六尺为"步"，半步为"武"。如《国语·周语下》："夫目之察度也，不过步武尺寸之间。"但在后来发展中，"武"的"足迹"义、"半步"义都从口语中消失了。

2. 词义范围的变化：扩大、缩小与转移

词义范围的变化主要是指词的中心义项意义的变化。

第一，词义扩大。

一是具体意义引申为抽象意义，如：

间：由门的缝隙引申为隔阂、嫌隙。

节：由竹节引申为节令、节拍、章节。

闲：由栅栏（《周礼·夏官·虎贲氏》："舍则守王闲。"）引申为道德规范（《论语·子张》："大德不踰闲。"）。

理：由治玉引申为治理。

二是由专名引申为普通名词，如：

江：本专指长江，后泛指河流。

河：本专指黄河，后泛指河流。

第二，词义缩小。

指词的指称范围缩小了。如：

虫：本是一切动物的通称。《说文解字》："虫，有足谓之虫。"《大戴礼记·曾子天圆》："毛虫之精者曰麟，羽虫之精者曰凤，介虫之精者曰龟，裸虫之精者曰圣人。"现在的虫单用的时候主要指昆虫。

禽：作为名词，指猎获的对象，包括飞禽和走兽。《说文解字》："禽，走兽总名。"《三国志·魏志·华佗传》："吾有一术，名曰五禽之戏：一曰虎，二曰鹿，三曰熊，四曰猿，五曰鸟。”现在的禽主要指飞禽。

子：小孩，甲骨文写作，兼指男女。《战国策·赵策》“鬼侯有子而好”中的“子”就是指的女儿。后来指称范围缩小了，只指儿子。

妃：本指配偶。《左传·桓公二年》：“嘉耦曰妃。”后专指帝王之妻。

朕：先秦为第一人称代词。屈原《离骚》：“朕皇考曰伯庸。”从秦始皇开始，“朕”专用于皇帝自称。

第三，词义转移。

指词的意义由一个范围移动到了另一个范围。如：

兵：本来的意思是兵器，成语“短兵相接”“弃甲曳兵”都反映了这个词的原义。现在指士兵。兵器是一种器物，士兵是人，两个意义很明显属于两个不同的范围，这就是意义的转移。

涕：本指眼泪。《诗经·陈风·泽陂》：“有美一人，伤如之何。寤寐无为，涕泗滂沱。”毛传：“自目曰涕，自鼻曰泗。”“涕”与“泗”本来是两种不同的东西，但由于彼此相关，“涕”引申出“泗”的意义，发生了词义的转移。汉代就有了这种用法，如王褒《僮约》：“目泪下，鼻涕长一尺。”

脚：本指小腿，《吕氏春秋·观表》：“古之善相马者……陈悲相股脚。”“股”是大腿，“脚”是小腿。至于今之脚，古人称“足”。后来“脚”引申出“足”义。

3. 词义色彩的变化

词义色彩主要是指词的感情色彩。有的词原先是褒义词，后来却含有贬义。如：

爪牙：比喻武臣、重臣。《诗经·小雅·祈父》：“祈父，予王之爪牙。”《汉书·李广苏建传》：“将军者，国之爪牙也。”韩愈《与凤翔邢尚书书》：“今阁下为王爪牙，为国藩垣。”从汉代开始，也用于贬义，喻党羽、帮凶。今为贬义词。

有的词原来属中性词，后来含有贬义。如：

谤：公开指责别人的过失，议论。《国语·周语》：“厉王虐，国人谤王。”《左传·襄公十四年》：“史为书，瞽为诗……庶人谤。”后来变为贬义词，毁谤。

玩弄：研习。《论衡·案书》：“刘子政玩弄《左氏》，童仆妻子皆呻吟之。”后引申出戏弄之义，又指侮辱女性，成为贬义词。

有的词原来属中性词，后来含有褒义。如：

祥：吉凶的预兆。《左传·僖公十六年》：“是何祥也？吉凶焉在？”《论衡·异虚》：“善祥出，国必兴；恶祥见，朝必亡。”引申为善、吉利，如《左传·僖公三十三年》：“违天不祥。”今“祥”作为含有褒义的语素出现在“吉祥”“祥瑞”“祥和”等复音词中。

促使词义发展的原因，是社会的发展。由于社会的发展，社会生活的变化，新事物不断产生，旧事物不断消亡，人们的认识不断改变，词义也随之不断变化。比如

“百姓”，原是词组，是百官的意思（《尚书·尧典》：“百姓昭明，协和万邦。”），因为在西周，只有贵族才有姓氏。到了春秋后半期，宗族制度逐渐被破坏，新兴的封建势力代替了旧的贵族，这就使“百姓”的社会地位发生了变化，变得与普通庶民相似。因此，“百姓”的意义也随之发生了变化。这种情况已反映在战国时期的文献中，如《孟子·梁惠王上》“今恩足以及禽兽，而功不至于百姓者，独何与”中的“百姓”，已经是一个词了，词义与今天说的“黎民百姓”中的“百姓”已经没有什么区别。

思考题

1. 什么是词的本义？
2. 从分析汉字字形入手探求本义，需要注意什么？
3. 举例说明词义引申的方式。
4. 举例说明词义引申的途径。
5. 举例说明词义的历史变化。

文选

今注

孟子

见第二单元“今注”。

許行（滕文公上）

有爲神農之言者許行[1]，自楚之滕[2]，踵門而告文公曰[3]：“遠方之人，聞君行仁政，願受一廛而爲氓[4]。”文公與之處[5]。其徒數十人，皆衣褐[6]。捆屨織席以爲食[7]。

陳良之徒陳相，與其弟辛，負耒耜而自宋之滕[8]，曰：“聞君行聖人之政，是亦聖人也，願爲聖人氓。”

陳相見許行而大悦，盡棄其學而學焉。陳相見孟子，道許行之言曰：“滕君，則誠賢君也；雖然[9]，未聞道也。賢者與民並耕而食[10]，饔飧而治[11]；今也，滕有倉廩府庫[12]，則是厲民而以自養也[13]，惡得賢[14]！”

[1] 爲：治，研究。神農之言：指农家学派的学说。神農，传说中的远古部落首领，是“三皇”之一，相传他教民耕种。农家学派假托神农之言，主张君臣并耕。

[2] 之：到……去。滕：国名，在今山东滕州市。

[3] 踵門：走到门上。踵，脚后跟，用作动词。

[4] 廛（chán）：古代一户人家所占的房舍和土地。氓（méng）：从外地迁来的人。

[5] 與：给。處：住所。这里指田宅。

[6] 衣（yì）：穿。褐（hè）：用粗毛编织的短衣。

[7] 捆：编织。屨（jù）：鞋。

[8] 耒耜（lěi sì）：古代耕地翻土的农具，似犁。

[9] 雖然：虽然这样。

[10] 並耕：一起耕作。

[11] 饔（yōng）：早餐。飧（sūn）：晚饭。

[12] 廩（lǐn）：粮仓。

[13] 厲民：使百姓困苦。厲，病，使动用法。自養：供养自己。

[14] 惡（wū）：哪里。

孟子曰：“許子必種粟而後食乎？”曰：“然。”“許子必織布然後衣乎？”曰：“否。許子衣褐。”“許子冠乎[1]？”曰：“冠。”曰：“奚冠[2]？”曰：“冠素[3]。”曰：“自織之與？”曰：“否。以粟易之。”曰：“許子奚爲不自織？”曰：“害於耕。”曰：“許子以釜甑爨[4]，以鐵耕乎？”曰：“然。”“自爲之與？”曰：“否。以粟易之。”“以粟易械器者，不爲厲陶冶[5]；陶冶亦以其械器易粟者，豈爲厲農夫哉？且許子何不爲陶冶，舍皆取諸其宫中而用之[6]？何爲紛紛然與百工交易[7]？何許子之不憚煩[8]？”

[1] 冠（guàn）：用作动词，戴帽子。

[2] 奚：何。

[3] 素：生丝织成的、不染色的绢帛。

[4] 釜（fǔ）：锅。甑（zèng）：类似蒸笼的陶制炊具。爨（cuàn）：烧火做饭。

[5] 陶：烧制陶器。冶：冶炼铁器。“陶冶”这里指制造陶器、铁器的匠人。下文“何不爲陶冶”指陶冶之事。

[6] 舍：旧注解释为“止”（只）。諸：“之于”的合音字。宫：室。按：先秦“宫”还没有用来专指帝王的宫室。

[7] 紛紛然：忙碌的样子。

[8] 惮（dàn）：怕。按：“何——許子之不憚煩”当是偏正结构（“何德之衰？”《论语·微子》/“天子圣者与？何其多能也？”《论语·子罕》/“何天不惮劳也？”《论衡·自然》/“弟子何久也？”《史记·滑稽列传》）。

曰：“百工之事，固不可耕且爲也。”“然則治天下，獨可耕且爲與[1]？有大人之事，有小人之事[2]。且一人之身而百工之所爲備[3]，如必自爲而後用之，是率天下而路也[4]。故曰：或勞心[5]，或勞力。勞心者治人，勞力者治於人；治於人者食人[6]，治人者食於人。天下之通義也[7]。

[1] 獨：难道。

[2] 大人：指统治者。小人：指被统治者。

[3] 这句是说，一个人生活的需要，是从事各行各业的人为他治备的。所爲備，所为之备。

[4] 路：用作动词，奔走于道路。

[5] 或：肯定性无定代词，有人。

[6] 食（sì）：使动用法，等于说供养。

[7] 通義：普遍的道理。

“當堯之時，天下獨未平[1]。洪水横流，氾濫於天下[2]。草木暢茂，禽獸繁殖，五穀不登[3]，禽獸偪人[4]。獸蹄鳥迹之道，交於中國[5]。堯獨憂之，舉舜而敷治焉[6]。舜使益掌火[7]，益烈山澤而焚之[8]，禽獸逃匿。禹疏九河[9]，瀹濟漯[10]，而注諸海[11]；决汝漢[12]，排淮泗[13]，而注之江[14]；然後中國可得而食也[15]。當是時也，禹八年於外，三過其門而不入，雖欲耕，得乎[16]？

[1] 平：平定，治理好。

[2] 氾濫：同“泛滥”。

[3] 登：成熟。

[4] 偪：同“逼”，逼迫，威胁。

[5] 交：交错。中國：指中原一带。

[6] 敷：遍。

[7] 益：传说中舜的臣。

[8] 烈：火猛，用作动词，放起大火。

[9] 疏：疏通。九河：相传古代黄河下游的河道分为九条，其故道已不可考。

[10] 瀹（yuè）：疏导。濟、漯（tà）：都是水名，故道在今山东省境内。

[11] 注：使动用法，使……流入。

[12] 決：排除壅塞，导引水流。汝：汝水，古汝水源出河北省，至河南流入淮河。漢：汉水，源出陕西省，至汉口流入长江。

[13] 排：排除水道淤塞。淮：淮河。泗：泗水，源出山东省，古代泗水在今江苏淮阴附近流入淮河。

[14] 江：长江。按：汝、汉、淮、泗四水，只有汉水流入长江，这里连类而及，与实际情况不符。

[15] 可得而食：意思是才可能耕种并收获粮食。

[16] 得乎：可能吗？

“后稷教民稼穡[1]，樹藝五穀[2]，五穀熟而民人育[3]。人之有道也[4]，飽食、煖衣、逸居而無教[5]，則近於禽獸。聖人有憂之[6]，使契爲司徒[7]，教以人倫[8]：父子有親，君臣有義，夫婦有别，長幼有敘，朋友有信。放勳曰[9]：‘勞之來之[10]，匡之直之[11]，輔之翼之[12]，使自得之[13]，又從而振德之[14]。’聖人之憂民如此，而暇耕乎？

[1] 后稷（jì）：名弃，周的始祖。后，君。“稷”本是主管农事的官名，尧任命弃为稷，周人因称弃为“后稷”。稼穑（sè）：农业上种叫稼，收叫穑，这里泛指农事。

[2] 藝：种植。

[3] 育：生养，这里有得以生存繁殖的意思。

[4] 意思是人有为人之道。

[5] 煖：同“暖”。

[6] 有：通“又”。

[7] 契（xiè）：尧的臣子，商的始祖。司徒：官名，掌管教化。

[8] 人倫：古代社会所规定的人与人之间的关系。以下五句即所谓“五伦”。

[9] 放勳：尧的号。

[10] 勞、來（lài）：都是勤勉的意思，这里是使动用法。（《尔雅・释诂下》：“来，勤也。”《墨子・尚贤下》：“垂其股肱之力，而不相劳来。”《史记・周本纪》：“日夜劳来，定我西土。”《礼记・中庸》：“凡为天下国家有九经……来百工也。”王引之《经义述闻》：“来读劳来之来，谓勤勉之也。”）

[11] 匡：正，使动用法。

[12] 翼：帮助。

[13] 自得之：指自得其善性。

[14] 振：救济。德：用作动词，施以恩惠。

“堯以不得舜爲己憂，舜以不得禹、皋陶爲己憂[1]。夫以百畝之不易爲己憂者[2]，農夫也。分人以財謂之惠，教人以善謂之忠，爲天下得人者謂之仁[3]。是故以天下與人易，爲天下得人難。孔子曰[4]：‘大哉，堯之爲君[5]！惟天爲大，惟堯則之[6]，蕩蕩乎[7]，民無能名焉[8]。君哉，舜也！巍巍乎[9]，有天下而不與焉[10]。’堯舜之治天下，豈無所用其心哉？亦不用於耕耳。

[1] 皋陶（yáo）：舜的法官。

[2] 易：治，这里指耕种好。

[3] 这里的“惠”“忠”“仁”是孟子随文而做的解释，并不能概括出它们在当时的全部涵义。

[4] 以下引文见《论语・泰伯》，但文字上有出入。

[5]“堯之爲君”是主语，“大”是谓语，谓语及句尾语气词“哉”放在主语之前，用以加强感叹语气。

[6] 則：法则，用作动词，效法。

[7] 蕩蕩：广大辽阔的样子。

[8] 無：不。名：用言语形容。

[9] 巍巍：高大的样子。

[10] 與（yù）：参与。

“吾聞用夏變夷者[1]，未聞變於夷者也。陳良，楚産也[2]，悦周公、仲尼之道[3]，北學於中國；北方之學者，未能或之先也[4]。彼所謂豪傑之士也。子之兄弟事之數十年，師死而遂倍之[5]。昔者，孔子没[6]，三年之外，門人治任將歸[7]，入揖於子貢[8]，相嚮而哭，皆失聲[9]，然後歸。子貢反，築室於場[10]，獨居三年，然後歸。他日，子夏、子張、子游以有若似聖人[11]，欲以所事孔子事之[12]，强曾子[13]。曾子曰：‘不可。江漢以濯之[14]，秋陽以暴之[15]，皜皜乎不可尚已[16]。’今也，南蠻鴃舌之人[17]，非先王之道；子倍子之師而學之，亦異於曾子矣。吾聞出於幽谷，遷於喬木者[18]，未聞下喬木而入於幽谷者。《魯頌》曰：‘戎狄是膺，荆舒是懲。[19]’周公方且膺之[20]，子是之學[21]，亦爲不善變矣。”

[1] 夏：华夏，指当时文化较发达的中原各国。夷：指中原以外的少数民族。

[2] 楚産：楚国出生的人。

[3] 周公：名旦，姬姓。周文王之子，曾辅佐武王、成王，封于鲁。文王、武王、周公都是儒家所推崇的圣人。

[4] 或：有人。先：用作动词，超过。之：“先”的宾语，指陈良。

[5] 倍：通“背”，背叛。

[6] 没：死。

[7] 治任：收拾行装。任，担子，这里指行李。按：上古时代，弟子为老师服心丧（哀痛与丧父相仿，但不穿丧服，所以称心丧）三年，所以三年过后门人散去。

[8] 子貢：姓端木，名赐，孔子的弟子。

[9] 失聲：悲不成声。

[10] 反：返回，后写作“返”。場：墓前供祭祀用的空地。

[11] 子夏：姓卜，名商。子張：姓颛孙，名师。子游：姓言，名偃。有若：姓有，名若。以上四人都是孔子的弟子。

[12] 所事孔子：事奉孔子的方式。按：“所＋动＋名”是个多义格式。a.“所”字结构，即“所——动＋名”，如：所事孔子/其北陵，文王之所避风雨也。（《左传·僖公三十三年》）b. 偏正结构，即“所＋动——名”，如：有司对曰：“郑人所献楚囚也。”（《左传·成公九年》）/置人所罾（zēng）鱼腹中。（《史记·陈涉世家》）——详见第八单元通论。

[13] 强（qiǎng）：勉强。曾子：名参（shēn），孔子的弟子。

[14] 濯：洗。

[15] 秋陽：秋天的太阳。按：这里用的是周代历法，周历的七八月相当于夏历的五六月，正是阳光最强的时候。暴（pù）：晒，后写作“曝”。

[16] 皜皜：光明洁白的样子。尚：加在上面，超越。已：语气词。

[17] 鴃（jué）：鸟名，又名伯劳，叫声难听。

[18]“出於幽谷，遷於喬木”语出《诗经・小雅・伐木》。

[19] 引诗见《诗经・鲁颂・閟（bì）宫》。戎狄：古代分别泛指西方、北方的少数民族。是：宾语前置的标记。膺（yīng）：击。荆：楚国的别名。舒：南方的小国，从属于楚。懲（chéng）：惩罚。

[20] 方且：尚且。

[21] 是：指代戎狄荆舒。之：宾语前置的标记。

“從許子之道，則市賈不貳[1]，國中無僞[2]；雖使五尺之童適市[3]，莫之或欺[4]。布帛長短同，則賈相若；麻縷絲絮輕重同[5]，則賈相若；五穀多寡同，則賈相若；屨大小同，則賈相若。”曰：“夫物之不齊，物之情也[6]：或相倍蓰[7]，或相什百，或相千萬。子比而同之[8]，是亂天下也。巨屨小屨同賈[9]，人豈爲之哉？從許子之道，相率而爲僞者也[10]，惡能治國家[11]！”

[1] 賈（jià）：价格，后写作“价”。

[2] 國：指都城。

[3] 五尺：战国时的一尺约等于今尺的三分之二强。五尺相当于现在的三尺多。適：到……去。

[4] 莫之或欺：没有人欺骗他。或，助词。

[5] 縷：线。絮：粗丝绵。

[6] 情：本性，即自然之理。或：有的。

[7] 蓰（xǐ）：五倍。下文“什百”“千萬”都是说的倍数。

[8] 比：并列。同：等同。

[9] 巨屨小屨：据上文疑是粗屨精屨。

[10] 相率：彼此相循。率，循，沿袭。

[11] 惡（wū）：怎么。

自学提示

(1) 掌握下列带点的词语：

市賈不貳　子倍子之師而學之　孔子没　惟堯則之　勞之來之　樹藝五穀　聖人有憂之　五穀不登　舉舜而敷治焉　或勞心　是厲民而以自養也　惡得賢　踵門而告文公　自楚之滕

(2) 重点掌握下列句子：

何許子之不憚煩？

治於人者食人，治人者食於人。

大哉，堯之爲君！

北方之學者，未能或之先也。

戎狄是膺，荆舒是懲。

江漢以濯之，秋陽以暴之，皜皜乎不可尚已。
子是之學，亦爲不善變矣。

外人皆稱夫子好辯（滕文公下）

公都子曰[1]："外人皆稱夫子好辯[2]，敢問何也?"

孟子曰："予豈好辯哉？予不得已也。天下之生久矣，一治一亂。當堯之時，水逆行氾濫於中國[3]，蛇龍居之，民無所定，下者爲巢[4]，上者爲營窟[5]。《書》曰：'洚水警余[6]。'洚水者，洪水也。使禹治之。禹掘地而注之海[7]，驅龍蛇而放之菹[8]。水由地中行，江、淮、河、漢是也。險阻既遠，鳥獸之害人者消，然後人得平土而居之[9]。

"堯舜既没[10]，聖人之道衰，暴君代作[11]，壞宫室以爲汙池[12]，民無所安息；棄田以爲園囿[13]，使民不得衣食。邪説暴行又作，園囿、汙池、沛澤多而禽獸至[14]。及紂之身，天下又大亂。周公相武王誅紂[15]，伐奄三年討其君[16]，驅飛廉於海隅而戮之[17]，滅國者五十，驅虎豹犀象而遠之[18]，天下大悦。《書》曰[19]：'丕顯哉，文王謨[20]！丕承哉，武王烈[21]！佑啓我後人[22]，咸以正無缺[23]。'

[1] 公都子：孟子的弟子。
[2] 外人：他人。
[3] 中國：指中原地区。
[4] 下者：指居住在低洼之地的人。
[5] 營窟：相连的洞穴。
[6] 所引《尚书》已亡佚。洚：大水泛滥。
[7] 注：使动用法，使……倾泻。之：代洪水。
[8] 菹（zū）：水草丛生的沼泽。
[9] 平土：平原。
[10] 没：死，后写作"殁"。
[11] 代：更迭。作：兴起。
[12] 汙（wū）：停积不流的水，池塘。
[13] 囿（yòu）：古代畜养禽兽的园林。
[14] 沛：水草丛生的沼泽。
[15] 相：辅佐。
[16] 奄：古国名，在今山东省曲阜县。
[17] 飛廉：商纣王的臣子，善奔跑。戮（lù）：杀。
[18] 遠：使动用法。
[19] 所引《尚书》已亡佚，引文见伪古文《尚书・君牙》。

[20] 丕（pī）：大。顯：明。謨（mó）：谋。按："丕顯"是句子的谓语，连同句尾语气词"哉"移至主语"文王謨"之前，以加强感叹语气。下句句式相同。

[21] 承：继承。烈：功业。

[22] 启：启发。

[23] 咸：皆。

"世衰道微，邪説暴行有作[1]。臣弑其君者有之，子弑其父者有之。孔子懼[2]，作《春秋》[3]。《春秋》，天子之事也。是故孔子曰：'知我者其惟《春秋》乎！罪我者其惟《春秋》乎！'

"聖王不作，諸侯放恣，處士横議[4]，楊朱、墨翟之言盈天下[5]。天下之言不歸楊則歸墨。楊氏爲我，是無君也；墨氏兼愛，是無父也。無父無君，是禽獸也。公明儀曰[6]：'庖有肥肉，廐有肥馬，民有飢色，野有餓莩[7]，此率獸而食人也[8]。'楊墨之道不息，孔子之道不著，是邪説誣民，充塞仁義也。仁義充塞，則率獸食人，人將相食。吾爲此懼，閑先聖之道[9]，距楊墨[10]，放淫辭[11]，邪説者不得作。作於其心，害於其事；作於其事，害於其政。聖人復起，不易吾言矣[12]。

"昔者禹抑洪水而天下平，周公兼夷狄[13]，驅猛獸而百姓寧，孔子成《春秋》而亂臣賊子懼[14]。詩云[15]：'戎狄是膺，荆舒是懲[16]，則莫我敢承[17]。'無父無君，是周公所膺也。我亦欲正人心，息邪説，距詖行[18]，放淫辭，以承三聖者[19]。豈好辯哉？予不得已也。能言距楊墨者，聖人之徒也。"

[1] 有：通"又"。

[2] 懼：忧虑。

[3]《春秋》：春秋时鲁国的一部编年史，相传孔子据鲁史修订而成，故列为儒家经典之一。

[4] 處士：指未做官的士人。横（hèng）議：放纵恣肆地议论。

[5] 楊朱：先秦诸子之一，主张"为我"，孟子说他"拔一毛而利天下，不为也"（《孟子·尽心上》）。杨子之书不传，略见于《列子》一书。墨翟（dí）：战国初期重要的思想家，墨家学派的创始人，主张"兼爱""非攻""节用""非命"等，其学说载于《墨子》一书。

[6] 公明儀：鲁国的贤人。

[7] 餓莩（piǎo）：饿死的人。

[8] 率：率领。

[9] 閑：捍卫。

[10] 距：通"拒"，抗拒。

[11] 放：驱逐。

[12] 易：改变。

[13] 兼：兼并。

[14] 賊子：大逆不道的人。按：儒家学派认为孔子修《春秋》，字字寓褒贬，致使乱臣贼子感到恐惧。

［15］引自《诗经·鲁颂·閟（bì）宫》。

［16］见《许行》篇注。

［17］莫：无定代词，没有谁。承：当，抵挡。

［18］詖（bì）：邪僻。

［19］三聖者：指禹、周公、孔子。

自学提示

（1）掌握下列带点的词语：

洚水警余　驅虎豹犀象而遠之　野有餓莩　閑先聖之道　放淫辭　距詖行

（2）重点掌握下列句子：

丕顯哉，文王謨！丕承哉，武王烈！

莫我敢承。

古注

孟子注疏

《孟子注疏》，又名《孟子正义》，宋孙奭（shì）撰，是为东汉赵岐注所作的疏，收入通行的“十三经注疏”中。孙奭（公元962—1033年），字宗古，北宋著名经学家，博州博平（今山东茌平）人，《宋史》有传。

《孟子注疏》一书的真伪有疑问。宋代朱熹首先在《朱子语类》中指出此书是“邵武士人”假託孙奭之名的伪作，《四库全书总目》亦主此說，目前真伪还难以断定。

“滕文公問曰”三章（梁惠王下）

滕文公問曰滕小國也間[1]於齊楚事齊乎事楚乎文公言我居齊楚二國之間非其所事不能自保也孟子對曰是謀非吾所能及也無已[2]則有一焉鑿斯池也築斯城也與民守之効死[3]而民弗去則是可爲也孟子以二大國之君皆不由禮義我不能知誰可事者也不得已則有一謀焉惟施德義以養民與之堅守城池至死使民不畔[4]去則是可以爲也

［疏］滕文公至可爲也○正義曰此章言事無禮義國不若得民心與之守死善道也滕文公問曰滕小國也間於齊楚事齊乎事楚乎者是滕文公問孟子言我之滕國則小國也今間厠在齊楚二國之間而我今當奉事齊國乎楚國乎故以此問孟子孟子對曰是謀非吾所能及也無已則有一焉鑿斯池至是可爲也者是孟子答文公以謂若此之謀而指誰國可事非我所能及知也以其齊楚二國皆是無禮義之國孟子所以答曰是謀非吾所能及也言不得已則有一謀計焉言但鑿此滕國

之池築此滕國之城與人民堅守此滕國至死使民不畔去則是一謀可以爲也其它非吾所及

［1］間（jiàn）：处在……中间。

［2］無已：意思是，如果一定要说的话。已，停止。

［3］効死：效力至死。

［4］畔：通“叛”。

滕文公問曰齊人將築薛吾甚恐如之何則可齊人並得薛築其城以偪[1]於滕故文公恐也孟子對曰昔者大王[2]居邠[3]狄人侵之去之岐山之下居焉非擇而取之不得已也大王非好岐山之下擇而居之焉迫不得已困於强暴故避之苟爲善後世子孫必有王者矣誠能爲善雖失其地後世乃有王者若周家也君子創業垂統爲可繼也若夫成功則天也君如彼何哉强[4]爲善而已矣君子創業垂統貴令後世可繼續而行耳又何能必有成功成功乃天助之也君如彼齊何乎但當自强爲善法以遺後世而已矣［疏］滕文公至强爲善而已矣正義曰此章言君子之道正已在天强暴之來非已所招謂窮則獨善其身也滕文公問曰齊人將築薛吾甚恐如之何則可者言齊人並得薛地將欲築其城於此故滕文公恐其偪乃問孟子當如何則可免爲不見迫孟子對曰昔者大王居邠狄人侵之去之岐山之下居焉非擇而取之不得已也者孟子答滕文公以謂往者大王居邠國後爲戎狄之國所侵伐遂去之岐山下爲居焉當此之時非大王擇此岐山之下爲居焉不得已而避狄所侵患故之岐山下爲居耳苟爲善後世子孫必有王者矣者孟子言滕文公誠能爲善修德而布政於民今雖失其薛地至後世子孫必有王者興作矣君子創業垂統爲可繼也若夫成功則天也若如彼何哉强爲善而已矣者孟子又言君子在上基創其業垂統法於後世蓋令後世可以繼續而承之耳若夫其有成功乃天助之也於人又不可必其成功君今豈奈彼齊之大國何但勉强自爲善以遺法於後世也

［1］偪：同“逼”，威胁。

［2］大（tài）王：周的祖先古公亶父。

［3］邠（bīn）：同“豳”，在今陕西境内。

［4］强（qiǎng）：勉力。

滕文公問曰滕小國也竭力以事大國則不得免焉如之何則可問免難全國於孟子孟子對曰昔者大王居邠狄人侵之事之以皮幣不得免焉事之以犬馬不得免焉事之以珠玉不得免焉皮狐貉之裘幣繒[1]帛之貨也乃屬[2]其耆老[3]而告之曰狄人之所欲者吾土地也吾聞之也君子不以其所以養人者害人二三子[4]何患乎無君我將去之去邠踰梁山邑於岐山之下居焉屬會也土地生五穀所以養人也會長老告之如此而去之矣邠人曰仁人也不可失也從之者如歸市言樂隨大王如歸趨於市若將有得也或曰世守也非身之所能爲也効死勿去

君請擇於斯二者或曰土地乃先人之所受也世世守之非己身所能專爲至死不可去也欲令文公擇此二者惟所行也［疏］滕文公問曰至擇於斯二者○正義曰此章言大王去邠權[5]也効死守業義也滕文公問曰滕小國也竭力以事大國則不得免焉如之何則可者是滕文公问孟子言我之滕國小國也今竭盡其力以奉事大國則不得免其侵伐當如何則可以免焉孟子對曰昔者大王居邠狄人侵之至事之以珠玉不得免焉者孟子答文公以謂往大王所居邠國後爲戎狄所侵伐是時也大王事之以皮幣且尚不免其侵伐又事之以犬馬又不得免其侵伐復事以珠玉又且猶不免其侵伐焉乃屬耆老而告之曰至邑於岐山居焉邠人曰仁人也不可失也從之者如歸市者孟子言大王以皮幣犬馬珠玉奉事戎狄猶不免其侵伐乃會耆老而告之曰狄人所欲者在我之土地也我聞君子不以所養人之土地而殘賊其民汝二三子何憂患乎無君我將去之以讓狄也遂去邠國踰梁山而邑於岐山下居焉邠國之人遂聞大王此言乃曰仁人之君不可失去也故從之者如歸趨於市若將有所得耳或曰世守也非身之所能爲也効死勿去者孟子又言或人有云土地者乃先人之所受也非己身所能爲者也乃世世守之也當効死而不可去也故請文公擇斯二者而處之二者其一如大王去邠其二如或云効死勿去是也○注皮狐貉之裘幣繒帛之貨○正義曰蓋狐貉之皮爲裘也釋云狐貉妖獸也後人以其狐貉性多疑故以皮爲之裘也孔子曰[6]黄衣狐裘又曰狐貉之厚以居是也周禮行人[7]職云合六幣[8]圭以馬[9]璋以皮璧以帛琮以錦琥以繡璜[10]以黼[11]此六物以和諸侯之好鄭注云合同也六幣所以享[12]也是幣即繒帛之貨也云屬會也釋文云會也又曰付也

［1］繒（zēng）：丝织品。

［2］屬（zhǔ）：召集。

［3］耆（qí）老：长老。耆，老。

［4］二三子：等于说诸位，你们。

［5］權：变通。

［6］引文见《论语·乡党》。

［7］行人：官名，掌管朝覲聘问之事。按：《周礼·秋官》有“大行人”“小行人”，引文见“小行人”。

［8］合六幣：这里指小行人至诸侯国行聘问之礼时将所献的六种礼物两两相配。

［9］圭以馬：言所献玉器为圭，与之相配、陈列于朝堂的礼物为马。下文同。

［10］圭、璋、璧、琮（cóng）、琥（hǔ）、璜（huáng）：六种玉器名。

［11］黼（fǔ）：礼服。

［12］享：献。

自学提示

掌握下列带点的词语：

乃屬其耆老　强爲善而已矣　間於齊楚　二三子何患乎無君　効死而民弗去

孟子谓戴不勝曰（滕文公下）

孟子謂戴不勝曰子欲子之王之善與我明告子不勝宋臣有楚大夫於

此欲其子之齊语[1]也则使齊人傅[2]諸[3]使楚人傅諸孟子假喻有楚大夫在此欲變其子使學齊言当使齊人傅之使楚人自傅相[4]之邪[5]曰使齊人傅之不勝曰使齊人曰一齊人傅之衆楚人咻[6]之雖日撻而求其齊[7]也不可得矣引而置之莊嶽之間數年雖日撻而求其楚亦不可得矣言使一齊人傅相衆楚人咻之咻之者嚾[8]也如此雖日撻之欲使齊言不可得矣言寡不勝衆也莊嶽齊街里[9]名也多人處之數年而自齊也子謂薛居州善士也使之居於王所[10]在於王所者長幼卑尊皆薛居州也王誰與爲不善孟子曰不勝常言居州宋之善士也欲使居於王所如使在王所者小大皆如居州則王誰與爲不善者也在王所者长幼卑尊皆非薛居州也王誰與爲善一薛居州獨如宋王何如使在王左右者皆非居州之疇[11]王當誰與爲善乎一薛居州獨如宋王何而能化之也周之末世列國皆僭號[12]自稱王故曰宋王也[13]

［疏］孟子谓戴不勝至如宋王何○正義曰此章言自非聖人在所變化故諺曰白沙在泥不染自黑蓬生麻中不扶自直[14]之類也孟子谓戴不勝曰至亦不可得矣不勝宋王之臣也姓戴名不勝孟子謂之曰子今欲子之宋王爲善歟我今明言而告子且假喻今有楚国之大夫於此欲使其子學齊人之言則當使齊人傅諸使楚人傅諸曰使齊人傅之不勝答之以爲當使齊人傅相之孟子又言如使一齊人傅相其子之言而衆楚人皆咻嚾之雖日加鞭撻其子而求爲齊言也不可得已如引其子置之閭巷[15]之間數年之久雖日加鞭撻而求其子爲楚言亦不可得已子謂薛居州善士也至如宋王何孟子又言今不勝謂薛居州善士者也使之居於宋王之所如在宋王之所者長幼卑尊皆如薛居州善士者也則宋王誰與爲不善也如在宋王之左右長幼卑尊皆非薛居州之善者也則宋王誰能與爲善今以一薛居州獨佐於宋王爲善其能如宋王何無他以其一人之寡不能勝其衆也故孟子所以齊人楚人而比喻之也薛居州宋國之善士者也

[1] 齊語：说齐语。

[2] 傅：教导。

[3] 諸："之于"的合音。

[4] 相（xiàng）：辅助。

[5] 邪（yé）：语气词。

[6] 咻（xiu）：喧嚷。

[7] 齊：用作动词，说齐语。

[8] 嚾（huān）：喧嚣。

[9] 街里：街坊里巷。

[10] 所：处所，地方。

[11] 疇：类。

[12] 僭號：冒用帝王的称号。僭（jiàn），超越本分，冒用尊者的名分、仪制或器物。

[13] 周代周天子称"王"，诸侯的爵位分为公、侯、伯、子、男五等。宋为商之后裔，周成王时微子始封于宋，公爵。

[14] 语出《荀子》，参看第七单元"古注"《劝学》。

[15] 閭（lǘ）巷：里巷。

自学提示

（1）掌握加点的词语：

使齊人傳諸　衆楚人咻之

（2）重点掌握下列句子：

欲其子之齊語也。

一薛居州獨如宋王何。

白文

夫子當路於齊

选自《孟子·公孙丑上》。

公孫丑[1]問曰夫子當路[2]於齊管仲晏子之功可復許[3]乎孟子曰子誠齊人也知管仲晏子而已矣或問乎曾西[4]曰吾子與子路孰賢曾西蹵然[5]曰吾先子[6]之所畏也曰然則吾子與管仲孰賢曾西艴然[7]不悦曰爾何曾比予於管仲管仲得君如彼其專也行乎國政如彼其久也功烈如彼其卑也爾何曾比予於是曰管仲曾西之所不爲也而子爲我願之乎曰管仲以其君霸晏子以其君顯管仲晏子猶不足爲與曰以齊王由反手也曰若是則弟子之惑滋甚且以文王之德百年而後崩猶未洽[8]於天下武王周公繼之然後大行今言王若易然則文王不足法與曰文王何可當也由湯至於武丁[9]賢聖之君六七作天下歸殷久矣久則難變也武丁朝[10]諸侯有天下猶運之掌也紂之去武丁未久也其故家遺俗流風善政猶有存者又有微子微仲王子比干箕子膠鬲皆賢人也相與輔相之故久而後失之也尺地莫非其有也一民莫非其臣也然而文王猶[11]方百里起是以難也齊人有言曰雖有智慧不如乘勢雖有鎡基[12]不如待時今時則易然也夏后殷周之盛地未有過千里者也而齊有其地矣雞鳴狗吠相聞而達乎四境而齊有其民矣地不改[13]辟矣民不改聚矣行仁政而王莫之能禦也且王者之不作未有疏於此時者也民之憔悴於虐政未有甚於此時者也飢者易爲食渴者易爲飲孔子曰德之流行速於置郵[14]而傳命當今之時萬乘之國行仁政民之悦之猶解倒懸[15]也故事半古之人功必倍之惟此時爲然

[1] 公孫丑：孟子的弟子。[2] 當路：当道，指身居要职。[3] 許：这里是兴起的意思。[4] 曾西：孔子弟子曾参的孙子。[5] 蹵（cù）然：恭敬不安的样子。[6] 先子：指曾参。[7] 艴（fú）然：生气的样子。[8] 洽：浸润。[9] 汤、武丁：都是殷代的君主。[10] 朝：使动用法。[11] 猶：通“由”，从。[12] 鎡（zī）基：一种锄类农具。[13] 改：更，再。[14] 置、郵：都是古代传递政令的方法。置，指马递。郵，指车递。[15] 倒懸：指倒吊着的人。

今有負其子而汲者

选自《墨子·七患》。

今有負其子而汲者隊[1]其子於井中其母必從而道[2]之今歲凶民饑道餓重其子此疚於隊[3]其可無察邪故時年歲[4]善則民仁且良時年歲凶則民吝且惡夫民何常此之有[5]爲者寡食者衆則歲無豐故曰財不足則反[6]之時[7]食不足則反之用故先民以時生財固本[8]而用財則財足故雖上世之聖王豈能使五穀常收而旱水不至哉然而無凍餓之民者何也其力時[9]急而自養儉也故夏書曰禹七年水殷書曰湯五年旱此其離[10]凶餓甚矣然而民不凍餓者何也其生財密其用之節也

[1] 隊：坠落。后写作“坠”。[2] 道：引，拉。后写作“导”。[3]“重其子此疚於隊”当作“此疚重於隊其子”。[4] 年歲：年成。[5] 何常此之有：“有何常此”的宾语前置形式。[6] 反：返。[7] 時：时令。[8] 本：指农耕。[9] 力時：这里是勤于农耕的意思。[10] 離：通“罹”，遭。

第四单元

通　论

字典辞书

一、辞书源流简介

字典辞书是工具书的重要组成部分。

学习古代汉语，常常会遇到一些生僻的字和词，既不知道它们的读音，又不了解它们的意义；也常常会遇到一些字和词，与现代常见的意义差别很远，还会遇到一些成语典故，不大好懂。这些都要依靠字典辞书来解决。因此，在学习古代汉语的过程中，必须学会使用字典辞书。

汉字有形，有音，有义；所以训诂方法就有“形训”“音训”“义训”三种；中国古代的字典辞书的编纂方式亦随之有“据形系联”“同音类聚”“同义类聚”三大类。段玉裁《说文解字注》云：“凡文字有义有形有音，《尔雅》以下，义书也；《声类》以下，音书也；《说文》，形书也。”形书即按部首编排、通过分析汉字形体结构解释字义的字书，中国最早的字书是东汉许慎的《说文解字》（字书系列有《玉篇》《类篇》《字汇》等）；义书即按义类编排的训诂之书，中国最早的一部训解词义的辞书是汉代初年成书的《尔雅》（训诂之书的系列有《广雅》《埤雅》《尔雅翼》等）；音书即按照字音分韵编排的韵书，中国最早的韵书是三国时期李登的《声类》（韵书系列有《切韵》《广韵》《集韵》等）。

二、查阅字典辞书的三个环节：检字，定音，取义

1. 检字

检字首先要了解字典辞书的编排体例。字典辞书的编排方式主要有两种：一是形序，二是音序。

形序是指按部首和笔画排列。按部首和笔画检字需要注意以下几点：(1) 字典辞书的部首与汉字结构中的形符（意符）不完全是一回事。以楷书的结构为依据编排汉字的字典辞书，为了检字的方便，是把共有的相同偏旁（字上下左右外的部位）作为部首。这些偏旁大多是形符，但也有的不是形符。如“問”“聞”“悶”，其形符分别为“口”“耳”“心”，而《汉语大字典》《汉语大词典》均将其归入“門”部。又如“旗”“旄”“旌”诸字，形旁是“㫃”（象旌旗之形），而《康熙字典》《辞源》等归入“方”部。(2) 不同的字典辞书对同一个字取部不同。像上面所举的“問”“聞”“悶”诸字，《康熙字典》《辞源》等则受《说文解字》540 部首的影响，仍按形符将其分别归入“口”“耳”“心”诸部。又如“荆”，《康熙字典》《辞源》按其形符归入“艸”部，而《汉语大字典》《汉语大词典》均将其归入“刀”部。(3) 各字典辞书部首的设置不完全一致。《说文解字》将汉字分为 540 部首，基本上是以小篆的结构为依据的。《康熙字典》分为 214 个部首，主要以楷书的偏旁为依据。新《辞海》以简化字和印刷通用汉字字形为依据，设置 250 个部首。《汉语大字典》、《汉语大词典》则对《康熙字典》的 214 个部首进行了改造，删去 8 个部，合并 6 个部，设置 200 个部首。(4) 新旧字形的笔画不同。如：艹（旧字形 4 画）、艹（新字形 3 画）；辶（旧字形 4 画）、辶（新字形 3 画）；瓦（旧字形 5 画）、瓦（新字形 4 画），巨（旧字形 5 画）、巨（新字形 4 画），爭（旧字形 8 画）、争（新字形 6 画）等。此外，有的字其构字部件看似相同，但实则不同，笔画计算也不一样，如“世”，里边的乚是二画，外边的乚是一画，所以，按笔画检字，依六画或四画都查不到“世”字。

形序还包括按号码排列。通常使用的是四角号码。这种检字法把每个汉字的四角形状分为十种形式，分别用 0 至 9 十个号码代表，其顺序为：左上角、右上角、左下角、右下角（可参看《辞源》“四角号码检字法”）。如：

截——4325

极少字典辞书使用号码检字法。

音序是指按音序排列。民国以前按音序排列的字典辞书多是按平上去入四声和平水韵 106 韵分列，如《佩文韵府》《经籍籑诂》等。当代编写的按音序排列的字典辞书，一般按汉语拼音方案字母顺序排列，如《新华字典》《现代汉语词典》《古代汉语词典》《古代汉语字典》等。

形序编排与音序编排各有利弊。如音序检字，必须知音，而恰恰一些待查的字，我们不知道它的读音，有些字我们知道它现在的读音，但不知它在平水韵中属于哪一韵部；至于部首检字，必须明了待查字的部首，由于汉字部首的位置是不固定的，而有些待查字的部首又一时难以确定，这样，往往要翻查数次。比如查《左传·隐公元年》“遂置姜氏於城颍”中的“颍”字，很可能先查“页”部，再查“匕”部，最后才查“水”部。从检字的角度来说，音序检字、部首检字都是不可或缺的。因此，当代新版的字典辞书，无论是按部首排列的，还是按音序排列的，一般在书中都有两种（或两种以上）的检字法供选用。

在检字时，如果对某字的部首不清楚，或对旧字形、繁体字不大熟悉，要善于利用字典辞书中的“难检字表”“新旧字形对照表”“繁简字对照表”等。

在使用某一部字典辞书之先，要对该字典辞书有一个总体的了解，要认真读一下“前言”“凡例”“部首排检法说明”，并且看看是否有“补遗”“勘误”“附录”之类。这些看似小事，其实很重要。如果只图省事，结果常常事倍功半，反而浪费了时间。

2. 定音

要确定读音，首先要了解字典辞书的注音方式。常用的注音方式有三种：（1）直音。即用同音字注音。如《康熙字典》中的“戍音恤”“汜音祀”之类。这种注音方式具有很大的局限性。（2）反切。这是我国古代字典辞书中运用最为普遍的注音方式。反切是用两个字来拼合被切字的读音，反切上字取其声母，反切下字取其韵母和声调。如：同，徒红切。八，博拔切。迹，资昔切。如果我们不具备古今语音演变的知识，大多数反切不能拼合出正确的读音。正因为古今语音有很大的变化（详见第十单元“语音知识”），再加之用来作反切上下字的字数太多（《广韵》反切上字 400 多，下字 1 000 多），反切注音也就难以被人们普遍掌握。（3）注音字母和拼音字母注音。在汉语拼音方案制定以前，1913 年由读音统一会制定了一套注音字母（后改名为注音符号），即ㄅㄆㄇㄈ等 40 个字母。如《辞源》修订本在每个字头下用拼音字母注音的同时，也采用了注音字母注音。

定音是和取义联系在一起的。汉语中的常用词大多是多音多义词，读音不同，意义有别。例如《孟子》中有“此率兽而食人也”，又有“治於人者食人”，之所以前句“食”读 shí，后句“食”读 sì，是因为两句中的“食”意义有别，前句的“食”是“吃”的意思，是及物动词的一般用法，后句中的“食”是“给……吃”的意思，是使动用法。正确取义是定音的根据。

3. 取义

字典辞书中的词大多是多义项的，而我们所查阅的文献中的某个词在该语境中只能是单义的，这就存在着如何正确取义的问题。取义不是一个简单的方法问题，而是阅读古书综合能力的体现。能否正确取义是使用字典辞书的关键所在。在取义问题上，至少应注意以下两点：第一，要仔细看字典辞书义项下的书证。不同的义项所出现的语言环境往往或多或少有些差异，这些只有仔细阅读书证才能体会到。搞清楚字典辞书中某义项出现的语言环境，然后与所查的字词所在文献中的语境认真对照，从中选取出最合适的义项。例如，使用《辞源》查《吕氏春秋·季夏》“是月也，树木方盛，乃命虞人入山行木，无或斩伐”中的“行”。根据原文语境，“行”是动词，带宾语“木”。《辞源》“行”下动词义项有7个，即：①行走。②去，离开。③流动，传布。④实行。⑤赐，给予。⑥使用。⑦巡视，巡狩。考察书证，①行走（《论语》：“三人行。”）；②去，离开（《论语》：“孔子行。”）；③流动（《易》：“云行雨施。”）三个义项都是不带宾语的，当排除。③传布（《礼记》：“行庆施惠。”）；④实行（《论语》：“闻斯行之。”）两个义项，考察书证，所带宾语或为抽象名词，或为泛指，与原文不合，亦可以排除。原文中的“虞人”是管理山林池泽的官吏，“虞人”在“树木方盛”之月“入山”，其职责是“无或斩伐”，显然将⑤“赐，给予”，⑥“使用”二义置于原文语境中，与原文语意不合；而将⑦“巡视”义放到原文语境中，将“行木”解释为“巡视树木”，正与原文语意相合。（按：这里只是以“行”为例说明如何将所查字词的语境与字典辞书中义项下的书证仔细对照，从中选取正确的义项。其实《辞源》中“行”下就有“行木”词条，已有解释。）第二，字典辞书中，每个词的义项都具有概括性；但无论设多少个义项，都不可能把该词在具体语言环境中所能表达的意义完全概括进去。例如，《辞源》中“病”有7个义项，即：①疾病，生病。②疲倦，劳累。③缺点，毛病。④忧虑，为难。⑤苦、困。⑥恨。⑦耻辱。但在《左传·成公二年》“郤克伤於矢，流血及屦，未绝鼓音，曰：‘余病矣！’”中，“病”的词义与上面的7个义项都对不上号，这时，需要我们自己根据字典辞书提供的意义，运用词义引申的原理，进行分析，判定在具体语境中（“伤於矢，流血及屦”）更为准确的意义。在古代汉语中，“病”往往指病得很重（一般生病称“疾”），“病”就意味着痛苦，无法坚持。而《左传》例，郤克被箭射伤，“流血及屦”，他说“余病矣”，显然也是用“病”来表达自己非常痛苦，无法坚持的意思，只不过这里的“病”是由“伤”造成的，因此，上句中的“病”当理解为“受伤很重”。这就要求我们在取义时，不能简单地完全直接照搬字典辞书中的义项，要考虑原文的语境，具有一定的灵活性。

三、根据需要使用字典辞书

1. 查检字音和字义

《古汉语常用字字典》（商务印书馆，1996）

《古代汉语字典》（北京大学出版社，1998）

《汉语大字典》（四川、湖北辞书出版社，1986—1990）

《康熙字典》（中华书局，1958）

如果要查一般的常用字，查《古汉语常用字字典》就够了。该字典是供学习古代汉语用的小型专科性字典，收常用字3 700多个，同时酌收双音词2 000多个。字条按音序排列，以简体字作字头，字头后面的括号内标明繁体字、异体字，义项依本义（或基本义）、近引申义、远引申义、假借义排列。该字典释义较准确，例句难点有解释。特别是［注意］和［辨］对学习古代汉语很有参考价值。另外，书后还附有《难字表》，收2 600余字，只注音、释义，不引书证，可作为正文的补充。该字典的不足是：书证多不考虑始见书，只求典型易懂，这不利于对词义时代性的掌握；此外，以简体字作字头，查繁体字则有一定困难。

《古代汉语字典》是一本中型字典，该字典收字10 165个，凡先秦两汉典籍中出现的字基本都收录在籍。字条按音序排列，例句选择注意始见书或时代较早的书证，注意吸收当代历史词汇研究的最新成果，释义重视本义和引申义的关系，强调词义的系统性、概括性，例句难点有解释。该字典对汉字形体的［说明］、对同义词的［辨析］以及入声字加上标记，对学习古代汉语都很有参考价值。该字典的不足是：以简体字作字头，查繁体字则有一定困难。

《汉语大字典》是一部以解释汉字的形、音、义为主要任务的大型语文工具书。该字典收单字56 000左右。说解注重形音义的配合。每个单字条目下列有代表性的甲骨文、金文、小篆和隶书，并简要说明其结构的演变。注音依次标注现代音、中古音、上古音。本义诠释以《说文解字》为依据。例如：

訪［访］（字形略）

《説文》："訪，汎謀曰訪。從言方聲。"

Fǎng《广韵》敷亮切，去漾敷。阳部。

①咨询；征求意见。《爾雅·釋詁》："訪，謀也。"《説文解字·言部》："訪，汎謀曰訪。"徐锴系传："此言汎謀，謂廣問於人也。"《書·洪範》："王訪於箕子。"……②查访；调查。……③寻求；探寻。……

该字典共8卷，前7卷为正文，每卷卷首有部首检字，部首以《康熙字典》214部为基础，酌情删并，共为200部。第八卷有附录、分卷部首表、笔画检字表和补遗等。

《汉语大字典》是目前收汉字单字最多的字典，具有一定的权威性，是目前最重要的大型工具书之一。如果要了解某字的古字形（甲骨文、金文、小篆等），了解《说文解字》对某字的形体结构的分析，查阅《汉语大字典》是最方便的。该字典的不足在于：由于成书于众手，各字在释义、义项分合等方面的质量难免有参差，引文文字亦时有脱误。

《康熙字典》是张玉书、陈廷敬等人奉敕编纂的，成书于康熙五十五年（公元1716年）。《康熙字典》收字47 035个，采用部首排列法，分成214个部首，又根据十二地支分为十二集。释字体例是先音后义。注音列历代主要韵书的反切，释义兼引古注，这对于我们查阅字的古音古义，无疑是有帮助的。这部字典在中国字典辞书史上占有重要的地位。当代出版的字典辞书，无论是部首的设置，还是编排体例，都脱胎于《康熙字典》。

但这部字典使用起来比较困难：一是注音用反切和直音；二是字的归类与当代通行的字典辞书不完全一样，有些形近者分别归入几部，如“絛”（木部）、“脩”（肉部）、“絛”（糸部）；三是没有标点。所以，现在阅读古书时，查检字音字义一般都不用《康熙字典》。

2. 查检词语和典故

《古代汉语词典（第2版）》（商务印书馆，2014）

《汉语大词典》（汉语大词典出版社，1986—1994）

《古代汉语词典（第2版）》是一部中型词典，收单字约14 200个（包括繁体字和异体字），复音词语约28 000条，该词典按音序排列，词条立目用字以简化字为主条，用括号夹注与之相应的繁体字、异体字，义项的排列力求按本义（或较早的意义）、引申义、假借义的顺序。例句难点有解释。正文前有部首检字。阅读古书，如果查检一般的词语，查《古代汉语词典》就够了。例如，词条“垂”下，立复音词条“垂白”“垂成”“垂垂”“垂橐”“垂拱”“垂老”“垂纶”“垂没”“垂荣”“垂示”“垂四”“垂堂”“垂髫”“垂听”“垂统”“垂文”“垂象”“垂意”等。

《汉语大词典》是一部大型的、历史性的汉语语文词典。全书12卷，共收词目约37万条，5 000余万字。词条立目用字均采用繁体字，古代书籍例证用繁体字，释义用简体字。注音依次标注现代音与古音。古音包括中古音和近古音，以中古音为主，用反切标注。反切后依次列声调、韵部与声类。如：佩（pèi《广韵》蒲昧切，去隊，並。）释义突出“古今兼收，源流并重”的特点，书证也因之古今兼有，以反映古今词语及其意义的发展变化。《汉语大词典》是目前收复音词语最多的词典，具有一定的权威性，是目前最重要的大型工具书之一。

3. 查检虚词和特殊词语

《古代汉语虚词通释》（何乐士等编著，北京出版社，1985）

《诗词曲语辞汇释》（张相编著，中华书局，1953）

《诗词曲语辞例释》（增订本，王瑛编著，中华书局，1986）

《佩文韵府》（清张玉书等编，上海书店据商务印书馆《万有文库》本影印，1983）

虚词词典有清代学者王引之的《经传释词》、近人杨树达的《词诠》、今人杨伯峻的《古汉语虚词》，都很有价值。我们在这里着重介绍《古代汉语虚词通释》，是因为这部词典后出，它充分吸收了前人和当代学者同类著作的研究成果，而且，由于引例（除韵文外）都作了译述，所以通俗易懂。该词典词目按音序排列，特点有三：一是收词范围较宽，共收虚词549个；二是说解详尽；三是引例丰富。

查唐宋元明诗词曲中的特殊词语，需要查检《诗词曲语辞汇释》（《诗词曲语辞例释》可以说是《诗词曲语辞汇释》的续编）。《诗词曲语辞汇释》解释词语共有2 000

条左右。其特点是引例丰富，通过比较、对照、归纳某方法辨析词义。例如“坐”，共有九项不同的意义，其中“坐（九）”是：

坐，犹因也；为也。古诗《陌上桑》：“……归来相怨怒，但坐观罗敷。”言亡魂失魄，大家只为看美人罗敷而已。杜牧《山行》诗：“停车坐爱枫林晚，霜叶红于二月花。”言为爱看红叶而停车也。……

仅“坐（九）”这一条就引用十一首诗的诗句，最后得出结论是“凡此坐字，均因为义也”。

查辞藻、典故及诗文出处，可以查检《佩文韵府》。《佩文韵府》是清张玉书等奉敕编撰的，成书于康熙五十年。全书依韵编次，按平水韵分106卷。该书在编排上与其他字典辞书不同的是，以单字统词语，齐下字。即单字下，列尾字与此字相同的词语典故。每个字头之下分三部分：[韵藻]、[对语]、[摘句]。例如：

红：户公切。《说文解字》：帛赤色也。《增韵》：浅赤白。……

[韵藻] 陈红。《汉书》：太仓之粟，陈陈相因，红腐而不可食。苏轼诗：不妨持节散——。

题红。《太平广记》：唐于祐於御沟拾红叶，题诗其上。……

长红。

剪红。

…………

[对语] 虚白　重碧　陈紫　嫩绿　宫柳碧……

软红　窃红　魏红　嫣红　苑花红……

[摘句] 花蕊扬春红。冰盘荔子红。……

该书使用起来很不方便，一是按韵编排难于查检，尽管最后一册有四角号码索引，但由于人们大多都不熟悉四角号码，所以仍不方便；二是诗文只提作者，不列篇名，只是提供了线索，引用时尚须进一步查检。

4. 其他专门性工具书

学习古代汉语的过程中，有些专门问题还需求助于专门性的工具书。如查检人名和人物生平事迹的《中国人名大辞典》《历代人物年里碑传综表》等；查检职官的《历代职官表》等；查检地名的《中国古今地名大辞典》《中国历史地图集》等；查检历史年代的《中国历史纪年表》《两千年中西历对照表》等；查检书目文献的《四库全书总目》《书目答问》《艺文志二十种综合引得》等；查检先秦经传文句出处的《十三经索引》，以及查检专书字词出处的各种专书索引（或“引得”），等等。

思考题

1. 按部首和笔画检字需要注意什么？
2. 为什么说形序编排与音序编排各有利弊？
3. 为什么说正确取义是定音的根据？

文选

今注

左傳

《左传》也称《春秋左氏传》。《春秋》相传是孔子根据鲁史修订而成的一部大事年表性质的史书，记载了从鲁隐公元年（公元前 722 年）至鲁哀公十四年（公元前 481 年）242 年间的历史。汉时，列为“五经”之一，故又称《春秋经》。《左传》相传是鲁国史官左丘明作。其仿照《春秋》体例，记载了从鲁隐公元年（公元前 722 年）至鲁悼公四年（公元前 463 年）260 年间春秋各国政治、外交、军事、经济、文化等方面的事件，是我国第一部叙事详细完整的编年体史书。《春秋》《左传》原分别刊行。晋杜预始以《左传》分年附于《春秋》之下，以《左传》释《春秋》，作《春秋经传集解》。所谓“集解”，是集经、传而解之的意思。

齊晉鞌之戰（成公二年）

癸酉[1]，師陳于鞌[2]。邴夏御齊侯[3]，逢丑父爲右[4]。晉解張御郤克[5]，鄭丘緩爲右[6]。齊侯曰：“余姑翦滅此而朝食[7]。”不介馬而馳之[8]。郤克傷於矢，流血及屨[9]，未絕鼓音[10]。曰：“余病矣[11]。”張侯曰：“自始合[12]，而矢貫余手及肘[13]；余折以御[14]，左輪朱殷[15]。豈敢言病？吾子忍之。”緩曰：“自始合，苟有險，余必下推車。子豈識之？然子病矣。”張侯曰：“師之耳目，在吾旗鼓，進退從之。此車一人殿之[16]，可以集事[17]。若之何其以病敗君之大事也[18]？擐甲執兵[19]，固即死也[20]；病未及死，吾子勉之[21]。”左并轡[22]，右援枹而鼓[23]。馬逸不能止[24]，師從之。齊師敗績[25]。逐之，三周華不注[26]。

[1] 癸酉：干支纪日，即成公二年六月十七日。

[2] 師：指齐晋两国的军队。陳（zhèn）：摆开阵势，后写作“阵”。鞌：齐地名，在今山东济南市附近。

[3] 邴夏：齐大夫。御齊侯：为齐侯驾车。齊侯，指齐顷公，名无野。

[4] 逢丑父：齐大夫。右：车右，又称骖乘。古代车战时，尊者居左，御者居中（但君主或主帅居中，御者居左），骖乘居右。车右由有勇有力的人担任，负责执戈御敌及力役之事。

[5] 解（xiè）張：晋大夫。解氏，名侯，字张。下文又称张侯。郤（xì）克：又称郤献子，晋大夫，晋军主帅。

[6] 鄭丘緩：晋大夫，郑丘氏，名缓。

[7] 姑：姑且。翦：剪除。朝食：吃早饭。

[8] 介：甲，这里用作动词，披甲。馳之：驱马进击晋军。

[9] 屨（jù）：鞋。

[10] 絕：中断。按：古代车战，主帅居中，亲自掌管旗鼓，指挥三军。鼓声是前进的号令。

[11] 病：这里指伤重得难以支持。

[12] 合：交锋。

[13] 貫：穿透。及：连词，和。

[14] 以：连词，相当于“而”。

[15] 殷（yān）：红中带黑。按：主帅之车，御者居左。

[16] 殿：镇守。

[17] 集：成。

[18] 若之何：凝固格式，怎么。其：语气词，加强反问语气。以：因。

[19] 擐（huàn）：穿上。

[20] 即：走向。

[21] 吾子：对人的尊称。比称“子”要亲热些。

[22] 并：合并。轡（pèi）：缰绳。

[23] 援：拽过来。枹（fú）：鼓槌。鼓：击鼓。

[24] 逸：狂奔。止：使动用法。

[25] 敗績：溃败。

[26] 周：动词，绕。華不注：山名，在今济南市东北。

韓厥夢子輿謂己曰[1]：“旦辟左右[2]。”故中御而從齊侯[3]。邴夏曰：“射其御者，君子也。”公曰：“謂之君子而射之，非禮也。”射其左，越於車下[4]；射其右，斃於車中[5]。綦毋張喪車[6]，從韓厥，曰：“請寓乘[7]。”從左右，皆肘之[8]，使立於後。韓厥俛定其右[9]。

[1] 韓厥：晋大夫。在这次战役中任司马，执掌军法。子輿：韩厥的父亲，当时已去世。

[2] 旦：早晨。辟：避开，后写作“避”。左右：指兵车左右两侧。这两句是插叙头天夜里的事。

[3] 中御：居中代御者驾车。

[4] 越：坠。

[5] 斃：仆倒。

[6] 綦毋（qí wú）張：晋大夫，綦毋氏，名張。

[7] 寓乘（shèng）：搭车。寓，寄。

[8] 肘：用作动词，用肘制止。

[9] 俛：同“俯”，弯下身子。定：放稳当，使动用法。右：指倒在车中的车右。

逢丑父與公易位[1]。將及華泉[2]，驂絓於木而止[3]。丑父寢於轏中[4]，蛇出於其下，以肱擊之[5]，傷而匿之[6]，故不能推車而及[7]。韓厥執縶馬前[8]，再拜稽首[9]，奉觴加璧以進[10]，曰：“寡君使羣臣爲魯、衛請，曰無令輿師陷入君地[11]。下臣不幸，屬當戎行[12]，無所逃隱，且懼奔辟而忝兩君[13]。臣辱戎士，敢告不敏，攝官承乏[14]。”丑父使公下，如華泉取飲[15]。鄭周父御佐車[16]，宛茷爲右[17]，載齊侯以免。

[1] 公：指齐顷公。

[2] 華泉：泉名，在华不注山下。

[3] 驂（cān）：古代用三匹（或四匹）马驾车，辕马两旁的马叫骖。絓：绊住。

[4] 轏（zhàn）：用竹木编成车厢的轻便车。

[5] 肱（gōng）：手臂从肘到肩的部分，泛指手臂。

[6] 匿：隐瞒。以上四句插叙头天夜里发生的事。

[7] 及：被赶上。

[8] 縶（zhí）：绊马索。

[9] 再拜稽首：先拜两次，然后稽首。这是比稽首更为隆重的一种跪拜礼。

[10] 奉：捧。觴（shāng）：古代一种盛酒器。璧：玉器，圆形，中间有孔。進：奉献。

[11] 無：通“毋”，不要。輿：众多。按：齐、晋鞌之战的起因是齐侵鲁、卫，鲁、卫向晋国求救，所以这里说“为鲁、卫请”。

[12] 屬（zhǔ）：恰巧。當：处在。戎行（háng）：兵车的行列，这里指军队。

[13] 忝（tiǎn）：辱。

[14] 攝官：代理官职。承乏：意思是由于人才缺乏充数而已。以上韩厥所说的一段话都是外交辞令。

[15] 如：往。

[16] 鄭周父：齐大夫。佐車：副车。

[17] 宛茷（fèi）：齐大夫。

韓厥獻丑父，郤獻子將戮之[1]。呼曰：“自今無有代其君任患者[2]，有一於此，將爲戮乎[3]？”郤子曰：“人不難以死免其君[4]，我戮之不祥。赦之，以勸事君者[5]。”乃免之。

［1］戮：杀。

［2］自今：自古至今。任：承担。

［3］爲：被动标记。

［4］難：意动用法，把……看作难事。免：使动用法，使……免于难。

［5］勸：鼓励。

自学提示

掌握下列带点的词语：

邴夏御齊侯　此車一人殿之　可以集事　固即死也　右援枹而鼓　馬逸不能止　越於車下　斃於車中　皆肘之　屬當戎行　且懼奔辟而忝兩君　以勸事君者

齊國佐不辱使命（成公二年）

晉師從齊師[1]，入自丘輿[2]，擊馬陘[3]。齊侯使賓媚人賂以紀甗、玉磬與地[4]。“不可，則聽客之所爲[5]。”

［1］從：追击。

［2］丘輿：齐邑名，故址在今山东益都县西南。

［3］馬陘（xíng）：齐邑名，在丘輿北。

［4］齊侯：齐顷公。賓媚人：即国佐，齐大夫。紀：古国名，为齐所灭，故址在今山东寿光南。甗（yǎn）：青铜或陶制炊器。玉磬（qìng）：玉制打击乐器，形似曲尺。

［5］这当是齐侯派遣宾媚人时的指示。

賓媚人致賂[1]，晉人不可，曰：“必以蕭同叔子爲質[2]，而使齊之封内盡東其畝[3]。”對曰：“蕭同叔子非他[4]，寡君之母也。若以匹敵[5]，則亦晉君之母也。吾子布大命於諸侯[6]，而曰必質其母以爲信，其若王命何[7]？且是以不孝令也。詩曰：‘孝子不匱，永錫爾類[8]。’若以不孝令於諸侯，其無乃非德類也乎[9]？先王疆理天下[10]，物土之宜而布其利[11]。故詩曰：‘我疆我理，南東其畝[12]。’今吾子疆理諸侯，而曰‘盡東其畝’而已，唯吾子戎車是利[13]，無顧土宜，其無乃非先王之命也乎？反先王則不義，何以爲盟主？其晉實有闕[14]。四王之王也[15]，樹德而濟同欲焉；五伯之霸也[16]，勤而撫之，以役王命。今吾子求合諸侯，以逞無疆之欲。詩曰：‘布政優優，百禄是遒[17]。’子實不優，而棄百禄，諸侯何害焉？不然，寡君之命使臣則有辭矣。曰：‘子以君師辱於敝邑，不腆敝賦以犒從者[18]。畏君之震[19]，師徒橈敗[20]。吾子惠徼齊國之福[21]，不泯其社稷[22]，使繼舊好，唯是先君之敝器、土地不敢愛[23]。子又不許，請收合餘燼[24]，背城借一[25]。敝邑之幸[26]，亦云從也[27]。況其不幸，敢不唯命是聽？’”

[1] 致：送上。

[2] 蕭同叔子：齐顷公的母亲。蕭，国名。同叔，萧国国君的字，齐顷公的外祖父。子，指女儿。晋人不便直言，故这样称呼她。質：人质。

[3] 封内：境内。東：使动用法，使……东西向。畝：田垄。按：晋人提出这样的条件，是为了进攻齐国时，利于兵车通行。

[4] 他：别人。

[5] 匹敵：指齐、晋之君地位相当。

[6] 吾子：指晋军主帅郤克。

[7] 王命：指先王以孝治天下的命令。

[8] 引诗见《诗经·大雅·既醉》。匱：竭尽。錫（cì）：通“赐”，给予。類：族类。

[9] 無乃：表示委婉语气，相当于“恐怕”。

[10] 疆理：言划分田界，治理农田水利。

[11] 物：这里是察看的意思。布：布置安排。

[12] 引诗见《诗经·小雅·信南山》。

[13] 是：“利”的宾语“吾子戎車”前置的标记。

[14] 闕：过失。

[15] 四王：指禹、汤、周文王、周武王。王（wàng）：施行仁政，以德治理天下。

[16] 五伯：指夏伯昆吾、商伯大彭、豕韦、周伯齐桓、晋文。

[17] 引诗见《诗经·商颂·长发》。優優：宽厚平和的样子。百禄是遒（qiú）：宾语前置句。遒，聚集。

[18] 腆（tiǎn）：厚。犒：言犒劳，是外交辞令，实指两国交战。從者：指晋、鲁、卫等国的军队。不直称，表恭敬。

[19] 震：威。

[20] 橈（náo）：挫败。

[21] 徼（yāo）：求。

[22] 泯：毁灭。

[23] 愛：吝惜。

[24] 燼：灰烬，喻残兵败将。

[25] 背城借一：背靠城墙决最后一战。

[26] 幸：言侥幸战胜。

[27] 云：音节助词。

魯、衛諫曰：“齊疾我矣[1]。其死亡者，皆親暱也。子若不許，讎我必甚[2]。唯子則又何求[3]？子得其國寶，我亦得地，而紓於難[4]，其榮多矣。齊、晉亦唯天所授[5]，豈必晉？”晉人許之，對曰：“羣臣帥賦輿[6]，以爲魯、衛請。若苟有以藉口[7]，而復於寡君[8]，君之惠也。敢不唯命是聽？”

[1] 疾：怨恨。

［2］讎：同“仇”。

［3］唯：即使。

［4］紓：缓解。

［5］唯：因，由。

［6］賦輿：兵车。

［7］若苟：同义词连用，表假设。

［8］復：复命。

自学提示

（1）掌握下列带点的词语：

唯子則又何求　不腆敝賦　唯是先君之敝器土地不敢愛　吾子惠徼齊國之福

（2）重点掌握下列句子：

其若王命何？

唯吾子戎車是利。

我疆我理，南東其畝。

請收合餘燼，背城借一。

子産論尹何爲邑（襄公三十一年）

子皮欲使尹何爲邑[1]。子産曰[2]：“少，未知可否。”子皮曰：“愿[3]，吾愛之，不吾叛也。使夫往而學焉[4]，夫亦愈知治矣。”

子産曰：“不可。人之愛人，求利之也。今吾子愛人則以政，猶未能操刀而使割也，其傷實多。子之愛人，傷之而已。其誰敢求愛於子？子於鄭國，棟也。棟折榱崩[5]，僑將厭焉[6]，敢不盡言？子有美錦，不使人學製焉。大官大邑，身之所庇也，而使學者製焉。其爲美錦，不亦多乎？僑聞學而後入政，未聞以政學者也。若果行此，必有所害。譬如田獵，射御貫則能獲禽[7]。若未嘗登車射御，則敗績厭覆是懼[8]，何暇思獲？”

［1］子皮：名罕虎，时为郑国上卿。尹何：子皮的家臣。爲：治理。

［2］子産：名公孙侨，郑大夫，春秋时有名的政治家。

［3］愿：诚实善良。

［4］夫：指代尹何。

［5］榱（cuī）：椽子。

［6］厭（yā）：压，后写作“壓”，这里是被动用法。

［7］御：驾车。貫：通“惯”，习惯，娴熟。

[8] 敗績：翻车。是："懼"的宾语"敗績厭覆"前置的标记。

子皮曰："善哉！虎不敏。吾聞君子務知大者、遠者，小人務知小者、近者。我，小人也。衣服附在吾身，我知而愼之；大官大邑，所以庇身也，我遠而慢之[1]。微子之言，吾不知也。他日我曰[2]：'子爲鄭國，我爲吾家[3]，以庇焉，其可也[4]。'今而後知不足。自今請，雖吾家，聽子而行。"子産曰："人心之不同，如其面焉。吾豈敢謂子面如吾面乎？抑心所謂危[5]，亦以告也。"

子皮以爲忠，故委政焉。子産是以能爲鄭國。

[1] 遠：意动用法，认为……遥远。慢：轻视。

[2] 他日：往日。

[3] 家：指大夫的封邑。

[4] 其：表示推测语气，相当于"大概"。

[5] 抑：连词，表示转折，相当于"不过"。

自学提示

(1) 掌握下列带点的词语：

僑將厭焉　射御貫則能獲禽　抑心所謂危

(2) 重点掌握下列句子：

敗績厭覆是懼。

古注

春秋經傳集解

《春秋经传集解》，晋杜预注，附唐陆德明音义。

杜预（公元222—285年），字元凯，京兆杜陵（今陕西西安东南）人，西晋著名政治家、军事家、学者，是晋灭吴的统帅之一。《晋书》有传。杜预酷好《左传》，自称有"左传癖"，著《春秋经传集解》，始将经传合一。他博学多能，"朝野称美，号曰'杜武库'，言其无所不有也"。

其编排体例，以鲁国十二公在位年次为纲，每一年下，正文（大字）先列经，后列传；双行小字是注释，先是杜预注，后为陆德明音义，中间用○隔开。陆德明音义的次序，是正文音义在前，杜注音义在后。

鄭伯克段于鄢（隱公元年）

初鄭武公娶于申曰武姜[1]申國今南陽宛縣[2]○娶七住切宛於元切生莊公及共叔段[3]段出奔共故曰共叔猶晉侯在鄂謂之鄂侯[4]○共音恭共地名凡國名地名人名字氏族音不重音疑者復出後放[5]此鄂五各切莊公寤生驚[6]姜氏故名曰寤生[7]遂惡之寐寤而莊公已生故驚而惡之○寤五故切惡烏路切注同愛共叔段欲立之欲立以爲大子亟請於武公公弗許及莊公即位爲之請制公曰制[8]巖邑也虢叔死焉佗邑唯命[9]虢叔東虢君也恃制巖險而不脩德鄭滅之恐段復然故開[10]以佗邑虢國今熒陽縣○亟欺冀切數[11]也爲于僞切巖本又作嚴[12]五銜切虢瓜伯切復扶又切請京[13]使居之謂之京城大叔[14]公順姜請使段居京謂之京城大叔言寵異於衆臣京鄭邑今熒陽京縣○大音泰注及下同

[1] 武姜："武"表示丈夫为武公，"姜"表示娘家姓姜。

[2] 申国：姜姓，后为楚所灭。宛（yuān）縣：战国楚邑，在今南阳市。

[3] 共（gōng）：国名，在今河南辉县。叔：排行在末的。在这里"叔"表示段是庄公的弟弟。

[4] 晉侯在鄂謂之鄂侯：事见隐公六年。晋曲沃之乱，晋侯出奔随。隐公五年，周王命虢公伐曲沃，而立晋侯之子哀侯。隐公六年，晋人从随邑迎回晋侯，让他住在鄂邑，晋人谓之鄂侯。

[5] 放（fǎng）：依循。

[6] 驚：使动用法。

[7] 寤生：逆生。即《史记·郑世家》所谓"生之难"。寤，通"牾"（wǔ），逆。杜注误。

[8] 制：又名虎牢，在今河南荥（xíng）阳县汜水镇，原是东虢（guó）国的领地，后为郑所灭。

[9] 佗：同他，其他的。唯命："唯命是听"的省略。

[10] 開：开导。

[11] 數（shuò）：屡次。

[12] 本又作：校勘术语，有的版本又作。本，版本。也作"本亦作""本或作"。

[13] 京：在今荥阳县东南。熒：当作"荥"。

[14] 大：后写作"太"。

祭仲[1]曰都城[2]過百雉國之害也祭仲鄭大夫方丈曰堵三堵曰雉一雉之牆長三丈高一丈侯伯之城方五里徑[3]三百雉故其大都不得過百雉○過古卧切後不音者皆同堵丁古切長直亮切又如字[4]高古報切又如字徑古定切先王之制大都不過參國之一[5]三分國城之一○參七南切又音三中五之一[6]小九之一今京不度非制也不合法度非先王制君將不堪公曰姜氏欲之焉辟[7]害對曰姜氏何厭之有[8]不如早爲之所[9]

使得其所宜○焉於虔切厭於鹽切 無[10]使滋蔓蔓難圖也蔓草猶不可除況君之寵弟乎公曰多行不義必自斃子姑待之 斃踣[11]也姑且也○蔓音萬斃婢世切本又作弊旧[12]扶設切踣蒲北切

［1］祭（zhài）仲：字足，又称祭足。祭是其食邑，以邑为氏。

［2］城：城墙。

［3］徑：直径，这里指城墙每面的长度。

［4］如字：训诂术语，用于多音多义字的注音。凡言“如字”者，表示被注字按其通常的读音来读。陆云“長直亮切又如字”，是说“长”音 zhǎng，又音 cháng，这里两读皆可。

［5］参國之一：国都城墙的三分之一。

［6］中五之一：即“中都不過五國之一”的省略。下“小九之一”同。

［7］辟：避开，后写作“避”。

［8］何厭之有：宾语前置句。厭，满足。之，宾语“何厌”前置的标记。

［9］爲之所：双宾语结构。之，代共叔段。

［10］無：通“毋”。

［11］踣（bó）：仆倒。

［12］舊：旧读。

既而大叔命西鄙北鄙貳於己[1] 鄙鄭邊邑貳兩屬 公子吕曰國不堪貳君將若之何 公子吕鄭大夫 欲與大叔臣請事之若弗與則請除之無生民心[2] 叔久不除則舉國之民當生他心 公曰無庸將自及 言無用除之禍將自及 大叔又收貳以爲己邑 前兩屬者今皆取以爲己邑 至于廩延[3] 言轉侵多也廩延鄭邑陳留酸棗縣北有延津○廩力錦切 子封曰可矣厚將得衆 子封公子吕也厚謂土地廣大 公曰不義不暱[4]厚將崩 不義於君不親於兄非衆所附雖厚必崩○暱女乙切親也

［1］貳於己：一方面属于庄公，一方面属于自己。貳，两属，属二主。

［2］生民心：使民生二心。生，使动用法。民，“生”的间接宾语。心，“生”的直接宾语。

［3］廩延：在今河南延津县北。

［4］不義不暱：不義则不暱。暱，亲近。

大叔完[1]聚 完城郭聚人民○完音桓 繕甲兵具[2]卒乘 步曰卒車曰乘○繕市戰切卒尊忽切注及下同乘繩證切注及下同 將襲鄭夫人[3]將啓之[4] 啓開也 公聞其期曰可矣命子封帥[5]車二百乘以伐京 古者兵車一乘甲士三人步卒七十二人 京叛大叔段段入於鄢[6]公伐諸[7]鄢五月辛丑大叔出奔

共 共國今汲郡共縣○共音恭汲居及切

…………

［1］完：使……坚固，修缮。

［2］具：准备。

［3］夫人：指武姜。

［4］启之：为段开城门。

［5］帥：通“率”，率领。

［6］鄢（yān）：郑地名，在今河南鄢陵县境。

［7］諸：“之于”的合音字。

遂寘[1]姜氏于城潁城潁鄭地○寘之豉切置也而誓之曰不及黃泉無相見也地中之泉故曰黃泉既而悔之

［1］寘（zhì）：安置，这里是放逐之义。

潁考叔爲潁谷封人[1]封人典[2]封疆者○疆居良切聞之有獻[3]於公公賜之食食舍肉公問之對曰小人有母皆[4]嘗小人之食矣未嘗君之羹[5]請以遺[6]之食而不啜羹欲以發問也宋華元殺羊爲羹饗士[7]蓋古賜賤官之常○舍音捨遺唯季切下同啜川悅切華户化切公曰爾有母遺繄[8]我獨無繄語助○繄烏兮切又烏帝切潁考叔曰敢問何謂也據武姜在[9]設疑也公語之故且告之悔對曰君何患焉若闕[10]地及泉隧[11]而相見其[12]誰曰不然[13]隧若今延道[14]○語魚據切闕其月切隧音遂公從之公入而賦大隧之中其樂也融融賦賦詩也融融和樂也○樂音洛注及下同融羊弓切姜出而賦大隧之外其樂也洩洩[15]洩洩舒散也○洩羊世切遂爲母子如初

［1］潁考叔：郑国大夫。潁谷：郑国地名，在今河南登封县西南。封人：管理疆界的官。封，疆界。

［2］典：掌管。

［3］有獻：有所献。

［4］皆：范围副词，概括范围指向“小人之食”。

［5］羹：带汁的肉。

［6］遺（wèi）：送给。

［7］宋華元殺羊爲羹饗士：事见《左传·宣公二年》。

［8］繄（yī）：句首语气词。

[9] 在：健在。

[10] 闕（jué）：通“掘”，挖。

[11] 隧：用作动词，挖隧道。

[12] 其：语气词，加强反问语气。

[13] 然：指代黄泉相见。

[14] 延道：墓道。延，通“埏”。

[15] 洩洩（yì）：形容快乐的样子。

君子曰[1]潁考叔純孝也純猶篤也愛其母施[2]及莊公詩曰[3]孝子不匱永錫爾類其是之謂乎[4]不匱純孝也莊公雖失之於初孝心不忘考叔感而通之所謂永錫爾類詩人之作各以情言君子論之不以文害意故春秋傳引詩不皆與今說詩者同[5]他皆放此○施以豉切又式智切匱其位切

[1] 君子曰：《左传》习用的发表评论的方式。君子，作者的假托。

[2] 施（yì）：延及。

[3] 引诗参见本单元文选《齐国佐不辱使命》注。

[4] 其是之谓：等于说“其谓是”。其，语气词，表委婉语气。之，宾语“是”前置的标记。

[5] 古人引诗旨在阐发自己的观点，而不大顾及诗的本意，故多断章取义。

自学提示

(1) 掌握下列带点的词语：

莊公寤生　巖邑也　貳於己　不義不暱　大叔完聚　若闕地及泉　施及莊公　公伐諸鄢

(2) 重点掌握下列句子：

佗邑唯命。

大都不過參國之一，中五之一，小九之一。

姜氏何厭之有？不如早爲之所，無使滋蔓。

無生民心。

夫人將启之。

詩曰：“孝子不匱，永錫爾類。”其是之謂乎？

(3) 掌握下列术语：

如字

晉公子重耳之亡（僖公二十三年）

晉公子重耳[1]之[2]及[3]於難也晉人伐諸蒲城[4]事在五年[5]○難乃旦切蒲城

人欲戰重耳不可[6]曰保君父之命而享其生禄[7]享受也保猶恃也於是乎得人以禄致衆有人而校[8]罪莫大焉校報也○校音教吾其[9]奔[10]也遂奔狄[11]從者狐偃趙衰衰趙夙弟○衰初危切顛頡魏武子武子魏犫○頡户結切犫尺由切司空季子[12]胥臣臼季也時狐毛賈佗皆從而獨舉此五人賢而有大功○臼其久切佗徒何切狄人伐廧咎如[13]廧咎如赤狄之别種也隗姓○廧在良切咎古刀切隗五罪切下文皆同獲其二女叔隗季隗[14]納[15]諸公子公子取[16]季隗生伯儵叔劉[17]以叔隗妻[18]趙衰生盾盾趙宣子○儵直由切本又作儵音同妻七計切下同盾徒本切將適[19]齊謂季隗曰待我二十五年不來而後嫁對曰我二十五年[20]矣又如是而嫁則就木焉言將死入木不復成嫁請待子處狄十二年而行以五年奔狄至十六年而去請待子絕句[21]

[1] 晉公子重耳：晋献公之子，名重耳，后为晋国国君，即晋文公。

[2] 之：主谓结构“晉公子重耳及於難”不独立成句的标记。

[3] 及：遭遇。

[4] 蒲城：晋献公为重耳筑的城邑，故址在今山西隰县西北。

[5] 五年：指鲁僖公五年。

[6] 可：允许。

[7] 生禄：等于说养生之禄。

[8] 校（jiào）：抗争。杜注言“報”，不确。

[9] 其：表示委婉语气，相当于“还是”。

[10] 奔：特指逃亡国外。

[11] 狄：春秋时北方民族。

[12] 狐偃、趙衰（cuī）、顛頡（xié）、魏武子、司空季子：随重耳出亡、后助重耳（晋文公）成就霸业的五位贤臣。按：魏武子，名犫（chōu），“武”为谥号。司空季子，胥氏，名臣，字季，又称臼季，后为司空之官。

[13] 廧（qiáng）咎（gāo）如：赤狄的分支，隗姓。

[14] 叔隗、季隗：叔、季表示排行。

[15] 納：送给。

[16] 取：娶。

[17] 伯儵（chóu）：伯表示排行为老大。

[18] 妻（qì）：给……为妻。陆注云“七計切”，是说“妻”在这里读去声，是动词。

[19] 適：往。

[20] 年：岁。

[21] 請待子絕句：“請待子”下要断句。絕句：断句，古注中分析句读的术语。

過衛衛文公不禮焉出於五鹿[1]五鹿衛地今衛縣西北有地名五鹿陽平元城縣東亦有五鹿乞食於野人[2]野人與之塊[3]公子怒欲鞭之子犯曰天賜也得土有國之祥[4]故以爲天賜○塊苦對切又苦怪切稽首[5]受而載之

［1］五鹿：卫地，在今河南濮阳县北。

［2］野人：乡野农夫。

［3］塊：土块。

［4］祥：征兆。

［5］稽（qǐ）首：古代九拜中最恭敬的一种礼节，先拜，然后双手合抱按地，头伏在手前边的地上并停留一会，整个动作比较缓慢。

及齊齊桓公妻之有馬二十乘四馬爲乘八十匹也○乘繩證切注及下皆同公子安[1]之從者以爲不可將行謀於桑下齊桓既卒知孝公不可恃故蠶妾[2]在其上以告姜氏姜氏殺之姜氏重耳妻恐孝公怒其去故殺妾以滅口而謂公子曰子有四方之志其[3]聞之者吾殺之矣公子曰無之姜曰行也懷[4]與安[5]實敗名公子不可姜與子犯[6]謀醉而遣之醒[7]以戈逐子犯無去志故怒○敗必邁切醒星頂切

［1］安：意动用法，以……为安。

［2］蠶妾：养蚕的女奴。

［3］其：指示代词，那。

［4］懷：指眷恋妻室。

［5］安：安于现状。

［6］子犯：即上文狐偃，字子犯，重耳的舅父。

［7］醒：酒醒。按：睡醒叫“觉”，酒醒叫“醒”。

及曹曹共公聞其騈脅[1]欲觀其裸浴薄[2]而觀之薄迫也騈脅合幹○共音恭聞其騈脅絕句騈薄賢切脅許業切説文騈脅并也廣雅云脅幹謂之肋通俗云腋下謂之脅欲觀如字絕句一讀至裸字絕句[3]裸力果切又户化切浴音欲薄如字國語云薄簾也幹古旦切僖負羈[4]之妻曰吾觀晉公子之從者皆足以相國若以相若遂以爲傅相○羈紀宜切相息亮切夫子[5]必反[6]其國反其國必得志於諸侯得志於諸侯而誅無禮曹其首也子盍[7]蚤[8]自貳焉自貳自別異於曹○盍户臘切蚤音早别彼列切乃饋盤飧[9]寘璧焉臣無竟外之交故用盤藏璧飧中不欲令人見○饋其貴切遺也飧音孫

説文云餔也字林[10]云水澆飯也寘之䜴切竟音境令力呈切 公子受飧反璧

[1] 駢脅：腋下肋骨连成一片。

[2] 薄：迫近。陆德明注引《国語》，以“簾”释“薄”，非。

[3] 欲觀如字絕句一讀至裸字絶句：陆注是说，这句话有两种句读，一是“欲觀”下断句，一是“欲觀其裸”下断句。如字：训诂术语，用于多音多义字，依本音读叫“如字”。这里言“觀如字”，是说“觀”当读其本音 guān，按其本义“观看”理解。

[4] 僖負羈（jī）：曹大夫。

[5] 夫（fú）子：指晋公子。夫，指示代词，那。

[6] 反：返回。

[7] 盍：何不。

[8] 蚤：通“早”。

[9] 飧（sūn）：泛指熟食。

[10] 字林：字书，晋吕忱撰。

及宋宋襄公贈之以馬二十乘贈送也

及鄭鄭文公亦不禮焉叔詹[1]諫曰臣聞天之所啓[2]人弗及也啓開也晉公子有三焉天其或者將建諸[3]君其禮焉男女同姓[4]其生[5]不蕃[6]蕃息也○蕃音煩注同晉公子姬出[7]也而至於今[8]一也犬戎狐姬之子故曰姬出離[9]外之患出奔在外而天不靖[10]晉國殆將啓之二也有三士足以上[11]人而從之三也國語狐偃趙衰賈佗三人皆卿才○從如字一音才用切晉鄭同儕[12]儕等也○儕仕皆切其過子弟固將禮焉況天之所啓乎弗聽

[1] 叔詹：郑大夫。

[2] 啓：启发，这里有佑助的意思。

[3] 諸：“之于”的合音字。

[4] 姓：族号。按：周代的“姓”与汉代以后的姓不同。周代“姓”“氏”有别。“姓”是族号，如商人子姓，周人姬姓；“氏”是姓的分支。周代贵族，女子称姓，以别婚姻，如武姜、叔隗；男子称氏，以明贵贱，如孔丘、屈原。姓不变，而氏的变化很大。战国以后，人们往往以氏为姓，姓氏逐渐合一；到了汉代，通称为姓。

[5] 生：生殖。

[6] 蕃：昌盛。

[7] 姬出：姬姓女子所生。按：晋国公室姬姓，重耳之母是犬戎狐姬（狐，氏；姬，姓），属父母同姓。

[8] 至於今：言一直活到今天。

[9] 離：通“罹”，遭受。

[10] 靖：使动用法，使……安定。

[11] 上：居于……之上。

[12] 儕（chái）：地位相等。按：晋、郑都是姬姓国，故称“晋郑同儕”。

及楚楚子[1]饗[2]之曰公子若反晉國則何以報不穀[3]對曰子女[4]玉帛則君有之羽毛齒革[5]則君地生焉其波[6]及晉國者君之餘也其何以報君曰雖然何以報我對曰若以君之靈得反晉國晉楚治兵[7]遇於中原其辟[8]君三舍[9]若不獲命三退不得楚止命也○過古禾切其左執鞭弭[10]右屬[11]櫜[12]鞬[13]以與君周旋弭弓末無緣[14]者櫜以受箭鞬以受弓屬著也周旋相追逐也○弭莫爾切屬音燭注同櫜古刀切鞬九言切緣悦絹切子玉[15]請殺之畏其志大楚子曰晉公子廣而儉志廣而體儉文而有禮其從者肅而寬肅敬也忠而能力晉侯無親外内惡之晉侯惠公也○惡烏路切吾聞姬姓唐叔[16]之後[17]其後衰者也其將由晉公子乎天將興之誰能廢之違天必有大咎乃送諸秦

[1] 楚子：指楚成王。按：楚国始封时是子爵，春秋时，楚国国君僭称“王”，鲁国史官依礼仍称之为“楚子”。

[2] 饗（xiǎng）：用酒食款待。

[3] 不穀：春秋时诸侯自称的谦辞。

[4] 子女：指男女奴婢。

[5] 羽毛齒革：指孔雀羽、犛牛尾、象牙、犀牛皮等珍贵之物。

[6] 波：这里是扩散的意思。

[7] 治兵：交战的委婉说法。

[8] 辟：退避，后写作“避”。

[9] 三舍：指军队三日的行程，约九十里。

[10] 弭（mǐ）：没有装饰的弓。

[11] 屬（zhǔ）：佩带。注云“著也”，著（zhuó），附着之义。

[12] 櫜（gāo）：箭袋。

[13] 鞬（jiān）：弓袋。

[14] 缘：装饰物。

[15] 子玉：楚国令尹成得臣。

[16] 唐叔：晋国始祖、武王之子叔虞，姬姓，封于唐，故称。按：叔虞之子改国号为晋。

[17] 後：后裔。

秦伯[1]納女五人懷嬴[2]與[3]焉懷嬴子圉妻子圉謚懷公故號爲懷嬴○咎其九切與音預奉[4]匜[5]沃[6]盥[7]既而揮之匜沃盥器也揮湔[8]也○奉芳勇切匜以支切一音以紙切説文云似羹魁柄中有道可注水盥古緩切揮許韋切湔音薦王音贊一音箭又音牋怒曰秦晉匹[9]也何以卑[10]我匹敵也公子懼降服而囚去上服自拘囚以謝之○去起吕切拘音俱他日公享之子犯曰吾不如衰之文也有文辭也○衰初危切下同請使衰從公子賦河水河水逸詩[11]義取河水朝宗于海海喻秦公賦六月六月詩小雅道尹吉甫[12]佐宣王征伐喻公子還晉必能匡王國[13]古者禮會[14]因古詩以見意故言賦詩斷章[15]也其全稱詩篇者多取首章之義他皆放[16]此○見贤遍切斷端緩切趙衰曰重耳拜賜公子降[17]拜稽首公降一級而辭焉下階一級辭公子稽首○級音急衰曰君稱所以佐天子者[18]命重耳重耳敢不拜詩首章言匡王國次章言佐天子故趙衰因通言之爲明年秦伯納之張本[19]

［1］秦伯：指秦穆公。

［2］懷嬴：秦穆公之女，曾嫁给在秦国做人质的晋惠公之子子圉，后子圉逃归，继位为怀公，故名怀嬴。

［3］與（yù）：在……之中。

［4］奉：捧着。

［5］匜（yí）：古代注水的器具。

［6］沃：浇水。

［7］盥：洗手。

［8］湔（jiàn）：溅洒。

［9］匹：相当。

［10］卑：低贱，意动用法，轻视。

［11］河水逸詩：《国语·晋语四》“公子赋河水”。韦昭注：“‘河’当作‘沔’，字相似误。其诗曰：‘沔彼流水，朝宗于海。’言己反国当朝事秦。”依韦说，则当为《诗经·小雅·沔（miǎn）水》，非逸诗。

［12］尹吉甫：周宣王的卿士。

［13］匡王國：《六月》首章末句为“以匡王国”。

［14］禮會：典礼盟会。

［15］斷章：断章取义。

［16］放（fǎng）：依循。

［17］降：言下台阶至堂下。

［18］所以佐天子者：把辅佐天子的事。

［19］張本：预先埋下伏笔。

自学提示

（1）掌握下列带点的词语：

有人而校　野人與之塊　有馬二十乘　薄而觀之　離外之患　晋鄭同儕　楚子饗之　右屬櫜鞬　懷嬴與焉　奉匜沃盥　秦晉匹也　公享之

（2）重点掌握下列句子：

子盍蚤自貳焉？

（3）掌握下列术语：

绝句　张本

白　文

子産不毁鄉校

选自《左传·襄公三十一年》。

鄭人游于鄉校[1]以論執政然明[2]謂子産曰毁鄉校何如子産曰何爲夫人朝夕退而游焉以議執政之善否其所善者吾則行之其所惡者吾則改之是吾師也若之何毁之我聞忠善以損怨不聞作威以防怨豈不遽[3]止然猶防川大决所犯傷人必多吾不克[4]救也不如小决使道[5]不如吾聞而藥[6]之也然明曰蔑也今而後知吾子之信可事也小人實不才若果行此其鄭國實賴之豈唯二三臣[7]仲尼聞是語也曰以是觀之人謂子産不仁吾不信也

[1] 鄉校：乡间的公共场所。[2] 然明：郑大夫，名蔑。[3] 遽（jù）：急。[4] 克：能。[5] 道：导。[6] 藥：意动用法。[7] 岂止是我们这些做官的依赖它。

楚子將以商臣爲大子

选自《左传·文公元年》。

初楚子將以商臣[1]爲大子訪[2]諸[3]令尹子上子上曰君之齒未[4]也而又多愛[5]黜[6]乃亂也楚國之舉[7]恒在少者且是人也蠭[8]目而豺聲忍[9]人也不可立也弗聽既[10]又欲立王子職[11]而黜大子商臣商臣聞之而未察[12]告其師潘崇曰若之何而察之潘崇曰享[13]江芈[14]而勿敬也從之江芈怒曰呼[15]役夫[16]宜君王之欲殺女而立職也告潘崇曰信[17]矣潘崇曰能事諸乎曰不能能行[18]乎曰不能能行大事乎曰能冬十月以宫甲圍成王王請食熊蹯而死弗聽丁未王縊謚[19]之曰靈不瞑曰成乃瞑

[1] 商臣：楚穆王，名商臣。[2] 訪：咨询。[3] 諸："之于"的合音字。[4] 齒未：言年龄尚

少。[5] 愛：指内宠。[6] 黜：罢黜。[7] 舉：言立太子。[8] 蠭：同“蜂”。[9] 忍：残忍。[10] 既：不久。[11] 王子職：商臣庶弟。[12] 察：弄清楚。[13] 享：宴享。[14] 江芈(mǐ)：楚成王之妹，芈姓，嫁于江国，故称江芈。[15] 呼：叹词。[16] 役夫：贱者之称，江芈斥骂商臣之语。[17] 信：确实。[18] 行：指流亡国外。[19] 謚（shì）：给……加谥号。

第五单元

通论

古书的注解

一、古注的产生

时有古今，地有南北，人有雅俗，因而造成了语言文字上的隔阂。有了隔阂，就需要疏通，注释由此而兴起。

古书的注解萌芽于先秦，如：《孟子·滕文公上》中的“设为庠序学校以教之……夏曰校，商曰序，周曰庠”，就是对“校”“序”“庠”的解释；《韩非子》中的《解老》《喻老》篇，是对《老子》的注解；《墨子》中的《经说上》是对《经上》的注解。

但大规模给古书作注始于汉代，而汉代古注先从经书开始，究其原因，大致有三：

(1) 随着时代的发展，语言也在发展变化，人们的生活习俗、社会的典章制度也都在起着变化，这样，后人在阅读古书上就出现了障碍。

(2) 汉武帝提出“罢黜百家，独尊儒术”，朝廷设五经（《易》《书》《诗》《仪礼》《春秋》）博士，尊儒读经需要有人为经书作注。

(3) 研究儒家经典，汉代有两个学派，即今文经学派和古文经学派。上面谈到的“五经博士”讲授的都是今文经。古文经学派为了确立古文经的地位，必须注重文字训诂。今古文之争，促使了古注的产生和发展。

二、古注的种类

古代文献常见的古注主要有以下几种：

(1) 传（zhuàn）。“传”作为一种古注，其含义前后有所不同。起初，“传”主要是论述本事，或阐述经义，如“《春秋》三传”。后来，“传”侧重于对经文字句的解释，与“注”同。如《诗经・周南・关雎》“关关雎鸠，在河之洲”，毛传：“关关，和声也。雎鸠，王雎也。……水中可居者曰洲。”

（2）笺。“笺”是表识的意思。郑玄为《毛诗》作笺，说：“注诗宗毛为主，其意若隐略，则更表明；如有不同，即下己意，使可识别。”（《毛诗正义》引郑玄《六艺论》）所以，“笺”的特点是对前人注释的阐明、补充、订正。如《诗经・召南・鹊巢》“之子于归，百两御之”，毛传云：“百两，百乘也。诸侯之子嫁于诸侯，送御皆百乘。”郑笺云：“之子，是子也（按：这是对毛传的订正）。御，迎也（按：这是对毛传的补充）。”

（3）章句。“章句”就是离章辨句的意思。其特点是侧重于句、章的串讲，阐发文意。汉代王逸的《楚辞章句》和赵岐的《孟子章句》是其代表。如《孟子・滕文公下》“志士不忘在沟壑，勇士不忘丧其元。孔子奚取焉？取非其招不往也。如不待其招而往，何哉”，赵岐《章句》：“志士，守义者也。君子固穷，故常念死无棺椁，没沟壑而不恨也。勇士，义勇者也。元，首也。以义则丧首不顾也。孔子奚取？取守死善道，非礼招己则不往。言虞人不得其招，尚不往，如何君子而不待其招，直事妄见诸侯者，何为也？”

（4）疏、正义。汉代的古注，后人又读不懂了，于是唐代人又给注作注，这就是“疏”或“正义”。其特点是不仅要注释经文，还要注解古注；因此往往是旁征博引，文字繁琐冗杂。如细分，“疏”属于私人注释，如唐代贾公彦的《周礼疏》；“正义”属于官修，如唐代孔颖达的《毛诗正义》。

（5）集解。“集解”是汇集众说而解之的意思。如魏时何晏的《论语集解》。“集注”“集传”“集释”等与“集解”性质相同。需要特别说明的是，晋代杜预的《春秋经传集解》与上不同，其“集解”另有含义，是“集”经、传为一书而为之作“解”的意思，虽名“集解”，实为杜氏一家之言。

（6）音义。“音义”是兼释字音和字义的一种古注，以注音为主。其代表为唐代陆德明的《毛诗音义》《周易音义》《尚书音义》等（合称《经典释文》）。现在通行的《十三经注疏》中，除《孟子》外，其余十二部书的注音均采用《经典释文》。如《诗经・周南・关雎》“君子好逑”句，《毛诗音义》云：“好，毛如字，郑呼报反。……逑音求，毛云‘匹’也。本亦作‘仇’，音同。”（按：“本亦作”是校勘术语，意为“有的版本也作”。）

三、古注的体例

古书注解的体例比较复杂，这里仅以《毛诗正义》为例来说明一下经书注释的体例。《毛诗正义》中有四种古注，即毛传、郑笺、孔疏和陆氏音义，总的编排原则是以历史先后为序。如：

翹翹錯薪言刈其楚 翹翹薪貌錯雜也箋云楚雜薪之中尤翹翹者我欲刈取之以喻衆女皆貞絜我又欲取其尤高絜者〇翹祁遥反汱其堯反尤高絜者一本無絜字 之子於歸言秣其馬 秣養也六尺以上曰馬箋云之子是子也謙不敢斥其適己於是子之嫁我願秣其馬致禮餼示有意焉〇秣莫葛反説文云食馬穀也上時掌反下文同餼虚氣反牲腥曰餼 ［疏］翹翹至其馬〇正義曰翹翹然而高者乃是雜薪此薪雖皆高我欲刈其楚所以然者以楚在雜薪之中尤翹翹而高故也以興貞絜者乃是衆女此衆女雖皆貞絜我欲取其尤貞絜者又言是其尤絜者之子若往歸嫁我欲以粟秣養其馬乘之以致禮餼示己有意欲求之下四句同前〇傳翹翹薪貌〇正義曰翹翹高貌傳言薪貌者明薪之貌翹翹然若直云高貌恐施於楚最高者此翹翹連言錯薪故爲薪貌鴟鴞云予室翹翹即云風雨所漂摇故傳曰翘翘危也莊二十二年左傳引逸詩曰翹翹車乘即云招我以弓明其遠故服虔云翹翹遠貌〇箋楚雜至絜者正義曰薪木稱故月令云收秩薪柴注云大者可析謂之薪下章蔞草亦云薪者因此通其文楚亦木名故學記注以楚爲荊王風鄭風並云不流束楚皆是也言楚在雜薪之中尤翹翹言尤明雜薪亦翹翹也〇箋之子至意焉釋訓云之子是子也李巡曰之子者論五方之言是子也然則之爲語助人言之子者猶云是此子也桃夭傳云嫁子彼説嫁事爲嫁者之子此則貞絜者之子東山之子言其妻白華之子斥幽王各隨其事而名之言謙不敢斥其適己謂云往嫁若斥適己當言來嫁所以桃夭鵲巢東山不爲謙者不自言己説他女嫁故不爲謙也言致禮餼者昏禮下達納采用鴈問名納吉皆如之納徵用玄纁束帛儷皮是士禮也媒氏云純帛無過五兩謂庶人禮也欲致禮謂此也餼谓牲也昏禮不見用牲文鄭以時事言之或亦宜有也言示有意者前已執謙不敢斥言其適己言養馬是欲致禮餼示有意求之但謙不斥耳 漢之廣矣不可泳思江之永矣不可方思

以上是《毛诗正义》中《周南·汉广》第二章的注解，大字是《诗经》正文，双行小字是后人的注疏。正文之下，前面没有“笺云”的注是毛亨的《毛诗诂训传》，简称“毛传”，如“翹翹薪貌錯雜也”。“笺云”之后的注是郑玄的《毛诗笺》，简称“郑笺”，如“楚雜薪之中尤翹翹者”。〇之后是唐陆德明的《经典释文》，对正文和注文的注音，如“翹祁遥反”。［疏］后是唐孔颖达的疏，简称“孔疏”。疏先略引被疏文字，一般是起止各两三个字，如“翹翹至其馬”，用〇隔开，“正義曰”后是孔疏。疏一般是先疏正义，再疏注文。如果疏“毛传”，则标明起止的文字前有“传”字，如“傳翹翹薪貌”；如果疏“郑笺”，则标明起止的文字前有“笺”字，如“箋楚雜至絜者”。疏有时是直解正文，如“翹翹然而高者……示已有意欲求之”；有时是引书以证毛传和郑笺，如上面一段疏中引《诗经》的《鸱鸮》传、《左传》引逸诗及服虔注，为毛传“翹翹薪貌”作注；引《尔雅》的《释训》、《诗经》的《桃夭》传、《东山》、《白华》，为郑笺“之子是子也”作注。

第二章后四句与第一章相同，无注。古注的惯例，凡相同的字句，只在首次出现时出注。

古注体例不一，侧重亦有不同。如下文所举的《文选》（唐）李善注，侧重在指出用典出处；《三国志》（南朝）裴松之注，侧重在考核史实，增补史料；《庄子》（晋）郭象注、（唐）成玄英疏，侧重在阐明哲学思想；（清）仇兆鳌注杜诗，除注明出典之外，并划分段落，诠释大意，侧重分析鉴赏；等等。

不论哪一种古书的注解，它的编排体例通常在书前的序言或凡例、叙例一类的文字中都会有所交代，只要仔细阅读一下，并对照注解参看一下，就不难明白。有些古注本没有序言、凡例之类的说明，或虽有而语焉不详，那就需要细读全书开头部分的注解，从中自己也可以归纳出它的基本体例来。

四、古注的内容

(1) 解释词义。如上文毛传“翹翹，薪貌”“错，杂也”“秣，養也”，郑笺“之子，是子也”。有时解释词义包含在串讲之中，如《论语·里仁》“子曰里仁为美”，何晏《集解》：“郑曰：里者，仁之所居。居於仁者之里，是为美。”郑以“居於仁”释“里仁”。“里仁”中“里”的词义是在串讲中体现出来的。

(2) 串讲文意。如上文孔疏“翹翹然而高者……示己有意欲求之”串讲正文四句文意。又如《楚辞·离骚》“日月忽其不淹兮，春与秋其代序”，王逸《章句》：“淹，久也。代，更也。序，次也。言日月昼夜常行，忽然不久，春往秋来，以次相代，言天时易过，人年易老也。”

“章句”体古注往往还归纳出文章的段落大意，称为“章指（旨）”。“章指”常杂用韵语。如赵岐《孟子章句·滕文公上》“有为神农之言者许行”章章末：“章指：言神农务本，教於凡民。许行蔽道，同之君臣。陈相倍師，降於幽谷。不理万情，谓之敦朴。是以孟子博陈尧舜上下之敍以匡之也。”除最后一句是散句外，其余各句都使用了韵语。

(3) 分析句读。如《诗经·序》“治世之音安以乐其政和乱世之音怨以怒其政乖亡国之音哀以思其民困”，陆德明《经典释文》云：“‘之音’绝句，乐音洛，绝句，其政和。一读‘安’字上属，‘以乐其政和’为一句。下放此。”陆氏的意思是，前人对这段文字有两种读法：一种是：“治世之音，安以乐，其政和。乱世之音，怨以怒，其政乖。亡国之音，哀以思，其民困。”一种是：“治世之音安，以乐其政和。乱世之音怨，以怒其政乖。亡国之音哀，以思其民困。”孔疏云：“治世之音既安又以欢乐者，由其政教和睦故也。”显然是赞同前一种读法。

一般地说，古人加注的地方，便是句读停顿之处，今人标点时均当点断；但也有今人理解与古人不同的，古人加注的地方，今人未加标点。例如《左传·僖公二十三年》：

晉公子有三焉天其或者［疏］天其或者○正义曰天意不可必知故言或者谓天意或当然也 將建諸君其禮焉

杨伯峻《春秋左传注》：“晉公子有三焉，天其或者將建諸，君其禮焉！”“或者”后未依孔疏点断。这种情况是应当格外留意的。此外，古人没有注释的地方，照样存在着句读问题，这就无须多论了。

（4）说明修辞表达方式。《诗经》毛传中凡言“兴也”的地方，都是对修辞表达方式的说明。“兴”是先言他物以引起所咏之事的一种修辞方式。如《葛覃》“葛之覃兮，施（yì）于中谷，维叶萋萋”，毛传：“兴也。”郑笺：“葛者，妇人之所有事也，此因葛之性以兴焉。兴者，葛延蔓于谷中，喻女在父母之家形体浸浸日長大也。叶萋萋然，喻其容色美盛。”

又如分析“兼代”现象。如《左传·襄公二十五年》“以索牛马皆百匹”，孔颖达正义曰：“《司马法》：丘出马一匹，牛三头。则牛当称头，而亦云匹者，因马而名牛曰匹，并言之耳。经传之文，此类多矣。《易·系辞》：‘润之以风雨。’《论语》：‘沽酒市脯不食。’《玉藻》：‘大夫不得造车马。’皆从一而省文也。”孔疏的“从一而省文”，是古汉语的一种表达方式的说明，即本该用两个词，而省去一个词，举此以兼彼。“以索牛马皆百匹”，实际上是说“以索牛百头，马百匹”，举“匹”以兼“头”。“润之以风雨”，实际上是说“润之以雨，散之以风”，举“润”以兼“散”。“沽酒市脯不食”，实际上是说“沽酒不饮，市脯不食”，举“食”以兼“饮”。“大夫不得造车马”实际上是说“大夫不得造车畜马”，举“造”以兼“畜”。

再如分析“重复”现象。《诗经·周南·麟之趾》三章末均以“于嗟麟兮”结尾，孔颖达正义曰：“反复嗟叹，所以深美之也。”说明此处重复是为了加深表达。《诗经·大雅·生民》“卬盛于豆，于豆于登”，孔颖达正义曰：“再言‘于豆’者，叠之以足句耳。”说明此处重复是为了满足音节的需要。

（5）诠释典故成语。唐代李善的《文选注》就是以注明出典而著称。以扬雄《解嘲》中的一段注释为例：

夫上世之士。或解縛而相。或釋褐而傅。左氏傳曰。齊鮑叔帥師來言曰。子糾親也。請君討之。管召讎也。請受而甘心焉。乃殺子糾于生竇。召忽死之。管仲請囚。鮑叔受之。及堂阜而脱之。歸而以告曰。管夷吾治於高傒。使相可也。公從之。墨子曰。傅說被褐帶索。庸築傅巖。武丁得之。舉以爲三公。或倚夷門而笑。應劭曰。侯嬴也。秦伐趙。趙求救於魏。無忌將百餘人往過嬴。嬴無所誡。更還見嬴。嬴笑之。以謀告無忌。韋昭曰。笑人不知己也。或横江潭而漁。服虔曰。漁父也。或七十説而不遇。應劭曰。孔丘也。已見東方朔答客難。或立談而封侯。史記曰。虞卿説趙孝成王。再見。爲趙上卿。故號爲虞卿。譙周曰。食邑於虞也。或枉千乘於陋巷。吕氏春秋曰。齊桓公見小臣稷。一日三至。弗得見。從者曰。萬乘之主見布衣之士。一日三至而不得見。亦可以止矣。桓公曰。不然。士慠爵禄者固輕其主。君慠霸王者亦輕其士。從夫子慠爵禄。吾庸敢慠霸王乎。或擁篲而先驅。擁篲。鄒衍也。七畧曰。方士傳言鄒子在燕。其游。諸侯畏之。皆郊迎擁篲也。是以士頗得信其舌而奮其筆。窒隙蹈瑕。而無所詘也。李奇曰。君臣上下有瑕隙乖離之漸。則可抵而取之。窒。竹栗切。

上一段文字，难就难在用典上。如果没有李善的注解，一般读者就难以知道每句话用的是什么典故，也就难以理解每句话的内容了。

（6）考证名物。如《诗经·周南·关雎》"关关雎鸠"，孔疏云："雎鸠，王雎也，《释鸟》文。郭璞曰：雕类也。今江东呼之为鹗，好在江边沚中，亦食鱼。陆机疏云：雎鸠，大小如鸱，深目，目上骨露，幽州人谓之鹫。而扬雄、许慎皆曰：白鷢（jué），似鹰，尾上白。"（按：郭璞《尔雅注》、陆机《毛诗草木鸟兽虫鱼疏》。又《说文解字》"鷢，白鷢，王雎也"，段玉裁注："《释鸟》云'雎鸠，王雎'，与'鷢，白鷢'划分二鸟，许乃一之，恐系转写讹误，非许书本然也。"）

（7）校勘文字。如上文所举《毛诗正义·周南·汉广》例"翘翘錯薪，言刈其楚"下陆德明云"一本无絜字"。又如《礼记·乐记》"武王克反商"，郑玄注："'反'当为'及'，字之误也。"《十三经注疏》后附阮元《校勘记》，皆属校勘文字。

（8）说明语法。如《诗经·周南·汝坟》"既见君子，不我遐弃"，孔颖达正义曰："'不我遐弃'者犹云'不遐弃我'，古人之语多倒，《诗》之此类众矣。"说明词序的历史变化。古人没有语法的概念，因此关于语法现象的说明只是零散的，多散见于串讲之中。如《左传·昭公十三年》"我之不共，鲁故之以"，杜预注："不共晋贡，以鲁故也。"在串讲中将"鲁故"移后，以显示"鲁故之以"宾语前置的句法特点。

综上所述，古注的内容十分丰富，与今人注释多以解释字词为主不同。充分利用古注，对我们阅读古书肯定是很有帮助的。

五、古注中常见的术语

（1）曰、为、谓之。这三个术语用法大致相同。被释词语置于"曰、为、谓之"的后面。其作用，或单用以释义，如《诗经·周南·卷耳》"陟（zhì）彼高冈"，毛传："山脊曰冈。"或连用并举，用以辨析同义词。如：《楚辞·离骚》"各兴心而嫉妒"，王逸注："害贤为嫉，害色为妒。"又如《尔雅·释草》："木谓之华，草谓之荣，不荣而实者谓之秀，荣而不实者谓之英。"

古人辨析同义词，常只指出其不同点，对共同点则略而不谈，要细心体会。如《左传·僖公二十八年》："不有行者，谁扞（hàn）牧圉（yǔ）"，杜预注："牛曰牧，马曰圉。"非"牧，牛也"，而是"牧牛曰牧，牧马曰圉"。《尔雅》"木谓之华，草谓之荣"亦如此。

（2）谓。被释词语置于"谓"的前面，其作用主要是用来具体说明被释词语的特定意义。如《左传·僖公三十年》"且君尝为晋君赐矣"，杜预注："晋君谓惠公也。""谓"有时还用于串讲。如《诗经·郑风·野有蔓草》"野有蔓草，零露漙（tuán）兮"，郑笺："零，落。蔓草而有露，谓仲春之时，草始生，霜为露也。"

（3）犹。被释词语置于"犹"的前面，其作用主要是用来表示注释词和被释词是同义关系或近义关系的。如《诗经·召南·羔羊》"羔羊之革"，毛传："革，犹皮也。"

又如《孟子·梁惠王上》“老吾老，以及人之老；幼吾幼，以及人之幼”，赵岐注：“老犹敬也，幼犹爱也。”

（4）貌。往往用于解释形容词，相当于现代汉语的“……的样子”。如上文所举《葛覃》“葛之覃兮，施于中谷，维叶萋萋”，毛传：“萋萋，茂盛貌。”

（5）浑言、析言、统言、通言、散言、对言、散文、对文。“浑言”是笼统地说，“析言”即分析地说。如《说文解字·走部》“走，趋也”，段注：“《释名》：‘徐行曰步，疾行曰趋，疾趋曰走。’此析言之。许浑言不别也。”“浑言”又称“统言”、“通言”。如《说文解字·行部》“行，人之步趋也”（按：《说文解字》对“行”的本义解释有误，“行”是象形字，本义是道路），段注：“步，行也。趋，走也。二者一徐一疾，皆谓之行，统言之也。”

“散言”“散文”指同义词语单独使用，“对言”“对文”指两个同义词语同时使用，相对为文。一般是“对言”时二者有别，“散言”时意义相通。如《诗经·齐风·南山》“南山崔崔，雄狐绥绥”，孔疏：“对文则飞曰雌雄，走曰牝牡；散则可以相通。”又如《诗经序》“情发于声，声成文谓之音”，孔疏：“此言‘声成文谓之音’，则声与音别。《乐记》注：‘杂比曰音，单出曰声。’《记》又云：‘审声以知音，审音以知乐。’则声、音、乐三者不同矣。以声变乃成音，音和乃成乐，故别为三名。对文则别，散则可以通。”

（6）辞（词）也。用以说明该词是虚词。如上文所举《汉广》“汉之广矣，不可泳思”，毛传：“思，辞也。”句中的“思”是语气词。

（7）之言、之为言。古注使用这两个术语，一般都是声训，即表明被释词和注释词之间不仅在语义上，而且在语音上有相通之处。如《礼记·王制》“古者公田藉而不税”，郑玄注：“藉之言借也。”“藉”是古代一种助耕制度的名称，郑玄认为它之所以名叫“藉”，是由“借”的声义而受名。古人以声训试图探求语源，往往具有相当的主观随意性，不可轻信。

（8）读为、读曰。这两个术语主要是用以说明通假，即用本字来说明通假字。如《诗经·卫风·氓》“隰则有泮”，郑笺云：“泮，读为畔。畔，涯也。”郑玄认为“泮”是“畔”的借字。

（9）如字。这个术语用于注释多音多义字，依本音读叫“如字”。如《诗经·周南·关雎》“窈窕淑女，君子好逑”，陆德明《经典释文·毛诗音义》：“好，毛如字，郑呼报反。”按：“好”有上、去二音。“好”读上声是其本音，读上声 hǎo，义为美貌、美好，是形容词；“好”读去声 hào，义为和好、喜好，是动词。毛传云：“言后妃有关雎之德，是幽闲贞专之善女，宜为君子之好匹。”释“好”为形容词。郑笺云：“言后妃之德和谐，则幽闲处深宫贞专之善女，能为君子和好众妾之怨者。”释“好”为动词。所以，陆德明说，依毛传，“好”读其本音，即读上声；依郑笺，读去声。

六、古注的局限性

（1）不可避免地要打上封建社会的烙印。如《诗经》的小序多穿凿附会，十有七八都是糟粕。如《关雎》，本是一首描写爱情的诗歌，《诗经》的小序却说“后妃之德也”，认为这首诗是歌颂周文王之妻太姒的。

（2）古人对语言现象缺乏科学的理解，以至望文生训，牵强附会。如对联绵词“窈窕”“首鼠”“犹豫”的解释：

窈窕：扬雄《方言》云：“美心曰窈，美状曰窕。”

犹豫：《颜氏家训·书证篇》：“按，《尸子》曰：‘五尺犬为犹。’……吾以为人将犬行，犬好豫在人前。待人不得，又来迎候。如此往还，至于终日，斯乃豫之所以为未定也，故称犹豫。或以《尔雅》曰：‘犹如麂，善登木。’犹，兽名也。既闻人声，乃豫缘木，如此上下，故称犹豫。”

又如文字通假现象。《左传·隐公元年》“庄公寤生”，杜预注：“寐寤而莊公已生。”按：“寤”通“牾”，逆。“寤生”就是难产，也就是《史记·郑世家》所谓“生之难”。杜注不懂得因声求义，未能摆脱字形的束缚，所以对通假现象做了错误的解释。清代学者在因声求义方面做出了贡献。如王氏父子（王念孙、王引之）治学谨严，解释古音通假现象多举例证，大多数精确可信。但后来也有些学者没有任何例证，仅凭“声近义通”“一声之转”，滥用通假，这也是古注的弊病之一。

再如“叶（xié）音”说，以今律古（详见第十单元“语音知识”），等等。

（3）旁征博引，繁琐冗杂。《汉书·艺文志》说，秦延君说《尚书》的“尧典”二字用十余万言，说“曰若稽古”四字用三万言。这是极其典型的例子。清人刘宝楠《论语正义》，仅“子曰学而时习之”就注了近千字。

只有了解了古注的局限性，才能在使用古注时注意弃其糟粕，取其精华，才能使古注更好地为我们阅读古书服务。

思考题

1. 列举出“传”“章句”“集解”“疏”“音义”的特点。
2. 列举出常用的古注术语。
3. 以《毛诗正义》为例，说明古注的体例。
4. 举例说明古注的局限性。

文 选

今 注

左傳

见第四单元“今注”。

晉靈公不君（宣公二年）

晉靈公不君[1]。厚斂以彫牆[2]。從臺上彈人[3]，而觀其辟丸也[4]。宰夫胹熊蹯不孰[5]，殺之，寘諸畚[6]，使婦人載以過朝[7]。趙盾士季見其手[8]，問其故而患之。將諫，士季曰：“諫而不入[9]，則莫之繼也[10]。會請先，不入，則子繼之。”三進及溜[11]，而後視之。曰：“吾知所過矣，將改之。”稽首而對曰[12]：“人誰無過？過而能改，善莫大焉。詩曰：‘靡不有初，鮮克有終。’[13]夫如是[14]，則能補過者鮮矣。君能有終，則社稷之固也[15]，豈唯羣臣賴之。又曰：‘衮職有闕，惟仲山甫補之。’[16]能補過也。君能補過，衮不廢矣[17]。”

[1] 晋靈公：名夷皋。君：用作动词，行君道。

[2] 厚：重。斂：征收赋税。彫：画。

[3] 彈（tán）：用弹（dàn）弓射。

[4] 辟：躲避，后写作“避”。

[5] 宰夫：厨师。胹（ér）：炖。熊蹯（fán）：熊掌。孰：熟，后写作“熟”。

[6] 諸：“之于”的合音字。畚（běn）：用草绳或竹篾编成的盛物器具。

[7] 朝：朝廷。

[8] 趙盾：晋国正卿，谥号宣子。士季：名会，晋大夫。

[9] 入：纳，接受。

[10] 莫：否定性的无定代词，等于说“没有谁”“没有什么”。之：代进谏这件事，做“继”的宾语。

[11] 三進：往前走了三次。溜：通霤（liù），屋檐下滴水处。

[12] 稽（qǐ）首：见第四单元文选“晋公子重耳之亡”注。

[13] 引自《诗经·大雅·荡》。靡：否定性的无定代词，作用同“莫”。鮮（xiǎn）：少。克：能。

［14］夫：句首语气词，表示下面要发表议论。

［15］社稷之固也：“社稷之固也赖之”的省略形式。

［16］引自《诗经·大雅·烝民》。衮（gǔn）：天子礼服，这里指天子。闕：通缺，过失。仲山甫：周宣王的大臣。甫，古代成年男子名字下加的美称。

［17］衮：喻君位。

猶不改。宣子驟諫[1]。公患之，使鉏麑賊之[2]。晨往，寢門闢矣[3]。盛服將朝[4]，尚早，坐而假寐[5]。麑退，歎而言曰：“不忘恭敬，民之主也。賊民之主，不忠；棄君之命，不信。有一於此，不如死也。”觸槐而死。

［1］驟：多次。

［2］鉏麑（chú ní）：晋国力士。賊：杀。

［3］闢：开。

［4］盛服：衣冠齐整，表示严肃端庄。

［5］假寐：不脱衣冠睡觉。

秋九月，晉侯飲趙盾酒[1]，伏甲將攻之[2]。其右提彌明知之[3]，趨登曰[4]：“臣侍君宴，過三爵[5]，非禮也。”遂扶以下。公嗾夫獒焉[6]。明搏而殺之[7]。盾曰：“棄人用犬，雖猛何爲！”鬥且出，提彌明死之[8]。

［1］飲（yìn）：使动用法，使……饮。

［2］伏甲：埋伏甲士。

［3］右：车右，又称骖乘。古代车战时，尊者居左，御者居中，骖乘居右。车右由有勇有力的人担任，负责执戈御敌及力役之事。提彌明：人名。

［4］趨登：快步走上堂去。

［5］爵：古代饮酒器。

［6］嗾（sǒu）：唤狗的声音，用作动词，嗾使。夫（fú）：指示代词，那。獒（áo）：猛犬。《尔雅》：“犬四尺为獒。”

［7］搏：徒手搏斗。

［8］死之：为赵盾而死。

初，宣子田於首山[1]，舍于翳桑[2]。見靈輒餓[3]，問其病，曰：“不食三日矣。”食之[4]，舍其半。問之，曰：“宦三年矣[5]，未知母之存否。今近焉，請以遺之[6]。”使盡之，而爲之簞食與肉[7]，寘諸橐以與之[8]。既而與爲公介[9]，倒戟以禦公徒[10]，而免之[11]。問何故，對曰：“翳桑之餓人也。”問其名居，不告而退。遂自亡也[12]。

［1］田：打猎，后写作“畋”。首山：又名首阳山，在今山西永济县东南。

［2］舍：住一宿。翳（yì）桑：地名。

［3］靈輒：人名。餓：指因极度饥饿而倒在地上。

［4］食（sì）：使动用法，给……吃。

［5］宦：给贵族作奴仆。

［6］遺（wèi）：给。

［7］簞（dān）：盛饭用的圆形竹筐。

［8］橐（tuó）：口袋。

［9］既而：不久。與（yù）：参加。介：甲，指甲士。

［10］倒戟：掉转兵器。

［11］免：使动用法，使……免于难。

［12］亡：逃走。

乙丑[1]，趙穿攻靈公於桃園[2]。宣子未出山而復[3]。大史書曰[4]：“趙盾弑其君[5]。”以示於朝。宣子曰：“不然。”對曰：“子爲正卿，亡不越竟[6]，反不討賊[7]，非子而誰？”宣子曰：“烏呼！‘我之懷矣，自詒伊慼。’[8]其我之謂矣。”

［1］乙丑：宣公二年九月二十六日。

［2］趙穿：赵盾的同族。攻：当为“杀”字之误（依王引之说，见《经义述闻》）。桃園：灵公的园囿名。

［3］山：这里指晋国边境的山。復：返回。

［4］大（tài）史：即太史，史官名。这里指晋太史董狐。

［5］弑（shì）：古代下杀上叫弑。

［6］竟：国境，后写作“境”。

［7］反：返回，后写作“返”。贼：指大逆不道、犯上作乱的人。

［8］杜预说这两句是逸诗，可能是引自《诗经·邶风·雄雉》，今本《诗经》“伊慼”作“伊阻”。詒：通“贻”，给。伊：指示代词，那。慼：忧愁。

孔子曰：“董狐，古之良史也，書法不隱[1]。趙盾，古之良大夫也，爲法受惡[2]。惜也，越竟乃免。”

［1］書法：记事的原则。隱：隐讳。

［2］法：即上文的“书法”。惡：指弑君的恶名。

自学提示

（1）掌握下列带点的词语：

宦三年矣　宣子田於首山　公嗾夫獒焉　宣子驟諫　使鉏麑賊之　坐而假寐　宰夫胹熊蹯不孰　靡不有初　鮮克有終

（2）重点掌握下列句子：

我之懷矣，自詒伊慼。

晉侯飲趙盾酒。

提彌明死之。

諫而不入，則莫之繼也。

君能有終，則社稷之固也，豈唯羣臣賴之。

國語

《国语》相传为春秋时左丘明所作，以记言为主，故名《国语》。全书共 21 卷，分别记载了从周穆王十二年（公元前 990 年）至周贞定王十六年（公元前 453 年）周、鲁、齐、晋、郑、楚、吴、越八国的史事，是我国最早的国别史，对于研究我国春秋时代政治历史有重要的参考价值。

现存最早的注本是三国时期吴人韦昭作的《国语注》。

富辰諫襄王（周語中）

襄王十三年[1]，鄭人伐滑[2]。王使游孫伯請滑[3]，鄭人執之。王怒，將以翟伐鄭[4]。富辰諫曰[5]："不可。古人有言曰：'兄弟讒鬩[6]，侮人百里[7]。'周文公之詩曰[8]：'兄弟鬩于牆，外禦其侮。'若是則鬩乃內侮，而雖鬩不敗親也[9]。鄭在天子，兄弟也[10]。鄭武、莊有大勳力于平、桓[11]；我周之東遷，晉、鄭是依[12]；子頹之亂，又鄭之繇定[13]。今以小忿棄之，是以小怨置大德也。無乃不可乎[14]！且夫兄弟之怨，不徵於它[15]，徵於它，利乃外矣[16]。章怨外利[17]，不義；棄親即翟[18]，不祥[19]；以怨報德，不仁。夫義，所以生利也；祥，所以事神也；仁，所以保民也[20]。不義則利不阜[21]，不祥則福不降，不仁則民不至。古之明王不失此三德者，故能光有天下[22]，而龢寧百姓[23]，令聞不忘[24]。王其不可以棄之[25]。"王不聽。十七年，王降翟師以伐鄭[26]。

[1] 周襄王十三年，即公元前 639 年。

[2] 滑：姬姓小国。

[3] 游孫伯：周大夫。請滑：为滑请求。

[4] 翟（dí）：古代少数民族名，也作"狄"。

[5] 富辰：周大夫。

[6] 讒鬩（xì）：攻讦争吵。

[7] 侮人百里：言抵御外侮于百里之外。

[8] 周文公：周武王之弟，名旦，因采邑在周（今陕西岐山北），世称周公。文，当是谥号。引诗见《诗经·小雅·常棣》。按：今本《诗经》"侮"作"务"。务，通"侮"。相传《常棣》之诗为周公所作。

[9] 敗：害。

[10] 郑国与周王室都是姬姓，有兄弟之亲。

[11] 鄭武、莊：指郑武公（桓公之子，名滑突）、郑庄公（武公之子，名寤生）。勲力：功劳。平、桓：指周平王（幽王之子，名宜臼）、周桓王（平王之孙，名林）。按：幽王为犬戎所杀，西周灭亡；平王东迁洛邑（今河南洛阳），依靠晋、郑两国夹辅立国，史称东周。

[12] “依”的宾语“晋、郑”前置。是，宾语前置的标记。

[13] 周惠王时，子颓（惠王的叔父）篡位，惠王流亡居郑，郑厉公杀子颓，送惠王回洛邑，平定了子颓之乱。介词“繇”的宾语“鄭”前置。之，宾语前置的标记。

[14] 置：废。無乃：恐怕。

[15] 徵：召。它：别人，这里指翟人。

[16] 利乃外：言利在翟人。

[17] 章怨：宣扬怨恨。外利：树利于外。

[18] 即：依附。

[19] 祥：顺。

[20] 保：养。

[21] 阜：厚。

[22] 光：通“广”。

[23] 龢（hé）寧：使动用法，使……和平安宁。龢，同“和”。

[24] 令聞：美好的声誉。不忘：言德及后代。

[25] 其：表示委婉语气。

[26] 降：这里是贬抑自己的身份去求助的意思。

王德翟人[1]，將以其女爲后。富辰諫曰：“不可。夫婚姻，禍福之階也[2]。利内則福由之，利外則取禍。今王外利矣，其無乃階禍乎[3]？昔摯、疇之國也由大任[4]，杞、繒由大姒[5]，齊、許、申、吕由大姜[6]，陳由大姬[7]，是皆能内利親親者也[8]。昔鄢之亡也由仲任[9]，密須由伯姞[10]，鄶由叔妘[11]，聃由鄭姬[12]，息由陳嬀[13]，鄧由楚曼[14]，羅由季姬[15]，盧由荆嬀[16]，是皆外利離親者也。”

[1] 德：感激。

[2] 階：阶梯。

[3] 階禍：招致祸患。

[4] 摯（zhì）、疇（chóu）：古诸侯国名，任姓，夏奚仲、仲虺（huī）之后。之：主谓结构“摯、疇國”不独立成句的标记。國：这里用作动词，受封为诸侯国。大（tài）任：王季之妃，周文王之母。大，排行老大，后写作“太”。下同。

[5] 此句当是“杞、繒之国也由大姒”，“之国也”承上句省。下二句同。杞、繒：古诸侯国名，姒姓，夏禹之后。大姒：文王之妃，武王之母。

[6] 齊、許、申、吕：古诸侯国名，姜姓，四岳之后。大姜：太王之妃，王季之母。

[7] 陳：古国名，妫姓，虞舜之后。大姬：周武王的长女。

[8] 内利：内行七德（见下文）。親親：爱自己的宗亲。

[9] 鄢：古诸侯国名，妘（yún）姓，娶仲任氏之女为鄢夫人。

[10] 此句当是“密須之亡也由伯姞”，“之亡也”承上句省。下六句同。密須：古诸侯国名，姞（jí）姓。伯姞：密須之女。

[11] 鄶：古诸侯国名，妘姓，娶同姓之女为鄶夫人。

[12] 聃（dān）：古诸侯国名，姬姓，娶同姓之女为聃夫人。鄭姬：郑女，姬姓。

[13] 息：古诸侯国名，姬姓。陳嬀（guī）：陈女，妫姓，为息侯夫人。

[14] 鄧：古诸侯国名，曼姓。楚曼：邓女，为楚武王夫人。

[15] 羅：古诸侯国名，熊姓。季姬：姬氏女，为罗夫人。

[16] 盧：古诸侯国名，妫姓。荆嬀：卢女，为荆夫人。按：周时称已嫁的贵族女子，或姓前冠以排行，如：大任、仲任、叔妘、季姬、伯姞；或姓前冠以配偶受封的国名，如：楚曼、荆嬀；或姓前冠以所自出的国名，如：郑姬、陳嬀。

王曰：“利何如而内？何如而外？”對曰：“尊貴，明賢，庸勲[1]，長老[2]，愛親，禮新[3]，親舊[4]。然則民莫不審固其心力以役上令[5]，官不易方[6]，而財不匱竭，求無不至，動無不濟[7]。百姓兆民[8]，夫人奉利而歸諸上[9]，是利之内也。若七德離判[10]，民乃攜貳[11]，各以利退，上求不暨[12]，是其外利也。夫翟無列於王室[13]，鄭伯，南也[14]，王而卑之，是不尊貴也。翟，豺狼之德也，鄭未失周典，王而蔑之[15]，是不明賢也。平、桓、莊、惠皆受鄭勞[16]，王而棄之，是不庸勲也。鄭伯捷之齒長矣[17]，王而弱之[18]，是不長老也。翟，隗姓也，鄭出自宣王[19]，王而虐之，是不愛親也。夫禮，新不間舊[20]，王以翟女間姜、任，非禮且棄舊也[21]。王一舉而棄七德，臣故曰利外矣。《書》有之曰[22]：‘必有忍也，若能有濟也[23]。’王不忍小忿而棄鄭，又登叔隗以階翟[24]。翟，封豕豺狼也[25]，不可厭也[26]。”王弗聽。

[1] 庸：用。

[2] 長（zhǎng）：尊重。

[3] 禮：以礼相待。新：指宾客。

[4] 舊：指故旧。

[5] 審：审慎。固：安定。役：施行。易：改变。

[6] 方：道，法度。

[7] 濟：成功。

[8] 百姓：百官。兆民：众百姓。兆，数词，或曰十亿为兆，或曰万亿为兆，这里是泛指，极言其多。

[9] 夫人：等于说人人。

[10] 七德：指上文“尊貴，明賢，庸勲，長老，愛親，禮新，親舊”。判：分。

[11] 攜（xié）貳：离心离德。貳，有二心。

[12] 暨（jì）：至。

[13] 列：位次。

[14] 南：爵位名，后多作“男”。

[15] 蔑：轻视。

[16] 勞：功。

[17] 捷：郑文公之名。齒：年龄。

[18] 弱：意动用法，把……当做童稚看待。

[19] 郑国之封出于宣王之世。按：郑桓公是周宣王的兄弟。

[20] 間（jiàn）：等于说代替。

[21] 此句是说，姜氏、任氏之女世代为周王的妃嫔，今以翟女代之，是弃旧。

[22] 所引《書》已亡佚。

[23] 若：等于说乃。

[24] 登：这里是娶的意思。階翟：招致翟祸。

[25] 封：大。

[26] 厭：满足。

十八年，王黜翟后[1]。翟人來誅，殺譚伯[2]。富辰曰：“昔吾驟諫王[3]，王弗從，以及此難[4]。若我不出[5]，王其以我爲懟乎[6]！”乃以其屬死之[7]。

[1] 黜：废。

[2] 誅：讨伐。譚伯：周大夫。

[3] 驟：多次。

[4] 及：赶上。

[5] 出：指出城迎战翟军。

[6] 懟（duì）：怨恨。

[7] 以：率领。屬：部属。死之：战死在翟军之中。

自学提示

（1）掌握下列带点的词语：

王其以我爲懟乎　若七德離判　民乃攜貳　封豕豺狼也　新不間舊　其無乃階禍乎　不徵於它　不義則利不阜　故能光有天下　令聞不忘

（2）重点掌握下列句子：

兄弟讒鬩，侮人百里。

我周之東遷，晉、鄭是依；子穨之亂，又鄭之繇定。

王使游孫伯請滑。

句踐灭吴（越語上）

越王句踐棲於會稽之上[1]，乃號令於三軍曰：“凡我父兄昆弟及國子姓[2]，有能助寡人謀而退吴者，吾與之共知越國之政[3]。”大夫種進對曰[4]：“臣聞之：賈人夏則資皮[5]，冬則資絺[6]，旱則資舟，水則資車[7]，以待乏也。夫雖無四方之憂[8]，然謀臣與爪牙之士[9]，不可不養而擇也[10]。譬如衰笠，時雨既至必求之。今君王既棲於會稽之上，然後乃求謀臣，無乃後乎[11]？”句踐曰：“苟得聞子大夫之言[12]，何後之有[13]？”執其手而與之謀。

[1] 句（gōu）踐：公元前496年—前465年在位，春秋时代霸主之一。句，后一般写作“勾”。棲：栖息。會稽（guì jī）：山名，在今浙江绍兴县东南。按：公元前494年，吴兴兵伐越，大败越军，句踐率残军五千退于会稽山。

[2] 昆弟：兄弟。子姓：子孙。

[3] 知：执掌。

[4] 大夫種：越大夫文种，字子禽，楚国人，助句践灭吴，后被句践所杀。

[5] 賈（gǔ）人：商人。資：积蓄。

[6] 絺（chī）：质地精细的葛布。

[7] 水：指洪涝。

[8] 四方之憂：指受到邻国侵犯的忧患。

[9] 爪牙之士：勇猛的将士。

[10] 擇：选拔。

[11] 後：晚。

[12] 子：古代对男子的敬称。

[13] 之：“有”的宾语“何後”前置的标记。

遂使之行成於吴[1]。曰：“寡君句踐乏無所使，使其下臣種，不敢徹聲聞於天王[2]，私於下執事曰[3]：寡君之師徒不足以辱君矣[4]，願以金玉、子女賂君之辱[5]，請句踐女女於王[6]，大夫女女於大夫，士女女於士。越國之寶器畢從，寡君帥越國之衆，以從君之師徒，唯君左右之[7]。若以越國之罪爲不可赦也，將焚宗廟，係妻孥[8]，沈金玉於江，有帶甲五千人將以致死[9]，乃必有偶[10]，是以帶甲萬人以事君也[11]，無乃即傷君王之所愛乎？與其殺是人也，寧其得此國也[12]，其孰利乎？”

[1] 行成：求和。

[2] 此句意思是寡君的话不敢直接让天王听到。徹：达，使动用法。天王，对吴王的尊称。

[3] 私：私语。下執事：手下管事的人。按：这是客气话，实指吴王本人。

[4] 師徒：指军队。不足以辱君：不值得让您屈尊讨伐。

[5] 賂君之辱：答谢您的屈尊光临。賂，赠送财物，这里是答谢的意思。

[6] 女於王：给吴王作奴婢。女，用作动词，充作奴婢。下文同。

[7] 左右：处置。

[8] 係妻孥（nú）：将妻子和子女捆绑起来。按：与将士生死与共，不让吴国俘获。

[9] 致死：拼死。

[10] 有偶：意思是一个人抵得上两个人。偶，成对，这里是加倍的意思。

[11] 事君：事奉您。按：这是外交辞令，意思是与您作战。

[12] 與其……寧其……：表示选择。

夫差將欲聽[1]，與之成[2]。子胥諫曰[3]：“不可。夫吴之與越也，仇讎敵戰之國也。三江環之[4]，民無所移。有吴則無越，有越則無吴，将不可改於是矣。員聞之，陸人居陸，水人居水。夫上黨之國[5]，我攻而胜之，吾不能居其地，不能乘其車。夫越國，吾攻而胜之，吾能居其地，吾能乘其舟。此其利也，不可失也已。君必滅之。失此利也，雖悔之，亦無及已。”

越人飾美女八人，納之大宰嚭[6]，曰：“子苟赦越國之罪，又有美於此者將進之。”大宰嚭諫曰：“嚭聞古之伐國者，服之而已。今已服矣，又何求焉?”夫差與之成而去之[7]。

[1] 夫差：吴国国君，公元前495—前473年在位。

[2] 成：构和。

[3] 子胥：即伍子胥，名员（yún），吴大臣；本楚人，因楚王杀其父兄，奔吴，辅佐夫差败楚，败越；后因劝谏夫差，为夫差所杀。

[4] 三江：指吴江、钱塘江、浦阳江。

[5] 上黨：指地势高的中原地区。上，高。黨，处所。

[6] 納：献。大宰嚭（pǐ）：即伯嚭，任太宰之官。

[7] 之：指越国。

句踐説於國人曰[1]：“寡人不知其力之不足也，而又與大國執讎[2]，以暴露百姓之骨於中原[3]，此則寡人之罪也。寡人請更[4]。”於是葬死者，問傷者[5]，養生者，弔有憂[6]，賀有喜，送往者，迎來者，去民之所惡，補民之不足。然後卑事夫差，宦士三百人於吴[7]。其身親爲夫差前馬[8]。

[1] 説：解说。

[2] 執讎：结仇。

[3] 中原：即原中，原野之中。按：先秦方位词“中”有时前置，如《诗经·小雅·信南山》中有“中田有庐”，“中田”即田中；《诗经·鄘风·柏舟》中有“在彼中河”，“中河”即河中；《国语·吴语》中有“鸣鼓中水”，“中水”即水中；等等。

[4] 更：改正。

[5] 問：慰问。

[6] 弔：慰问。

[7] 宦：使动用法，使……作仆隶。

[8] 其身：指句践本人。前馬：马前卒。

句踐之地，南至於句無[1]，北至於禦兒[2]，東至於鄞[3]，西至於姑蔑[4]，廣運百里[5]。乃致其父兄昆弟而誓之曰[6]："寡人聞古之賢君，四方之民歸之，若水之歸下也。今寡人不能，將帥二三子夫婦以蕃[7]。"命壯者無取老婦[8]，令老者無取壯妻；女子十七不嫁，其父母有罪；丈夫二十不取，其父母有罪。將免者以告[9]，公令醫守之[10]。生丈夫，二壺酒，一犬；生女子，二壺酒，一豚[11]。生三人[12]，公與之母[13]；生二人，公與之餼[14]。當室者死[15]，三年釋其政[16]；支子死[17]，三月釋其政。必哭泣葬埋之，如其子。令孤子、寡婦、疾疹貧病者[18]，納宦其子[19]。其達士[20]，絜其居[21]，美其服，飽其食，而摩厲之於義[22]。四方之士來者，必廟禮之[23]。句踐載稻與脂於舟以行，國之孺子之游者[24]，無不餔也[25]，無不歠也[26]，必問其名。非其身之所種則不食，非其夫人之所織則不衣。十年不收於國[27]，民俱有三年之食。

[1] 句（gōu）無：地名，故址在今浙江诸暨县句无亭。

[2] 禦兒（ní）：地名，故址在今浙江嘉兴县御儿乡。

[3] 鄞（yín）：地名，故址在今浙江宁波市。

[4] 姑蔑：地名，故址在今浙江龙游县北姑蔑城。

[5] 廣運：纵横，东西曰广，南北曰运。

[6] 致：使至，召集。

[7] 二三子：你们这些人。蕃：繁殖。

[8] 無：通"毋"。取：娶。

[9] 免：生育，后写作"娩"。

[10] 公：指官府。

[11] 豚（tún）：小猪。

[12] 三人：指三胞胎。

[13] 母：乳母。

[14] 餼（xì）：粮食。

[15] 當室者：指嫡长子。

[16] 釋：免除。政：通"征"，指赋税徭役。

[17] 支子：庶子。

[18] 疹（chèn）：同"疢"，病。

[19] 納：收留。宦：使动用法，使……做仆从。

[20] 達士：通达之士。

[21] 絜："洁"的古字。与下文"美""饱"都是使动用法。

[22] 摩厲：磨砺。於：以，用。

[23] 廟：宗庙，名词作状语，表示处所。禮：以礼相待。

[24] 孺子：小孩。游：在外流浪。

[25] 餔（bǔ）：给食物吃。

[26] 歠（chuò）：同"啜"，给水喝。

[27] 收：征收赋税。

國之父兄請曰："昔者夫差恥吾君於諸侯之國[1]，今越國亦節矣[2]，請報之[3]。"句踐辭曰："昔者之戰也，非二三子之罪也，寡人之罪也。如寡人者，安與知恥[4]？請姑無庸戰。"父兄又請曰："越四封之内[5]，親吾君也，猶父母也。子而思報父母之仇[6]，臣而思報君之讎，其有敢不盡力者乎？請復戰。"句踐既許之，乃致其衆而誓之曰："寡人聞古之賢君，不患其衆之不足也，而患其志行之少恥也[7]。今夫差，衣水犀之甲者億有三千[8]，不患其志行之少恥也，而患其衆之不足也。今寡人將助天滅之。吾不欲匹夫之勇也，欲其旅進旅退也[9]。進則思賞，退則思刑，如此則有常賞[10]。進不用命[11]，退則無恥，如此則有常刑。"果行[12]，國人皆勸[13]。父勉其子，兄勉其弟，婦勉其夫，曰："孰是君也，而可無死乎[14]？"

[1] 恥：使动用法，使……蒙受耻辱。

[2] 節：有节度。

[3] 報：报复。

[4] 安：疑问代词，哪里。與（yù）：参与。按：这是句践自谦的话。

[5] 四封：四境。封，疆界。

[6] 而：连词，连接主语和谓语，表示强调。

[7] 志行：志趣行为。少恥：不知羞耻。少，缺乏。按：成语"寡廉鲜耻"中的"寡""鲜"均为"少"义，与此"少"义同。

[8] 水犀：犀牛的一种。億：十万。有（yòu）：连词，连接复合数词中的整数与零数。

[9] 旅：俱，同。

[10] 常賞：常规的奖赏。

[11] 用命：服从命令。

[12] 果：表示行为实现。

[13] 勸：鼓励。

[14] 这句的意思是：有这样的国君，怎么可以不为他去拼死呢？

是故敗吴於囿[1]，又敗之於没，又郊敗之[3]。夫差行成，曰："寡人之師徒不足以辱君矣，請以金玉、子女賂君之辱。"句踐對曰："昔天以越與吴，而吴不受；今天以吴予越，越可以無聽天之命[4]，而聽君之令乎？吾請達王甬句東[5]，吾與君爲二君乎！"夫差對曰："寡人禮先壹飯矣[6]。君若不忘周室而爲弊邑宸宇[7]，亦寡人之願也。君若曰：'吾將殘女社稷，滅女宗廟。'寡人請死。余何面目以視於天下乎？越君其次也[8]。"遂滅吴。

[1] 囿：吴地名，故址在今太湖附近。

[2] 没：吴地名，不详。

[3] 郊：指吴都城姑苏（今江苏苏州市）近郊。

[4] 無：不。

［5］達：使动用法，等于说遣送。甬句東：地名，故址在今浙江舟山群岛。

［6］禮先壹飯：依礼先供你一餐饭了。壹飯：指小的恩惠。按：这是外交辞令，实指允许越求和，并保存越国。

［7］周室：周王室。按：吴与周同为姬姓。爲弊邑宸宇：给敝邑以庇护。宸（chén）宇，屋檐。

［8］次：长期驻扎。按：古代行军，一宿叫舍，再宿叫信，超过两宿叫次。

自学提示

（1）掌握下列带点的词语：

欲其旅進旅退　將免者以告　問傷者　無不餔也　與之成　請句踐女女於王　不敢徹聲聞於天王　吾與之共知越國之政　賈人夏則資皮　無乃後乎

（2）重点掌握下列句子：

孰是君也，而可無死乎？

與其殺是人也，寧其得此國也，其孰利乎？

苟得聞子大夫之言，何後之有？

古注

春秋左傳正義

《春秋左傳正義》，晋杜預注，唐孔穎達疏，唐陸德明音義。收入通行的《十三經注疏》。孔疏是奉敕修撰的《五經正義》之一（參看第一單元《禮記正義》的说明）。

鄭子産有疾（昭公二十年）

鄭子産[1]有疾謂子大叔[2]曰我死子必爲政唯有德者能以寬服民其次莫如猛夫火烈民望而畏之故鮮死焉水懦弱民狎而翫[3]之狎輕也○鮮息淺反懦乃亂乃臥二反一音儒狎户甲反翫五亂反則多死焉故寬難難以治○治直吏反疾數月而卒

［1］子産：春秋时有名的政治家，郑简公时为执政大夫。

［2］子大（tài）叔：郑国大夫游吉。

［3］翫（wán）：玩弄。

大叔爲政不忍猛而寬鄭国多盗取[1]人於萑苻之澤萑苻澤名於澤中劫人〇數所主反萑音丸苻音蒲又如字大叔悔之曰吾早從夫子不及此興徒兵以攻萑苻之盗盡殺之盗少止

[1] 取：通“聚”。

仲尼曰善哉政寬則民慢慢則糾之以猛糾猶攝也〇盡殺之本或作[1]盡之殺衍字糾居黝反［疏］盡殺之盗少止〇正義曰既言盡殺之復云盗少止者蓋謂盡萑苻之内盗也少止謂鄭国餘處之盗由此少止猛則民殘殘則施之以寬寬以濟[2]猛猛以濟寬政是以和詩曰民亦勞止[3]汔[4]可小康惠此中國以綏四方施之以寬也詩大雅汔其也康綏皆安也周厲王暴虐民勞於苛政故詩人刺之欲其施之以寬〇汔許乙反苛音何毋從詭隨詭人隨人無正心不可舍從〇毋本又作無從子又反注同詭九委反以謹無良謹勑慎也式[5]遏寇虐憯[6]不畏明糾之以猛也式用也遏止也憯曾也言爲寇虐曾不畏明法者亦當用猛政糾治之〇遏於葛反憯七感反柔遠能[7]邇以定我王平之以和也柔安也邇近也遠者懷附近者各以能進則王室定［疏］詩曰至和也〇正義曰此詩大雅民勞之篇刺厲王之詩也其下十句詩之文也仲尼分爲三段每以一句釋之汔其也康綏皆安也止辭[8]也於是厲王以苛政勞民故言當今之民亦大疲勞止其可以小息之中國京師[9]也四方諸夏也施惠於此京師中國以綏彼諸夏之民此四句者欲其施之以寬也詭隨謂詭人爲[10]善隨人小惡此雖惡之小者其事不可舍從也毋得從此詭隨之人以謹勑彼無善之人無善之惡大於詭隨詭隨不從則無善息止是謹勑之也寇虐之惡人又大於無善式用也遏止也憯曾也王當嚴爲刑威用止臣民之間有爲寇盗苛虐曾不畏明白之刑者此四句者欲其糾之以猛也柔安也邇近也能謂才能也王者當以寬政安慰遠人使之懷附則各以才能自進者是近人也遠者懷而歸近者以能自進用此以定我爲王之功此二句者言平之以和也〇注詩大雅云云〇正義曰釋詁云汔幾也杜以幾其同聲故以汔爲其也康綏皆安及下注遏止皆釋詁[11]文也式用憯曾釋言文也

[1] 本或作：校勘术语，有的版本作。
[2] 濟：弥补。
[3] 止：语气词。
[4] 汔（qì）：庶几。
[5] 式：音节助词。一说，用。
[6] 憯：《毛诗》作“憯”，曾（zēng），竟然。
[7] 能：亲善。按：杜注、孔疏释为才能，误。
[8] 辭：训诂术语，表明该词是虚词。
[9] 京師：国都。
[10] 爲：通“伪”。
[11] 釋詁、釋言：皆《尔雅》篇名。

又曰不競[1]不絿[2]不剛不柔詩殷頌言湯政得中和競强也絿急也〇絿音求布政優優百禄是

遒[3]優優和也遒聚也〇遒在由反又子由反和之至也

及子産卒仲尼聞之出涕曰古之遺愛也子産見愛有古人之遺風［疏］又曰至至也〇正義曰詩商頌長發之篇述成湯之德也湯之爲政不大[4]强不大急不大剛不大柔布行政教優優然和綏百種福禄於是聚而歸之言其和之至也競强釋言文也絿急遒聚毛傳文也〇及子至聞之〇正義曰案上子大叔悔後已云仲尼曰善哉今方[5]言及子産卒聞之者上所云先美[6]子大叔之善法政用子産生時法也此出涕重美子産身之賢故傳云及子産卒欲顯仲尼美之意也

［1］競：争竞。

［2］絿：一说通“求”，乞求。

［3］百禄是遒：即“遒百禄”。是，宾语“百禄”前置的标记。

［4］大（tài）：过分。

［5］方：才。

［6］美：赞美。

自学提示

（1）掌握下列带点的词语：

民亦勞止　汔可小康　取人於萑苻之澤　民狎而翫之　政寬則民慢

（2）重点掌握下列句子：

布政優優，百禄是遒。

國語注

《国语注》，三国吴韦昭注。韦昭（公元 204—273 年），字弘嗣，三国吴云阳（今江苏丹阳）人。《三国志·吴志》有传（按，因避司马昭之讳称韦曜）。韦昭精通经史，除《国语注》外，还著有《毛诗杂问》《论语注》《汉书音义》等，多亡佚。

东汉郑众、贾逵，三国虞翻、唐固等都曾注《国语》，今已亡佚，韦注是现存最早的《国语》注本，其中也保存了一部分前人的注释。

邵公諫厲王止謗（周語上）

厲王[1]虐[2]國人[3]謗[4]王厲王恭王之曾孫夷王之子厲王胡也謗誹也邵公[5]告王曰民不堪命矣邵公邵康公之後穆公虎也爲王卿士言民不堪暴虐之政令王怒得衛巫使監謗者衛巫衛國之巫也監察也以巫有神靈有謗必知之以告則殺之巫言謗王王則殺之國人莫[6]敢言道路[7]以目[8]不敢發言以目相眄[9]而已

［1］厲王：周厉王，名胡，公元前 878 年—前 841 年在位。

［2］虐：残暴。

［3］國人：住在国都内的人。

［4］謗：公开议论或指责过失。韦注言“誹”，也是指责过失。公开指责为谤，背后指责为诽。

［5］邵公：姬姓，名虎，谥号穆，周王的卿士。

［6］莫：无定代词，没有谁。

［7］道路：名词作状语，表示处所。

［8］以目：以目示意。

［9］眄（miǎn）：斜视。

王喜告邵公曰吾能弭[1]謗矣乃不敢言弭止也邵公曰是鄣[2]之也鄣防也防民之口甚於防川[3]流者曰川言川不可防而口又甚也川壅[4]而潰傷人必多川之潰決害於人也民亦如之民之敗亂[5]害於上也是故爲[6]川者决[7]之使導[8]爲治也導通也爲民者宣[9]之使言宣猶放也觀民所言以知其得失故天子聽政使公卿至於列士[10]獻詩[11]獻詩以風[12]也列士上士也瞽[13]獻典[14]無目曰瞽瞽樂師典樂典也史獻書史外史也周官[15]外史掌三皇五帝之書師箴[16]師小師也箴箴刺王闕以正得失瞍[17]賦[18]無眸子曰瞍賦賦公卿列士所獻詩也矇[19]誦有眸子而無見曰矇周禮[20]矇主弦歌風誦誦謂箴諫之語也百工[21]諫百工執技以事上者諫者執藝[22]事以諫謂若匠師慶諫鲁莊公丹楹刻桷[23]者庶人傳語庶人卑賤見時得失不得達傳以語王也近臣盡規[24]近臣謂驂[25]僕之屬也盡規盡其規以告王也親戚補察補補過察察政也傳曰[26]自王以下各有父兄子弟以補察其過瞽史[27]教誨瞽樂大師史大史也掌陰陽天時禮法之書以相教誨者單襄公曰吾非瞽史焉知天道[28]耆艾修[29]之耆艾師傅也修脩埋瞽史之教以聞於王而後王斟酌焉斟取也酌行也是以事行而不悖悖逆也民之有口也猶土之有山川也財用於是乎出[30]猶若也山川所以宣地氣而出財用口亦以宣人心而言善敗猶其有原隰衍沃[31]也衣食於是乎生廣平曰原下濕曰隰下平曰衍有溉曰沃口之宣言[32]也善敗[33]於是乎興行善而備[34]敗民所善者行之其所惡者備之所以[35]阜[36]財用衣食者也阜厚也夫民慮之於心而宣之於口成[37]而行[38]之胡[39]可壅也若壅其口其與能幾何[40]與辭也能幾何言不久也

王弗聽於是國人莫敢出言三年乃流[41]王於彘[42]流放也彘晉地漢爲彘縣屬河東[43]今曰永安

［1］弭（mǐ）：止息，消除。

［2］ 鄣：同“障”，堵塞。韦注言“防”，“防”本义是堤坝，引申为堵塞。

［3］ 防川：筑堤阻塞水流。川，河流。

［4］ 壅：阻塞。

［5］ 敗亂：崩溃。

［6］ 爲：治理。

［7］ 決：疏浚。

［8］ 導：畅通。

［9］ 宣：宣泄，使动用法。

［10］ 公卿至於列士：周王朝的官职分为公、卿、大夫、士等各级。士分三等：上士、中士、下士，故称列士。列，众。

［11］ 詩：指采自民间的歌谣。

［12］ 風（fěng）：讽谏。

［13］ 瞽（gǔ）：乐官。按：古代以盲人为乐官，此指太师。

［14］ 典：一说当是“曲”字，因形近而讹。按：此说为妥，《史记·周本纪》正作“瞽献曲”。

［15］ 周官：即下文《周禮》。

［16］ 師：指少师。箴（zhēn）：献上箴戒之言。

［17］ 瞍：盲人。

［18］ 賦：朗诵。

［19］ 矇：盲人乐官，隶属太师，掌管弦歌、讽诵。

［20］ 周禮：又称《周官》，记载周代职官之书，相传为周公所作，故列为儒家经典之一。按：《周禮》实为战国时人所辑。

［21］ 百工：指管理各种工匠的官吏。

［22］ 蓺：同“艺”，技艺。

［23］ 匠師慶諫魯莊公丹楹刻桷：见《国语·鲁语上》：“庄公丹桓宫之楹，而刻其桷。匠師慶言於公曰”。丹：涂朱色漆。桓宫：桓公之庙。楹（yíng）：柱子。刻：雕刻。桷（jué）：方形的椽子。匠師慶：掌管工匠的大夫，名庆。

［24］ 盡規：竭力规划。

［25］ 驂：骖乘，陪乘。

［26］ 傳：指《左传》。引文见《左传·襄公十四年》。

［27］ 瞽史：特指太师（乐官之长）、太史（史官）。

［28］ 單襄公：周王卿士。單襄公语见《国语·周语下》。

［29］ 耆（qí）艾：指年高德劭的大臣。六十老人称耆，五十称艾。修：儆戒。

［30］ 於是乎出：从这里出产。是，指代山川。

［31］ 原：宽阔平坦之地。隰（xí）：低洼潮湿之地。衍：低下平坦之地。沃：润泽肥美之地。韦注云“有溉”，指有水可以灌溉，这样的土地自然润泽肥美。

［32］ 宣言：发表言论。

［33］ 善敗：指国家政事的成败、治乱。

[34] 備：防备。

[35] 所以……者：用来……的办法。

[36] 阜：丰厚，使动用法，增多。

[37] 成：指考虑成熟。

[38] 行：指自然流露。

[39] 胡：何。

[40] 其與能幾何：帮助你的人能有多少。其：加强反问语气。與：赞同，帮助，这里指与者。韦注云“辞”，释为足句虚词，不确。

[41] 流：放逐。

[42] 彘（zhì）：地名，故址在今山西霍县境内。

[43] 河東：郡名。

自学提示

掌握下列带点的词语：

吾能弭謗矣　是鄣之也　耆艾修之　其與能幾何

白文

滕侯薛侯來朝

选自《左传·隐公十一年》。

十一年春滕[1]侯薛[2]侯來朝[3]爭長[4]薛侯曰我先封[5]滕侯曰我周之卜正[6]也薛庶姓也我不可以後之公[7]使羽父[8]請於薛侯曰君與滕君辱在[9]寡人周諺有之曰山有木工則度之賓有禮主則擇之周之宗盟[10]異姓爲後寡人若朝於薛不敢與諸任[11]齒[12]君若辱貺[13]寡人則願以滕君爲請薛侯許之乃長滕侯

[1] 滕：国名，姬姓。[2] 薛：国名，任姓。[3] 來朝：朝见鲁国。[4] 爭長（zhǎng）：争行礼次序在先。[5] 薛的祖先奚仲居薛，为夏朝车正之官，是以薛封于夏代。[6] 卜正：卜官之长。[7] 公：指鲁隐公。[8] 羽父：鲁大夫。[9] 在：问候。[10] 宗盟：等于说会盟。[11] 任：任姓国。[12] 齒：并列。[13] 貺（kuàng）：赐。

齊桓公伐楚

选自《左传·僖公四年》。

四年春齊侯以諸侯之師侵蔡蔡潰遂伐楚楚子使與師言曰君處北海寡人處南海唯是

風馬牛不相及也不虞[1]君之涉[2]吾地也何故管仲對曰昔召康公[3]命我先君大公[4]曰五侯九伯女[5]實征之以夾輔周室賜我先君履東至於海西至於河南至於穆陵北至於無棣爾貢包茅不入王祭不共[6]無以縮酒[7]寡人是徵[8]昭王南征而不復寡人是問對曰貢之不入寡君之罪也敢不共給昭王之不復君其問諸水濱師進次[9]於陘

夏楚子使屈完如[10]師師退次於召陵齊侯陳諸侯之師與屈完乘而觀之齊侯曰豈不穀是爲[11]先君之好是繼與不穀同好如何對曰君惠徼[12]福於敝邑之社稷辱收寡君寡君之願也齊侯曰以此衆戰誰能禦之以此攻城何城不克對曰君若以德綏諸侯誰敢不服君若以力楚國方城[13]以爲城漢水以爲池雖衆無所用之屈完及諸侯盟

[1] 不虞：不料。[2] 涉：这里是进入的意思。[3] 召（shào）康公：周成王时太保召公奭（shì）。[4] 大（tài）公：即姜太公，齐国的始祖。[5] 女（rǔ）：你。[6] 共：供。[7] 縮酒：祭祀的仪式之一。[8] 寡人是徵：即“寡人徵是”。徵，求，索取。下文“寡人是問”结构同此。[9] 次：军队临时驻扎。[10] 如：往。[11] 豈不穀是爲：即“豈爲不穀”。不穀，楚子谦称自己。[12] 徼（yāo）：求。[13] 方城：山名。

第六单元

通　论

语法知识

在汉语的发展过程中，语法同语音、词汇相比是最稳定的。古今汉语在语法方面有很多相同之处。例如，古今汉语词序基本相同，主语在谓语之前，修饰语在被修饰语之前，数千年都是这样；古汉语中一些重要的虚词：之、以、而、于、与、则、虽、如等，至今还在书面语中通用。但是，在汉语漫长的演变过程中，语法也发生了某些变化，这样，古今汉语的语法又有其不同之处。这里不准备对古代汉语的语法作全面的、系统的介绍，而只是就其古今不同之处，分为几个问题，作重点的介绍。

一、词类活用

1. 词类活用的界定

（1）词类活用是指古代汉语中词的临时转类现象。

汉语词类的划分，基本上是古今相承的。古代汉语的词类也同现代汉语一样分为实词和虚词两大类。实词主要有名词、动词、形容词、代词、数词；虚词主要有副词、介词、连词、助词、语气词。在古代汉语中，一个词属于哪个词类是比较固定的，即词有定类。各类词在句中担任的职务也有一定的分工，即类有定职。如：名词——主语、宾语、定语；动词——谓语；形容词——谓语、定语、状语。

但是，古代汉语中，有些词可以按照一定的语言习惯而灵活运用，在句中临时转类。如：《左传》中“从左右，皆肘之”的“肘”。“肘”就是胳膊肘，本是名词，在句中临时做动词用，表示用肘制止，词义（用肘制止——动作）、语法功能（带宾语“之”）、句中职务（作述谓中心语）均发生了变化，这就是转类现象。凭什么说它是临时的呢？我们只能从现有的文献中去考察归纳。《左传》“肘”出现5例，4例是名词，只有上述那1例发生了转类现象。如果我们把考察范围再扩大到其他春秋战国时期的文献（《庄子》3、《吕氏春秋》3、《韩非子》4、《礼记》3、《仪礼》0、《论语》0、《孟子》0、《荀子》0、《墨子》0），发现除《韩非子》中有1例“肘”也发生了类似的转类现象（《难三》：“魏宣子肘韩康子，康子践宣子之足。”）之外，“肘”都是名词。通过对“肘”的全面考察，根据其出现频率（名16、动2），我们认为，“肘”的基本词汇意义是“胳膊肘”，“肘”的名词用法是其本用，“肘”在《左传》中的“用肘制止”义只是该词在一定语言环境中的临时意义，“肘”做动词，只是一种临时的、偶然的现象。

又如：《吕氏春秋·大乐》“天地车轮”中的“轮”。高诱注：“轮，转。”考察上述春秋战国时期的其他9部文献：轮，共出现34例，均为名词用法，义为“车轮”。“轮”在《吕氏春秋》中作动词用仅1例，也是一种临时的转类。这种临时的转类现象，我们称之为“词类活用”。

在界定词类活用时，我们运用了统计方法。因为，既然词类活用是一种临时的、偶然的现象，其出现频率必然低。因此，区分词的兼类与活用，频率统计具有重要的参考价值。

考察范围当以文言的源头——春秋战国时期的文献为主。

我们讲词类活用现象，是针对实词而言的，主要包括动词、形容词、名词的使动用法，形容词、名词的意动用法，名词用作一般动词等。

（2）同形词不是词类活用。

以“之”为例。

之$_1$（往）：动词，《孟子·梁惠王上》：“牛何之？”

之$_2$（这）：代词，《庄子·逍遥游》：“之二虫又何知？”

之$_3$：助词，《左传·隐公元年》：“国之害也”。

我们不能说，动词“之”是代词“之”的活用，反之亦然。因为“之$_1$”“之$_2$”“之$_3$”是三个词义毫不相干、用法完全不同的词，它们只是用同一字形“之”记录下来的同形词。同形词之间无所谓词类活用问题。至于词类活用则不然，活用词的基本词义与其活用时的临时词义之间有着有迹可寻的联系。如名词活用作动词：

事物——表示以该事物为工具的动作，见上例“皆肘之”，肘——用肘制止；

事物——表示以该事物为对象的动作，如《吕氏春秋·贵公》“大庖不豆”，豆（古代盛食物的器皿）——排列豆。

又如形容词、动词活用为名词：

表示性状——转指具有该性状的事物；如“披坚执锐”中的“坚”（坚固的铠甲）、“锐”（锐利的兵器）。

表示动作——转指动作者，或动作涉及的对象。如《吕氏春秋·举难》“追逃者趋”中的“逃”（逃亡的人）。

（3）兼类词不是词类活用。

兼类词是指一个词兼两个或两个以上词类。例如“雨”①雨水。《诗经·小雅·小明》：“涕零如雨。”②降雨。《诗经》：“雨我公田。”义项①——名词，义项②——动词。考察“雨”的甲骨文字形为，释为义项①、义项②皆可；考察《诗经》，义项①出现 21 例，义项②出现 9 例。这表明：“雨”的义项①、义项②都是它的基本词汇意义，“雨”的名词用法、动词用法都是它的本用。因此，对于兼类词“雨”来说也无所谓词类活用问题。

在界定词类活用时，要有历史的观点，切忌以今律古。例如《左传·僖公三十年》中有“晋军函陵，秦军氾南”，句中“军”是驻军的意思，是动词。有的教材说“军”是名词活用作动词，这样说是不妥的。考察《左传》，“军”出现 72 例，其中名词 52 例，动词 20 例。这表明，《左传》中“军”作动词并非是临时的、偶然的现象。《左传》中的“军”有两个义项：军$_1$（军队），名词。军$_2$（驻军、指挥军队等），动词。“军”是兼类词。

历史地看，词类活用与兼类并没有一条泾渭分明的界限。

一词多义导致了词的兼类；而词由单义演变为多义，词类活用是途径之一。

例如：“寇”，依金文字形，象一个人拿着棍棒跑进他人的屋内去击打主人的头之形。其本义当是动词。这由《诗经》可以得到证明。《诗经》中，“寇”出现 7 例，6 例用作动词（义为“掠夺”）；至于用作名词（义为“盗匪”）的 1 例。从《诗经》的情况看，宜看作是活用。至战国末期，《吕氏春秋》中，“寇”出现 27 例，26 例用作名词，这表明，“寇”的名词义已成为“寇”的基本词汇意义，“寇”的名词用法已是“寇”的本用。从《诗经》到《吕氏春秋》，“寇”已由动词演变为动/名兼类词。

又如：“王”，本是名词，指称天子、帝王。《诗经》“王”出现 120 例，118 例用作名词，指称帝王；只有 2 例用作动词，义为称王、统治天下。从《诗经》看，“王”作动词亦属偶然，当看作是活用。至《吕氏春秋》，“王”作动词已是经常化了（63 例），“王”已从“帝王”的意义派生出“称王、统治天下”的意义。于是，“王”由《诗经》时期的名词至《吕氏春秋》已演变为名/动兼类词。再后，“王”的动词义项破读，读 wàng，这就是所谓“四声别义”，通过读音的变化（主要是声调）以显示该词词类的变化、义项的不同。

（4）词义引申不是词类活用。

这个问题和上个问题是相关的。例如：“坐”，依古文字形，象二人对坐土上之形（即席地而坐），是动词。后来引申出“座位”义（后写作“座”），如《史记》：“令项庄拔剑舞坐中。”有的书将“坐中”之“坐”解释为动词活用作名词是不对的，因为词类活用是一种共时的语言现象，词义引申是词义的历史发展。二者不能混同。当引申义已进入该词的词义系统之后，就不能再用词类活用去解释了。“寇”、“王”例也是这个道理。

（5）名词作状语不是词类活用。

一般《古代汉语》教材都把名词作状语列为词类活用，如“豕人立而啼”中的“人”。这样说不妥。因为在古代汉语中，普通名词（区别于时间名词、处所名词）作状语是比较普遍的。这从现代汉语中的成语、复合词即可见一斑。举例如下：

复合词：冰凉、血红、蚕食、鲸吞、响应、席卷；

成语：抱头鼠窜、狼吞虎咽、虎视眈眈、风驰电掣、龙腾虎跃、风起云涌、玉洁冰清、星罗棋布、雷厉风行。

正因为在古代汉语里名词作状语不是临时的、偶然的现象，所以，我们不把它看作词类活用。

2. 动词、形容词、名词的使动用法

所谓使动用法，是指主语使宾语施行某一动作，或使宾语成为某类人、事物，或使宾语具备某种性质。如《左传·隐公元年》：“庄公寤生，惊姜氏。”“惊姜氏”就是使姜氏受到惊吓。“惊”是表示心理活动的动词，这里是使动用法。又如《孟子·梁惠王上》：“是以君子远庖厨也。”“远庖厨”就是使厨房远离自己。“远”是形容词，这里是形容词的使动用法。

（1）动词的使动用法。

古代文献中，动词的使动用法多见于不及物动词。不及物动词本来是不能带宾语的，但是附加上“致使”义后，就可以带宾语了。除上文“惊”之外，再举几例：

客肯为寡人少来静郭君乎？《吕氏春秋·知士》　　来：使……来。

项伯杀人，臣活之。《史记·项羽本纪》　　活：使……活。

关于动词的使动用法，要注意以下几个问题：

1）我们研究动词的语法功能要以义项为单位。因为常用动词往往是多义词，义项不同，语法功能就有可能不同，需要辨别。如动词“生”：

生庄公及公叔段。《左传·隐公元年》　　$生_1$：生育。

今有人于此，能生一死人，则天下必争事之也。《吕氏春秋·怀宠》　　$生_2$：使……活。

从形式上看，上述 2 例都是动词“生”带宾语，但只有“$生_2$”是动词的使动用法。

又如动词“亡”：

甘茂亡秦，且之齐。《战国策·秦策》　　$亡_1$：逃亡。

焉用亡郑以陪邻？《左传·僖公三十年》　　陪：增加（土地）。$亡_2$：使……灭亡。

“$亡_1$”，动词一般用法；“$亡_2$”，动词使动用法。

2）少量及物动词也有使动用法，从而造成本用与活用同形。例如：

惧：使者目动而言肆，惧我也。《左传·文公十二年》　　惧我：害怕我。

一与一，谁能惧我？《左传·襄公二十五年》　　惧我：使我害怕。

朝：孟子将朝王。《孟子·公孙丑下》　　朝王：朝见王。

武丁朝诸侯。《孟子·公孙丑上》　　朝诸侯：使诸侯来朝见。

食：民有饥色，野有饿莩，此率兽而食人也。《孟子·梁惠王上》　　食人：吃人。

治於人者食人，治人者食於人。《孟子·滕文公上》　　食人：使人吃，即供养别人。按：供养别人之“食”后来破读，音 sì，用以区别于本用。

这就需要我们依据语言环境仔细加以辨别。如《左传·文公十二年》引例下文就是“将遁矣”；再借助杜预注“目动心不安，言肆声放失常节”；显然，“惧我”是害怕我的意思。《左传·襄公二十五年》例，上文是说齐庄公被大臣崔杼所杀，庄公的两个近臣间丘婴与申鲜虞逃难，走到狭道之中，准备住下来。间丘婴说：“崔杼恐怕在追我们。”鲜虞说：“一与一，谁能惧我？”下文就是“遂舍，枕辔而寝”。结合上下文，鲜虞话的意思显然是：（在狭道之中）一个对一个，谁能让我们害怕？（换句话说，就是我们怕谁？）这样理解，下文的“遂舍”（于是就住了下来）就顺理成章了。再如“朝”，“武丁朝诸侯”例，下文是“有天下”，上文有“由汤至于武丁，贤圣之君六七作”，由上下文我们可以得知“武丁”是殷代的君王，这样，“武丁朝诸侯”就不会误解了。

3）动词的使动用法一般总要和宾语共现，因此，不及物动词带宾语，往往是使动用法的标志。需要注意的是，动词用如使动时，宾语偶尔也有不出现的情况。例如：

远人不服而不能来也。《论语·季氏》　　来：使来。上文有“故远人不服，则修文德以来之”。

众可惧也，而不可怒也。《左传·昭公二十六年》

这也需要我们在阅读古书时依据语言环境仔细加以辨别。

一些成语保存了古代汉语动词的使动用法，如：

惊天动地、打草惊蛇、劳民伤财、沉鱼落雁、众口铄金、破釜沉舟、走马看花、倾国倾城、兴风作浪，等。

(2) 形容词的使动用法。

形容词的使动用法就是使宾语具有该形容词所表示的性质或状态。例如：

高其閈閎，厚其墙垣，以无忧客使。《左传·襄公三十一年》　　閈閎 hàn hóng：里巷的门。

抑王兴甲兵，危士臣，构怨於诸侯，然后快于心与？《孟子·梁惠王上》

务其人，非贫而富之，寡而众之。《吕氏春秋·孝行》

《左传》例中的“高”“厚”本是形容词，在句中用如使动，“高其閈閎”相当于“使其閈閎高”，意思是加高其里巷的大门。“厚其墙垣”相当于“使其墙垣厚”，意思是加厚其院墙。

形容词用如使动時，宾语偶尔也有不出现的情况。例如：

强本而节用，则天不能贫。本荒而用侈，则天不能使之富。《荀子·天论》

“不能贫”与“不能使之富”相对照，尽管“贫”后的宾语没有出现，但其使动用法还是比较清楚的。

今成语“丰衣足食”、“正本清源”、“完璧归赵”等保留了古代汉语中形容词的使动用法。

(3) 名词的使动用法。

名词的使动用法，是指名词用作动词时，使它的宾语成为该名词所指称的人或事物。例如：

吾见申叔，夫子所谓生死而肉骨也。《左传·襄公二十二年》

齐桓公合诸侯而国异姓。《史记·晋世家》

《左传》例中的“生死”与“肉骨”相对，都是动宾结构。“生死”相当于“使死生”，意思是使死人复生；“肉骨”相当于“使骨肉”，意思是使白骨生肉。《史记》例中的“国异姓”，是“使异姓国”，意思是使异姓立国。例中的“肉”“国”都是名词的使动用法。

此外，作为名词中的附类方位词也有使动用法。例如：

我疆我理，东南其亩。《诗经·小雅·信南山》

令尹南辕反旆。《左传·宣公十年》　旆 pèi：指旌旗。

毋西兵。《史记·陈涉世家》

《诗经》例中“东南其亩”相当于“使其亩东南”，意思是使其田亩东向，南向。《左传》例中“南辕”与今成语“南辕北辙”中的“南辕”相同，“南辕”相当于“使辕南”，意思是使车辕向南。《史记》例中“西兵”就是使军队向西。

古代汉语中，名词的使动用法较为罕见。保存在今成语中的有“汗牛充栋”等。

3. 形容词、名词的意动用法

所谓意动用法，是指主语认为宾语具有某种性质、状态，或认为宾语属于某类人或事物。意动用法只限于形容词和名词，动词没有意动用法。

(1) 形容词的意动用法。

形容词的意动用法是主语认为宾语具有该形容词所表示的性质或状态。例如：

孔子登东山而小鲁，登泰山而小天下。《孟子·尽心上》

见棠姜而美之。《左传·襄公二十五年》　棠姜：齐棠公之妻，姜姓。

人主自智而愚人，自巧而拙人。《吕氏春秋·知度》

《孟子》例中“小天下”就是认为天下小了。《左传》例中“美之”就是认为她很美。《吕氏春秋》例中“愚人”、“拙人”都是认为别人愚蠢、笨拙的意思。

(2) 名词的意动用法。

名词的意动用法是主语把宾语看作该名词指称的人或事物。例如：

不如吾闻而药之也。《左传·襄公三十一年》

宝珠玉者，殃必及身。《孟子·尽心下》

友风而子雨。《荀子·赋》

今我在也，而人皆藉吾弟；令我百岁后，皆鱼肉之矣。《史记·魏其武安侯列传》藉 jí：欺凌。

《左传》例中“药之”就是把它看作药。《孟子》例中“宝珠玉”就是把珠玉看作宝物。《荀子》例中“友风”就是把风看作朋友；“子雨”就是把雨看作子女。《史记》例中“鱼肉之”就是把他看作鱼肉（去任意宰割）。今成语之中“鱼肉百姓”、“草菅人命”、“席地而坐”还保存着古代汉语中名词的意动用法。

形容词、名词既可以用作意动，也可以用作使动，如何区分它们呢？主要是依靠上下文，进行语义分析。意动用法表达的是主观上的认识（感觉），是心理活动，如上文的“小天下”，就是孔子登上泰山后的主观感觉，而宾语指称的事物“天下”在客观上并未发生变化。使动用法则不然，它所表达的是已经或将要存在的客观事实。仍以“小”为例。《孟子·梁惠王下》中有一句：“工师得大木……匠人斲（zhuó）而小之，则王怒。”王之所以怒，是因为匠人把大木砍小了。宾语指称的事物“之（大木）”在客观上发生了变化，因此句中的“小”是使动用法。

此外，形容词、名词的意动用法、使动用法在分布上也有差异。形容词、名词的使动用法可以出现在“使令”动词、“能愿”动词之后，如：

令薄诸侯之币而重其礼。《左传·襄公二十五年》

楚欲弱我也。《左传·文公十年》

能富贵将军者，上也。《史记·魏其武安侯列传》

韩起愿上赵武。《左传·襄公十三年》

尔欲吴王我乎？《左传·定公十年》

而形容词、名词的意动用法一般不能出现在“使令”动词、“能愿”动词之后。据此，我们可以把一小部分形容词、名词的使动用法区分出来。

4. *名词活用作一般动词*

名词活用作动词，除了使动用法、意动用法之外，最常见的是用作一般动词。根据活用后词义的变化，大致有以下几种情况：

(1) 事物——成为该事物，例如：

微禹，吾其鱼乎。《左传·昭公元年》　　鱼——成为鱼。

充仲子之操，则蚓而后可者也。《孟子·滕文公下》　　蚓——成为蚯蚓。

（2）事物——以该事物为工具的动作，例如：

从左右，皆肘之。《左传·成公二年》　　肘——用肘制止。

粪土之墙，不可杇也。《论语·公冶长》　　杇——用杇粉刷。

范增数目项王。《史记·项羽本纪》　　目——用目示意。

（3）事物——以该事物为对象的动作，例如：

大庖不豆。《吕氏春秋·贵公》　　豆——排列豆。

刍荛者往焉，雉兔者往焉。《孟子·梁惠王下》　　刍：牧草，这里用作动词，割草。荛：柴，打柴。雉兔：猎取雉兔。

（4）方位——向该方位移动。

秦师遂东。《左传·僖公三十二年》　　东——向东（进发）。

候雁北。《吕氏春秋·孟春》　　北——向北（飞）。

国有游蚰西东。《吕氏春秋·明理》　　西东——向西、向东（爬行）。

古代汉语词类活用除了上面所讲的以外，还有数词、代词活用作动词，如“王者不四，霸者不六”（《吕氏春秋·观世》）、“见公卿不为礼，无贵贱，皆汝之”（《隋书·杨伯丑传》），这里不再一一赘述。

5. 词类活用的语法条件

要鉴别一个词是不是活用为另一类词，主要是看它在句中所处的地位，前后有哪些词类的词和它相结合，构成什么样的句法关系，等等。下面举出一些比较重要的条件略加说明。

（1）名词、形容词活用作动词的语法条件。

1）名词、形容词出现在代词前面，活用作动词。例如：

不如小决使道，不如吾闻而药之也。《左传·襄公三十一年》

尔欲吴王我乎？《左传·定公十年》

宋百牢我。《左传·哀公七年》

彼长（zhǎng）而我长之……犹彼白而我白之。《孟子·告子上》

因为古代汉语中，代词不受名词、形容词修饰；代词也不能和名词、形容词组合成并列结构，“名词/形容词＋代词”格式只能是述宾结构。

2）名词、形容词出现在结构助词“所”后面，活用作动词。例如：

乃丹书帛曰“陈胜王”，置人所罾鱼腹中。《史记·陈涉世家》　　罾 zēng：渔网，这里是用渔网捕捞的意思。

子罕非无宝也，所宝者异也。《吕氏春秋·贵因》

世之所高，莫如黄帝。《庄子·盗跖》

因为结构助词“所”只黏附在动词或动词短语之前。

3）名词、形容词出现在助动词“能”“可”“敢”“欲”等后面，活用为动词。例如：

假舟楫者，非能水也。《荀子·劝学》

子谓公冶长：可妻也。《论语·公冶长》

强本而节用，则天不能贫。本荒而用侈，则天不能使之富。《荀子·天论》

由于助动词后面只能出现动词，所以名词、形容词出现在这个位置上就活用为动词了。

4）名词出现在副词后面，活用作动词。例如：

秦师遂东。《左传·僖公三十二年》

大庖不豆。《吕氏春秋·贵公》

毋西兵。《史记·陈涉世家》

因为副词一般只修饰动词或形容词。需要注意的是，这一规律只适用于叙述句，在判断句中副词是可以修饰名词谓语的。例如：

四海之内皆兄弟也。《论语·颜渊》

吾乃梁人也。《战国策·赵策三》

子曰：“非吾徒也。”《论语·先进》

上述例句中名词“兄弟”“梁人”“吾徒”都在判断句中充当谓语，尽管出现在动词后，并没有活用作动词。

5）名词后面用介词结构作补语，这个名词活用为动词。例如：

目于眢井以拯之。《左传·宣公十一年》　　眢 yuān：眼睛枯陷失明，这里是枯竭的意思。

卫鞅复见孝公，公与语，不自知膝之前于席也。《史记·商君列传》

浴乎沂，风乎舞雩。《论语·先进》

6）名词用连词“而”连接时，常活用作动词。例如：

隧而相见，其谁曰不然。《左传·隐公元年》

孟尝君怪其疾也，衣冠而见之。《战国策·齐策》

君耳而未之目邪？《吕氏春秋·知度》　　“目”符合上述1)、4)，亦活用作动词。

注意，有三种情况要除外：

第一，时间名词不在此例，例如：

士朝受业，昼而讲贯，夕而习复。《国语·齐语》　　讲贯：讲习。

第二，名词作谓语的描写句，例如：

是子也，熊虎之状而豺狼之声。《左传·文公元年》

蟹六跪而二螯。《荀子·劝学》

第三，主谓之间的“而”亦不在此例，例如：

相鼠有皮，人而无仪。《诗经·鄘风·相鼠》

十人而从一人者，宁力不胜，智不若耶？《战国策·赵策》

上述例句中带·的名词，虽然用连词“而”连接，但仍是名词。

我们之所以说在上述语境中名词［1）～6)］、形容词［1）～3)］活用作动词，是因为上述语境［尤其是1）～3)］是动词出现的语境，名词、形容词出现在动词的语境中，自然会发生转类现象了。

(2) 形容词、动词活用作名词的语法条件。

形容词、动词出现在动作动词或介词之后，充当宾语，一般活用作名词。例如：

贤主忠臣不能导愚教陋。《吕氏春秋·乐成》　愚、陋：指愚陋之人。

救溺者濡，追逃者趋。《吕氏春秋·举难》　溺：指溺水之人。逃：指逃亡之人。

义兵不攻服，仁者食饥饿。《吕氏春秋·长攻》　服：指归服之国。饥饿：指遭受饥饿之人。

将军身披坚执锐伐无道，诛暴秦。《史记·陈涉世家》　坚：指坚固的铠甲。锐：指锐利的兵器。

螭食乎清而游乎浊。《吕氏春秋·举难》　清：指清水。浊：指浊水。

乃合累牛、腾马、游牝于牧。《吕氏春秋·季春》　牧：指放牧之野。（合：牝牡交合，使动用法。累牛：公牛。腾马：公马。）

上述例句中，形容词“愚”“陋”“坚”“锐”“清”“浊”等，从表示某种性质转指表示具有该性质的人或事物；动词“溺”“逃”“服”“饥”“饿”“牧”等，从表示某种动作转指表示与该动作相关的人或事物；都活用作名词。

二、名词作状语

名词作状语，在古代汉语中是比较常见的现象，所以我们未将它归入词类活用范畴。但为什么一些古代汉语教材将它归入词类活用呢？这是由于在现代汉语中，除了时间名词、处所名词以外，普通名词作状语的现象已经很少见到了，它或者只作为语素保留在复合词中，如“冰凉”“火热”“蚕食”之类，或者保留在成语之中，如“狼吞虎咽”“抱头鼠窜”“星罗棋布”之类。用现代的眼光去衡量古代汉语中的语法现象，将本来在古代汉语中常见的普通名词作状语的现象称之为“活用”（或“名词用如副词”），其实是犯了以今律古的错误。

普通名词作状语，从语义上分，主要有四种类型：

1. 表示比喻

例如：

豕人立而啼。《左传·庄公八年》

庶民子来。《孟子·梁惠王上》

嫂蛇行匍伏。《战国策·秦策》

狐鸣呼曰："大楚兴，陈胜王。"《史记·陈涉世家》

名词充任表示比喻的状语，都有"像……一样"的意思。如上述例句中，"人立"意思是像人一样站立起来，"子来"意思是像儿子一样来依附，"蛇行"是像蛇一样地爬行，"狐鸣呼曰"是像狐狸一样呼喊道。前3例在名词状语的前面都有一个动作的施事出现，即"豕""庶民""嫂"，因而我们不会把作状语的名词"人""子""蛇"误认作施事。需要注意的是《史记》例，名词状语"狐"的前面未出现动作的施事，遇到这种情况，我们必须根据上下文搞清楚"狐"与"鸣呼曰"之间的语法关系，才能做出正确的判断。今成语中所保存的名词作状语的现象在意义上大多属于这一类。

2. 表示对人的态度

例如：

今而后知君之犬马畜伋。《孟子·万章下》　　伋：人名。

彼秦者……虏使其民。《战国策·赵策》

君为我呼入，吾得兄事之。《史记·项羽本纪》

学士皆师尊之。《汉书·董仲舒传》

表示对人态度的名词状语都可以译为"像对待……一样"，《孟子》例"像对待犬马一样"，其余各例可以类推。表示对人的态度、表示比喻，从形式上看是相同的，但表达的意思不同。下面两例就很耐人寻味：

馀年少，父事张耳，两人相与为刎颈之交。《史记·张耳陈馀列传》

鬻熊子事文王。《史记·楚世家》　鬻（yù）熊：人名，楚国的祖先。

前例"父事张耳"的意思是"像对待父亲那样对待张耳"，后例"子事文王"的意思是"像儿子一样对待文王"。两例比较一下，"父"与"子"相对立，"父事"和"子事"语法关系相同，然而却都能表示对宾语"张耳"和"文王"的尊重，其原因就在于二者的语义类型不同，"父事"属于"表示对人的态度"类，是说明宾语像什么（语义指向宾语），"子事"属于"表示比喻"类，是说明主语像什么（语义指向主语）。

因此，像《史记》例"吾得兄事之"，离开上下文是有歧义的，可能是"像对待兄长那样"，也可能是"像兄长（对待弟弟）那样"，两者意思正相反。这是阅读古书时要格外留意的。

3. 表示动作行为的依据、方式或工具

例如：

失期，法皆斩。《史记·陈涉世家》

四人者年老矣……义不为汉臣。《史记·留侯世家》

群臣吏民能面刺寡人之过者受上赏。《战国策·齐策》

伍子胥橐载而出昭关。《战国策·秦策》

群臣有后应者，臣请剑斩之。《汉书·霍光传》

上述例句中“法”意为“依据法”，“义”意为“依据义”（动作行为的依据），“面”意为“当面”（方式），“橐”意为“用橐”，“剑”意为“用剑”（动作行为的工具）。这一类名词状语保留在今成语之中的有：势不两立、义不容辞、车载斗量、刀耕火种、口诛笔伐等。

4. 表示处所

例如：

舜勤于民而野死。《国语·鲁语上》

四方之士来者，必庙礼之。《国语·越语上》

黎丘之鬼效其子之状，扶而道苦之。《吕氏春秋·疑似》

夫以秦王之威，而相如廷斥之。《史记·廉颇蔺相如列传》

“野死”即“死于野”，“庙礼之”即“于庙礼之”，“道苦之”即“于道苦之”，“廷斥之”即“于廷斥之”。作状语的“野”“庙”“道”“廷”都表示动作的处所。这一类名词状语保留在今成语之中的有：道听途说、班门弄斧、街谈巷议、南征北战等。

三、述宾短语复杂的意义关系

古代汉语的述宾短语中，述语动词与宾语之间的意义关系是十分复杂的，除动作与受事的关系外，宾语还可以表示动作行为的目的、对象、原因、施事等。下面介绍主要的几种。

1. 动作——目的

宾语表示动作行为的目的或为之而发的对象。例如：

夫人将启之。《左传·隐公元年》　启之：为之（指共叔段）打开城门。

邴夏御齐侯。《左传·成公二年》　御齐侯：为齐侯驾车。

今亡亦死，举大计亦死，等死，死国可乎？《史记·陈涉世家》　死国：为国而死。

此类“述动·宾”短语译成现代汉语都可以译为“为·宾·述动”，有的学者称之为“为动用法”。

2. 动作——对象

宾语表示动作行为对谁或向谁而发。例如：

君三泣臣矣。敢问谁之罪也？《左传·襄公二十二年》　泣臣：对（向）臣哭泣。

诸君子皆与驩言，孟子独不与驩言，是简驩也。《孟子·离娄下》　简驩：对驩简慢。

武安侯新用事欲为相，卑下宾客。《史记·魏其武安侯列传》　卑下宾客：对宾客态度谦卑。

此类“述动·宾”短语译成现代汉语都可以译为“对（向）·宾·述动”。

3. 动作——原因

宾语表示动作的原因。例如：

晋人惧其无礼于公也，请改盟。《左传·文公三年》　惧其无礼于公：因其无礼于公而恐惧。

诸侯归晋之德只，非归其尸盟也。《左传·襄公二十七年》　（只：语气助词。尸：主。）归晋之德：因晋之德而归附。归其尸盟：因其主盟而归附。

秦缪公怒其逃归也。《吕氏春秋·原乱》　怒其逃归：因其逃归而恼怒。

此类“述动·宾”短语译成现代汉语都可以译为“因·宾·述动”。

4. 动作——施事

例如：

四月秀葽，五月鸣蜩。《诗经·豳风·七月》　（秀：开花。葽：植物名。）秀葽：葽秀。鸣蜩：蜩鸣。

述语动词“秀”、“鸣”均为不及物动词，此类“述动·宾”短语译成现代汉语都可以译为“主·谓”。

天下有道，小德役大德，小贤役大贤；天下无道，小役大，弱役强。《孟子·离娄上》　役大德：被大德役使。“役大贤”、“役大”、“役强”同。

楚闻廉颇在魏，阴使人迎之，廉颇一为楚将，无功，曰：“我思用赵人。”《史记·廉颇蔺相如列传》　用赵人：被赵人用。

述语动词“役”、“用”均为及物动词，被动用法，此类“述动·宾”短语译成现代汉语都可以译为“被·宾·述动”。

此外，使动用法、意动用法（见“词类活用”），述语动词与宾语也都构成了特殊的语义关系。这些复杂的语义关系，只有依据上下文，才能够加以分辨。了解这些，对于阅读古书来说，是非常必要的。

思考题

1. 什么是词类活用？词类活用与同形词、兼类词有何不同？
2. 古代汉语中的词类活用现象主要有几种情况？举例说明。
3. 词类活用的语法条件主要有哪几种？举例说明。
4. 举例说明普通名词作状语，从语义上分，主要有几种类型。
5. 举例说明述宾短语复杂的语义关系主要有哪几种。

文选

今注

戰國策

《战国策》是战国时史料汇编，由战国时各国史官或策士所辑录，西汉刘向整理时定名为《战国策》。全书按国别编排，分为东周、西周、秦、齐、楚、赵、魏、韩、燕、宋、卫、中山12国，共33篇。《战国策》所记史料从周贞定王十七年（公元前452年）开始，至秦始皇三十一年（公元前216年）止，主要记载了当时策士的政治活动及言辞。

东汉高诱为它作过注，但已残缺。北宋曾巩作了校补，南宋有姚宏续注本、鲍彪的新注本，元代吴师道对鲍本作了补正，清代黄丕烈重刊姚氏本，并有札记。1978年上海古籍出版社以姚本为底本，汇集鲍、吴、黄说，标点出版。

魯仲連義不帝秦[1]（趙策三）

秦圍趙之邯鄲[2]。魏安釐王使將軍晉鄙救趙[3]。畏秦，止於蕩陰[4]，不進。

魏使客將軍辛垣衍間入邯鄲[5]，因平原君謂趙王曰[6]："秦所以急圍趙者，前與齊湣王争强爲帝[7]，已而復歸帝，以齊故[8]。今齊湣王已益弱[9]。方今唯秦雄天下[10]，此非必貪邯鄲，其意欲求爲帝。趙誠發使尊秦昭王爲帝[11]，秦必喜，罷兵去[12]。"平原君猶豫未有所決。

[1] 事在赵孝成王八年。鲁仲連：齐国志行高洁之士，一生不做官，好为人排难解纷。義：名词作状语，根据正义。帝：名词用作动词，尊……为帝。

[2] 邯鄲：赵国国都，今河北邯郸县。

[3] 魏安釐（xī）王：名圉（yǔ），公元前276—前243年在位。釐，通"僖"。晉鄙：魏国将军。

[4] 蕩（tāng）陰：魏邑，今河南汤阴县，在当时赵魏两国交界之处。按：非晋鄙"畏秦"，据《史记·魏公子列传》：秦王派使者威胁魏王，"魏王恐，使人止晋鄙，留军壁邺，名为救赵，实持两端以观望"。

[5] 客將軍：客籍将军。辛垣：复姓。間（jiàn）入：偷偷地进入。

[6] 因：通过。平原君：赵孝成王的叔父，名胜，封平原君，是战国四公子之一，当时为赵相。趙王：即赵孝成王，名丹，公元前266—前245年在位。

[7] 齊湣王：名地，公元前301—前284年在位。公元前288年，与秦相约同时称帝，齐湣王称东帝，秦昭王称西帝。

[8] 歸帝：归还帝号，即取消帝号。以：因。按：齐湣王听从了苏代的劝告取消了帝号，秦昭王因之也取消了帝号，所以说“以齐故”。

[9] 秦围邯郸时，齐湣王已死二十余年，此句疑有误。《史记》作“今齐已益弱”。

[10] 雄：称雄。

[11] 诚：果真。按：当时不宜称秦昭王，昭为谥，昭王在世，何以有谥？恐后人记事误用之词。

[12] 去：离开。

此時魯仲連適游趙[1]，會秦圍趙[2]。聞魏將欲令趙尊秦爲帝，乃見平原君曰：“事將奈何矣[3]？”平原君曰：“勝也何敢言事？百萬之衆折於外[4]，今又内圍邯鄲而不去[5]。魏王使客將軍辛垣衍令趙帝秦。今其人在是，勝也何敢言事？”魯連曰：“始吾以君爲天下之賢公子也，吾乃今然後知君非天下之賢公子也。梁客辛垣衍安在[6]？吾請爲君責而歸之[7]！”平原君曰：“勝請爲紹介而見之於先生[8]。”

[1] 適：副词，正巧。游：游历。

[2] 會：副词，恰逢。

[3] 奈何：怎么办。

[4] 折：挫败。赵孝成王六年，秦将白起在长平（今山西高平县西北）大破赵军，活埋赵国降兵四十余万人。

[5] 内：方位词作状语，深入国内。去：使动用法。“不去”姚本作“不能去”，《史记·鲁仲连邹阳列传》同。按：使动用法的识别往往靠宾语，如果宾语省略了，动词前一般都有“使令”动词、“能愿”动词作为标记。如《论语》例“远人不服而不能来也”，《荀子》例“强本而节用，则天不能贫”。后代仿古作品亦如此，如苏轼《石钟山记》“今以钟磬置水中，虽大风浪不能鸣也”，《资治通鉴》例“操军方连舰船，首尾相接，可烧而走也”。此处当有“能”字，才能凸显出使动用法。

[6] 梁：即魏。魏原建都安邑（今夏县西北），惠王迁都大梁（今河南开封），故魏也称梁。

[7] 歸：使动用法。

[8] 紹介：宾主之间传话的人。按：古礼，宾至，须介传话，介不止一人，相继传辞，故称绍介。苏轼《物不可以苟合论》：“足非不能行也，而待摈相之诏；口非不能言也，而待绍介之传命。”見（xiàn）之：使之见。之，代辛垣衍。先生：指鲁仲连。

平原君遂見辛垣衍曰：“東國有魯連先生[1]，其人在此，勝請爲紹介而見之於將軍。”辛垣衍曰：“吾聞魯連先生，齊國之高士也[2]。衍，人臣也，使事有職。吾不願見魯連先生也。”平原君曰：“勝已泄之矣[3]。”辛垣衍許諾。

[1] 東國：指齐国，因齐在赵的东方，故称东国。魯連：鲁仲连。按：古人名字中的“仲”表排行，可省，如《左传·庄公三十年》“樊仲皮”又称“樊皮”。

[2] 高士：志行高洁之士。

[3] 泄：泄露。

魯連見辛垣衍而無言。辛垣衍曰：“吾視居此圍城之中者，皆有求於平原君者也。今吾視先生之玉貌[1]，非有求於平原君者，曷爲久居此圍城之中而不去也[2]？”魯連曰：“世以鮑焦無從容而死者[3]，皆非也。今衆人不知，則爲一身。彼秦者，棄禮義而上首功之國也[4]，權使其士[5]，虜使其民[6]。彼則肆然而爲帝[7]，過而遂正於天下[8]，則連有赴東海而死耳[9]。吾不忍爲之民也[10]！所爲見將軍者，欲以助趙也。”辛垣衍曰：“先生助之奈何？”魯連曰：“吾將使梁及燕助之。齊、楚則固助之矣。”辛垣衍曰：“燕，則吾請以從矣[11]。若乃梁[12]，則吾乃梁人也，先生惡能使梁助之耶[13]？”魯連曰：“梁未睹秦稱帝之害故也；使梁睹秦稱帝之害[14]，則必助趙矣。”

[1] 玉貌：对别人容貌的敬称。按：古以玉为尊，为美，故用以形容美好、尊贵之物，如：玉音、玉照、玉颜。

[2] 曷：何。

[3] 以：认为。鮑焦：周时隐士，相传因不满时政，抱木饿死。從容：心胸宽广。按：鲁仲连举世人误解鲍焦，意指辛垣衍误解了自己。

[4] 上：通“尚”，崇尚。首功：斩首之功。秦制：爵二十级，作战时，斩得敌人首级越多，爵位越高。

[5] 權：名词作状语，用权诈之术。

[6] 虜：名词作状语，像对待奴隶一样。

[7] 則：假设连词，如果。肆然：肆无忌惮地。

[8] 这句话的意思是在天下实行暴政。正，通“政”。按：这句话疑有误字。《史记》作“过而为政于天下”，司马贞《索隐》：“谓以过恶而为政也。”以备参考。

[9] 有：只有。赴：特指奔向凶险。

[10] 爲之民：给他当百姓，双宾语结构。下文“为鲁连寿”结构同。

[11] 請：客气语，请允许。按：当主语为第一人称时，“请”的请求义往往虚化，而只是表达意愿。如《论语·颜渊》：“回虽不敏，请事斯语矣。”《史记·张仪列传》：“寡人请听子。”下文“吾请去”同。

[12] 若乃：至于。

[13] 惡（wū）：怎么。

[14] 使：连词，假如。

辛垣衍曰：“秦稱帝之害將奈何？”魯仲連曰：“昔齊威王嘗爲仁義矣[1]，率天下諸侯而朝周。周貧且微[2]，諸侯莫朝[3]，而齊獨朝之。居歲餘，周烈王崩[4]，諸侯皆弔，齊後往。周怒，赴於齊曰[5]：‘天崩地坼[6]，天子下席[7]，東藩之臣田嬰齊後至[8]，則斮之[9]。’威王勃然怒曰：‘叱嗟[10]！而母[11]，婢也！’卒爲天下笑[12]。故生則朝周，死則叱之，誠不忍其求也。彼天子固然[13]，其無足怪[14]。”

[1] 齊威王：姓田，名嬰齐，公元前356—前320年在位。

[2] 微：弱小。

[3] 莫：否定性无定代词，没有人。

[4] 周烈王：名喜，公元前376—前369年在位。崩：帝王死称“崩”。按：古人讳言尊者之死，曰崩；后专指皇帝死。

[5] 赴：报丧，后写作“讣”。

[6] 天崩地坼（chè）：讳言天子死。坼，裂。

[7] 天子：指新君显王。下席：指离开宫室，寝在苫（草垫子）上守丧。按：古礼，父母死，至入葬，孝子要离开寝室，睡在草垫子上，以土块为枕，食粥，等等，以表示极度悲痛。

[8] 東藩：指齐国。藩，篱笆，引申为屏蔽。古代封建诸侯，为的是屏藩王室，所以称诸侯为藩国。

[9] 斮（zhuó）：斩。

[10] 叱嗟（chì jiē）：怒斥声。

[11] 而：代词，你。

[12] 卒：副词，终于。为：介词，被。

[13] 固然：本来这样。

[14] 其：表示委婉语气。

辛垣衍曰：“先生獨未見夫僕乎[1]？十人而從一人者，寧力不勝[2]，智不若耶？畏之也。”魯仲連曰：“然梁之比於秦若僕耶？”辛垣衍曰：“然。”魯仲連曰：“然則吾將使秦王烹醢梁王[3]！”辛垣衍怏然不悦[4]，曰：“嘻！亦太甚矣，先生之言也[5]！先生又惡能使秦王烹醢梁王？”魯仲連曰：“固也！待吾言之：昔者，鬼侯、鄂侯、文王[6]，紂之三公也[7]。鬼侯有子而好[8]，故入之於紂[9]，紂以爲惡[10]，醢鬼侯。鄂侯爭之急，辨之疾[11]，故脯鄂侯[12]。文王聞之，喟然而歎[13]，故拘之於牖里之庫百日[14]，而欲令之死。曷爲與人俱稱帝王，卒就脯醢之地也[15]？

[1] 獨：副词，难道。夫（fú）：指示代词，那。僕：奴仆。

[2] 寧：副词，难道。

[3] 烹醢（hǎi）：都是古代酷刑。烹，煮。醢，剁成肉酱。

[4] 怏然：不高兴的样子。

[5] “先生之言”是主语部分，“亦太甚”是谓语部分。谓语部分前置，为突出感叹语气。

[6] 鬼侯、鄂侯、文王：都是纣时的诸侯。鬼侯的封地在今河北临漳县境。鄂侯的封地在今山西宁乡县境。文王即周文王，他的封地在今陕西户县一带。

[7] 公：泛指诸侯。

[8] 子：指女儿。按：“子”的甲骨文字形作𢀖，为婴儿之形，《诗经》有“乃生男子”“乃生女子”，引申为儿、女。好：貌美。

[9] 入：进献。

[10] 惡（è）：貌丑。

[11] 辨：通“辯”。疾：激烈。

［12］脯：名词用作动词，做成干肉。

［13］喟（kuì）然：叹气的样子。

［14］牖（yǒu）里：一作"羑里"，在今河南汤阴县北。

［15］就：走向。脯醢：被动用法。

"齊閔王將之魯[1]，夷維子執策而從[2]，謂魯人曰：'子將何以待吾君[3]？'魯人曰：'吾將以十太牢待子之君[4]。'夷維子曰：'子安取禮而來待吾君[5]？彼吾君者，天子也。天子巡狩[6]，諸侯辟舍[7]，納筦鍵[8]，攝衽抱几[9]，視膳於堂下[10]；天子已食，退而聽朝也[11]。'魯人投其籥[12]，不果納[13]，不得入於魯。

［1］齊閔王：即齐湣王。之：前往。按：齐湣王四十年，燕国联合秦、韩、赵、魏、楚五国军队进攻齐国，湣王逃跑到卫国，因傲慢无礼而激怒了卫人，于是离开卫国，要到鲁国去。

［2］夷維子：齐人，以邑为姓。夷維，地名，今山东潍县。子，男子的美称。策：马鞭。

［3］子：你们。

［4］太牢：牛羊豕各一。按：十太牢是款待诸侯的最高礼仪。

［5］安：疑问代词，哪里。

［6］巡狩：巡视诸侯之国。

［7］辟舍：离开自己的宫室，让给天子。辟，避开，后写作"避"。

［8］納：缴纳。筦（guǎn）鍵：类似于现在的锁和钥匙。按：筦键当视为二物。《周礼·地官·司门》："司门掌授管键，以启闭国门。"贾公彦疏：谓用管籥以启门，用键牡以闭门。

［9］攝：提起。衽（rèn）：衣襟。几：几案。放在坐侧，以供凭倚之用。

［10］視膳：伺候尊长吃饭。

［11］聽朝：到朝廷上处理政务。

［12］投其籥（yuè）：闭关下锁。籥，锁簧。

［13］果：副词，终于。

"將之薛[1]，假涂於鄒[2]。當是時，鄒君死，閔王欲入弔。夷維子謂鄒之孤曰：'天子弔，主人必將倍殯柩[3]，設北面於南方[4]，然後天子南面弔也。'鄒之羣臣曰：'必若此，吾將伏劍而死[5]。'故不敢入於鄒。

［1］薛：齐邑，在今山东滕州市东南。

［2］假涂：借道。涂，后写作"塗""途"。鄒：国名，在今山东邹县。

［3］倍殯柩：把灵柩移到相反的位置。按：古代以坐北朝南为正位，故邹君灵柩居北朝南，因为天子来吊丧，所以需要把灵柩移到相反的位置，居南朝北，以便天子面向南吊丧。倍，通"背"。殯，停柩待葬。柩，装了死尸的棺材。

［4］北面：面向北。

［5］伏劍：用剑自刎。

"鄒魯之臣，生則不得事養[1]，死則不得飯含[2]。然且欲行天子之禮於鄒魯之臣，不果納。今秦萬乘之國，梁亦萬乘之國。俱據萬乘之國，交有稱王之名[3]，睹其一戰而勝，欲從而帝之，是使三晉之大臣不如鄒魯之僕妾也[4]。

［1］事養：侍奉供养。

［2］飯含：古时殡礼，把米放在死人口中叫饭，把玉放在死人口中叫含。

［3］交：俱，皆。

［4］三晉：春秋时的晋国分裂为韩、赵、魏三国，所以称韩、赵、魏三国为“三晋”。

“且秦無已而帝[1]，則且變易諸侯之大臣。彼將奪其所謂不肖，而予其所謂賢；奪其所憎，而與其所愛。彼又將使其子女讒妾爲諸侯妃姬[2]，處梁之宫，梁王安得晏然而已乎[3]？而將軍又何以得故寵乎？”

於是，辛垣衍起，再拜謝曰[4]：“始以先生爲庸人，吾乃今日而知先生爲天下之士也。吾請去，不敢復言帝秦。”

秦將聞之，爲却軍五十里[5]。適會魏公子無忌奪晉鄙軍[6]，以救趙擊秦，秦軍引而去[7]。

［1］無已：没有止境。

［2］子女：这里专指女。

［3］晏然：平安地。

［4］再拜：拜两次，表示恭敬。謝：道歉。

［5］却軍：退兵。

［6］魏公子無忌：即信陵君，名无忌，魏安釐王的异母弟，战国四公子之一。魏公子無忌夺晋鄙军、救赵击秦之事详见第八单元文选《史记·魏公子列传》。

［7］引：向后退。

於是平原君欲封魯仲連。魯仲連辭讓者三[1]，終不肯受。平原君乃置酒，酒酣[2]，起，前[3]，以千金爲魯連壽[4]。魯連笑曰：“所貴於天下之士者，爲人排患、釋難、解紛亂而無所取也；即有所取者[5]，是商賈之人也[6]，仲連不忍爲也。”遂辭平原君而去，終身不復見。

［1］三：多次。

［2］酣：酒喝得畅快。

［3］前：动词，走上前去。

［4］爲魯連壽：给鲁仲连祝寿。

［5］即：连词，假如。

［6］是：指示代词，这。

自学提示

（1）掌握下列带点的词语：

即有所取者　秦軍引而去　主人必將倍殯柩　將之薛　假涂於鄒　吾將以十太牢待子之君　攝

衽抱几　鬼侯有子而好　卒就脯醢之地也　棄禮義而上首功之國　見之於將軍　會秦圍趙

（2）重点掌握下列句子：

權使其士，虜使其民。

魯仲連辭讓者三。

世以鮑焦無從容而死者，皆非也。

司馬錯與張儀爭論於秦惠王前（秦策一）

司馬錯與張儀爭論於秦惠王前[1]。司馬錯欲伐蜀，張儀曰："不如伐韓。"王曰："請聞其說。"

對曰："親魏善楚，下兵三川[2]，塞轘轅、緱氏之口[3]，當屯留之道[4]，魏絶南陽[5]，楚臨南鄭[6]，秦攻新城、宜陽[7]，以臨二周之郊[8]，誅周主之罪[9]，侵楚、魏之地。周自知不救，九鼎寶器必出[10]。據九鼎[11]，按圖籍[12]，挾天子以令天下[13]，天下莫敢不聽，此王業也。今夫蜀[14]，西辟之國[15]，而戎狄之長也[16]，弊兵勞衆不足以成名[17]，得其地不足以爲利。臣聞爭名者於朝，爭利者於市。今三川、周室，天下之市朝也。而王不爭焉，顧爭於戎狄[18]，去王業遠矣。"

[1] 司馬錯：战国时秦国大臣。張儀：战国时魏国人，著名策士，曾任秦相，主张用各个击破的"连横"策略削弱六国。秦惠王：即秦惠文王嬴驷，公元前337—前311年在位。

[2] 三川：在今河南洛阳一带，因境内有黄河、伊水、雒水（luò），故称三川。按：三川主要是东周君、西周君的封地，部分为韩地。

[3] 轘（huán）轅：山名，韩地，在今河南登封西北。緱氏：山名，韩地，在今河南偃师东南。口：指山口。

[4] 當：挡住，这里指切断。屯留：韩地，故址在今山西屯留县。

[5] 絶：隔断。南陽：韩地，故址在今河南焦作一带。

[6] 臨：莅临，到达。南鄭：韩地，故址在今河南新郑。

[7] 新城：故址在今河南伊川西南。宜陽：故址在今河南宜阳县西。

[8] 二周：指西周和东周，战国时的两个小国。

[9] 周主：指西、东二周的国君。

[10] 九鼎：传说夏禹用九州之铜铸九鼎，一直传到周朝，是王权的象征。

[11] 據：占有。

[12] 按：按察。圖籍：指疆域地图和户籍册。

[13] 挾（xié）：挟持，控制。

[14] 夫：指示代词，那。

[15] 辟：偏僻，后写作"僻"。

[16] 戎狄：泛指少数民族。戎，古代西方民族名。狄，古代北方民族名。

[17] 弊、勞：都是使动用法。

[18] 顧：反而。

司馬錯曰："不然。臣聞之，欲富國者[1]，務廣其地[2]；欲强兵者，務富其民；欲王者，務博其德。三資者備[3]，而王隨之矣。今王之地小民貧，故臣愿從事於易。夫蜀，西辟之國也，而戎狄之長也，而有桀、紂之亂[4]。以秦攻之，譬如使豺狼逐群羊也。取其地，足以廣國也；得其財，足以富民；繕兵不傷衆[5]，而彼已服矣。故拔一國[6]，而天下不以爲暴；利盡西海[7]，諸侯不以爲貪。是我一舉而名實兩附[8]，而又有禁暴正亂之名[9]，今攻韓劫天子[10]，劫天子，惡名也，而未必利也，又有不義之名，而攻天下之所不欲，危！臣請謁其故[11]：周，天下之宗室也[12]；齊，韓、周之與國也[13]。周自知失九鼎，韓自知亡三川，則必將二國并力合謀[14]，以因於齊、趙[15]，而求解乎楚、魏[16]。以鼎與楚，以地與魏，王不能禁[17]。此臣所謂危，不如伐蜀之完也[18]。"惠王曰："善！寡人聽子。"

卒起兵伐蜀，十月取之，遂定蜀。蜀主更號爲侯，而使陳莊相蜀[19]。蜀既屬，秦益强富厚，輕諸侯[20]。

[1] 富：形容词使动用法。下文"廣""强""博"同。

[2] 務：致力。

[3] 資：凭借。

[4] 桀、紂之亂：指蜀王无道，兄弟之间发生战乱。桀、紂，夏、商两朝末代暴君。

[5] 繕：整治。

[6] 拔：攻取。

[7] 利盡西海：言获取利益，取尽西蜀的财富。

[8] 名：指不暴、不贪之名。實：指取其地，得其财。附：归属。

[9] 正：纠正。

[10] 劫：胁迫。

[11] 謁：禀告，陈述。

[12] 宗室：等于说宗主。

[13] 與國：盟国。按：一说"周"字衍。

[14] 將：带领。并：合并。

[15] 以：连词，而。因：依靠。

[16] 解：指解除危难。

[17] 王：指秦惠文王。

[18] 完：完满，妥善。

[19] 陳莊：秦国大臣。

[20] 輕：形容词意动用法，轻视。

自学提示

掌握下列带点的词语：

當屯留之道　顧爭於戎狄　今夫蜀，西辟之國

韓非子

韩非（约公元前280—前233年），出身于韩国贵族，早年与李斯一起师从荀子，是先秦法家的集大成者。他继承和发扬了荀子的法、术思想，总结和吸收了前期法家的学说，建立起包括法、术、势为中心的完整的法家学说体系，为建立专制主义的、中央集权的封建政权提供了理论基础。韩非的文章很受秦王政（秦始皇）的赏识。韩非由韩入秦后，由于李斯的妒忌，被谗入狱而死。后人将他的著述辑成《韩非子》一书。

《韩非子》现存55篇，基本上是韩非本人所著。清人王先慎的《韩非子集解》、今人陈奇猷的《韩非子集释》、梁启雄的《韩子浅解》都是较好的注本。

説難

凡説之難[1]，非吾知之有以説之之難也[2]，又非吾辯之能明吾意之難也[3]，又非吾敢横失而能盡之難也[4]。凡説之難，在知所説之心[5]，可以吾説當之[6]。所説出於爲名高者也，而説之以厚利，則見下節而遇卑賤[7]，必弃遠矣。所説出於厚利者也，而説之以名高，則見無心而遠事情[8]，必不收矣[9]。所説陰爲厚利而顯爲名高者也[10]，而説之以名高，則陽收其身[11]，而實疏之；説之以厚利，則陰用其言顯弃其身矣。此不可不察也。

[1] 説（shuì）：说服，这里指说服君主。

[2] 知：才智，后写作“智”。有以：意思是有什么可以拿来。

[3] 辯：口才。

[4] 横失（yì）：极骋智辩，无所顾忌。失，通“佚”，放纵。

[5] 所説：指君主。

[6] 當（dāng）：适应。

[7] 見：被视为。下節：节操低下。遇：获得……待遇。

[8] 無心：没有心计。遠事情：不切实际。情，真实情况。

[9] 收：录用。

[10] 陰：暗中。顯：公开。

[11] 陽：表面上。

夫事以密成，語以泄敗。未必其身泄之也，而語及所匿之事[1]，如此者身危。彼顯有所出事[2]，而乃以成他故[3]，説者不徒知所出而已矣[4]，又知其所以爲，如此者身危。規異事而當[5]，知者揣之外而得之[6]，事泄於外，必以爲己也，如此者身危。周澤未渥也[7]，而語極知[8]，説行而有功，則德忘；説不行而有敗，則見疑[9]，如此者身危。貴人有過端，而説者明言礼義以挑其惡[10]，如此身危。貴人或得計而欲自以爲功[11]，説者與知焉[12]，如此者身危。彊以其所不能爲[13]，止以其所不能已[14]，如此者身危。故與之論大人[15]，則以爲間己矣[16]；與之論細人[17]，則以爲賣重[18]。論其所愛，則以爲藉資[19]；論其所憎，則以爲嘗己也[20]。徑省其説[21]，則以爲不智而拙之[22]；米鹽博辯[23]，則以爲多而交之[24]；略事陳意，則曰怯懦而不尽；慮事廣肆[25]，則曰草野而倨侮[26]。此説之難，不可不知也。

[1] 语及所匿之事：言谈涉及君主心中隐藏的事情。

[2] 出：行。

[3] 故：事。

[4] 徒：只。

[5] 規：谋划。

[6] 知：智。揣之外：从外表的迹象揣测它。

[7] 周澤：恩宠。周，亲。渥（wò）：深厚。

[8] 極知：尽其所知。

[9] 見疑：被猜疑。

[10] 挑：挑剔，揭露。

[11] 或：有时。

[12] 與（yù）：参与。

[13] 彊：同“强”，勉强。其：指代君主。下句“其”同。

[14] 已：止。

[15] 大人：指大臣。

[16] 間（jiàn）：离间。

[17] 細人：小人，指近侍。

[18] 賣重：等于说卖弄权势。

[19] 藉資：借君主所爱以为己助。

[20] 嘗：试探。

[21] 徑：直接。

[22] 拙：形容词意动用法，认为……笨拙。

[23] 米鹽：喻琐碎。

[24] 交：当是“弃”字之误（依陈奇猷说）。

[25] 肆：不受拘束。

[26] 草野：粗野。倨侮：倨傲侮慢。

凡説之務[1]，在知飾所説之所矜而滅其所恥[2]。彼有私急也，必以公義示而强之[3]。其意有下也[4]，然而不能已[5]，説者因爲之飾其美而少其不爲也[6]。其心有高也，而實不能及，説者爲之舉其過而見其惡[7]，而多其不行也[8]。有欲矜以智能，則爲之舉異事之同類者，多爲之地[9]，使之資説於我[10]，而佯不知也以資其智[11]。欲内相存之言[12]，則必以美名明之，而微見其合於私利也[13]。欲陳危害之事，則顯其毁誹，而微見其合於私患也。譽異人與同行者[14]，規異事與同計者。有與同汙者，則必以大飾其無傷也；有與同敗者，則必以明飾其無失也[15]。彼自多其力[16]，則毋以其難概之也[17]；自勇其斷[18]，則無以其謫怒之[19]；自智其計，則毋以其敗窮之[20]。

[1] 務：要务。

[2] 矜（jīn）：自夸，自得。滅：掩盖。恥：以为耻辱。

[3] 强（qiǎng）：鼓励。

[4] 下：卑下。

[5] 已：止，克制。

[6] 少：形容词意动用法，这里是责怪之意。

[7] 見（xiàn）：显示。

[8] 多：称赞。不行：等于说“不为”，不去做。

[9] 爲之地：给他提供依据，双宾结构。

[10] 資：借助。

[11] 佯（yáng）：假装。

[12] 内（nà）：进献。相存：相安，与下文“危害”相对。

[13] 微見：暗示。

[14] 異人與同行者：与君主品行相同的其他人。

[15] 失：过失。

[16] 多：形容词意动用法，下文“勇”“智”用法同。

[17] 概：本指量米时刮平斗斛的器具，引申为刮平、压抑。

[18] 斷：决断。

[19] 謫（zhé）：过失。

[20] 窮：使动用法，使……窘迫。

大意無所拂悟[1]，辭言無所繫縻[2]，然後極騁智辯焉。此道所得，親近不疑而得盡辭也。伊尹爲宰[3]，百里奚爲虜[4]，皆所以干其上也[5]。此二人者，皆聖人也；然猶不能無役身以進[6]，如此其汙也[7]。今以吾言爲宰虜[8]，而可以聽用而振世[9]，此非能仕之所恥也[10]。夫曠日離久[11]，而周澤既渥，深計而不疑，引爭而不罪[12]，則明割利害以致其功[13]，直指是非以飾其身[14]，以此相持，此説之成也。

[1] 大意：主旨。拂悟：拂逆。悟，通“牾”，逆。

[2] 繫縻（mí）：束缚，羁绊。

[3] 伊尹：名挚，商汤的相。宰：厨师。据古书记载，伊尹希望得到商汤的任用，曾甘为厨师，以天下的美味游说商汤。

[4] 百里奚：春秋时秦国大夫。虜：奴隶。据古书记载，百里奚本为虞国大夫，虞灭亡后，一度沦为奴隶。秦穆公闻其贤，用五张羊皮把他赎出来，故又称之“五羖（gǔ）大夫”。

[5] 干（gān）：求。

[6] 役身：身执贱役。役，使动用法。

[7] 如此其汙：这样地低贱。其，语气词。

[8] 今：假设之词，相当于“假如”。言：当是衍文（依高亨说）。

[9] 振：救。

[10] 能仕：智能之士。仕，通“士”。

[11] 曠日離久：久经时日。離：历。

[12] 引爭：直言诤劝。

[13] 割：剖析。致：获得。

[14] 飾：通“饬”，整饬。

昔者鄭武公欲伐胡[1]，故先以其女妻胡君以娱其意[2]。因問於群臣：“吾欲用兵，誰可伐者?”大夫關其思對曰[3]：“胡可伐。”武公怒而戮之[4]，曰：“胡，兄弟之國也。子言伐之，何也?”胡君聞之，以鄭爲親己，遂不備鄭。鄭人襲胡，取之。宋有富人，天雨墻壞，其子曰：“不築，必將有盜。”其鄰人之父亦云。暮而果大亡其財。其家甚智其子，而疑鄰人之父。此二人説者皆當矣，厚者爲戮[5]，薄者見疑[6]，則非知之難也，處知則難也[7]。故繞朝之言當矣[8]，其爲聖人於晋，而爲戮於秦也[9]，此不可不察。

[1] 胡：春秋时诸侯国名，故址在今安徽阜阳。

[2] 妻（qì）：嫁给。

[3] 關其思：人名，生平不详。

[4] 戮（lù）：杀。

[5] 厚：重。

[6] 薄：轻。

[7] 處：处理，运用。

[8] 繞朝：春秋时秦大夫。晋大夫士会逃亡到秦国，晋国以计诱其回国，绕朝识破了晋国的意图，劝秦君勿遣，秦君不听。士会临行时绕朝对他说：“子毋谓秦无人，吾谋适不用也。”事见《左传·文公十三年》。

[9] 他在晋国被看做是明智的人，但在秦国却被杀死。按：绕朝在秦被杀事，《左传》未记载。

昔者彌子瑕有寵於衛君[1]。衛國之法：竊駕君車者罪刖[2]。彌子瑕母病，人間往夜告彌子[3]，彌子矯駕君車以出[4]。君聞而賢之曰：“孝哉！爲母之故，忘其刖罪。”異日與君游於果園，食桃而甘，不盡，以其半啗君[5]。君曰：“愛我哉！忘其口味，以啗寡人。”及彌子色衰愛弛，得罪於君，君曰：“是固嘗矯駕吾車[6]，又嘗啗我以餘桃。”故彌子之行未變於初也，而以前之所以見賢而後獲罪者[7]，愛憎之變也。故有愛於主，則智當而加親；有憎於主，則智不當見罪而加疏。故諫説談論之士，不可不察愛憎之主而後説焉。

夫龍之爲蟲也[8]，柔可狎而騎也；然其喉下有逆鱗徑尺，若人有嬰之者[9]，則必殺人。人主亦有逆鱗，説者能無嬰人主之逆鱗，則幾矣[10]。

[1] 彌子瑕：卫灵公宠爱的小臣。

[2] 竊：私自。刖（yuè）：古代酷刑之一，砍掉脚。

[3] 間（jiàn）：走小路。

[4] 矯：假托君命。

[5] 啗（dàn）：给人吃。

[6] 是：这人。固：本来。嘗：曾。

[7] 見賢：被认为贤。

[8] 蟲：泛指动物。

[9] 嬰：触犯。

[10] 幾（jī）：近，差不多。

自学提示

（1）掌握下列带点的词语：

又非吾敢横失而能盡之難也　可以吾説當之　見無心而遠事情　陽收其身　周澤未渥　説者與知焉　以其半啗君　若人有嬰之者　其家甚智其子　皆所以干其上也　大意無所拂悟　使之資説於我

（2）重点掌握下列句子：

其意有下也，然而不能已，説者因爲之飾其美而少其不爲也。

厚者爲戮，薄者見疑。

凡説之務，在知飾所説之所矜而滅其所恥。

古注

戰國策校注

《战国策校注》，又名《战国策鲍注补正》，元吴师道撰。吴师道（公元1283—1344年），字正传，婺州兰溪（今浙江兰溪市）人。事迹见《元史·儒学传》。

《战国策》高诱旧注隋代已残缺不全。至南宋，姚宏和鲍彪分别为《战国策》作注。鲍氏改动原文，重新编次，多为后人批评。吴师道的校注对鲍注订误补缺，甚便读者。他在序中說："师道鉴於鲍彪《战国策注》虽纠高诱之讹漏，仍多未善，乃取姚宏续注与鲍注参校，并杂引诸书以考正之，其篇第注文一仍鲍氏之旧，每条之下所谓补者，乃补鲍注之阙，所谓正者，乃正鲍注之失，各以'补曰''正曰'别之。"

齊人有馮煖者（齊策四）

齊人有馮煖史作驩並況袁反補曰煖即諼故諼或作喧[1]者貧乏不能自存使人屬孟嘗君屬囑同[2]願寄食門下孟嘗君曰客何好曰客無好也曰客何能曰客無能也[3]孟嘗君笑而受之曰諾

[1]《史记》作"驩"。姚本作"諼"。況袁反：反切注音。指被切字"煖"的声母与反切上字"況"的声母相同，韵母及声调与反切下字"袁"的韵母及声调相同。

[2] 鲍注。

[3]"何能"之能，动词。"無能"之能，名词。

左右以君賤之也食以草具[1]草不精也具饌具〇正曰草菜也陳平傳惡草具注去肴肉云云[2]居有頃倚柱彈其劍補曰以下文例之[3]疑當有鋏字歌曰長鋏歸來乎[4]鋏劍把也欲與俱去補曰莊子音義鋏從棱向刃[5]食無魚左右以告孟嘗君曰食之比門下之客補曰列士傳孟嘗君厨有三列上客食肉中客食魚下客食菜[6]〇一本比門下之魚客居有頃復彈其劍鋏歌曰長鋏歸來乎出無車左右皆笑之以告孟嘗君曰爲之駕比門下之車客乘車之客於是乘其車揭其劍集韵揭舉也擔也[7]過其友曰孟嘗君客我[8]待我以客後有頃復彈其劍鋏歌曰長鋏歸來乎無以爲家補曰吴氏韵補家叶工乎反[9]左右皆惡之以爲貪而不知足孟嘗君問馮公有親乎對曰有老母孟嘗君使人給其食用無使乏於是馮煖不復歌

[1] 食（sì）：给……吃。

[2]《汉书·陈平传》颜师古注"去肴肉，更以恶草具"。

[3] 例：用作动词，类比。

[4] 來：语气词。

[5]（唐）陆德明《莊子音義》。鋏：注云"從棱向刃"，当指剑脊处。

［6］孟嘗君厨有三列：《史记·孟嘗君列传》有传舍、幸舍、代舍三等。幸舍之客食有鱼，代舍之客出有车。

［7］《集韻》：宋代韵书，丁度等奉敕编纂。集，集大成之意。

［8］過：拜访。客：用作动词，意动用法。

［9］家：依吴师道说，音 gū。按："大家 gū"，见《后汉书·列女传·曹世叔妻》："令皇后诸贵人师事焉，号曰大家。"叶（xié）：把某字临时改读为某音以求和谐称之为"叶"。六朝已开始，宋人尤甚。"叶音"说缺乏历史的观点，清代学者即已批评了这种做法。

後孟嘗君出記（記疏也）問門下諸客誰習計會（計會會總合也正曰會古外反周禮司會注大計也小宰要會注計最之簿書月計曰要歲計曰會[1]）能爲文收責於薛者乎（責債同集韻逋財也[2]）馮煖署曰能（署書也）孟嘗君怪之曰此誰也左右曰乃歌夫長鋏歸來者也孟嘗君笑曰客果有能也（言果則孟嘗固意其能也）吾負之未嘗見也請而見之謝曰文倦於是（是謂國事正曰一本是作事盖因音而訛説閔王章則是作則事亦此類[3]）憒於憂（憒潰同憒亂也以憂思昏亂[4]）而性懧愚（懧當作懦集韻弱也）沉於國家之事開罪於先生（得罪於煖自我啓之[5]補曰沉没溺也下沉於義同）先生不羞乃有意欲爲收責於薛乎馮煖曰願之於是約車治裝載券契而行（券亦契契別書之以刀判其旁[6]）辭曰責畢收以[7]何市而反孟嘗君曰視吾家所寡有者

［1］記、疏：文告之类。小宰：《周礼·天官·小宰》。要（yāo）會（kuài）：会计簿书。計最：考核。最，考核政绩、军功，上等曰最，与殿相对。

［2］逋（bū）：拖欠。

［3］是：今本多作"事"。"説閔王"章：即《齐策五》"苏秦说齐闵王"。

［4］注云"憒潰同"。按：愦、溃音同义异。憒，昏乱。潰，溃决，溃散，溃烂。

［5］啓：开口解释。

［6］别：分别。判：刻齿。

［7］以：介词。

驅而之薛使吏召諸民當償者悉來合券券徧合赴（凡券取者與者各收一責則合驗之徧合矣乃來聽命補曰一本赴作起則起屬下文謂作起而矯命也合讀起句亦通[1]）矯命（汲黯傳注矯託也託言孟嘗之命[2]）以責賜諸民因燒其券民稱萬歲（祝孟嘗也）

［1］注用"乃來聽命"释"赴"。按：今本多从姚本作"起"，作"起"宜。合讀起句：在"合"

下、“起”下分别断句。

[2]《汲黯傳》注：指《汉书》颜师古注。

長驅到齊行不留也[1]晨而求見孟嘗君怪其疾也衣冠而見之[2]曰責畢收乎來何疾也曰收畢矣以何市而反孟嘗問也馮煖曰君云視吾家所寡有者臣竊計君宮中積珍寶狗馬實外厩美人充下陳陳猶列君家所寡有者以義耳竊以爲君市義孟嘗君曰市義奈何曰今君有區區之薛不拊愛子其民[3]拊循猶摩也因而賈利之[4]臣竊矯君命以責賜諸民因燒其券民稱萬歲乃臣所以爲君市義也孟嘗君乃補曰一本作不[5]説曰諾先生休矣休息也

[1] 不留：一直赶着车，毫不停留。

[2] 衣冠：用作动词。

[3] 拊：抚摩，安抚。子：名词意动用法。

[4] 賈：名词作状语。利之：向薛民求利。

[5] 注云“一本作不”。按：作“不”宜。《史记》：“孟嘗君闻冯驩烧券书，怒而使使召驩。”下文“休息也”，息，止。

後朞年[1]齊王謂孟嘗君曰寡人不敢以先王之臣爲臣補曰此遣其就國而爲之辭猶漢世所謂列侯亦無由教訓其民[2]孟嘗君就國於薛未至百里民扶老攜幼迎君道中終元作正正日[3]補曰一本無此二字孟嘗君顧謂馮煖先生所爲文市義者乃今日見之

[1] 朞（jī）年：一周年。

[2] 列侯：汉制，刘姓子孙封侯者，谓之诸侯，异姓功臣封侯者，谓之列侯。按：汉世列侯娶公主为妻者，均住在京城，不愿回自己的封地。因其聚集京城，于朝廷不利，故朝廷以无由教训其民为辞，令其回封地。

[3] 鲍本有“正日”二字，又改“正”作“終”。按：注“元作正”前的“終”为改字，其后的“正”为原字。姚本无“正日”二字。

馮煖曰狡兔有三窟僅元作今補曰姚本今作僅得免其死耳今有一窟未得高枕而臥也請爲君復鑿二窟孟嘗君予車五十乘金五百斤西遊於梁謂梁元作惠惠王昭正曰文奔魏在昭王時此固辭不往事必在前史作秦王[1]曰齊放其大臣孟嘗君此非當時所稱追書云爾[2]於諸侯諸

侯先迎之者富而兵强於是梁王虚上位以故相爲上將軍補曰徙故相爲上將軍而虚相位以待孟嘗也遣使者黄金千斤車百乘往聘孟嘗君馮煖先驅誡孟嘗君曰千金重幣也百乘顯使也[3]齊其聞之矣梁使三反孟嘗君固辭不往也

[1] 注云“昭”，意谓当是梁昭王。据《史记》记载：齐滑王灭宋，益骄，欲去孟尝君，孟尝君恐，乃如魏，魏昭王以为相。

[2] 孟尝君之“尝”为谥号，死后所加，非当时所称，故云后人“追书”。

[3] 战国时，使者地位的尊卑以随行车辆多少为标志。

齊王聞之君臣恐懼遣太傅本周官此齊大臣也齎黄金千斤[1]文車二駟文彩繪也服劍一[2]王所自佩者封書一補曰一本書下無一字則上當以封字句[3]謝孟嘗君曰寡人不祥被於宗廟之祟[4]沉於諂諛之臣開罪於君寡人不足爲也願君顧先王之宗廟姑反國統萬人[5]乎集韵統攝理也馮煖誡孟嘗君曰願請先王之祭器立宗廟於薛前自靖郭君時既立廟矣今又請立則所謂宗廟者非一王也廟成還報孟嘗君曰三窟已就君姑高枕爲樂矣

[1] 齎（jī）：把东西送人。

[2] 服：佩。

[3] 依吴补，如无“一”字，当作“服劍一封，书”。按：清人黄丕烈《札记》云：“封书”连文，吴说未是。

[4] 被：遭受。祟：鬼神带来的祸害。

[5] 萬人：指全国的百姓。

孟嘗君爲相數十年無纖介之禍者介獨也獨則不衆故爲微細之詞一説喻草芥也正曰介芥通馮煖之計也

孟嘗傳有虒謂能者客之[1]人孰不能客無能者孟嘗於是爲不可幾也[2]煖之市義賢矣而爲之營窟則亦聲利之客耳[3]嗟乎氣俗之移人莫覺悟也[4]以煖之賢而不能自擢於衆[5]況不賢者乎補曰史文稍異末無三窟之説爲勝[6]正曰馮公自言無能非眞無能也孟嘗盖已知之故聞其署則曰客果有能也魏子予粟[7]馮公焚券孟嘗卒蒙其力百乘之家不畜聚斂之臣豈迂也哉○食以食之之食音嗣爲君爲文足爲之爲去聲

[1] 客：用作动词。同“孟尝君客我”之“客”。

[2] 幾：及。

[3] 聲利：追逐名利。

[4] 气俗：风气习俗。覺悟：醒悟，觉察。

[5] 擢：拔，这里是超出的意思。

[6] 史文：指《史记》的记载。《史记》无三窟之説。

[7] 魏子予粟：据《孟尝君列传》记载，孟尝君的舍人魏子（按，舍人官微，故略其名）为孟尝君收封邑的租税时，私自把所收之粟给了别人。后来，当孟尝君被人毁谤而出奔时，魏子所予粟者到齐王宫门前自杀为孟尝君洗刷了冤屈。

自学提示

(1) 掌握下列带点的词语：

齎黄金千斤　服劍一　以責賜諸民　長鋏歸來乎　使人屬孟嘗君　揭其劍　過其友

(2) 重点掌握下列句子：

責畢收，以何市而反？

不拊愛子其民，因而賈利之。

蘇秦始將連横（秦策一）

蘇秦[1]始將連横[2]文穎[3]曰關東[4]爲從西爲横孟康[5]曰南北爲從東西爲横瓚[6]曰以利合曰從以威勢相脅曰横正曰高注[7]連關中之謂横合關東之謂從大事記[8]取説[9]秦惠王曰大王之國西有巴[10]蜀漢中[11]之利三郡并屬益州北有胡貉[12]胡樓煩林胡之類集韵[13]貉似狐代馬之用[14]代幽州郡南有巫山在南郡巫補曰正義云夔州巫山縣黔中[15]之限[16]黔故楚地秦地距[17]此二郡耳故言限秦昭三十年始定爲黔中郡後爲武陵郡見後志[18]補曰大事記今黔辰施元[19]等州正曰高注皆有塞險故謂之限東有殽[20]函[21]之固始皇紀[22]注殽二殽函函關也在弘農[23]補曰左氏[24]殽有二陵杜注[25]在澠池縣[26]西函見周策[27]田肥美民殷富殷盛也戰車萬乘奮擊[28]百萬士之能奮擊者沃野千里沃言其肥潤蓄積饒多地勢形便地勢與形便於攻守此所謂天府言蓄聚之富非人力也天下之雄國也物之雄者强以大王之賢士民之衆車騎[29]之用騎士之便馬者兵法之教教猶習可以并諸侯吞天下稱帝而治願大王少[30]留意臣請奏[31]其效奏進效功也

[1] 蘇秦：字季子，战国时洛阳人，著名策士，主张合纵抗秦，曾同时佩六国相印，显赫一时。

[2] 連横：以秦为中心，与六国中的个别国家建立联盟，以打击其他国家，这种策略称连横。按：古人以东西向为横，南北向为从（后写作“纵”）；秦在西，六国在东，故以秦为中心的联盟称连横；六国南北排列，故联合六国共同抗秦称合纵。

[3] 文穎：东汉时人，曾注《汉书》。

［4］關東：指函谷关、潼关以东地区。

［5］孟康：三国时魏人，曾注《汉书》。

［6］瓚：人名。不详。

［7］高注：指东汉高诱注。

［8］大事记：编年体史书，南宋吕祖谦撰。

［9］説（shuì）：游说。

［10］巴：古国名，故址在今四川东部。

［11］漢中：故址在今陕西南部和湖北西北部。

［12］胡貉：胡地之貉。胡，古注言“樓煩、林胡之類”，均古代北方部族名。

［13］集韻：宋代官修韵书，丁度等奉敕修定。

［14］代馬：代地之馬。

［15］黔中：在今湖南西北部和湖北西南部。按：秦惠王时，巫山、黔中均为楚地，秦昭王时始为秦地。

［16］限：险阻。

［17］距：至。

［18］後志：书名。

［19］黔、辰、施、元：郡名。吴师道补注言巫山、黔中即元代的黔、辰、施、元等郡。

［20］殽（xiáo）：通“崤”，山名，在今河南雒宁县西北。

［21］函：函谷关，在今河南灵宝县南。

［22］始皇紀：指《史记·秦始皇本纪》。

［23］弘農：郡名，西汉始置，治所在今河南灵宝县北。

［24］左氏：指《左传》。按：《左传·僖公三十二年》有“殽有二陵焉”句。

［25］杜注：（晋）杜预注。

［26］澠（miǎn）池縣：即今河南渑池县。

［27］見周策：见前文《战国策·西周策》注。

［28］奮擊：指奋力杀敌的兵士。

［29］騎：骑兵。古注“士之便馬者”，言善于骑马的士兵。

［30］少：稍稍。

［31］奏：古注言“进”，指臣民对君主进言。

秦王曰寡人聞之毛羽不豐滿者不可以高飛文章不成者文章法令也不可以誅罰道德不厚者不可以使民政教不順者逆人之心不可以煩[1]大臣逆人心則行之難故大臣劳今先生儼然矜莊皃[2]不遠千里而庭[3]教之教之於廣庭願以異日異猶他[4]也俟[5]成順然後承教以此知爲惠王初補曰史[6]時方誅商鞅[7]疾[8]辯士[9]弗用

［1］煩：烦劳。

［2］皃（mào）：古“貌”字，训诂术语，……的样子。

［3］庭：朝廷，作状语，表示处所。

［4］他：别的，另外的。

［5］俟（sì）：等待。

［6］史：指史书。

［7］商鞅：战国时卫国人，公孙氏，名鞅，因战功封于商，号商君，因称商鞅。因辅佐秦孝公实行变法，秦孝公死后，遭贵族诬害，车裂而死。

［8］疾：厌恶。

［9］辯士：游说之士。

蘇秦曰臣固疑大王之不能用也昔者神農[1]伐補遂國名未詳黄帝[2]伐涿鹿[3]屬上谷而禽[4]蚩尤[5]九黎氏之後事見史堯伐驩兜[6]書[7]止[8]言憂之豈嘗伐之而不服邪[9]正曰書放驩兜[10]又堯伐驩兜禹伐共工[11]見荀子此游士之辭下言五帝三王不能坐而致地[12]故以戰續之此不過欲售[13]其攻戰之説耳凡戰國言帝王事類如此皆不足辨後放[14]此舜伐三苗[15]國名縉雲氏之後正曰事見書不必泛引禹伐共工伐乃流之湯伐有夏[16]文王伐崇[17]崇侯虎紂卿士道[18]之爲惡武王伐紂齊桓任戰[19]任猶用也作内政寄軍令是也而伯[20]天下由此觀之惡有不戰者乎古者使車轂擊馳[21]轂輻所湊也相擊而馳言其衆補曰轂擊説見齊策言語相結約親也補曰後語[22]注結音吉此古韻協也下文悉然[23]天下爲一約從[24]連横兵革不藏[25]文士並餝[26]文謂辯也餝飾同諸侯亂惑萬端[27]俱起不可勝[28]理科條[29]既備科程也集韻條件也民多僞態書策稠濁策簡也大事書之稠多也言有司文書多閲者昏亂正曰稠多濁亂也百姓不足上下相愁民無所聊[30]集韻聊賴也明言章理[31]文章法理正曰章亦明也謂明著之言章顯之理下句文辭謂辭之文者三語文勢同兵甲愈起辯言偉服偉奇也補曰偉一作僞[32]戰攻不息繁稱文辭游説也正曰明言者教令辯言者游説文辭者書策明言章理即科條既備辯言偉服即言語相結繁稱文辭即書策稠濁天下不治[33]舌敝耳聾不見成功行義約信[34]天下不親於是乃廢文任武[35]厚養死士敢死之士綴[36]甲厲[37]兵集韻厲嚴也正曰厲即礪效勝[38]於戰場效致其功也夫徒處[39]而致利徒猶空也言無所爲安坐而廣[40]地雖古五帝[41]三王[42]五伯[43]明主賢君常欲坐而致之其勢不能故以戰續之寬[44]則兩軍相攻迫則杖戟[45]相撞[46]

迫近也杖如杖劍戟謂持戟戟有支矛擅手擣也正曰杖持執也直亮反戟有支兵然後可建大功是故兵勝於外義强於内論戰故獨言義威立於上民服於下今欲并天下凌[47]萬乘[48]集韻凌侵尚也當從夊[49]詘[50]敵國[51]詘服也制海内子[52]元元[53]元善也民之類善故稱元臣[54]諸侯言敵國又言諸侯則侯非其敵者非兵不可今之嗣主[55]時君皆繼世者也忽[56]於至道皆惛於教惛不明也亂於治迷於言惑於語沉於辯沉猶溺溺於辭[57]溺謂爲所冒没[58]以此論之王固[59]不能行也

［1］神農：也称炎帝，传说他始教民为耒耜，务农业，故称神农氏。

［2］黄帝：即轩辕氏，传说为华夏族的始祖。

［3］涿鹿：山名，在今河北涿鹿县。

［4］禽：捉，后写作“擒”。

［5］蚩尤：传说中九黎族的首领。

［6］驩（huān）兜：相传为尧、舜时的部落首领，四凶之一。

［7］書：指《尚书》。

［8］止：只。

［9］邪（yé）：句尾语气词。

［10］放驩兜：见《尚书·舜典》。放，放逐。

［11］共工：相传为尧之臣，与驩兜、三苗、鲧并称为四凶。下文古注言“流之”，指共工被流放到幽州。

［12］致地：获得土地。

［13］售：推行。

［14］戰國：指《战国策》。放（fǎng）：依照。

［15］三苗：古代部落名。古注言“縉雲氏之後”，縉雲氏，不详。

［16］有夏：夏朝，这里指夏桀。有，助词。

［17］崇：商代小国名，其君崇侯虎，助纣为虐。

［18］道（dǎo）：引导，后写作“导”。

［19］任戰：用战争的手段。

［20］伯：称霸。

［21］車轂（gǔ）擊馳：车轮互相碰击，往来奔驰。轂，车轮中心中空的圆木，古注“輻所凑也”，言辐条集于其上。古注“言其衆”，指各诸侯国的使者频繁往来。

［22］後語：古书名。

［23］悉然：皆如此。

［24］約從（zòng）：即合纵。

［25］不藏：指不息。

［26］餝（shì）：通“饰”，指以饰词进行游说。

[27] 端：事端。

[28] 勝：尽。

[29] 科條：指法令条文。古注不确。

[30] 聊：古注曰“赖”，依赖。

[31] 明言章理：并列结构。明、章，形容词使动用法。下文“辯言偉服”“繁稱文辭”结构同，辩、伟、繁、文，均使动用法。

[32] 偉一作僞：校勘术语，指“偉”字有的版本作“僞”。

[33] 治：太平。

[34] 約信：以诚信相约。

[35] 廢文任武：放弃华丽的文辞而任用武力。

[36] 綴：连缀，缝制。

[37] 厲：磨砺，后写作“砺”。

[38] 效勝：致胜，取胜。

[39] 徒處：无所事事，与下文“安坐”义近。

[40] 廣：使动用法，扩大。

[41] 五帝：一般指黄帝、颛顼（zhuān xū）、帝喾（kù）、尧、舜。

[42] 三王：指夏、商、周三代开国帝王，即夏禹、商汤、周文王和周武王。

[43] 五伯：一般指春秋时的齐桓公、晋文公、秦穆公、楚庄王、宋襄公。

[44] 寬：指两军相距较远。

[45] 杖戟：鲍彪注曰“杖如杖劍，戟謂持戟”，言“杖”“戟”都用作动词，即持杖，持戟。吴师道正曰“杖持執也”，言“杖”是动词，“杖戟”即持戟。按：两说皆通。

[46] 撞：击。古注“手擣（dǎo）”，言用手击。

[47] 凌：古注“侵尚”，言侵犯，凌驾其上。

[48] 萬乘：指万乘之国。

[49] 仌（bīng）：同“冰”。

[50] 詘（qū）：使动用法，使……屈服。

[51] 敵國：匹敌之国。

[52] 子：名词用作动词，使动用法，使……成为自己的子女。

[53] 元元：指百姓。

[54] 臣：名词用作动词，使动用法，使……称臣。

[55] 嗣主：继位之君。

[56] 忽：忽视。

[57] 沉於辯，溺於辭：沉溺于巧辩的言辞之中。

[58] 冒没（mò）：淹没，埋没。

[59] 固：必。

說秦王書十上而說[1]不行黑貂之裘敝貂鼠屬大而黄黑出丁零國黄金百斤盡資

用[2]乏絕資貨也去秦而歸羸縢[3]方言擔齊楚陳宋曰攍通作羸縢緘也正曰一本羸縢是羸与縲虆字通用倫追反易羸其角羸其瓶孔颖達云拘虆纏繞也詩邪幅在下注[4]如今行縢即禮[5]所謂偪[6]也注說下與履蹻不倫而擔囊又已言矣履蹻[7]躡也正曰史虞卿躡蹻注草履也蹻與屩通負書擔囊高注橐[8]囊也然則此字元作橐從此說則上縢字當從巾囊也橐無底囊有底正曰一本作橐高注橐囊通言形容[9]枯槁[10]面目黧元作犂[11]補曰古字黧犂通借黑集韻黧黑黃色正曰黧黑色集韻誤見魏策狀有歸[12]補曰當作愧姚氏亦云色歸至家妻不下紝[13]機縷也不下言自若嫂不爲炊[14]父母不與言蘇秦喟然[15]嘆曰喟太息也妻不以我爲夫嫂不以我爲叔父母不以我爲子是皆秦之罪也乃夜發[16]書陳篋[17]數十篋藏也得太公[18]陰符之謀漢志[19]有陰符經正曰陰符經恐非此所指索隱[20]云陰符是太公兵法伏而誦之簡[21]練[22]以爲揣摩簡猶擇練湅帛也取其熟揣量摩研也游說之術或量其情或研切之讀書欲睡[23]引[24]錐自刺其股[25]錐鋭也鍼[26]之類血流至足曰安有說人主不能出其金玉錦繡取卿相之尊者乎朞年[27]揣摩成曰此真可以說當世之君矣

[1] 説（shuō）：言论，主张。

[2] 資用：钱财。

[3] 羸縢：缠着绑腿。羸，当作“纍（léi）”，“纍”有缠绕之义，姚本正作“纍縢”。鲍彪注引《方言》释“羸”为“擔”，误。吴师道正曰“一本羸縢”，引《周易》释“羸”“与縲虆字通用”，亦有误。按：今本《周易》作“羸其角”（《大壮・九三爻辞》）、“羸其瓶”（《井》卦辞），非“羸”字。縢（téng）：绑腿的布。

[4] 古注引诗“邪幅在下”注，见《小雅・采菽》郑玄笺。

[5] 禮：指《礼记》。

[6] 偪（bī）：绑腿。

[7] 履蹻（jué）：穿着草鞋。履，古注曰“躡”，踩、踏之义。蹻，通“屩”，草鞋。古注中“史”指《史记》，“虞卿躡蹻”，见《范雎蔡澤列傳》。

[8] 橐（tuó）：口袋。按：姚本“囊”作“橐”。

[9] 形容：容貌。

[10] 枯槁：憔悴。

[11] 元作犂：姚本作“犂”。

[12] 歸：通“愧”，羞愧。

[13] 紝（rèn）：织机。

[14] 爲（wèi）炊：给他做饭。

[15] 喟（kuì）然：叹息的样子。

［16］發：打开，翻检。
［17］陳篋（qiè）：摆开书箱。
［18］太公：即姜太公，吕氏，名望，辅佐武王灭商，封于齐。
［19］漢志：指《汉书·艺文志》。
［20］索隱：指（唐）司马贞《史记索隐》。
［21］簡：选择。
［22］練：古注“湅（liàn）帛也，取其熟”，湅，把生丝煮成熟丝，这里取其“炼制，使质地精纯”之义。
［23］睡：坐着打瞌睡。
［24］引：拿，取。
［25］股：大腿。
［26］鍼（zhēn）：针。
［27］朞（jī）年：一周年。

於是乃摩[1]燕烏集闕[2]摩言切近過之闕名未詳補曰高注闕塞名也見説趙王肅侯於華屋之下見説見而説也華高麗也抵掌[3]而談集韻抵側擊也趙王大悦封爲武安君補曰武安趙邑正義云潞州武安縣受[4]相印革車百乘兵車也錦繡千純[5]集韻四端曰純正曰高注純束也徒本反白璧百雙補曰璧玉環也肉倍好曰璧[6]黄金萬鎰一鎰四十四兩補曰鎰説見前以隨其後約從散横[7]以抑强秦故蘇秦相於趙而關不通[8]六國之關不通秦也正曰即所謂秦兵不敢窺函谷關者

［1］摩：接近，这里指走到。
［2］燕烏集闕（què）：宫殿名。闕：宫殿前两边的楼台，也指宫殿。一说关塞名。
［3］抵（zhǐ）掌：击掌，形容交谈得高兴融洽。
［4］受：授予，后写作“授”。
［5］純：古注曰“四端曰純”，純、端，都是布帛的长度单位。
［6］肉倍好曰璧：肉，指玉璧的边缘部分。好，指玉璧中间的圆孔。倍，指玉璧的边缘部分的宽度大于孔径。
［7］横：指连横。
［8］關不通：指秦在六国合纵的形势下不敢出函谷关。

當此之時天下之大萬民之衆主侯之威謀臣之權[1]皆欲決於蘇秦之策決言用之不疑策謀也不費斗糧未煩[2]一兵未戰一士未絕一弦未折一矢諸侯相親賢於兄弟賢猶勝夫賢人在而天下服一人用[3]而天下從故曰

式[4]於政不式於勇式猶用式於廊廟[5]之内廊東西序廟以尊先祖人君之居謂之巖廊廟堂尊嚴之稱正曰文穎云廊殿下外屋顔師古[6]云堂下周廂又巖廊高屋也愚按此言宫與廟也廟堂字見徐樂梅福傳[7]劉向九歎[8]王逸注人君爲政舉事告宗廟議於明堂今人稱宰相爲廟堂盖誤不式於四境之外當秦之隆蘇秦隆盛之時黄金萬鎰[9]元從水補曰此書溢鎰通爲用[10]轉轂連騎[11]後車之盛正曰車騎之盛炫熿[12]於道光耀也山東之國[13]從風而服以草偃爲喻也使趙大重爲從主[14]諸侯尊之且夫蘇秦特[15]窮巷[16]掘門[17]鑿垣爲門補曰掘即窟古字通齊策掘穴窮巷鄒陽[18]書伏死掘穴楚策亦有桑户[19]棬樞[20]之士耳樞門牝也楺木爲之如棬棬屈木盂也伏軾車前横木撙銜[21]集韻撙挫也盖猶頓銜勒也横歷天下歷過也猶横行庭説諸侯之主猶庭教云杜左右之口杜猶塞天下莫之能伉[22]集韻匹也正曰姚云錢劉[23]作抗當也一本天下莫之能伉伉抗古字通

[1] 權：权术，谋略。

[2] 煩：烦劳。

[3] 用：被任用。

[4] 式：用。

[5] 廊廟：宫殿与宗庙，这里指朝廷。

[6] 顔師古：唐代训诂学家，注《汉书》。

[7] 徐樂梅福傳：见《汉书》。

[8] 九歎：西汉刘向作，收入《楚辞》一书。

[9] 鎰：古代重量单位，二十两为一镒。

[10] 爲用：为他所用。

[11] 轉轂連騎：车轮滚滚，骑从相连。

[12] 炫熿：形容车骑仪仗鲜明耀眼。

[13] 山東之國：指齐、楚、赵、魏等国。山東：指崤山以东。

[14] 從主：合纵之主。

[15] 特：只是。

[16] 窮巷：僻陋的里巷。

[17] 掘（kū）門：凿墙为门。掘，通“窟”，洞穴。

[18] 鄒陽：西汉初齐人，《史记》有传。按：《史记·鲁仲连邹阳列传》作“伏死堀穴”。

[19] 桑户：用桑枝编门。

[20] 棬（quán）樞：用弯木做门轴。樞，古注曰“門牝”，即门轴。古注曰“棬，屈木盂也”，言“棬”之本义，与此句意义无关。

[21] 樽（zǔn）銜：勒住马嚼子。樽，通“撙”，抑止。

[22] 伉（kàng）：与他匹敌。

[23] 錢劉：指钱藻、刘敞的两种版本。

將說楚王威[1]路過洛陽漢爲河南郡父母聞之清宮[2]除[3]道清汛[4]掃也張樂設飲張施也郊迎三十里迎於郊妻側目而視不敢正視傾耳而聽嫂蛇[5]行匍伏[6]蛇不直行伏音匐匍匐伏地也四拜自跪而謝[7]集韻跪小拜也既拜復膝地蘇秦曰嫂何前倨[8]而後卑也倨不避也嫂曰以季子位尊而多金譙周[9]曰秦字季子正曰司馬貞曰此嫂呼小叔爲季子未必字也蘇秦曰嗟乎貧窮則父母不子[10]富貴則親戚畏懼人生世上勢位富厚蓋[11]可忽乎哉忽輕也此策史略同[12]合從在趙肅侯十六年此四年彪[13]謂秦[14]之自刺可謂有志矣而志在於金玉卿相故其所成就適足誇嫂婦而此史極口稱頌之是亦利禄徒耳惡[15]睹所謂大丈夫之事哉正曰按史秦出游數歲困歸兄弟嫂妹妻妾竊笑之於是得周書陰符讀之以出揣摩乃求說周顯王[16]弗信至秦說惠王弗用乃之趙奉陽君[17]弗說[18]之去就[19]燕文侯資之至趙奉陽君死乃說肅侯合從說楚後還過洛陽顯王除道郊勞[20]與策小異

[1] 古注曰“威”，为楚王谥号。

[2] 宫：房屋。

[3] 除：修整。

[4] 汛：洒水。

[5] 蛇：名词作状语，比拟主语，像蛇一样。

[6] 匍（pú）伏：趴在地上。

[7] 謝：道歉。

[8] 倨：傲慢。

[9] 譙（qiáo）周：三国时蜀大夫。

[10] 子：名词意动用法，以……为子。

[11] 蓋（hé）：通“盍”，疑问代词，怎么。

[12] 古注曰“策史略同”，言《战国策》与《史记》记载人略相同。

[13] 彪：指鲍彪。

[14] 秦：指苏秦。

[15] 惡（wū）：疑问代词，哪里。

[16] 周顯王：名扁，战国时周国国君，公元前368—前321年在位。

[17] 奉陽君：指肃侯之弟，名成，时为赵相。

[18] 說：悦。

[19] 就：往。

[20] 郊勞：到郊外迎接并慰劳。

自学提示

（1）掌握下列带点的词语：

貧窮則父母不子　杜左右之口　窮巷掘門　不式於勇　抵掌而談　狀有歸色　簡練以爲揣摩　綴甲厲兵　民無所聊

（2）重点掌握下列句子：

天下莫之能伉。

今欲并天下，凌萬乘，詘敵國，制海内，子元元，臣諸侯，非兵不可。

嫂蛇行匍伏。

白文

察今

选自《吕氏春秋·慎大览》。

上胡不法先王之法非不賢也爲其不可得而法先王之法經乎上世而來者也人或益之人或損之胡可得而法雖人弗損益猶若[1]不可得而法東夏[2]之命[3]古今之法言異而典[4]殊故古之命多不通乎今之言者今之法多不合乎古之法者殊俗之民有似於此其所爲欲同其所爲異口惛[5]之命不愉[6]若舟車衣冠滋味聲色之不同人以自是反以相誹天下之學者多辯言利辭倒不求其實務以相毁以勝爲故[7]先王之法胡可得而法雖可得猶若不可法

凡先王之法有要於時也時不與法俱至法雖今而至猶若不可法故擇先王之成法而法其所以爲法先王之所以爲法者何也先王之所以爲法者人也而己亦人也故察己則可以知人察今則可以知古古今一也人與我同耳有道之士貴以近知遠以今知古以所見知所不見故審堂下之陰而知日月之行陰陽之變見瓶水之冰而知天下之寒魚鼈之藏也嘗一脟[8]肉而知一鑊[9]之味一鼎之調

荆人欲襲宋使人先表[10]澭水澭水暴益荆人弗知循表而夜涉溺死者千有餘人軍驚而壞都舍嚮[11]其先表之時可導也今水已變而益多矣荆人尚猶循表而導之此其所以敗也今世之主法先王之法也有似於此其時已與先王之法虧矣[12]而曰此先王之法也而法之以此爲治豈不悲哉

故治國無法則亂守法而弗變則悖悖亂不可以持國世易時移變法宜矣譬之若良醫病萬變藥亦萬變病變而藥不變嚮之壽民今爲殤子[13]矣故凡舉事必循法以動變法者因時而化若此論則無過務矣夫不敢議法者衆庶也以死守者有司也因時變法者賢主也是故有天下七十一聖其法皆不同非務相反也時勢異也故曰良劒期乎斷不期乎鏌鋣[14]良馬期乎千里不期乎驥驁[15]夫成功名者此先王之千里也

楚人有涉江者其劍自舟中墜於水遽契其舟曰是吾劍之所從墜舟止從其所契者入水求之舟已行矣而劍不行求劍若此不亦惑乎以此故法爲其國與此同時已徙矣而法不徙以此爲治豈不難哉

有過於江上者見人方引嬰兒而欲投之江中嬰兒啼人問其故曰此其父善游其父雖善游其子豈遽善游哉此任物[16]亦必悖矣荆國之爲政有似於此

[1] 猶若：犹然，还是。[2] 東：指东夷。夏：指华夏。[3] 命：名，指事物的名称。[4] 典：指典章制度。 [5] 口惛（wěn）之命：指方言。惛，通“吻”。 [6] 愉：通“渝”，改变。[7] 故:事。[8] 脟（luán）：通“脔”，切成块状的肉。[9] 鑊（huò）：无足的鼎。[10] 表：做标记。[11] 嚮（xiàng）：先前。[12] 虧：通“诡”，异。[13] 殤（shāng）子：未成年而死的孩子。[14] 鏌鋣（mò yé）：宝剑名。[15] 驥驁（áo）：都是千里马名。[16] 任：这里是对待的意思。

功名

选自《韩非子》。

明君之所以立功成名者四一曰天時二曰人心三曰技能四曰勢位非天時雖十堯不能冬生一穗逆人心雖賁育[1]不能盡人力故得天時則不務而自生得人心則不趣[2]而自勸因技能則不急而自疾得勢位則不進而名成若水之流若船之浮守自然之道行毋窮之令[3]故曰明主

夫有材而無勢雖賢不能制不肖故立尺材於高山之上則臨千仞之谿[4]材非長也位高也桀爲天子能制天下非賢也勢重也堯爲匹夫不能正三家非不肖也位卑也千鈞得船則浮錙銖[5]失船則沉非千鈞輕錙銖重也有勢之與無勢也故短之臨高也以位不肖之制賢也以勢人主者天下一力以共載之故安衆同心以共立之故尊人臣守所長盡所能故忠以尊主主[6]御忠臣則長樂生而功名成名實[7]相持而成形影相應而立故臣主同欲而異使人主之患在莫之應故曰一手獨拍雖疾無聲人臣之憂在不得一故曰右手畫圓左手畫方不能兩成故曰至治之國君若桴[8]臣若鼓技若車事若馬故人有餘力易於應而技有餘巧便於事立功者不足於力親近者不足於信成名者不足於勢近者不親而遠者不結則名不稱實者也聖人德若堯舜行若伯夷而位不載於世[9]則功不立名不遂故古之能致功名者衆人助之以力近者結之以成[10]遠者譽之以名尊者載之以勢如此故太山之功長立於國家而日月之名久著於天地此堯之所以南面[11]而守名舜之所以北面而[12]效功也

[1] 賁（bēn）、育：战国时勇士孟贲、夏育。[2] 趣（cù）：通“促”，督促。[3] 毋窮之令：指畅通无阻的法令。毋，通“无”。窮，行不通。[4] 谿：同“溪”。[5] 錙（zī）銖：古代重量单位，六铢为一锱，四锱为一两。这里指极轻微的东西。[6] 当衍一“主”字。[7] 實：指天时、人心、技能、势位。[8] 桴（fú）：鼓槌。[9] 世：当作“势”。[10] 成：通“诚”，诚信。[11] 南面：古代以坐北朝南为尊位，这里指居君位。[12] 效：献。

第七单元

通　论

语法知识

一、判断句

判断句是指以名词或名词性结构作谓语、表示判断的句子。判断句的谓语一般是对主语表达的人或事物进行分类，判断主语表达的人或事物属于哪一类人或事物，或不属于哪一类人或事物。现代汉语的判断句一般要用系词“是”作述语，例如“我们是中国人”，不用系词“是”的判断句虽然也存在，例如“鲁迅绍兴人”，但是出现频率很低。古代汉语的判断句与现代汉语很不相同，以不用系词为基本形式，句末一般有语气词“也”来协助表达判断。例如：

制，岩邑也。《左传·隐公元年》

兵者，凶器也。《韩非子·存韩》

1. 判断句的基本形式

判断句的基本形式有以下四种：

（1）主语＋者，谓语＋也。例如：

南冥者，天池也。《庄子·逍遥游》

君者，舟也；庶人者，水也。《荀子·王制》

廉颇者，赵之良将也。《史记·廉颇蔺相如列传》

（2）主语，谓语＋也。

晋，吾仇敌也。《左传·昭公五年》

滕，小国也。《孟子·梁惠王下》

死生，命也。《庄子·大宗师》

(3) 主语+者，谓语。

虎者，戾虫；人者，甘饵。《战国策·秦策》

兵者，凶器。《史记·酷吏列传》

粟者，民之所种。晁错《论贵粟疏》

(4) 主语，谓语。

夫鲁，齐晋之唇。《左传·哀公八年》

农，天下之本。《史记·孝文本纪》

兵，凶器。《汉书·晁错传》

上述4种形式，以(1)(2)种形式最为常见。

关于判断句有几点需要说明：

(1) 判断句的否定形式是谓语前加否定副词“非”，例如：

楚虽大，非吾族也。《左传·成公四年》

矛非戟也，戟非矛也。《吕氏春秋·离俗》

公非长者。《史记·淮阴侯列传》

注意：“非”所否定的是名词谓语，虽然可以译作“不是”，但它不是“不”和系词“是”的结合体。上古汉语中，判断句的否定形式还可以在谓语前加否定副词“匪”，例如：

我心匪石，不可转也。《诗经·邶风·柏舟》

(2) 判断句中，名词谓语可以受副词修饰，除否定副词之外，又如：

吾乃梁人也。《战国策·赵策》

是皆秦之罪也。《战国策·秦策》

此必介子推也。《吕氏春秋·介立》

梁父即楚将项燕。《史记·项羽本纪》　梁：项梁。

膑亦孙武之后世子孙也。《史记·孙子吴起列传》　膑：孙膑。

上述例句中的“乃”“皆”“必”“即”“亦”等，虽然可以译作“就是”“都是”“一定是”“也是”等，但同样不能把它们看作系词。

(3) 关于判断句中的“为”。请看下面的例句：

余为伯儵(chóu)，余，而祖也。《左传·宣公三年》

尔为尔，我为我。《孟子·公孙丑上》

子为谁?《论语·微子》

上述例句中的“为”是不是系词呢？目前学术界看法不一致。我们认为，上述例句中的“为”还是一般动词，不过在判断句中引申出了类似系词的用法。需要特别说明的是：用“为”的判断句，其谓语不是名词性成分，而是由“为”构成的动宾结构；动词“为”联系的主语、宾语往往指称同一事物（内涵、外延相同），上述3例中，

《孟子》例最为典型。

(4) 古代汉语中，常见的、大量的“是”是指示代词，它常常充当判断句的主语和谓语。例如《论语·微子》中有这样一段对话：

长沮曰：“夫执舆者为谁?”子路曰：“为孔丘。”曰：“是鲁孔丘与?”曰：“是也。”曰：“是知津矣。”

“是鲁孔丘与?”中的“是”充当判断句主语，“是也”中的主语承前省略，“是”充当判断句谓语。注意：不要把充当判断句主语、谓语的指示代词“是”误认为系词。

2. 判断句的表达功能

从表达功能上看，判断句主要表达以下五方面内容：

(1) 表示类属关系。例如：

晋，吾仇敌也。《左传·昭公五年》

兵者，凶器也。《韩非子·存韩》

仲弓父，贱人。《史记·仲尼弟子列传》

(2) 表示等同关系。例如：

昔者鬼侯、鄂侯、文王，纣之三公也。《战国策·赵策》

此必介子推也。《吕氏春秋·介立》

梁父即楚将项燕。《史记·项羽本纪》

(3) 表示比喻关系。例如：

仲尼，日月也。《论语·子张》

君子之德，风；小人之德，草。《论语·颜渊》

君者，舟也；庶人者，水也。《荀子·王制》

(4) 表示某种复杂的语义关系。例如：

夫战，勇气也。《左传·庄公十年》

百乘，显使也。《战国策·齐策》

上述例中，“战”与“勇气”、“百乘”与“显使”在逻辑上并不构成判断。当然，主语和谓语间的语义关系还是清楚的。这一类判断句译成现代汉语时要加词，以揭示主语同谓语之间的语义关系，并符合现代汉语的表达习惯。如《左传》例可以译作“战争凭借的是勇气”，《战国策》例可以译作“带有百辆车的使节是声势显赫的使节”。

(5) 解释原因。例如：

孟尝君为相数十年，无纤介之祸者，冯谖之计也。《战国策·齐策》

桓公九合诸侯，不以兵车，管仲之力也。《论语·宪问》

四世有胜，非幸也，数也。《荀子·强国》

3. 系词“是”的产生

系词“是”在战国末期已出现萌芽，例如：

此是何种也?《韩非子·外储说左上》

韩是魏之县也。《战国策·魏策》

汉代以后，用例有所增加，例如：

此必是豫让也。《史记·刺客列传》

余是所嫁妇人之父也。《论衡·死伪篇》

这些句子反映了当时口语中判断形式的新的发展，但总的来说，这种用系词“是”的判断句在文言（包括后代的仿古作品）中始终未被普遍采用，因此很少见到，这种状况一直持续到“五四”时代。

二、被动句

在以动词为谓语的叙述句中，根据主语同谓语之间的施受关系，可以把句子分为主动句和被动句两个基本类型。主语是施事（动作发出者）的句子是主动句，如“我吃饭”；主语是受事（动作的接受者）的句子是被动句，如“饭吃光了”“饭被我吃光了”。

古代汉语的被动句有两种情况：一种是不带标记的被动句，即单纯在意义上表示被动的被动句；另一种是带有形式标记的被动句。不带标记的被动句古今汉语都很普遍，带有标记的被动句古今之间具有很大的差异。

1. 不带标记的被动句

不带标记的被动句又称“意念上的被动句”“广义的被动句”。例如：

故不能推车而及。《左传·成公二年》　　及：被追赶上。

锲而不舍，金石可镂。《荀子·劝学》　　镂：被雕刻

吾欲伐卫十年矣，而卫不伐。《吕氏春秋·期贤》　　伐：被攻

宋未亡而东冢扣。《吕氏春秋·安死》　　扣（hú）：被掘。

文王拘而演周易……屈原放逐，乃赋离骚。司马迁《报任少卿书》　　拘：被拘押。放逐：被放逐。

上述例句如果只从形式上看，与主动句没有什么区别，它们没有专门用来表示被动的标记，但是如果从意义上去理解，即根据上下文，从主语表示的事物与谓语表示的动作之间的关系（是施事，还是受事）上去理解，它们都是被动句。

2. 带有标记的被动句

带有标记的被动句又称“狭义的被动句”“被动句式”。

古代汉语里有标记的被动句十分丰富，基本句式有五种。

(1) 及物动词＋于＋施事。例如：

郤克伤于矢，流血及屦。《左传·成公二年》　　伤于矢：被箭射伤。

劳心者治人，劳力者治于人。《孟子·滕文公上》　　治于人：被人统治。

然而兵破于陈涉，地夺于刘氏，何也？《汉书·贾山传》　　破于陈涉：被陈涉击败。夺于刘氏：被刘氏夺去。

需要说明的是，上述例句中，被动意义是动词在具体语境中表现出来的，介词“于”只是引进动作的施事，使句子的被动义更加明显。

介词“于”引进施事的用法是从引进处所的用法发展来的。引进动作行为的处所是介词“于”最基本的用法，甚至在一些表示被动意义的句子里，介词“于”也是引进处所，而不是引进施事。例如：

（吾）围于陈蔡之间。《庄子·山木》

百里奚举于市。《孟子·告子下》

《庄子》例的意思是“孔子在陈蔡之间被人围困”，《孟子》例的意思是“百里奚从奴隶市场上被举荐”。两句都表示被动意义，但施事者并没有出现，介词“于”引进的是动作行为发生的处所。因此，介词“于”并非被动句的专门标记。我们之所以把介词“于”也看作被动句的标记之一，是由于主动句与被动句对举的时候，是靠介词“于”的有无加以区分的。除了上文所举的《孟子》例之外，又如：

君子役物，小人役于物。《荀子·修身》　　役于物：被物役使。

人之情宁朝人乎？宁朝于人也？《战国策·赵策》　　朝于人：被人朝拜。

相当于“于”的介词“乎”也可以在被动句中引进动作的施事。例如：

故子胥见说于阖闾，而恶乎夫差；比干生而恶于商，死而见说乎周。《吕氏春秋·不苟》　　阖闾（hé lǘ）：吴王。

万尝与庄公战，获乎庄公。《公羊传·庄公十二年》　　万：宋万。

伍子胥父诛乎楚。《公羊传·定公四年》

“于”字句是古代汉语中出现最早的被动句式。但显然，它并不完备。于是，春秋时期，出现了具有专门被动标记的“为”字句和“见”字句。

（2）为＋施事＋及物动词。例如：

不为酒困。《论语·子罕》

道术将为天下裂。《庄子·天下》

卒为天下笑。《战国策·赵策》

非一兔足为百人分也，由未定。《吕氏春秋·慎势》

上述例句中，介词“为”用于引进动作的施事，是被动句的标记。

介词“为”后的施事有时不出现，例如：

城小而固，胜之不武，弗胜为笑。《左传·襄公十年》

厚者为戮，薄者见疑。《韩非子·说难》

越王弗与，乃攻之，夫差为禽。《吕氏春秋·长攻》　　禽：后写作“擒”。

这是介词“为”与“于”不同的地方。

(3) 见＋及物动词。例如：

举世皆浊我独清，众人皆醉我独醒，是以见放。《楚辞·渔父》

厚者为戮，薄者见疑。《韩非子·说难》

“见”是被动句的标记，但“见”不同于介词“为”和“于”，“见”不能引进施事，它是一个助动词。《韩非子》例需要说明一下，“为戮”和“见疑”对用，虽然都表示被动意义，但是二者内部的结构不同。“为戮”是介宾结构作状语的偏正结构（省略介词宾语），“见疑”是助动词作状语的偏正结构。

“见”字句要表明动作的施事，就要同“于”字句结合，靠介词“于”来引进施事，构成“见＋及物动词＋于＋施事”句式，例如：

吾长见笑于大方之家。《庄子·秋水》

晏子见疑于齐君。《吕氏春秋·士节》

臣恐见欺于王而负赵。《史记·廉颇蔺相如列传》

“见”字句与“于”字句配合使用，两者互补。单纯的“于”字句缺乏鲜明的被动标记，配上“见”字后弥补了这一欠缺；同样，单纯的“见”字句无法表达动作的施事，借助于“于”字得到弥补。“见＋及物动词＋于＋施事”是一种比较完善的被动句式。

值得注意的是，南北朝以后，“见”发展出一种新的用法，可以用在主动句的动词前，例如：

少加孤露，母兄见骄。嵇康《与山巨源绝交书》

生孩六月，慈父见背。李密《陈情表》

上述句子不能理解为“母兄被骄惯，慈父被背弃”，而是“母兄骄惯我，慈父背弃我（指父亲去世）”之意。其中的“见”虽然还是助动词，但兼有称代作用。“见”字的这种用法还保留在现代汉语的一些固定格式里，如“有何见教”“请勿见笑”“请您见谅”等。作为被动标记的“见”与具有称代作用的“见”当看作是同形词。

(4) 为＋施事者＋所＋及物动词。

这是一种较后起的句式，是由用“为”作标记的 (2) 式发展而来的。例如：

申徒狄谏而不听，负石自投于河，为鱼鳖所食。《庄子·盗跖》

先即制人，后则为人所制。《史记·项羽本纪》

章由是见疑，遂为凤所陷。《汉书·王章传》

上述各例介词“为”引进动作的施事，“所”后的动词仍是典型的陈述，因此，“所”的作用不是表示谓词性成分指称化，而只是一个被动标记，标明其后动词是被动意义。

“为＋施事＋所＋及物动词”句式起源于战国末期，在先秦文献中出现频率很低，汉代以后频率升高，东汉以后成了一种主要的被动句式，出现频率明显高于前三种被动句式。同“为＋施事者＋及物动词”句式相仿，“为＋施事＋所＋及物动词”句式中“为”后的施事也可以省略。例如：

若属皆且为所虏。《史记·项羽本纪》

(5) 被＋施事＋及物动词。

在先秦汉语里，“被”是一个及物动词，意思是“覆盖”“遭受”“蒙受”。例如：

下施万民，万民被其利。《墨子·尚贤上》

泽被生民。《荀子·臣道》

秦王复击轲，（轲）被八创。《战国策·燕策》

以上各例，动词“被”的宾语都是名词性成分。从战国末期开始，动词“被”的宾语可以是动词性成分了，这样动词“被”就有了虚化的可能。例如：

国一日被攻，虽欲事秦，不可得也。《战国策·齐策》

虽万被戮，岂有悔哉？司马迁《报任少卿书》

信而见疑，忠而被谤。《史记·屈原贾生列传》

上述例句中，“被”虽然多少还有遭受的意思，但它的主要作用是表示被动。《史记》例“被”“见”对举，显示出“被”已经不再是及物动词，而是虚化为表示被动的标记了。在东汉以前“被”不能引进施事，同“见”一样，是个助动词。东汉以后，“被”可以引进施事了，“被”就演变为介词了。例如：

臣被尚书召问。蔡邕《被收时表》

至此，现代汉语里最重要的被动句式就产生了。魏晋以后，这种被动句式在口语中用得越来越多，逐渐取代了其他各种被动句式。但是在文言作品里仍多用其他几种被动句式，“被”字句出现的频率还是很低的。

三、宾语特殊的语序

古今汉语句法成分的位置基本相同：主谓结构主语在前，谓语在后；述宾结构述语在前，宾语在后；述补结构述语在前，补语在后；偏正结构修饰语在前，中心语在后。例如：

夫 人 将 启 之。《左传·隐公元年》

主谓

偏正

述宾

王 坐 于 堂 上。《孟子·梁惠王上》

主谓

述补

介宾

偏正

古今汉语不同的是，古代汉语中，宾语有时可以置于动词之前，这种位置的改变并非是加强语气的需要（如感叹句或疑问句，有时谓语置于主语之前，是为了加强语气，如《论语》："贤哉，回也！"《礼记》："谁与，哭者？"），也并非是押韵或格律的需要（如李商隐《安定城楼》："永忆江湖归白发，欲迴天地入扁舟。""永忆江湖归白发"当按"永忆白发归江湖"理解，"白发"与"江湖"换位是律诗平仄、对仗的需要），而是在特定的语法条件下发生的有规律的现象，这种现象我们称之为宾语前置。

1. 疑问代词作宾语的语序

疑问代词作宾语置于述语动词之前。例如：

吾谁欺，欺天乎？《论语·子罕》

曰："奚冠？"曰："冠素。"《孟子·滕文公上》

秦客何言？《吕氏春秋·应言》

夫子将焉适？《吕氏春秋·士节》

《论语》例是个很典型的例子。"吾谁欺"中的宾语"谁"因为是疑问代词，所以就前置；"欺天乎"虽然也是疑问句，但由于宾语"天"是名词，就不能前置。《孟子》例也是如此。如果述语动词前有助动词时，疑问代词一般置于助动词之前，如：

臣实不才，又谁敢怨？《左传·成公三年》

公谁欲相？《吕氏春秋·贵公》

少数出现在助动词之后，如：

梁王即终，欲谁立？《史记·梁孝王世家》

吾敢谁怨乎？《史记·吴太伯世家》

疑问代词作介词的宾语也要前置。例如：

子归，何以报我？《左传·成公三年》

许子奚为不自织？《孟子·滕文公上》

何由知吾可也？《孟子·梁惠王上》

在古代汉语中，疑问代词作宾语前置，极少例外。例外往往是出现在一些凝固格式（"如何""若何""奈何""如……何""若……何""奈……何"）中，例如：

取妻如何？必告父母。《诗经·豳风·伐柯》

国不堪贰，君将若之何？《左传·隐公元年》

取吾璧，不予我城，奈何？《史记·廉颇蔺相如列传》

2. 否定句中代词作宾语的语序

否定句中代词作宾语一般要置于述语动词之前。例如：

不患人之不己知，患不知人也。《论语·学而》

今郑人贪赖其田，而不我与。我若求之，其与我乎?《左传·昭公十二年》

我无尔诈，尔无我虞。《左传·宣公十五年》　　无：通毋。

桃李之垂于行者，莫之援也。《吕氏春秋·下贤》

丘未之逮也。《礼记·礼运》

需要说明的是：

(1) 句中必须有否定词［不、毋（无）、未、莫］，宾语必须由代词充当，两个条件缺一不可。见《论语》例、《左传》前例。

(2) 否定句中，如果动词前有助动词或副词，代词宾语一般置于助动词或副词之前，例如：

天下大国之君，莫之能御。《国语·齐语》

莫之敢禁。《吕氏春秋·勿躬》

自古及今，未之尝闻。贾谊《论积贮疏》

少数置于助动词或副词之后，例如：

自古及今，未尝之有也。《墨子·节葬下》

天下莫敢之危。《吕氏春秋·分职》

非子莫能吾救。《战国策·中山策》

(3) 句法结构中如果具有两个否定词，构成否定之否定，实际上是表示肯定，在这种情况下代词充任的宾语不前置。例如：

物莫不若是。《庄子·人间世》

长安中诸公，莫弗称之。《史记·魏其武安侯列传》

(4) 否定句中代词作宾语前置的规律远不如疑问代词作宾语前置那么严格。在先秦古籍中，否定句代词宾语也有相当数量不前置的句子。(否定句代词作宾语《吕氏春秋》中共出现68例，其中代词宾语前置的49例，后置的19例。上文说否定句中代词作宾语一般要置于述语动词之前，正是基于定量的统计。) 例如：

祭肉不出三日，出三日，不食之矣。《论语·乡党》

九合诸侯，一匡天下，诸侯莫违我。《管子·封禅》

无欺我也。《吕氏春秋·贵因》　　无：通毋。

下面是两组典型例句：

①不我知者，谓我士也骄。《诗经·魏风·园有桃》

不知我者，谓我何求。《诗经·王风·黍离》

②匈奴必以我为大军之诱，不我击。《汉书·李广传》

汉果不击我矣。《汉书·赵充国传》

两种词序并存的现象正反映了从先秦时代起，否定句中代词宾语的位置从动词前移向动词后的演变。

3. 用助词“是”、“之”等作标记的特殊语序

古代汉语中，非代词宾语也可以前置，但必须要有标记。标记通常是“是”“之”（今成语“惟利是图”“唯你是问”“惟命是听”就是这一格式）。例如：

吾不免是惧，何敢告子?《左传·襄公二十二年》

大热在上，民清是走。《吕氏春秋·功名》　　清：指清凉之处，临时转类为名词。

宋向戌曰：“我一人之为，非为楚也。”《左传·襄公二十八年》

吾百姓之不图，唯舟与车。《国语·越语下》

君亡之不恤，而群臣是忧。《左传·僖公十五年》

前两例用“是”作标记，“不免是惧”就是“惧不免”，“清是走”就是“走清”（奔往清凉之处）。中间两例用“之”作标记，“一人之为”就是“为一人”（按：这一例很典型，“一人之为”与“为楚”对举，宾语前置用“之”作标记，宾语在后不用标记。），“百姓之不图”就是“不图百姓”。最后一例是两个并列的、带标记的宾语前置句，上句用“之”，下句用“是”，“亡之不恤”就是“不恤亡”（不担心自己流亡），“群臣是忧”就是“忧群臣”。我们说“是”“之”是宾语前置的语法标记，因为它们的作用仅仅是标志着该句的宾语成分在动词之前，一旦宾语回到动词的后面，前置标记“是”“之”就自动消失了。

需要说明的是：

(1) 带语法标记的宾语前置句，产生于西周后半期，在其初始阶段语法标记是不固定的，除“是”“之”之外，还有“焉”“斯”等。例如：

朋酒斯享，曰杀羔羊。《诗经·豳风·七月》

我周之东迁，晋郑焉依。《左传·隐公六年》

“朋酒斯享”就是“享朋酒”（饮上两壶酒），“晋郑焉依”就是“依晋郑”（《国语·周语中》：“我周之东迁，晋郑是依。”），“斯”“焉”都是宾语前置的标记。到了春秋初期，宾语前置的语法标记才固定下来，先是以“是”为主，后是以“之”为主。

我们对战国时期的五部古书（《论语》《孟子》《庄子》《墨子》《荀子》）作了考察：在这五部古书中，“宾·是·动”句式共出现13例，值得注意的是，其中10例出现在《诗经》《尚书》的引文中，如果引文不计在内的话，“宾·是·动”句式仅有3例（《庄子》1例，《荀子》2例）；而“宾·之·动”句式共出现196例。以上数字表明，战国时期“宾·是·动”句式已成为一个时代用语的残迹，而“宾·之·动”句式仍活跃在当时的书面语言中。

(2) 如果前置宾语由代词充任的话，语法标记用“之”，不用“是”。例如：

古之圣王，唯此之慎。《国语·周语下》

若狄公子，吾是之依兮。《国语·晋语三》

且罪非我之由，为戮何害？《国语·鲁语下》

太甲曰："天作孽，犹可违，自作孽，不可活"，此之谓也。《孟子·公孙丑上》

(3) 介词宾语也可以通过标记"之"前置。

至于庄宣，皆我之自立。《左传·襄公二十五年》

昔吾先君，固周室之不成子也，故滨于东海之陂，鼋鼍鱼鳖之与处，而蛙黾之与同渚。《国语·越语下》　滨：靠近。陂（bēi）：堤岸。鼋（yuán）：大鳖。鼍（tuó）：扬子鳄。黾（měng）：蛙的一种。渚（zhǔ）：水中小块陆地。

我周之东迁，晋郑是依；子颓之乱，又郑之繇定。《国语·周语中》　繇（yóu）：由。

"我之自立"就是"自我立"，"鼋鼍鱼鳖之与处，而蛙黾之与同渚"就是"与鼋鼍鱼鳖处，与蛙黾同渚"，"又郑之繇定"就是"又繇郑定"。

(4) 代词"是"作宾语有时不必标记就可以置于述语前。（按：《孟子·滕文公上》："子是之学，亦为不善变矣。""是"作宾语前置是有标记的。）例如：

君子是则是效。《诗·小雅·鹿鸣》

昭王南征而不复，寡人是问。《左传·僖公四年》

《诗经》例"是则是效"意思是"遵循此，效法此"，"是"作为宾语置于述语动词"则"、"效"之前而没有任何标记。《左传》例"寡人是问"意思是"寡人责问此事"（是，复指"昭王南征而不复"）；注意：不要把"是"误认作宾语前置的标记，而把该句误解为"责问寡人"。要辨析"寡人"是"问"的施事，还是"问"的受事，只能从仔细体会上下文入手。

代词"是"作介词"以""用"的宾语也时常前置，构成"是以""是用"，意思都是"因此"。例如：

仲尼之徒，无道桓文之事者，是以后世无传焉。《孟子·梁惠王上》

伯夷叔齐不念旧恶，怨是用希。《论语·公冶长》

四、句法成分的省略

语言的省略现象，古今汉语都存在，但古代汉语更为突出。如果不了解古代汉语的省略，就会给我们阅读古书带来困难，甚至引起误解。古代汉语中，几乎所有的句法成分都可以省略，这里只重点介绍两种：主语的省略和述语动词的省略。

1. 主语的省略

主语的省略，是古代汉语中最常见的省略现象。值得注意的是，在省略时主语发生了转换。例如：

主人县布，堇父登之，及堞而绝之，队，则又县之；苏而复上者三。《左传·襄公十年》　县：悬。队：坠。

“及堞”的主语是“堇父”，而“绝之”的主语转换为“主人”，“队”的主语又转换为“堇父”，而“又县之”的主语再次转换为“主人”，“苏而复上者三”的主语又转换为“堇父”。像这样，在省略之中主语多次转换。我们只能依据上下文加以判别。

主语的省略有承上省略和探下省略两种情况，以承上省略为主。

(1) 主语的省略往往是承上主语省略，如上面所举的《左传·襄公十年》例，但也有承上宾语省略的，例如：

射其左，越于车下；射其右，毙于车中。《左传·成公二年》

“越于车下”的主语是上句的宾语“其左”，“ 毙于车中”的主语是上句的宾语“其右”。有时，这两种情况交织在一起。如：

文王伐崇，再驾而降为臣。《左传·襄公三十一年》

“再驾”的主语是上句的主语“文王”，而“降为臣”的主语已转换为上句的宾语“崇”。这是阅读古书时尤其需要注意的。

(2) 主语也可以探下省略。例如：

七月在野，八月在宇，九月在户，十月蟋蟀入我床下。《诗经·豳风·七月》

“在野”“在宇”“在户”的主语都是“蟋蟀”，探下而省。

有时，一方承上省略，一方探下省略，两种情况交织在一起。例如：

秦伯纳女五人，怀嬴与焉。奉匜沃盥，既而挥之，怒曰：“秦晋匹也，何以卑我?”公子惧，降服而囚。《左传·僖公二十三年》

“奉匜沃盥”“怒曰”的主语承上省略，为“怀嬴”；“既而挥之”的主语探下而省，为“公子”。再如：

父母使舜完廪，捐阶，瞽叟焚廪。使浚井，出，从而揜之。《孟子·万章上》

要弄清这段话的省略情况，首先需要弄明白这段话的意思。是谁“捐阶”？为什么“焚廪”？谁又让谁“浚井”？谁“出”？谁又“从而揜之”？这只能考察上下文。依据上下文，可以得知舜的父母兄弟千方百计要谋害舜，这段话的意思是：父母打发舜修缮谷仓，(等舜上了屋顶，)瞽叟便撤掉梯子，烧了谷仓。(幸而舜设法逃了下来。)父母又打发（舜）淘井，(瞽叟不知道舜）出来了，随后填塞了井口。

“捐阶”的主语是“瞽叟”，探下而省；“使浚井”的主语是“父母”（或是“瞽叟”)，承上而省；“出”的主语是“舜”，“从而揜之”的主语又转换为“瞽叟”，均承上而省。

2. 述语动词的省略

(1) 述语动词省略后，只留下介宾短语。例如：

十二月庚戌，晋籍谈、荀跞、贾辛、司马督帅师军于阴，于侯氏，于溪泉；次于社。《左传·昭公二十二年》　　军：驻军。

"于侯氏""于溪泉"之前分别承上省略了述语动词"军"。

(2) 述语动词省略后，留下宾语及介宾短语。例如：

人伤尧以不慈之名，舜以卑父之号，禹以贪位之意，汤武以放弑之谋，五伯以侵夺之事。《吕氏春秋·举难》

"舜以卑父之号"承上省略了述语动词"伤"。后三句同。

(3) 述语动词省略后，只留下修饰语。例如：

一鼓作气，再而衰，三而竭。《左传·庄公十年》　　鼓：击鼓。

"再""三"后承上省略述语动词"鼓"。

古代汉语的叙述句是以述语动词为核心的，因此，一般情况下述语动词不能省略。省略述语动词，要有条件，那就是两个（或两个以上）结构相同（或相似）的句子并列在一起。含述语动词的小句在前，省略述语动词的小句在后。

其实，在上述条件下，省略的往往不仅仅只是述语动词，按照语言的经济原则，凡相同的句法成分大都可以省略。例如《左传》前例，"于侯氏""于溪泉"之前除承上省略了述语动词"军"之外，还省略了"晋籍谈、荀跞、贾辛、司马督帅师"。《吕氏春秋》例，"舜以卑父之号"除承上省略了述语动词"伤"之后，还省略了主语"人"。再如：

先王之制：大都不过叁国之一，中五之一，小九之一。《左传·隐公元年》

"中五之一""小九之一"补出省略的部分，当是"中（都不过）五（国）之一""小（都不过）九（国）之一"。

古代汉语中，常见的省略现象还有宾语的省略。宾语的省略比较容易识别，只要稍加注意，一般不会影响古书的阅读与理解，这里就不单独介绍了。

思考题

1. 古代汉语的判断句有什么特点？
2. 古代汉语的被动句式有几种？举例说明。
3. 古代汉语宾语前置的语法条件是什么？举例说明。
4. 主语的省略，最值得注意的是什么？
5. 举例说明述语动词省略的条件。

文选

今注

莊子

庄子名周，战国时蒙（属宋，在今河南商丘县）人，生卒年月不详，约与孟子同时或稍后。庄子曾做过蒙漆园吏，一生贫困。他继承并发展了老子的思想，和老子同是道家学派的代表人物，世称“老庄”。（“道家”是汉代的人命名，之所以名“道家”，是因为他们认为天地万物都生于“道”，两汉说道家多以“黄老”并称，魏晋以后，始称“老庄”。）唐代推崇道家，庄子被封为“南华真人”，所以《庄子》又名《南华经》或《南华真经》。

《庄子》一书，包括内篇七篇、外篇十五篇、杂篇十一篇，共三十三篇。学术界一向认为内篇大体是庄周自著，外篇、杂篇是庄周后学所作。

历来为《庄子》作注的很多，通行的有晋郭象《庄子注》（唐成玄英为郭注作疏）、清王先谦《庄子集解》和郭庆藩《庄子集释》。

逍遥遊（節選）

北冥有魚[1]，其名为鯤[2]。鯤之大，不知其幾千里也；化而爲鳥，其名爲鵬。鵬之背，不知其幾千里也；怒而飛[3]，其翼若垂天之雲[4]。是鳥也，海運則將徙於南冥[5]。南冥者，天池也。

[1] 冥：海，后写作“溟”。

[2] 鯤：传说中的大鱼名。按：《尔雅·释鱼》：鱼子。郝懿行疏：“凡鱼之子，总名鯤。”按：庄子认为一切事物都是相对的，否定一切事物质的差别，说什么大小、是非、生死、贫富、寿夭、得失、荣辱等都是一样的。以鱼子之名命名传说中的大鱼，盖亦此意。

[3] 怒：形容气势很盛。按：与“百花怒放”“狂风怒号”中的“怒”义同。

[4] 垂天：垂挂在天空。一说“天陲”。

[5] 海運：海动。旧说海动必有大风，即下文的“六月息”。

《齊諧》者[1]，志怪者也[2]。《諧》之言曰：“鵬之徙於南冥也，水擊三千里[3]，摶扶搖而上者九萬里[4]，去以六月息者也[5]。”野馬也[6]，塵埃也，生物之以息相吹也[7]。天之蒼蒼，其正色邪？其遠而無所至極邪[8]？其視下也，亦若是則已矣[9]。

[1]《齊諧》：书名，又简称《諧》。
[2] 志：记载，后写作“誌”。
[3] 水：名词作状语，在水面上。
[4] 摶（tuán）：回旋向上飞。扶摇：回旋而上的暴风。
[5] 息：风。一说休息，郭象注：“夫大鸟一去半岁，至天池而息。”
[6] 野馬：指春天野外的雾气。因远望蒸腾如野马，故名。
[7] 息：气息。这句是说，雾气的蒸腾、尘埃的动荡都是生物用气息互相吹拂的结果。
[8] 其：表示推测语气。極：尽头。
[9] 其：代词，代大鹏。則已：而已。

且夫水之積也不厚[1]，則其負大舟也無力。覆杯水於坳堂之上[2]，則芥爲之舟[3]；置杯焉則膠[4]，水淺而舟大也。風之積也不厚，則其負大翼也無力。故九萬里，則風斯在下矣[5]，而後乃今培風[6]；背負青天而莫之夭閼者[7]，而後乃今將圖南[8]。

[1] 且夫：表示再说一层道理。且，连词。夫，语气词。
[2] 覆：倒（dào）。坳（ào）堂：堂上低洼之处。
[3] 芥：小草。爲之舟：给它（杯水）当船。
[4] 膠：粘住，这里指不能浮动。
[5] 斯：则，就。
[6] 而後乃今：然后才。培：凭，乘。
[7] 莫：否定性无定代词，没有什么。夭閼（yāo è）：联绵字，阻拦。
[8] 圖南：计划着向南飞。按：宇宙间大到高飞九万里的大鹏，小到随风飘动的雾气、尘埃，它们的运动无不依靠外力，都有所待。

蜩與學鳩笑之曰[1]：“我決起而飛[2]，搶榆枋[3]，時則不至，而控於地而已矣[4]，奚以之九萬里而南爲[5]？”適莽蒼者[6]，三飡而反[7]，腹猶果然[8]；適百里者，宿舂糧[9]；適千里者，三月聚糧[10]。之二蟲又何知[11]？

[1] 蜩（tiáo）：蝉。學鳩：小鸟名。
[2] 決（xuè）：迅速的样子。
[3] 搶（qiāng）：触，碰到。枋（fāng）：檀树。
[4] 控：投，落下。
[5] 奚以……爲：哪里用得着……呢？之：到……去。
[6] 適：到……去。莽蒼：郊野之色，这里指近郊。
[7] 飡：同餐。反：返回，后写作“返”。
[8] 果然：饱的样子。
[9] 宿舂（chōng）糧：舂一夜粮。舂，把谷物放在石臼内捣去外壳。

[10] 三月：三个月。按：这里的“三月”是用以聚粮的时间段，而非时点，不同于《诗经・豳风・七月》中的“五月鸣蜩”。

[11] 之：指示代词，这。二蟲：指蜩与学鸠。古代凡动物皆可称虫，《大戴礼记》：“毛虫之精者曰麟，羽虫之精者曰凤，介虫之精者曰龟，鳞虫之精者曰龙，倮虫之精者曰圣。”按：以上几句以蜩和学鸠为喻，说明目标远者，所待大，目标近者，所待小，以小自矜，也是不自由的。

小知不及大知[1]，小年不及大年[2]。奚以知其然也？朝菌不知晦朔[3]，蟪蛄不知春秋[4]，此小年也。楚之南有冥靈者[5]，以五百歲爲春，五百歲爲秋；上古有大椿者，以八千歲爲春，八千歲爲秋。而彭祖乃今以久特聞[6]，衆人匹之[7]，不亦悲乎！

[1] 知：智慧，后写作“智”。

[2] 年：寿命。

[3] 朝（zhāo）菌：一种朝生暮死的菌类植物。晦朔：指一天时光。晦，黑夜。朔，黎明。

[4] 蟪蛄：蝉的一种，春生夏死，夏生秋死。

[5] 冥靈：树名。一说，冥海之灵龟。

[6] 彭祖：传说中长寿的人，据说活了 800 岁。乃今：而今。久：指长寿。特：独。

[7] 匹之：拿彭祖相比。按：在有始终的时间里，无论是朝菌，还是大椿，都不是自由的。小不知大，亦可悲。

湯之問棘也是已[1]。窮髮之北有冥海者[2]，天池也。有魚焉，其廣數千里，未有知其修者[3]，其名爲鯤。有鳥焉，其名爲鵬，背若太山，翼若垂天之云，摶扶搖羊角而上者九萬里[4]，絕雲氣[5]，負青天，然後圖南，且適南冥也[6]。斥鴳笑之曰[7]：“彼且奚適也？我騰躍而上，不過數仞而下[8]，翱翔蓬蒿之間，此亦飛之至也[9]。而彼且奚適也？”此小大之辯也[10]。

[1] 湯：商汤。棘：商汤的大夫。已：语气词，略同“矣”。按：这段文字是一节附录性质的引文，用以说明小大之辨。有的今注本据闻一多《古典新义》考证补 21 字：“汤问革曰：上下四方有极乎？革曰：无极之外复无极也。”革，即棘，二字古同声，通用。

[2] 窮髮：不毛之地。成玄英疏：地以草为毛发，北方寒沍（hù）之地，草木不生，故名穷发。

[3] 修：长。

[4] 羊角：旋风。因旋风向上回旋形状像羊角，故名羊角。

[5] 絕：穿过。

[6] 且：将。

[7] 斥鴳（yàn）：小雀名。

[8] 仞：八尺（或七尺）为一仞。

[9] 至：极，顶点。

[10] 辯：通“辨”，分别。

故夫知效一官[1]，行比一鄉[2]，德合一君，而徵一國者，其自視也亦若此矣[3]。

而宋榮子猶然笑之[4]。且舉世而譽之而不加勸[5]，舉世而非之而不加沮[6]，定乎内外之分[7]，辯乎榮辱之境[8]，斯已矣[9]。彼其於世[10]，未數數然也[11]。雖然，猶有未樹也[12]。夫列子御風而行[13]，泠然善也[14]，旬有五日而後反[15]。彼於致福者[16]，未數數然也。此雖免乎行，猶有所待者也。若夫乘天地之正[17]，而御六氣之辯[18]，以遊無窮者，彼且惡乎待哉[19]！故曰，至人無己，神人無功，聖人無名[20]。

[1] 效：功效，这里是胜任的意思。官：官职。

[2] 行：品行。比：合。

[3] 而：通“能”，能力。徵：取信。其：指上述四种人。此：指斥鴳。

[4] 宋榮子：战国时宋人。猶然：笑的样子。

[5] 舉：全。之：代宋荣子。加：更。勸：被动用法，受到鼓励。

[6] 非：责难。沮：沮丧。

[7] 定：确定。内：指我。外：指物。

[8] 辯：通“辨”，分辨。境：界限。

[9] 这就罢了。斯，此。已，止。

[10] 彼：指宋荣子。按：古书中，常见“彼其”连文，如《左传·昭公三年》“彼其发短而心甚长”，《庄子·山木》“彼其道远而险”，《韩非子·外储说左下》“彼其无他异”，“彼其”可看作同义连文。

[11] 數數（shuò shuò）然：孜孜以求的样子。

[12] 樹：指达到的境界。

[13] 列子：名御寇，战国时郑国人。御：驾。

[14] 泠（líng）然：轻妙的样子。

[15] 旬有五日：即十五天。旬，十天。有，通“又”。上古称数法，整数后面有零数时，中间常常插进一个“有”字。

[16] 致福：求福。致，使……至。

[17] 若夫：至于。正：指自然之性。

[18] 六氣：指阴、阳、风、雨、晦、明。辯：通“变”，变化。

[19] 無窮：指时间的无始无终，空间的无边无际。且：还。惡（wū）乎：于何。“惡”是介词“乎”的宾语。

[20] 無己：无我。指物我两忘，与天地合一。無功：不求立功。無名：不求立名。按：通过俗人、宋荣子、列子的比较，庄子提出了本文的中心论点，只有做到“无已”，物我两忘，与“道”合一，才能“无待”，达到逍遥游的境界。

自学提示

（1）掌握下列带点的词语：

而徵一國者　而御六氣之辯　且舉世而譽之而不加勸　未有知其修者　絕雲氣　搶榆坊　怒而飛　辯乎榮辱之境

(2) 重点掌握下列句子：

至人無已，神人無功，聖人無名。

之二蟲又何知？

奚以之九萬里而南爲？

背負青天而莫之夭閼者。

彼且惡乎待哉！

德充符（節選）

魯有兀者王駘[1]，從之遊者與仲尼相若[2]。常季問於仲尼曰[3]："王駘，兀者也，從之遊者與夫子中分魯。立不教，坐不議[4]，虛而往，實而歸[5]。固有不言之教[6]，無形而心成者邪[7]？是何人也？"

仲尼曰："夫子，聖人也，丘也直後而未往耳[8]。丘將以爲师，而況不若丘者乎！奚假魯國[9]！丘將引天下而與從之。"

常季曰："彼兀者也，而王先生[10]，其與庸亦遠矣[11]。若然者，其用心也獨若之何？"

仲尼曰："死生亦大矣，而不得與之變，雖天地覆墜[12]，亦將不與之遺[13]。審乎無假而不與物遷[14]，命物之化而守其宗也[15]。"

[1] 兀（wù）者：指受刖刑被砍去一只脚的人。王駘（tái）：人名。

[2] 遊：游学。

[3] 常季：鲁国的贤人。

[4] 立不教二句：指"王駘"。

[5] 虛而往二句：指学生。

[6] 固：难道。

[7] 無形而心成：在无形之中心领神会。

[8] 直：特，只。後：迟，落后。

[9] 奚假：何止。假，但。

[10] 王先生：等于说"王於先生"。王：大，盛。

[11] 庸：指凡庸的人。

[12] 天地覆墜：天塌地陷。

[13] 遺：失，这里指迷失自我。

[14] 審：明察。無假：纯真。遷：变化。

[15] 命：指自然的命运，这里作动词，意动用法，把……看作自然之命。宗：根本。按：《庄子·天下》篇"以天为宗"，此处"宗"亦当指天、自然。

常季曰："何謂也？"

仲尼曰："自其異者視之，肝膽楚越也[1]；自其同者視之，萬物皆一也。夫若然者，且不知耳目之所宜[2]，而遊心乎德之和[3]；物視其所一而不見其所喪[4]，視喪其足猶遺土也[5]。"

常季曰："彼爲己[6]，以其知得其心[7]，以其心得其常心[8]。物何爲最之哉[9]？"

仲尼曰："人莫鑑於流水而鑑於止水[10]，唯止能止衆止[11]。受命於地，唯松柏獨也在冬夏青青；受命於天，唯堯舜獨也正，幸能正生[12]，以正衆生。夫保始之徵，不懼之實[13]，勇士一人，雄入於九軍[14]。將求名而能自要者[15]，而猶若是，而況官天地[16]，府萬物[17]，直寓六骸[18]，象耳目[19]，一知之所知[20]，而心未嘗死者乎[21]！彼且擇日而登假[22]，人則從是也[23]。彼且何肯以物爲事乎[24]？"

[1] 从事物的不同方面看它们，同处一体的肝胆，就像相距千里的楚越。

[2] 不知声色之美恶。

[3] 使心神在和同的道德中遨游。按：所谓"和"，即取消事物的界限、对立（如：美丑，善恶，高下，死生等），混同万物。

[4] 所一：指相同的一面。所喪：指差异。丧，失。

[5] 遺土：遗弃一块土。

[6] 爲：治，修养。

[7] 知：理智。心：心灵。

[8] 常心：恒久不变的心灵，这里指道。

[9] 物：指外物，包括"王駘"的门徒。最：聚集。

[10] 鑑：照。

[11] 只有静止的水才能使寻求静止的众人停下来。

[12] 正生：使自己心性纯正。生，性。

[13] 信守当初的然诺，具有无所畏惧的气概。保：守。徵：信。實：指品质、气概。

[14] 九軍：古代天子六军，诸侯三军，统称九军。这里泛指众多的军队。

[15] 自要：要求自己。

[16] 官天地：取法自然。

[17] 府：名词用作动词，包藏。

[18] 直寓六骸：只以人体为寄托。寓，寄寓。六骸，指头、身、四肢。

[19] 象耳目：以耳目为虚象。象，虚象，用作动词，意动用法。

[20] 一：视为同一。知之所知：指人们的种种认识。前"知"，智。

[21] 心未嘗死：指得常心。按："而况……者"为一句。

[22] 彼：指王駘。登假（gé）：言升至某种境界。假，通"格"，至。

[23] 從是：追随他这一点。

[24] 以物爲事：把外物当做一回事。

自学提示

(1) 掌握下列带点的词语：

彼且擇日而登假　奚假魯國　幸能正生

(2) 重点掌握下列句子：

人莫鑑於流水而鑑於止水，唯止能止衆止。

而況官天地，府萬物，直寓六骸，象耳目，一知之所知，而心未嘗死者乎！

荀子

荀子，名况，战国末期赵国人，生卒年不详，其活动年代约公元前 298 年—前 238 年。荀子曾长期在齐国稷下（今山东临淄市西北）讲学，后任楚国兰陵（今山东枣庄市）令，晚年居家著述。

荀子批判地继承了春秋战国以来各学派的学说，提出了一套完整的思想体系，是先秦诸子中的集大成者。在自然观上，荀子反对鬼神，批判“天命”，提出“制天命而用之”，具有朴素的唯物主义思想。荀子反对孟子的“性善”说，主张“性恶”论，强调和鼓励后天的学习；针对孔、孟的“法先王”和礼治的思想，荀子提出兼“法后王”和“隆礼”、“重法”的主张。因此，荀子虽是孔子之后儒家学派最重要的代表人物之一，但其学说已包含着法治的内容，对后来的法家学派具有重要的影响。

《荀子》一书，现存 32 篇，大都为荀子本人所著，少数几篇为门人所记。最早给《荀子》作注的是唐代的杨倞。现在通行的注本是清代王先谦的《荀子集解》。

王霸（節選）

國者，天下之制利用也[1]；人主者，天下之利勢也[2]。得道以持之[3]，則大安也，大榮也，積美之原也[4]；不得道以持之，則大危也，大累也[5]，有之不如無之，及其綦也[6]，索爲匹夫不可得也[7]，齊湣宋獻是也[8]。故人主，天下之利勢也，然而不能自安也，安之者必將道也[9]。

[1] 制：衍文（采杨倞说）。利用：等于说利器，有力的工具。

[2] 利勢：有权势的地位。

[3] 道：指治理国家的根本原则。之：指代国家政权和君主的权势。

[4] 原：源泉。

[5] 累：祸害。

［6］綦（jí）：通“极”，极点。

［7］索：求。

［8］齊湣：下文作“齊閔”，即齐湣王，齐湣王四十年，燕国联合秦、韩、赵、魏、楚五国军队进攻齐国，齐大败，齐湣王后为其相楚人“淖（zhuō）齒”所杀。宋獻：即宋康王，名偃，残暴之君，为齐湣王所灭。

［9］將：行。

故用國者[1]，義立而王，信立而霸，權谋立而亡。三者明主之所謹擇也，仁人之所務白也[2]。

挈國以呼禮義而無以害之[3]，行一不義，殺一無罪，而得天下，仁者不爲也，擽然扶持心國且若是其固也[4]。所與爲之者，之人則舉義士也[5]；所以爲布陳於國家刑法者[6]，則舉義法也；主之所極然帥羣臣而首鄉之者[7]，則舉義志也。如是，則下仰上以義矣[8]，是綦定也[9]。綦定而國定，國定而天下定。仲尼無置錐之地，誠義乎志意[10]，加義乎身行，箸之言語[11]，濟之日[12]，不隱乎天下[13]，名垂乎後世。今亦以天下之顯諸侯誠義乎志意[14]，加義乎法則度量，箸之以政事，案申重之以貴賤殺生[15]，使襲然終始猶一也[16]。如是，則夫名聲之部發於天地之閒也[17]，豈不如日月雷霆然矣哉！故曰：以國齊義[18]，一日而白[19]，湯武是也。湯以亳[20]，武王以鄗[21]，皆百里之地也，天下爲一，諸侯爲臣，通達之屬[22]，莫不從服，無它故焉，以濟義矣[23]。是所謂義立而王也。

［1］用：治理。

［2］白：明白。

［3］挈（qiè）：提起，这里是治理的意思。呼：呼唤，提倡。

［4］擽（luò）然：形容岩石坚固的样子。扶持心國：支撑心与国。

［5］之：等于说“其”。舉：全。義：符合道义的。

［6］布陳：颁布。

［7］極：通“亟”，迅疾。首鄉：面向。鄉，同“向”。

［8］仰：敬慕。

［9］綦：当作“基”，根本（采杨倞说）。

［10］誠義：等于说“誠加義”。

［11］箸：显现。

［12］濟：成，成功。

［13］隱：指被埋没。

［14］顯：显赫。

［15］案：音节助词。申重（chóng）：反复强调。貴賤殺生：指赏罚。

［16］襲然：合一的样子。猶一：如一。

［17］夫：彼。部（pōu）發：勃发。部，通“剖”，开。

[18] 齊義：统一于义。

[19] 白：显赫。

[20] 亳（bó）：商汤的国都，故址在今河南商丘县东南。

[21] 鄗（hào）：一作“鎬”，周武王的国都，故址在今陕西西安市西南。

[22] 通達之屬：车船、人迹能够达到的地方。

[23] 濟：疑“齊”字之讹，下文“義雖未濟也”同（采梁启雄说）。

德雖未至也，義雖未濟也，然而天下之理略奏矣[1]，刑賞已諾信乎天下矣[2]，臣下曉然皆知其可要也[3]。政令已陳，雖覩利敗，不欺其民；約結已定[4]，雖覩利敗，不欺其與[5]。如是，則兵勁城固，敵國畏之；國一綦明[6]，與國信之。雖在僻陋之國，威動天下，五伯是也[7]。非本政教也[8]，非致隆高也[9]，非綦文理也[10]，非服人之心也，鄉方略[11]，審勞佚[12]，謹畜積，脩戰備，齺然上下相信[13]，而天下莫之敢當。故齊桓、晉文、楚莊、吴闔閭、越句踐，是皆僻陋之國也，威動天下，彊殆中國[14]，無它故焉，略信也[15]。是所謂信立而霸也。

[1] 略：大致。奏：通“凑”，聚汇。

[2] 已：禁止。諾：允许。信：取信。

[3] 可要：指可以相信。要，约定。

[4] 約結：指诸侯国之间缔结的盟约。

[5] 與：所与，指盟国。

[6] 綦：通“极”，准则。

[7] 五伯：即五霸，本文指齐桓、晋文、楚庄、吴阖闾、越句践。

[8] 本：名词作动词，意动用法，以……为根本。

[9] 致隆高：致力于崇高。

[10] 綦文理：礼法制度完备。綦，通“极”，完备。

[11] 鄉：同“向”，向往，注重。方略：方针策略。

[12] 佚：安逸。

[13] 齺（zōu）然：上下相迎的样子。

[14] 殆：危及。中國：指中原地区各诸侯国。

[15] 略：获得。

挈國以呼功利，不務張其義、齊其信[1]，唯利之求[2]；内則不憚詐其民，而求小利焉，外則不憚詐其與，而求大利焉；内不脩正其所以有[3]，然常欲人之有。如是，則臣下百姓莫不以詐心待其上矣。上詐其下，下詐其上，則是上下析也[4]。如是，則敵國輕之，與國疑之，權謀日行，而國不免危削，綦之而亡[5]。齊閔、薛公是也[6]。故用彊齊，非以脩禮義也，非以本政教也，非以一天下也，緜緜常以結引馳外爲務[7]。故彊，南足以破楚，西足以詘秦[8]，北足以敗燕，中足以舉宋；及以燕趙起而攻之，若振槁然[9]，而身死國亡，爲天下大戮[10]。後世言惡，則必稽焉[11]。是無它故焉，唯其不由禮義而由權謀也。

三者，明主之所以謹擇也，而仁人之所以務白也。善擇者制人，不善擇者人制之。

[1] 張：伸张，发扬。

[2] 唯利之求：惟求利。之，宾语前置的标记。

[3] 脩正：指治理。所以有：指已有的土地财物。以，通“已”。

[4] 析：分，指离心离德。

[5] 綦：通“极”，达到极点。

[6] 薛公：名田文，号孟尝君，曾任齐闵王的相。据《史记》记载，孟尝君死，诸子争立，齐、魏共灭薛，孟尝无嗣，绝后。

[7] 緜緜：绵绵不绝的样子。結引：结交盟国。馳外：向外扩张。

[8] 詘：使……屈服。

[9] 若振槁然：像摇落枯叶一样。

[10] 戮（lù）：耻辱。

[11] 稽：引以为鉴。

自学提示

(1) 掌握下列带点的词语：

及其綦也　索爲匹夫不可得也　安之者必將道也　主之所極然帥羣臣而首鄉之者　則夫名聲之部發於天地之閒也　一日而白　然而天下之理略奏矣　國一綦明　通達之屬

(2) 重点掌握下列句子：

唯利之求。

爲天下大戮。

古注

莊子注

《庄子注》，晋郭象注。郭象（约公元252—312年），字子玄，西晋玄学家，洛阳（今河南洛阳市东北）人。“少有才理，好老庄，能清言”，很受当时清谈名士推崇，“时人咸以为王弼之亚”。除注《庄子》外，还著有《论语体略》《论语隐》等。《晋书》有传。

匠石之齊（人間世）

匠石[1]之[2]齊至乎曲轅[3]見櫟社樹[4]其大蔽[5]數千牛絜[6]之

百圍[7]其高臨山[8]十仞而後有枝其可以爲舟者旁[9]十數[10]觀者如市匠伯不顧[11]遂[12]行不輟[13]

弟子厭[14]觀之走[15]及[16]匠石曰自吾執斧斤以隨夫子未嘗見材如此其美也先生不肯視行不輟何邪曰已矣勿言之矣散木也以爲舟則沈[17]以爲棺槨[18]則速腐以爲器則速毀以爲門户則液樠[19]以爲柱則蠹是不材之木也無所可用故能若是之壽不在可用之數故曰散木

[1] 匠石：木匠，名石。

[2] 之：往。

[3] 曲轅：地名。

[4] 櫟（lì）社樹：被拜为土地神的櫟树。

[5] 蔽：荫蔽。

[6] 絜（xié）：用绳子量筒形物体的周长。

[7] 圍：量词，指两臂合抱为一围。

[8] 臨山：高出山顶。

[9] 旁：通“方”，且，将近（采俞樾说）。

[10] 十數：数十。

[11] 顧：回头看。

[12] 遂：竟。

[13] 輟（chuò）：止。

[14] 厭：饱足。

[15] 走：跑。

[16] 及：赶上。

[17] 沈（chén）：同“沉”。

[18] 槨（guǒ）：外棺。

[19] 液樠（mán）：脂液流出如樠树。樠，树名，树心似松，有脂液流出。

匠石歸櫟社見夢[1]曰女[2]將惡乎比予[3]哉若[4]將比予於文木邪凡可用之木爲文木夫柤[5]梨橘柚果蓏[6]之屬實熟則剝[7]剝則辱大枝折小枝泄[8]此以其能苦[9]其生者也故不終其天年[10]而中道夭[11]自掊[12]擊於世俗者也物莫不若是物皆以自用傷且予求無所可用久矣幾[13]死乃今得之數[14]有睥睨[15]己者唯今匠石明之耳爲予大用[16]積無用乃爲濟生之大用使[17]予也而有用且得有此大[18]也邪若有用久見伐且也若與予也皆物也奈何哉其相物也[19]而幾死之

散人又惡知散木以戲匠石

[1] 見（xiàn）夢：等于说托梦。

[2] 女（rǔ）：你。

[3] 惡乎比予：把我跟什么相比。惡（wū）：何。

[4] 若：你。

[5] 柤（zhā）：果树名。

[6] 果蓏（luǒ）：木本植物的果实叫果，草本植物的果实叫“蓏”。按：此句言树木，“蓏”只是陪衬而已。

[7] 剝（pū）：通“攴”，击。“剝”及下文的“辱”“折”“泄”都是被动用法。

[8] 泄（yè）：通“抴”，拉。

[9] 苦：形容词使动用法，使……受苦。

[10] 天年：自然的寿数。

[11] 夭：夭折。

[12] 掊（pǒu）：击。

[13] 幾：近。

[14] 數（shuò）：多次。

[15] 睥睨（pì nì）：窥视。

[16] 爲予大用：言“无所可用”给我保全生命带来大用。

[17] 使：假使。

[18] 大：高大。

[19] 奈何哉其相物也：言怎么能相知呢。物，动词，等于说辨知。

匠石覺[1]而診[2]其夢弟子曰趣取[3]無用則爲社何邪猶嫌其以爲社自榮[4]不趣取於無用而已曰密[5]若無言彼亦直寄焉社自來寄耳非此木求之爲社也以[6]爲[7]不知己者詬厲[8]也言此木乃以社爲不知己而見辱病也豈榮之哉不爲社者且幾有翦乎[9]本自以無用爲用則雖不爲社亦終不近於翦伐之害且也彼其所保[10]與衆異彼以無保爲保而衆以有保爲保而以義[11]喻[12]之不亦遠乎利人長物禁民爲非社之義也夫無用者泊然不爲而羣才自用用者各得其叙而不與焉此無用之所以全也汝以社譬之無緣近也

[1] 覺（jiào）：睡醒。

[2] 診：通“畛”，告。

[3] 趣取：等于说追求。趣，趋。

[4] 榮：意动用法，以……为荣。

[5] 密：缜密。按：“密”一词为句，为匠石告诫弟子之语。

[6] 以：因。

[7] 爲：古注以“爲……見”释“爲”，说明“爲”表被动。

[8] 詬（gòu）厲：侮辱。

[9] 翦：砍伐。

[10] 所保：保全生命的方法。

[11] 義：常理。

[12] 喻：说明。古注“以社譬之”之“譬”亦当作“喻”。

自学提示

（1）掌握下列带点的词语：

匠石覺而診其夢　實熟則剝　遂行不輟　弟子厭觀之　走及匠石　絜之百圍

（2）重点掌握下列句子：

女將惡乎比予哉？

以爲不知己者詬厲也。

荀子注

《荀子注》，唐杨倞注。杨倞，生卒年不详。据《新唐书・艺文志》，曾任大理评事。《荀子》一书，《汉书・艺文志》因避汉宣帝刘询之讳称为《孙卿子》，杨倞始复用“荀”字。杨倞注《荀子》，将原来的十二卷重新分为二十卷，篇次亦有调整。据杨倞的序，书成于唐宪宗元和十三年（公元818年）。

勸學（節選）

君子曰學不可以已[1]青[2]取之於藍[3]而青於藍冰水爲之而寒於水以喻學則才過其本性也木直中繩[4]輮[5]以爲輪其曲中規[6]雖有[7]槁暴[8]不復挺者輮使之然也輮屈槁枯暴乾挺直也晏子春秋作不復贏矣[9]故木受繩則直金[10]就礪[11]則利君子博學而日參[12]省乎己則知[13]明而行[14]無過矣參三也曾子曰日三省吾身行下孟反故不登高山不知天之高也不臨[15]深谿[16]不知地之厚也不聞先王[17]之遺言不知學問之大也大謂有益於人干[18]越夷貉[19]之子生而同聲長而異俗教使之然也干越猶言吴越吕氏春秋荆有次非[20]得寶劒於干越高誘[21]曰吴邑也貉東北夷同聲謂啼聲同貉莫革反詩曰嗟[22]爾[23]君子無[24]恒[25]安息靖[26]共[27]爾位好[28]是[29]正直神[30]之[31]聽[32]

之[33]介[34]爾景福詩小雅小明之篇靖謀介助景大也無恒安息戒之不使懷安也言能謀恭其位好正直之道則神聽而助之福引此詩以喻勸學也神[35]莫大於化道[36]福莫長於無禍爲學則自化道故神莫大焉省身則自無禍故福莫長焉

[1] 已：止，停止。

[2] 青：青色。

[3] 藍：提炼青色染料的植物。

[4] 中（zhòng）：符合。繩：指匠人用以取直的墨线。

[5] 輮（róu）：通“煣”，用火烤木使之弯曲。

[6] 規：指匠人用以取圆的工具。

[7] 有：通“又”。

[8] 槁暴（pù）：杨倞注云：“槁，枯；暴，乾。”一说通“藃（hào）暴”，指木头因受潮曝晒而变形。

[9] 晏子春秋：古书名，旧题春秋齐晏婴撰。按：《四部丛刊》本《晏子春秋》：“晏子曰：‘今夫车轮，山之直木也，良匠揉之，其圆中规，虽有槁暴，不复嬴矣。……’”“嬴”当是“羸”字之误。“羸”亦毁败之义。

[10] 金：指金属制成的刀剑等。

[11] 就礪：指放到磨刀石上去磨。

[12] 參（cān）：杨倞注云“三”，并引《论语》为证，不确。此“参”当是动词，义为“检验”。

[13] 知（zhì）：智慧，后写作“智”。

[14] 行：行为。按：“行为”之“行”旧读去声，故杨注云“下孟反”。

[15] 臨：俯视。

[16] 谿（xī）：山谷。

[17] 先王：指古代圣明的君王。

[18] 干：春秋时小国名，后为吴所灭，故吴又称干。

[19] 夷貉（mò）：古代称居住在东方的少数民族为“夷”，北方的少数民族为“貉”。

[20] 次非：人名，春秋时楚人。其事见《吕氏春秋·知分》。按：今本《吕氏春秋》“得寶劒於干越”作“得寶劒於干遂”。

[21] 高誘：东汉学者，为《吕氏春秋》《战国策》《淮南子》等作注。

[22] 嗟：感叹词。

[23] 爾：你们。

[24] 無：通“毋”，不要。

[25] 恒：常。

[26] 靖：杨注云“謀”，不确。此“靖”当是“安”之义。

[27] 共：杨倞以“恭”释“共”，不确。此“共”当是“供奉”之义，后写作“供”。

[28] 好（hào）：喜好。

[29] 是：此。

[30] 神：指天神。

[31] 之：助词。

[32] 聽：这里是察知的意思。

[33] 之：代词，代“靖共爾位，好是正直”。

[34] 介：杨注云“助”。一说通“匄（gài）”，给予。

[35] 神：这里指精神修养的最高境界。

[36] 化道：等于说“化于道”，指受道的潜移默化而使气质发生改变。

吾嘗終日而思矣不如須臾[1]之所學也吾嘗跂[2]而望矣不如登高之博見也跂舉足也登高而招臂非加長也而見者遠順風而呼聲非加疾[3]也而聞者彰[4]假[5]輿[6]馬者非利足[7]也而致[8]千里假舟楫[9]者非能水[10]也而絕江河能善絕過君子生[11]非異也善假於物也皆以喻脩身在假於學生非異言與衆人同也

[1] 須臾：片刻。

[2] 跂（qǐ）：杨注云“舉足”，不确；当通“企”，义为“举踵”，即提起脚后跟。

[3] 疾：大。

[4] 彰：这里指听得清楚。

[5] 假：凭借。

[6] 輿：车。

[7] 利足：指善于走路。

[8] 致：到达。

[9] 楫：船桨。

[10] 水：用作动词，泅水。

[11] 生：通“性”，本性。

南方有鳥焉名曰蒙鳩以羽爲巢而編之以髮[1]繫之葦苕[2]風至苕折卵破子死巢非不完[3]也所繫者[4]然也蒙鳩焦鷯也苕葦之秀也今巧婦鳥之巢至精密多繫於葦竹之上是也蒙當爲蔑方言[5]云鷦鷯自關[6]而西謂之桑飛或謂之蔑雀或曰一名蒙鳩亦以其愚也言人不知學問其所置身亦猶繫葦之危也説苑[7]客謂孟嘗君曰鷦鷯巢於葦苕箸之以髮可謂完堅矣大風至則苕折卵破者何也所託者然也西方有木焉名曰射干[8]莖長四寸生於高山之上而臨百仞之淵木莖非能長[9]也所立者然也本草[10]藥名有射干一名烏扇陶弘景[11]云花白莖長如射人[12]之執竿又引阮公詩云射干臨層城是生於高處也據本草在草部中又生南陽川谷此云西方有木未詳或曰長四寸即是草云木誤也蓋生南陽亦生西方也射音夜蓬[13]生麻中不扶而直白沙在涅[14]

與之俱黑[15]蘭槐之根是[16]爲芷其[17]漸[18]之滫[19]君子不近庶人不服[20]其質非不美也所漸者然也蘭槐香草其根是爲芷也本草白芷一名白茝陶弘景云即離騷所謂蘭茝也蓋苗名蘭茝根名芷也蘭槐當是蘭茝別名故云蘭槐之根是爲芷也漸漬也染也滫溺也言雖香草浸漬於溺中則可惡也漸子廉反滫思酒反故君子居必擇鄉遊[21]必就[22]士[23]所以[24]防邪僻而近中正也

[1] 髮：茅草。

[2] 苕（tiáo）：杨注云“葦之秀”，秀，花，这里指芦苇的穗。

[3] 完：坚固。

[4] 所繫者：系巢之所，指苇苕。

[5] 方言：古书名，西汉扬雄撰。

[6] 關：指函谷关、潼关。

[7] 説苑：古书名，西汉刘向撰。杨注所引见《说苑·善说》。

[8] 射（yè）干：草名，根可入药。一说木名。

[9] 長（cháng）：用作动词，长得很长。

[10] 本草：即《神农本草经》，药物学著作，约成书于秦汉时期。

[11] 陶弘景：南朝梁人，医药学家，撰有《本草经集注》、《效验方》等书。

[12] 射人：古官名，掌射法以习射仪。

[13] 蓬：草名。

[14] 涅（niè）：黑泥。

[15] 按：今本《荀子》无“白沙在涅与之俱黑”，据清人王念孙说补（见《读书杂志》）。

[16] 是：指示代词，复指根。

[17] 其：连词，相当于“若”。

[18] 漸（jiān）：杨注云“漬”“染”，均为浸泡之义。

[19] 滫（xiǔ）：杨注云“溺”，“溺（niào）”即尿。按：此“滫”当泛指臭水。

[20] 服：佩带。

[21] 遊：指出外求学或求官。

[22] 就：接近。

[23] 士：指贤士。

[24] 所以：相当于“用以……的方式”。

物類之起[1]必有所始[2]榮辱之來必象其德[3]肉腐出蟲魚枯生蠹[4]怠慢忘身[5]禍災乃作[6]强自取柱柔自取束[7]凡物强則以爲柱而任勞柔則見束而約急皆其自取也邪穢在身怨之所構[8]構結也言亦所自取施[9]薪若一火就燥也布薪於地均若一火就燥而焚之矣平地若

一水就溼也草木疇生[10]禽獸羣焉[11]物各從其類也疇與儔同類也是故質[12]的[13]張[14]而弓矢至焉[15]林木茂而斧斤[16]至焉所謂召禍也質射侯的正鵠也樹成蔭而衆鳥息焉醯[17]酸而蜹[18]聚焉喻有德則慕之者衆故言有召禍也行有招辱也君子慎其所立[19]乎禍福如此不可不慎所立所立即謂學也

[1] 起：兴起。

[2] 所始：开始的原因。

[3] 象：像，依照。

[4] 蠹（dù）：蛀虫。

[5] 忘身：指忘记自身的利害。

[6] 作：起。

[7] 以上两句是说，刚强的东西自己招致折断，柔弱的东西自己招致约束。柱：通“祝”，折断。杨注误。

[8] 構：集结。

[9] 施：铺放。

[10] 疇（chóu）生：指同类的草木生长在一起。疇，类，后写作“儔”。

[11] 羣焉：当作“羣居”（依王念孙说，见《读书杂志》）。

[12] 質：杨注云“射侯”，“侯”即古代的箭靶。

[13] 的（dì）：杨注云“正鵠”，“鵠（hú）”即箭靶正中的圆心。

[14] 張：张挂。

[15] 焉：相当于“于彼”或“于此”。下同。

[16] 斤：斧类工具。

[17] 醯（xī）：醋。

[18] 蜹（ruì）：蚊类昆虫。

[19] 所立：指立身处事的基础。

積土成山風雨興焉積水成淵蛟龍生焉積善成德而神明自得聖心[1]備[2]焉神明自得謂自通於神明故不積蹞[3]步無以至千里半步曰蹞蹞與跬同不積小流無以成江海騏驥[4]一躍不能十步駑馬[5]十駕[6]言駑馬十度引車則亦及騏驥之一躍據下[7]云駑馬十駕則亦及之此亦當同疑脫一句功[8]在不舍[9]鍥而舍之朽木不折鍥而不舍金石可鏤[10]言立功在於不舍舍與捨同鍥刻也苦結反春秋傳[11]曰陽虎借邑人之車鍥其軸螾無爪牙之利筋骨之强上食埃土[12]下飲黄泉用心一也螾與蚓同蟹六跪[13]而二螯[14]非蛇蟺[15]

之穴無可寄託者用心躁也 跪足也韓子以刖足爲刖跪[16]螯蟹首上如鉞者許叔重[17]說文云蟹六足二螯也 是故無冥冥[18]之志者無昭昭[19]之明無惛惛[20]之事者無赫赫之功 冥冥惛惛皆專默精誠之謂也 行衢道[21]者不至事[22]兩君者不容 爾雅[23]云四達谓之衢孫炎[24]云衢交道四出也或曰衢道兩道也不至不能有所至下篇有楊朱哭衢塗[25]今秦俗猶以兩爲衢古之遺言歟 目不能兩視[26]而明耳不能兩聽而聰[27]螣蛇[28]無足而飛 爾雅云螣螣蛇郭璞[29]云龍類能興雲霧而遊其中也 梧鼠[30]五技而窮[31] 梧鼠當爲鼫鼠蓋本誤爲鼯字傳寫又誤爲梧耳技才能也言技能雖多而不能如螣蛇專一故窮五技謂能飛不能上屋能緣[32]不能窮木[33]能游不能度[34]谷能穴[35]不能掩身能走不能先人 詩曰尸鳩[36]在桑其子七兮淑[37]人君子其儀[38]一[39]兮其儀一兮心如結兮故君子結於一也 詩曹風尸鳩之篇毛[40]云尸鳩鵠鞠也尸鳩之養七子旦從上而下暮從下而上平均如一善人君子其執義亦當如尸鳩之一執義一則用心堅固故曰心如結也

[1] 聖心：圣人的思想。

[2] 備：具备。

[3] 蹞（kuǐ）：同“跬”，半步。按：古人以举足两次为步，古人所谓“蹞”，等于如今的一步。

[4] 騏驥：骏马名。

[5] 駑馬：劣马。

[6] 駕：马拉车一日的行程为一驾。

[7] 下：下文。按：“駑馬十駕則亦及之”见《荀子·修身》。

[8] 功：指行千里之功。

[9] 不舍：不止。

[10] 鏤（lòu）：雕刻。

[11] 春秋傳：书名，即《春秋左氏传》，通称《左传》。所引阳虎事见《左传·定公九年》。

[12] 埃土：尘土。

[13] “六跪”当是“八跪”之误（依卢文弨说）。

[14] 螯（áo）：蟹的钳夹。杨注中“螯”同“螯”。

[15] 蟺（shàn）：通“鳝”。

[16] 见《韩非子·内储说下六微》。

[17] 許叔重：许慎，字叔重，东汉学者，著有《说文解字》。

[18] 冥冥：形容精诚专一的样子。

[19] 昭昭：形容智慧豁然贯通的样子。

[20] 惛惛（hūn hūn）：意义与“冥冥”相当。

[21] 衢（qú）道：四通八达的路，这里指歧路。

[22] 事：事奉。

[23] 爾雅：古代最早的训诂之书，成书不晚于战国时期，因相传为周公所作，故后代列为十三

经之一。

[24] 孫炎：五代时人，撰《尔雅正义》，此书今已亡佚。

[25] “楊朱哭衢塗”见《荀子·王霸》。

[26] 兩視：同时看两样东西。

[27] 聰：听得清楚。

[28] 螣（téng）蛇：龙类。

[29] 郭璞：晋人，撰有《尔雅注》《方言注》《山海经注》等，《晋书》有传。

[30] 梧鼠：据杨注当为“鼫（shí）鼠”。

[31] 窮：窘迫。

[32] 緣：攀缘。

[33] 窮木：爬到树端。

[34] 度：渡河，后写作“渡”。

[35] 穴：掘洞。

[36] 尸鳩：杨注云“鴶鵴”，“鴶鵴（jiá jū）”，布谷鸟的别名。

[37] 淑：善。

[38] 儀：指行为举止。

[39] 一：专一。按：杨注云“尸鸠之‘一’”，是平均如一；“執義一之‘一’”，是专一。

[40] 毛：指《诗经》毛传。

自学提示

（1）掌握下列带点的词语：

梧鼠五技而窮　耳不能兩聽而聰　草木疇生　怨之所構　其漸之滫　庶人不服　巢非不完也　所繫者然也　吾嘗跂而望矣　聲非加疾也　假輿馬者　君子生非異也　介爾景福　木直中繩　日参省乎己

（2）重点掌握下列句子：

是故質的張而弓矢至焉。

强自取柱，柔自取束。

假舟檝者，非能水也，而絕江河。

白文

秋水（節選）

选自《庄子·外篇》。

秋水時至百川灌河涇[1]流之大兩涘[2]渚[3]崖[4]之間不辯[5]牛馬於是焉河伯欣然自

喜以天下之美爲盡在己顺流而東行至於北海東面[6]而視不見水端於是焉河伯始旋[7]其面目望洋[8]向若[9]而歎曰野語有之曰聞道百以爲莫己若者我之謂也且夫我嘗聞少[10]仲尼之聞而輕[11]伯夷之義者始吾弗信今我睹子之難窮也吾非至於子之門則殆矣吾長見[12]笑於大方[13]之家

[1] 涇（jīng）：水的中流。[2] 涘（sì）：岸。[3] 渚（zhǔ）：水中的小块陆地。[4] 崖：河的高岸。[5] 辯：通“辨”，分辨。[6] 東面：面向东。[7] 旋：回转。[8] 望洋：联绵词，仰视的样子。[9] 若：海神的名字。[10] 少：意动用法。[11] 輕：意动用法。[12] 見笑：被笑。[13] 大方：大道。

天論（節選）

选自《荀子》。

天行有常[1]不爲堯存不爲桀亡應之以治則吉應之以亂則凶彊本[2]而節用則天不能貧養備而動時[3]則天不能病循[4]道而不貳[5]則天不能禍故水旱不能使之飢[6]寒暑不能使之疾祆怪[7]不能使之凶本荒而用侈則天不能使之富養略而動罕則天不能使之全[8]倍[9]道而妄行則天不能使之吉故水旱未至而飢寒暑未薄[10]而疾祆怪未至而凶受時與治世同而殃禍與治世異不可以怨天其道然也故明於天人之分則可謂至人矣

[1] 常：规律。[2] 本：指农业生产。[3] 動時：指生产活动适应天时的变化。[4]“循”原作“脩”，据王念孙说改。[5] 貳：背离。[6] 原文“飢”后衍“渴”字，据刘台拱说删。[7] 祆怪：指自然界的怪异反常现象。祆，同“妖”。[8] 全：健全。与上文“病”相对。[9] 倍：通“背”，违背。[10] 薄：迫近。

星隊[1]木鳴國人皆恐曰是何也曰無何也是天地之變陰陽之化物之罕至者也怪之可也而畏之非也夫日月之有蝕風雨之不時怪星之黨見[2]是無世而不常[3]有之上明而政平則是雖並世起[4]無傷也上闇[5]而政險則是雖無一至者無益也夫星之隊木之鳴是天地之變陰陽之化物之罕至者也怪之可也而畏之非也

[1] 隊（zhuì）：陨落，后写作“坠”。[2] 黨見（tǎng xiàn）：偶然出现。[3] 常：通“尝”，曾经。[4] 並世起：同时发生。[5] 闇（àn）：昏暗。

第八单元

通　论

语法知识

一、特殊代词：或、莫

“或”“莫”是古代汉语特有的一类代词，没有确定的指代对象，我们称之为无定代词。“或”是表肯定的无定代词，意为“有的”“有人”“某人”；“莫”是表否定的无定代词，意为“没有什么”“没有人”。无定代词在句中只能作主语。

“或”单用一般都是指人，例如：

或谓孔子曰：“子奚不为政？”《论语·为政》

也有指物的，例如：

慈石召铁，或引之也。《吕氏春秋·精通》

有时“或”前有指人的名词，“或”指代其中一个或一些人。例如：

人或谓兔丝无根。《吕氏春秋·精通》

左右或欲引相如去。《史记·廉颇蔺相如列传》

句中连用几个“或”，构成排比，“或”既可指人又可指事物。例如：

钧是人也，或为大人，或为小人。《孟子·告子上》

或百步而后止，或五十步而后止。《孟子·梁惠王上》

夫物之不齐，物之情也。或相倍蓰，或相什百，或相千万。《孟子·滕文公上》

剑之情未革，而或以为良，或以为恶。《吕氏春秋·别类》

注意：上述几例中的“或”不要误认为是选择连词“或者”。

“莫”单用一般指人，表示广泛的否定。例如：

保民而王，莫之能御也。《孟子·梁惠王上》

吾有老父，身死莫之养也。《韩非子·五蠹》

桃李之垂于行者，莫之援也。《吕氏春秋·下贤》

有时“莫”前有名词（或转指的形容词、动词），“莫”表示强调在某一范围内的否定，并且既可以指人又可以指物。例如：

过而能改，善莫大焉。《左传·宣公八年》

群臣莫对。《战国策·楚策》

务本莫贵于孝。《吕氏春秋·孝行》

在先秦汉语里，“莫”一般都是无定代词，但也有少数是否定副词，或表示一般性否定。例如：

小子何莫学夫《诗》。《论语·阳货》

或表示禁止性的否定。例如：

莫为盗，莫为杀人。《庄子·则阳》

要注意区分无定代词“莫”与否定副词“莫”。

二、虚词

1. 介词

介词绝大多数由动词虚化而来，不仅在词义上与相应的动词有着明显的渊源关系，而且还保留着动词的部分语法功能。有的介词与动词的界限并不十分清楚，例如《左传·僖公四年》“齐侯以诸侯之师侵蔡”中的“以”，是介词，还是动词，至今仍有争议（现代汉语亦然，例如“在”）。

（1）介词的语义功能。

介词的语义功能在于引进与动作（或状态）相关的时间、处所、对象、工具、原因等。

（2）介词的语法功能。

介词不能单独进入句子结构，更不能充当谓语；介词的语法功能是组成介宾结构。

第一，介词的位置。

古代汉语中，介词的位置基本上是固定的。有的只出现在述谓中心语之前，如：由、从、因、与、为等；有的只出现在述谓中心语之后，如：在、乎等；只有少数介词，如：以、于、於、自等，既可以出现在述谓中心语之前，也可以出现在述谓中心语之后。

需要指出的是，位置可前可后的介词，其位置也不是完全自由的：

1）与该介词引进事物的语义类别有关。例如：“以”引进原因，其位置只在述谓中心语之前。如：

以人之小恶亡人之大美。《吕氏春秋·举难》

只有引进对象、工具、时间，“以”的位置才可前可后。如：

尧以天下让舜。《吕氏春秋·行论》/ 赏以书社。《吕氏春秋·慎大》

以冰致蝇。《吕氏春秋·功名》/ 越人熏之以艾。《吕氏春秋·贵生》

公将以某日薨。《吕氏春秋·知接》/ 赏以春夏，刑以秋冬。《左传·襄公二十六年》

又如“自”，引进时间、对象，其位置只在述谓中心语之前，只有引进处所，其位置才可前可后。如：

自铸归。《左传·昭公二十五年》/ 王归自虢。《左传·庄公二十一年》

2）与时代有关。例如“于”只在早期的文献中（《诗经》、《尚书》）可以出现在述谓中心语之前，如：

京师之野，于时处处。《诗经·大雅·公刘》　　于时：在这里。处处：居住。

期于予治。《尚书·大禹谟》　　期：期望。于：引进对象，相当于“为”。治：治理。

至春秋以后，则只能出现在述谓中心语之后了。

少数介词，其位置即使是可前可后，实际上也是不平衡的。如“於”，考察《吕氏春秋》，引进时间，以在述谓中心语之前为主（前 11，后 3）；引进处所（前 6，后 515）、对象（前 82，后 436），以在述谓中心语之后为主。

第二，介词的宾语。介词宾语或由体词语充当，例见上文；或由谓词语充当，如：

渔为得也，今子得而舍之，何也？《吕氏春秋·具备》

礼士莫高乎节欲。《吕氏春秋·下贤》

圣人生於疾学。《吕氏春秋·劝学》

口不甘味，与死无择。《吕氏春秋·情欲》

由重生恶之也。《吕氏春秋·贵生》

不同的介词对其宾语构成成分的选择不同，带体词宾语是介词的基本功能，而带谓词宾语则是部分介词的功能。

介词宾语的位置一般都在介词之后，例见上文，但有少数前置。疑问代词作介词宾语前置，如：

君胡为轼？《吕氏春秋·期贤》

恶乎托？托於爱利。《吕氏春秋·用民》

非疑问代词宾语前置，只有介词“以”的宾语。如：

楚国方城以为城，汉水以为池。《左传·僖公四年》

江汉以濯之，秋阳以暴之。《孟子·滕文公上》

是以后世无传焉。《孟子·梁惠王上》

介词宾语前置现象只发生在述谓中心语之前。

（3）常用介词举例。

△　**于（於、乎）**

“于”和“於”在古代文献中本来是两个字，上古的语音也不相同；但作为介词，它们的用法基本相同，其差别主要在于不同历史时代和不同作者的用字不同。甲骨卜辞中只用“于”作介词，“於”晚出，始见于金文。早期文献，如《尚书》只用“于”，《诗经》中虽“于”“於”并用，但以用“于”为主。春秋末至战国时期的文献“于”“於”并用，而以用“於”为多。战国以后的文献则大多用“於”。今介词“於”简化为“于”。

“于”（“於”）的用法主要有以下四种：

1）引进处所、时间，或动作所涉及的范围。如：

遂置姜氏于城颍。《左传·隐公元年》

不敢入於邹。《战国策·赵策》

子於是日哭。《论语·述而》

必不得已而去，於斯三者何先？《论语·颜渊》

2）引进动作涉及的对象。如：

葉公问孔子於子路。《论语·述而》

不义而富且贵，於我如浮云。《论语·公冶长》

3）引进比较对象。如：

苛政猛於虎。《礼记·檀弓下》

4）引进行为的主动者。如：

郤克伤於矢。《左传·成公二年》

劳心者治人，劳力者治於人。《孟子·滕文公上》

“乎”字上古音与“于”相近，作介词，其功能与“于”或“於”基本相同，可以引进处所、时间、对象等。如：

浴乎沂，风乎舞雩。《论语·先进》

奋乎百世之上。《孟子·尽心下》

或问乎曾皙曰……《孟子·公孙丑上》

城之大者，莫大乎天下矣。《庄子·盗跖》

△ **以**

介词“以”由动词“以”虚化而来。介词“以”的用法大致有以下四种：

1）引进动作的工具或凭借。如：

以羽为巢，而编之以发。《荀子·劝学》

儒以文乱法，侠以武犯禁。《韩非子·五蠹》

广以卫尉为将军，出雁门击匈奴。《史记·李将军列传》　广：李广。

2）引进动作发生的原因。如：

君子不以言举人，不以人废言。《论语·卫灵公》

左右以君贱之也，食以草具。《战国策·齐策》

3）引进动作发生的时间。如：

赏以春夏，刑以秋冬。《左传·襄公二十六年》

文以五月五日生。《史记·孟尝君列传》　文：田文，即孟尝君。

4）引进动作涉及的对象。如：

缪公以女乐二八与良宰遗之。《吕氏春秋·不苟》

教我以善。《吕氏春秋·当赏》

值得注意的是，由一般名词语充当的介词“以”的宾语可以出现在“以”的前面，例见上文“第二，介词的宾语”。

△ **为**

介词“为”的用法大致有以下三种：

1）（wèi）引进动作涉及的对象。如：

我为汝唱，汝为我和。《吕氏春秋·顺说》

君为我呼入，吾得兄事之。《史记·项羽本纪》

2）（wèi）引进动作发生的原因或目的。如：

天行有常，不为尧存，不为桀亡。《荀子·天论》

女何为而饿若是？《吕氏春秋·报更》

渔为得也，今子得而舍之，何也？《吕氏春秋·具备》

3）（wéi）引进动作行为的主动者。如：

不为酒困。《论语·子罕》

宣王微春居，几为天下笑矣。《吕氏春秋·骄恣》

2. 连词

连词不受他词修饰或支配，也不修饰或支配他词；连词不能独立充当句法结构成分，其功能是在词、短语、句子之间起连接作用，表示它们之间的各种关系。

（1）连词的分类。

连词按其功能可分为两大类：联合连词和主从连词。

联合连词包括：并列连词、选择连词、递进连词、承接连词等。

主从连词包括：转折连词、让步连词、假设连词、因果连词、条件连词等。

（2）连词的语法特点及其内部差异。

1）连词对连接对象的选择。

连词对连接对象的选择表现为：在表示联合关系的时候，有的连词只连接两个体词语，如：及、若。

周公及召公取风焉。《吕氏春秋·音初》

愿取吴王若将军头。《史记·魏其武安侯列传》

有的连词只连接两个数词，如：又（有）。

十有九日而白公死。《吕氏春秋·分职》

有的连词只连接两个谓词语，如：且。

百工之事，固不可耕且为也。《孟子·滕文公上》

公佼且丽。《吕氏春秋·达郁》

“而”“以”一般只连接两个谓词语。如：

察言而观色。《论语·颜渊》

乱世之音怨以怒，其政乖也。《吕氏春秋·适音》

2）连词在复句中的位置。

绝大多数连词都可以连接分句。在复句中，有的连词出现在前一分句，如：若、苟、微、唯、虽、即等；有的连词出现在后一分句，如：故、况、因而、则等。大多数连词只出现在一种位置。只有少数连词，如：而、则、且等，兼有两种位置，既可以出现在前一分句，也可以出现在后一分句。

连词在复句中的位置与其表示的意义关系有着直接的联系。凡表示假设关系、让步关系、条件关系的连词都出现在前一分句；凡表示承接关系（包括承接假设从句、条件从句）、因果关系、递进关系的连词都出现在后一分句。

兼有两种位置的连词，都表示多种意义关系，其在复句中的位置取决于其所表示的意义关系。

（3）常用连词举例。

△ **而**

连词“而”所连接的两项，可以是词，也可以是短语或句子。可以表示多种关系。

1）表示并列关系。如：

陈近而小。《左传·文公六年》

子温而厉，威而不猛，恭而安。《论语·述而》

蟹六跪而二螯。《荀子·劝学》

2）表示承接关系。如：

虎求百兽而食之。《战国策·楚策》

夫川竭而谷虚。《庄子·胠箧》

水浅而舟大也。《庄子·逍遥游》

危而不持，颠而不扶，则将焉用彼相矣？《论语·季氏》

按：前2例属顺接，后2例属逆接。

3）表示假设关系。如：

子产而死，谁其嗣之？《左传·襄公三十年》

人而无信，不知其可也。《论语·为政》

闻而审，则为福矣；闻而不审，不若无闻。《吕氏春秋·察传》

4）表示修饰关系。如：

长驱到齐，晨而求见。《战国策·齐策》

泣数行而下。《吕氏春秋·行论》

△ **以**

连词“以”的功能与“而”基本相同，根据其所连接的两项之间的关系，可以概括如下：

1）表示并列关系。如：

故晦欲广以平，甽欲小以深。《吕氏春秋·辩土》 晦（mǔ）：田垄。甽（quǎn）：田间的小水沟。

自始合，而矢贯余手及肘，余折以御，左轮朱殷。《左传·成公二年》

2）表示补充关系。如：

晋灵公不君，厚敛以彫墙。《左传·宣公二年》

焉用亡郑以陪邻？《左传·僖公三十年》

后项往往是前项动作的目的或结果。

3）表示修饰关系。如：

五十以学《易》，可以无大过矣。《论语·述而》

其后齐日以大，至于霸。《吕氏春秋·长见》

三人操牛尾，投足以歌八阕。《吕氏春秋·古乐》

动词“以”、介词“以”、连词“以”虽同出一源，但词义不同，语法功能（分布、结合能力）不同，因此当看作是三个同形词。其区别大致如下：

$以_1$（动词），可以作述谓中心语，如：

稼生于野而藏于仓，稼非有欲也，人皆以之也。《吕氏春秋·审己》 以：用。

今自以贤过于尧舜。《吕氏春秋·壅塞》 以：认为。

$以_2$（介词）、$以_3$（连词）都不能单独充当句子成分，更不能充当述谓中心语。区分“$以_2$”“$以_3$”主要靠语义和分布。“$以_3$”的功能是起连接作用，其特点是连接两项（或是词，或是短语，或是句子），因此，“$以_3$”总要出现在两项之间（例见上文）。至于“$以_2$”，从语义层面上看，其作用是引进与动作相关的事物，映射在句法层面上，“$以_2$”只与一个成分直接组合，构成介宾结构（例见上文）。

△ **则**

连词“则”以连接分句为主。根据“则”所连接的两项之间的关系，可以将其用法概括为以下几种：

1）表示承接关系。如：

会请先，不入，则子继之。《左传·宣公二年》　　会：人名，即士季。

战则请从。《左传·庄公十年》

名不正，则言不顺。《论语·子路》

从许子之道，则市贾不贰，国中无伪。《孟子·滕文公上》　　贾：价。

“则”出现在后一分句。或表示两事时间先后的承接，或表示两事事理（因果、条件等）上的承接。这类句子，有时采用紧缩复句的形式。如：

木受绳则直，金就砺则利。《荀子·劝学》

2）表示假设关系。如：

公子则往，群臣之子敢不皆负羁绁以从？《左传·定公八年》　　羁绁（jī xiè）：马络头和马缰绳。

其义则不足死，赏罚则不足去就，若是而能用其民者，古今无有。《吕氏春秋·用民》

谨守成皋，则汉欲挑战，慎勿与战。《史记·项羽本纪》

“则”出现在前一分句。

3）表示修饰关系。如：

邹鲁之臣，生则不得事养，死则不得饭含。《战国策·赵策》

今外之则不可以拒敌，内之则不可以守国。《吕氏春秋·用民》

“则”对举使用，表示对比。

3. 助词

助词没有实在的词汇意义，不能独立存在，总是黏附在词或短语之上，或协调音节以足句，或在句法结构中起标记作用。

助词按照意义及功能可分为两类：音节助词和结构助词。

（1）音节助词。

音节助词的作用就是协调音节以足句。音节助词集中出现在先秦早期文献中，尤其是《诗经》之中，因为诗是配乐唱的，诗的音节数目要与音乐的乐调、唱腔、节奏相和，难免需要一些只起音节作用的助词陪衬，这就是为什么音节助词大多集中在《诗经》中的原因。仅举《诗经》数例如下：

曰：朋酒斯享，曰杀羔羊。《豳风·七月》

言：翘翘错薪，言刈其楚。《周南·汉广》/静言思之，不能奋飞。《邶风·柏舟》

薄：赫赫南仲，薄伐西戎。《小雅·出车》/薄言往愬，逢彼之怒。《邶风·柏舟》

式：式月斯生，俾民不宁。《小雅·节南山》

聿：无念尔祖，聿修厥德。《大雅·文王》

此外，还有“爰”“伊”“载”“云”“之”“其”等。

种种迹象表明，先秦时期的音节助词，至战国时期已基本消亡。

(2) 结构助词。

结构助词在句法结构中起标记作用。常用结构助词有“之”“是”“者”“所”4个。

△ 之

结构助词“之”的作用有三：

其一，标志体词性偏正结构的语法关系；其二，标志主谓结构不独立成句；其三，标志句法结构内部词序的变化。分述如下：

1) 标志体词性偏正结构的语法关系。

“之”前后两项的语义关系主要是修饰（限制、领属等）关系。

体词性偏正结构中的“之”有时可以脱落，而结构关系不变。如：

臣之兄——臣兄

臣之兄犯暴不敬之名。《吕氏春秋·至忠》

臣兄之有功也于车下。《吕氏春秋·至忠》

天下之兵——天下兵

以迎天下之兵于济上。《吕氏春秋·权勋》

天下兵乘之。《吕氏春秋·权勋》

但结构助词“之”的有无并不是随意的，它受到诸多因素的制约。大致有以下三个因素：

第一，音节因素。结构助词“之”的有无与修饰语的音节数目有关。修饰语为单音节词，则直接作定语，很少用“之”；修饰语为复音词语，以用“之”为常。

第二，语义因素。结构助词“之”的有无与修饰语的语义类别有关。同位性修饰语、描写性修饰语不用“之”，而限制性修饰语用“之”或不用“之”是相对自由的。《吕氏春秋·分职》中有两个典型的例句：一是“公衣狐裘”，二是“衣狐之皮”。两句修饰语形式不同，语法意义各异。“狐裘”之“狐”指狐皮，在于说明“裘”的质料；“狐之皮”之“狐”指狐狸，在于限制“皮”的归属。前者是描写性修饰语，不用“之”；后者是限制性修饰语，用“之”。

第三，语法因素。结构助词“之”的有无与该偏正结构所处的语法位置有关。比如充当定语的偏正结构一般不用“之”。

2) 标志主谓结构不独立成句。

在古代汉语中，如果主谓结构不独立成句（或充当句子成分，或为主从复句中的从句），一般要在主语、谓语之间加助词“之”作为标记；嵌入“之”的主谓结构转换为形式上的偏正结构。例如：

未知母之存否。《左传·宣公二年》

圣人之忧民如此，而暇耕乎？《孟子·滕文公上》

颜回之于孔子也，犹曾参之事父也。《吕氏春秋·劝学》

(以上充当句子成分)

宋之衰也，作为千锺。《吕氏春秋·侈乐》

禹之决江水也，民聚瓦砾。《吕氏春秋·乐成》

(以上充当从句)

介词大多是由动词虚化而来，介词不仅在词义上仍与相应动词具有明显的渊源关系，而且在语法功能上也有相同之处，如带宾语，构成介宾结构。正因为如此，助词“之”也可以出现在主语和介词结构之间。如：

寡人之于国也，尽心焉耳矣。《孟子·梁惠王上》

人之与狗则远矣。《吕氏春秋·察传》

3）标志句法结构内部词序的变化。

所谓“句法结构内部词序的变化”，就是指宾语前置。古代汉语中，宾语前置一般要有一定的语法条件，带标记就是其中之一。标记主要用助词“之”和“是”。关于这个问题，详见第七单元通论中的“宾语特殊的语序”。

△ **是**

结构助词“是”的作用是标志句法结构内部词序的变化，详见第七单元专题“宾语特殊的语序”。

△ **者**

结构助词“者”黏附在谓词语（包括动词语、形容词语、数词语及主谓短语）之后，构成体词性的“者”字结构。“者”字结构的语法意义在于指称事物，因此，助词“者”的作用是谓词性短语指称化的标记（按：语言表达基本上是由两个部分组成的，一个是指称，另一个是陈述。从语法的层面来说，谓词性成分表达典型的陈述，名词性成分表达典型的指称，但是陈述和指称可以相互转化。结构助词“者”、“所”就是谓词性短语指称化的标记）。如：

有牵牛而过堂下者。《孟子·梁惠王上》

从天坠者，从地出者，从四方来者，皆离吾网。《吕氏春秋·异用》　离：通“罹”，触。

老者安之，朋友信之，少者怀之。《论语·公冶长》

故强者劫弱，众者暴寡，勇者凌怯，壮者傲幼。《吕氏春秋·侈乐》

必不得已而去，于斯二者何先？《论语·颜渊》

位尊者其教受，威立者其奸止。《吕氏春秋·慎势》

△ **所**

结构助词“所”只黏附在动词语之前，构成体词性的“所”字结构。助词“所”的作用也是谓词性短语指称化的标记。如：

吏之所诛，君之所养也。《韩非子·五蠹》

王之所大欲可得闻与？《孟子·梁惠王上》

是吾剑之所从坠。《吕氏春秋·察今》

助词"者"和"所"都是谓词性短语指称化的标记，它们有什么区别呢？

首先，"者""所"在句法层面所处的位置不同："者"只出现在所黏附的谓词语之后，"所"只出现在所黏附的谓词语之前。其次，"者""所"所黏附的谓词语的范围不同："者"所黏附的谓词语的范围大，既包括动词语，也包括形容词语、数词语，还包括主谓短语；"所"所黏附的谓词语的范围小，只黏附在动词语之前。因此，像"故俗之所贵，主之所贱也；吏之所卑，法之所尊也"（晁错《论贵粟疏》）中的"贵""贱""卑""尊"，因为在"所"字结构中，所以都应视为动词。最后，"者""所"指称的对象不同："者"字结构或指称动作的施事，或指称具有某一特征（性质、状态、数量等）的人或物；"所"字结构指称除施事外与动作相关的事物（包括受事、对象、处所、凭借、原因等）。如：

教者术犹不能行，又况乎所教。《吕氏春秋·有度》

"教者"指称施行教育的人，这里指孔子、墨子；所教，指称接受教育的人，这里指孔、墨的门徒。

关于"所"字结构还有几点需要说明：

1）注意古今"所"字结构的不同。

现代汉语中的"所"字结构，其基本形式是"所＋及物动词"，在语义上只指称动作的受事。古代汉语中的"所"字结构，其基本形式是"所＋动词语"，在语义上指称与动作相关的事物。如：

人之情不能亲其所怨，不能誉其所恶。《吕氏春秋·诬徒》　　所怨，指称"怨"的受事。

冀之北土，马之所生。《左传·昭公四年》　　所生，指称"生"的处所。

大官大邑，身之所庇也。《左传·襄公三十一年》　　所庇，指称"庇"的凭借。

邪秽在身，怨之所构。《荀子·劝学》　　所构，指称"构"的原因。

2）注意"所＋动词＋名词语"中"所"字结构的界定。

在古代汉语中，"所＋动词＋名词语"包含着两种格式，是个多义格式：

一是"所"字结构，即"所＋（动词＋名词语）"，如：

其北陵，文王之所辟风雨也。《左传·昭公四年》　　所辟风雨，指称避风雨的处所。

欲以所事孔子事之。《孟子·滕文公上》　　所事孔子，指称事奉孔子的方式。

二是偏正结构，即"（所＋动词）＋名词语"，如：

有司对曰："郑人所献楚囚也。"《左传·成公九年》　　所献楚囚，所献之楚囚。

食盗跖之所种粟，居盗跖之所筑室。《论衡·刺孟》　　所种粟，所种之粟。所筑室，所筑之室。

因此，在阅读古书的时候，要注意根据语境正确地界定“所＋动词＋名词语”格式中的“所”字结构。

3）有时“所”“者”共现，构成“所＋动词＋者”，如：

南方有鸟焉，名曰蒙鸠，以羽为巢，而编之以发，系之苇苕。风至苕折，卵破子死。巢非不完也，所系者然也。《荀子·劝学》　　按：“系”的施事是蒙鸠，“系”的对象是巢，系巢的处所是苇苕。“所系者”指称系巢的处所，即苇苕。

所爱者，挠法活之；所憎者，曲法诛灭之。《史记·酷吏列传》　　按：“所爱者”指称“爱”的对象，“所憎者”指称“憎”的对象。

上述分析表明，“所系者”指称对象与“所系”相同，“所爱者”指称对象与“所爱”相同。

4）被动句式中有“为＋名词＋所＋动词”式，如“如姬父为人所杀”（《史记·魏公子列传》），“所”是表示被动的标记，与上文所讲的“所”字结构不同。

4. 语气词

古今汉语，凡句子，都要表达某种语气。语气词就是表达句子语气的一类虚词。但首先需要明确一点的是，古代汉语中，句子语气的表达可以不用语气词。例如：

谁谓河广？曾不容刀。《诗经·卫风·河广》　　曾：竟然。刀：小船。

哀公问：“弟子孰为好学？”《论语·雍也》

项王曰：“壮士！赐之卮酒！”《史记·项羽本纪》

农，天下之本。《史记·孝文本纪》

《诗经》“谁谓河广”句是反问语气，《论语》“弟子孰为好学”句是询问语气，这两句的语气是以疑问代词“谁”“孰”为标记的。《史记》“壮士”句是感叹语气，“赐之卮酒”句是命令语气；“农，天下之本”句是判断语气，其语气当以不同的语调为标记，只不过古代汉语中句子的语调已无从可考，其语气也只能根据句子的内容来揣测了。

古今汉语的语气词系统完全不同。

古代汉语中，常见的语气词有“也、乎、哉、矣、已、耳、焉、邪（耶）、与（欤）、者、兮、夫”等，其中，尤以“也”用得最广。

（1）句子按语气可分为陈述句、疑问句、祈使句、感叹句四类。古代汉语中，陈述句常见的语气词有“也”“矣”“已”“耳”“者”“夫”“焉”等，疑问（包括询问、测度、反问）句常见的语气词有“乎”“邪（耶）”“与（欤）”“哉”等，感叹句常见的语气词有“夫”“哉”等。

一般地说，语气词在表达语气上呈现出单功能，即一个语气词只表达一种特定的语气。同一个语气词（例如“也”），能够出现在不同语气类型的句子中，并不是那个语气词能够表达多种语气，而是因为具体语言环境中的句子语气是复杂的，不是单纯的。比如：在疑问句中兼有论断语气，或感叹语气；在祈使句中兼有陈述语气；在感叹句中兼有论断语气；等等。这就为语气词的转用和合用提供了需要和条件，而各个语气词在转用和合用中依旧表达原有的语气。

句子语气不是单一地由语气词来表达的，因此，也不能仅凭语气词来断定句子的语气，还需要考察句中其他与句子语气表达相关的因素（如疑问代词、表语气的副词），以及句子的语言环境。

（2）语气词可以出现在三种位置上：句首，句中，句尾。上述常见的语气词都可以出现在句尾，只有部分语气词［“也”“与（欤）”“者”“兮”“乎”］可以出现在句中，可以出现在句首的语气词惟“夫”一词。

语气词所处的位置不同，表达语气的作用也存在差异。总体说来，句首语气词不表停顿，具有提示作用，兼表陈述语气；句中语气词表示顿宕，兼有舒缓语气或提示的作用；句尾语气词表示停顿，兼表各种语气。

句尾语气词有时为了表达强烈的情感，而随句子的谓语前移。例如：

大哉，尧之为君！《孟子·滕文公上》

情矣，宋公之言也！《吕氏春秋·行论》

临时前移至句中的句尾语气词，与句中语气词的作用不同。前者是为了加重语气，以表达强烈的情感，因此，最适于感叹句；后者恰恰相反，是为了使语气舒缓，兼有提示作用，因此，只适用于陈述句。

（3）语气词可以连用。例如：

今老矣，无能为也已。《左传·僖公三十年》

多勇者则为制耳矣。《吕氏春秋·壹行》

我王者也乎哉？《国语·晋语六》

吾死无日矣夫！《左传·成公十三年》

有能一日用其力于仁矣乎？《论语·里仁》

连用的语气词，各自分别表达不同的语气。全句的语气重点一般落在最后一个语气词上。

下面介绍几个常见的语气词。

△ **也**

“也”是表示静态的语气词，通常出现在判断句句尾，表达确认、肯定的判断语气，这是“也”的基本用法。例如：

晋，吾仇敌也。《左传·昭公五年》

此外，“也”也可用在陈述句、祈使句、疑问句、感叹句句尾。例如：

墙有茨，不可扫也。《诗经·鄘风·墙有茨》（陈述句）

无欺我也。《吕氏春秋·贵因》（祈使句）

是何也？《吕氏春秋·贵生》（疑问句）

喟然而叹曰："由与赐，小人也！"《吕氏春秋·慎人》（感叹句）

需要说明的是，"无欺我也"的祈使语气是由表示禁止的否定副词"无"和语调承担，"是何也"是含疑问代词的特指问句，其疑问语气是由疑问代词"何"和语调承担，"由与赐，小人也"的感叹语气是由语境中的"叹曰"和语调承担。上述各句句尾的"也"仍然表达确认的语气，只不过是对该句固有的语气确认罢了。

古代汉语中，还有少数"也"出现在句中无疑问代词的是非问句句尾。例如：

宣王曰："子，静郭君之所听爱也？"《吕氏春秋·知士》

若此而不为，意者羞法文王也？《吕氏春秋·开春》

子为寡人令太子如尧乎？其如舜也？《吕氏春秋·壅塞》

上述例句我们是通过语境而确定其为疑问句的，因为脱离了语境，上述例句与一般的陈述句没有区别；又因为无法考察其语调，因此，历代学者都把上述例句疑问语气的表达与句尾语气词"也"联系起来，或说"也"同"邪"，或说"也"通"邪"，或说"也"是"邪"的方言变体。我们推测，上述句子的疑问语气当是句子本身所固有的，是由语调表达的（尽管今天已无法考察古代汉语的语调，但仍可从现代汉语窥见一斑），"也"的作用与含疑问代词的特指问句句尾的"也"同。

"也"还可出现在句中，表示顿宕，兼有舒缓语气或提示的作用。例如：

赤也为之小，孰能为之大？《论语·先进》

向也见客之容而已，今也见客之志。《吕氏春秋·赞能》

吴起之用兵也，不过五万。《吕氏春秋·用民》

△ 矣

"矣"是表示动态的语气词，通常出现在叙述句句尾，表达陈述语气，同现代汉语里的"了"相似。例如：

今日病矣，予助苗长矣。《孟子·公孙丑上》

身已贤矣，行已高矣。《吕氏春秋·观世》

"矣"出现在表示已然事态的叙述句末，表示事情已经发生了，说话人把事态的变化作为一种新的情况报告出来。有时"矣"也出现在表示未然事态的叙述句末。例如：

今君听谗人之议而不知我，西河之为秦取不久矣，魏从此削矣。《吕氏春秋·长见》

"矣"是把预测和推断作为新的情况报道出来。

有时"矣"也出现在描写句句尾，其作用与叙述句句尾的"矣"相同。例如：

今法律贱商人，商人已富贵矣；尊农夫，农夫已贫贱矣。《汉书·食货志》

需要说明的是，"矣"虽然也出现在祈使句、疑问句、感叹句句尾，但其作用与出现在陈述句句尾同。例如：

夫子勉之矣。《吕氏春秋·士节》（祈使句）

危而不持，颠而不扶，则将焉用彼相矣?《论语·季氏》（疑问句）

辛垣衍怏然不悦，曰："噫！亦太甚矣，先生之言也!"《战国策·赵策》（感叹句）

上述句子的祈使语气、感叹语气由语境和语调承担，疑问语气由疑问代词和语调承担，句尾的"矣"仍是报道一种变化，表达陈述语气。

△ 乎

"乎"通常出现在疑问句句尾，表达疑问语气。例如：

子见夫子乎?《论语·微子》

滕，小国也，间于齐楚，事齐乎？事楚乎?《孟子·梁惠王上》

陛下与谁取天下乎?《史记·留侯世家》

（以上是询问句。）

学而时习之，不亦说乎?《论语·学而》

圣人之忧民如此，而暇耕乎?《孟子·滕文公上》

（以上是反问句。）

仲尼曰："始作俑者，其无后乎?"《孟子·梁惠王上》

动而不论其义，知害人而不知人害己也，以灭其族，费无忌之谓乎?《吕氏春秋·慎行》

（以上是测度句。按："乎"表达测度语气，往往与表语气的副词"其"相配合，如《孟子》例。）

"乎"也可以出现在祈使句句尾，例如：

长铗归来乎？食无鱼。《战国策·齐策》

还可以出现在感叹句句尾，例如：

宣王太息，动于颜色，曰："静郭君之于寡人，一至此乎!"《吕氏春秋·知士》

祈使句、感叹句句尾的"乎"仍表达疑问语气，只不过由于语境的原因，句子祈请或感叹的语调是主要的，而"乎"所表达的疑问语气弱化罢了。

△ 与（欤）

"与（欤）"可以出现在各类疑问句尾，只是表达的疑问语气不如"乎"那样强烈。例如：

是鲁孔丘与?《论语·微子》

是谁之过与?《论语·季氏》

先生之老欤？昏欤?《吕氏春秋·贵直》

（以上是询问句。）

然则治天下，独可耕且为与?《孟子·滕文公上》

其仆曰："君胡为轼？"曰："此非段干木之间欤？"《吕氏春秋·期贤》

（以上是反问句。）

吾王庶几无疾病与？《孟子·梁惠王下》

无乃非为人子之道欤？《吕氏春秋·悔过》

［以上是测度句。按："与（欤）"表达测度语气，往往需要与表示语气的副词"无乃"、"庶几"等相配合。］

"与（欤）"有时还可出现在感叹句句尾，表达感叹语气。例如：

子在陈曰："归与！归与！"《论语·公冶长》

夫去人滋久，而思人滋深欤！《吕氏春秋·听言》

"与（欤）"通常都是出现在句尾，但偶尔也出现在句中，表示顿宕，兼有舒缓语气的作用。例如：

始吾於人也，听其言而信其行；今吾於人也，听其言而观其行。於予与改是。《论语·公冶长》　予：宰予。

古之贤者与，其尊师若此。《吕氏春秋·劝学》

思考题

1. 为什么说"或"、"莫"是古代汉语特有的一类指示代词？它们在句子中都能充当哪些语法成分？
2. 如何区分动词"以"、介词"以"和连词"以"？
3. 古代汉语中的助词按其意义及功能分为几类？举例说明。
4. 为什么说古代汉语中的"所＋动词＋名词语"是个多义格式？
5. 助词"者"和"所"都是谓词性短语指称化的标记，它们有什么区别？
6. 古代汉语中，结构助词"之"有哪些作用？
7. 为什么不能仅凭语气词来断定句子的语气？

文选

今注

史記

《史记》，西汉司马迁撰。记事上起轩辕，下至汉武帝太初年间，前后约3 000年，是我国历史上第一部纪传体通史。

司马迁，字子长，龙门（今陕西韩城县北）人，生于公元前145年，卒年不详。其父司马谈是汉武帝前期的太史令。司马迁少年从经学大师董仲舒、孔安国学习；20岁起多次出游，考察历史遗迹，搜集各种史料，为写作《史记》做准备。38岁承父业继任太史令，42岁时开始撰写《史记》。在《史记》“草创未就”时，因替兵败投降匈奴的汉将李陵辩护，触怒了武帝，竟遭宫刑。出狱后任中书令（由宦官担任的掌管文书机要的官），继续撰写《史记》，大约在征和二年（公元前91年）完成这部巨著。

《史记》包括十二本纪、十表、八书、三十世家、七十列传（内有《太史公自序》一篇），共130篇（其中有几篇由西汉褚少孙等修改和补充），52万多字。“本纪”有《五帝本纪》《夏本纪》《秦始皇本纪》《高祖本纪》等，记载历代帝王的兴废和重大的事件；“表”有《三代世表》《十二诸侯年表》《高祖功臣侯者年表》等，是按朝代顺序，把历史分为若干阶段，再分别按世代、年、月写成的大事记；“书”有《礼书》《乐书》《天官书》等，是对当时社会重要的典章制度的专门论述；“世家”有《吴太伯世家》《孔子世家》《外戚世家》《萧相国世家》等，记载王侯外戚的事迹；“列传”有《伯夷列传》《孟尝君列传》《刺客列传》等，记载事迹可传或行状可序的人物。

《史记》通行的注本是“三家注”本：南朝宋裴骃集解，唐司马贞索隐，唐张守节正义。

魏其武安侯列傳

魏其侯竇嬰者[1]，孝文后從兄子也[2]。父世觀津人[3]。喜賓客。孝文時，嬰爲吴相[4]，病免[5]。孝景初即位[6]，爲詹事[7]。梁孝王者[8]，孝景弟也，其母竇太后愛之。

梁孝王朝，因昆弟燕飲[9]。是時上未立太子，酒酣，從容言曰[10]：“千秋之後傳梁王[11]。”太后驩[12]。竇嬰引卮酒進上[13]，曰：“天下者，高祖天下，父子相傳，此漢之約也，上何以得擅傳梁王！”太后由此憎竇嬰。竇嬰亦薄其官[14]，因病免[15]。太后除竇嬰門籍[16]，不得入朝請[17]。

[1] 魏其（jī）：汉县名，在今山东临沂县南。窦婴以军功封于魏其，为列侯。

[2] 孝文后：汉文帝刘恒的皇后，即下文的窦太后。從兄：堂兄。

[3] 觀津：汉县名，在今河北武邑县东南。

[4] 吴相：吴王濞（bì）的相。

[5] 病免：因病免职。

[6] 孝景：即汉景帝，名启，文帝之子。

[7] 詹事：官名，掌管皇后、太子宫中事务。

[8] 梁孝王：名武，封梁王，谥号“孝”。

[9] 昆：兄。燕：通“宴”。

[10] 從容：这里指谈话很随便的样子。

[11] 千秋之後：指死后，是一种委婉的说法。

[12] 驩：高兴。

[13] 引：拉，这里等于说捧起。卮（zhī）：圆形酒器。進：献给。上：指景帝。此句意指景帝酒后失言，进酒示罚。

[14] 薄：意动用法，轻视。

[15] 因：借口。

[16] 門籍：出入宫门的名籍。

[17] 朝請：汉制，诸侯或外戚按时入宫朝见天子，春天叫朝，秋天叫请。

孝景三年[1]，吴楚反[2]，上察宗室諸竇毋如竇嬰賢[3]，乃召嬰。嬰入見，固辭謝病不足任[4]。太后亦慚。於是上曰：“天下方有急，王孫寧可以讓邪[5]？”乃拜嬰爲大將軍，賜金千斤。嬰乃言袁盎、欒布諸名將賢士在家者進之[6]。所賜金，陳之廊廡下[7]，軍吏過[8]，輒令財取爲用[9]，金無入家者。竇嬰守滎陽[10]，監齊趙兵[11]。七國兵已盡破，封嬰爲魏其侯。諸游士賓客争歸魏其侯。孝景時每朝議大事，條侯、魏其侯[12]，諸列侯莫敢與亢禮[13]。

[1] 孝景三年：公元前 154 年。

[2] 吴楚反：指吴楚等七国联兵反叛。

[3] 毋：通“无”。

[4] 謝病：推脱有病。

[5] 王孫：窦婴的字。

[6] 袁盎（àng）：字丝，曾任吴相。欒布：汉初名将。

[7] 廡（wǔ）：堂下周围的走廊，廊屋。

[8] 過：谒见。

[9] 財：通“裁”，酌量。

[10] 滎（xíng）陽：今河南省荥阳县。

[11] 監：监护，遥控。

[12] 條侯：即周亚夫，绛侯周勃之子，文帝时改封为条，平定吴楚七国之乱，担任攻打吴楚的军队的主帅。條，在今河北省景县。

[13] 列侯：汉制，刘姓子孙封侯者，谓之诸侯；异姓功臣封侯者，谓之列侯。亢（kàng）禮：以平等礼节相待。

孝景四年，立栗太子[1]，使魏其侯爲太子傅[2]。孝景七年，栗太子廢，魏其數争不能得。魏其謝病，屏居藍田南山之下數月[3]，諸賓客辯士説之[4]，莫能來[5]。梁人高遂乃説魏其曰：“能富貴將軍者[6]，上也；能親將軍者，太后也。今將軍傅太子，太子廢而不能争；争不能得，又弗能死。自引謝病[7]，擁趙女[8]，屏閒處而不朝[9]。相提而論，是自明揚主上之過。有如兩宫螫將軍[10]，則妻子毋類矣[11]。”魏其侯然之，乃遂起，朝請如故。

[1] 栗太子：景帝长子，名荣，栗姬所生。

[2] 太子傅：官名，负责辅佐教导太子。

[3] 屏（bǐng）：退隐。藍田：汉县名，在今陕西蓝田县西。

[4] 説（shuì）：劝说。

[5] 來：使动用法。

[6] 富貴：使动用法。

[7] 引：指隐退。

[8] 趙女：泛指美女。

[9] 閒處：闲居。

[10] 有如：假如。兩宫：东宫（长乐宫）、西宫（未央宫），这里指太后（居东宫）、景帝（居西宫）。螫（shì）：通“奭”，恼怒。

[11] 毋類：等于说无遗类，指全家被诛。毋，通“无”。類，族类。

桃侯免相[1]，竇太后數言魏其侯。孝景帝曰：“太后豈以爲臣有愛[2]，不相魏其[3]？魏其者，沾沾自喜耳[4]，多易[5]。難以爲相，持重[6]。”遂不用，用建陵侯衛綰爲丞相[7]。

[1] 桃侯：刘舍。桃，汉县名，在今河北省衡水县西南。

[2] 愛：吝惜。

[3] 相：使动用法。

[4] 沾沾：轻薄的样子。

[5] 易：轻率。

[6] 持重：担当重任。

[7] 建陵：汉县名，在今江苏省沭（shù）阳县西北。綰：音 wǎn。

武安侯田蚡者[1]，孝景后同母弟也，生長陵[2]。魏其已爲大將軍後，方盛，蚡爲諸郎[3]，未貴，往來侍酒魏其，跪起如子姓[4]。及孝景晚節[5]，蚡益貴幸，爲太中大夫[6]。蚡辯有口[7]，學槃盂諸書[8]，王太后賢之。孝景崩，即日太子立，稱制[9]，所鎮撫多有田勝賓客計筴[10]，蚡弟田勝，皆以太后弟，孝景後三年封蚡爲武安侯[11]，勝爲周陽侯。

[1] 武安：汉县名，田蚡的采邑，在今河北武安县。

[2] 孝景后：姓王，即下文的王太后。長陵：汉县名，在今陕西省咸阳县东北。

[3] 諸郎：指议郎、侍郎、中郎之类的郎官，隶属于郎中令。

[4] 子姓：子孙。

[5] 晚節：晚年。

[6] 太中大夫：官名，掌议论，属郎中令。

[7] 口：指口才。

[8] 槃盂：相传是黄帝的史官孔甲所作的书，共 26 篇，今已亡佚。槃，通“盘”。

[9] 稱制：指王太后临朝听政，代行天子之事。制，天子的诏令。

[10] 筴：同“策”。

[11] 孝景後三年：孝景后元三年，即公元前 141 年。后元，年号。

武安侯新欲用事爲相，卑下賓客，進名士家居者貴之，欲以傾魏其諸將相[1]。建元元年[2]，丞相綰病免，上議置丞相、太尉。籍福説武安侯曰：“魏其貴久矣，天下士素歸之。今將軍初興，未如魏其，即上以將軍爲丞相[3]，必讓魏其。魏其爲丞相，將軍必爲太尉。太尉、丞相尊等耳，又有讓賢名。”武安侯乃微言太后風上[4]，於是乃以魏其侯爲丞相，武安侯爲太尉。籍福賀魏其侯，因弔曰[5]：“君侯資性喜善疾惡[6]，方今善人譽君侯，故至丞相；然君侯且疾惡，惡人衆，亦且毁君侯。君侯能兼容，則幸久；不能，今以毁去矣[7]。”魏其不聽。

[1] 傾：压过。

[2] 建元：汉武帝第一个年号。建元元年即公元前 140 年。

[3] 即：如果。

[4] 風：微言劝告，后写作“讽”。

[5] 弔：与贺相对，这里有劝诫的意思。

[6] 君侯：汉代对列侯而拜为丞相者的称呼。

[7] 今：即将。

魏其、武安俱好儒術，推轂趙綰爲御史大夫[1]，王臧爲郎中令[2]。迎魯申公[3]，欲設明堂[4]，令列侯就國[5]，除關[6]，以禮爲服制，以興太平。舉適諸竇宗室毋節行者[7]，除其屬籍[8]。時諸外家爲列侯[9]，列侯多尚公主[10]，皆不欲就國，以故毁日至竇太后。太后好黄老之言[11]，而魏其、武安、趙綰、王臧等務隆推儒術，貶道家言，是以竇太后滋不説魏其等。及建元二年，御史大夫趙綰請無奏事東宫。竇太后大怒，乃罷逐趙綰、王臧等，而免丞相、太尉，以柏至侯許昌爲丞相[12]，武彊侯莊青翟为御史大夫[13]。魏其、武安由此以侯家居。武安侯雖不任職，以王太后故，親幸，數言事，多效，天下吏士趨勢利者，皆去魏其歸武安，武安日益横[14]。

建元六年，竇太后崩，丞相昌、御史大夫青翟坐喪事不辦[15]，免。以武安侯蚡爲丞相，以大司農韓安國爲御史大夫[16]。天下士郡國諸侯愈益附武安。

[1] 推轂（gǔ）：这里是推荐的意思。趙綰（wǎn）：著名儒者。御史大夫：官名，秦汉时相当于副丞相。

[2] 王臧：著名儒者。郎中令：官名，九卿之一。

[3] 鲁申公：鲁国著名儒者申培，趙綰、王臧都是他的学生，《鲁诗》即他所传，今已亡佚。

[4] 明堂：这里指朝诸侯的处所。

[5] 就國：各归封国。

[6] 除關：除去关禁。

[7] 適：通“谪”，谴责。

[8] 屬籍：指宗谱。

[9] 外家：外戚。

[10] 尚：仰攀婚姻。

[11] 黄老：指黄帝、老子，二人被尊为道家的鼻祖，于是用“黄老”代指道家。

[12] 柏至：汉地名，不详所在。

[13] 武彊：汉县名，在今河北武强县东北。

[14] 横（hèng）：专横。

[15] 坐：因犯……获罪。

[16] 大司農：官名，九卿之一，掌管租税赋役。

武安者，貌侵[1]，生貴甚。又以爲諸侯王多長，上初即位，富於春秋[2]，蚡以肺腑爲京師相[3]，非痛折節以禮詘之[4]，天下不肅[5]。當是時，丞相入奏事，坐語移日，所言皆聽。薦人或起家至二千石[6]，權移主上[7]。上乃曰：“君除吏已盡未[8]？吾亦欲除吏。”嘗請考工地益宅[9]，上怒曰：“君何不遂取武庫[10]！”是後乃退[11]。嘗召客飲，坐其兄蓋侯南鄉[12]，自坐東鄉，以爲漢相尊，不可以兄故私橈[13]。武安由此滋驕，治宅甲諸第[14]。田園極膏腴，而市買郡縣器物相屬於道[15]。前堂羅鐘鼓，立曲旃[16]；後房婦女以百數。諸侯奉金玉狗馬玩好，不可勝數。

魏其失竇太后，益疏不用，無勢，諸客稍稍自引而怠傲[17]，唯灌將軍獨不失故。魏其日默默不得志，而獨厚遇灌將軍。

[1] 侵（qǐn）：短小丑陋。

［2］富於春秋：喻年纪尚轻。春秋，岁月。

［3］肺腑：等于说心腹。京師相：指中央政府的丞相。

［4］折節：意思是降低身份，使动用法。折，屈。詘：通“屈”，使动用法。

［5］肅：敬畏。

［6］起家：起用于家，指由布衣起用。二千石（shí）：指禄秩为二千石的官员。按：汉代二千石的官地位很高，仅次于九卿。

［7］權移主上：大权从皇帝那里移到自己手中。

［8］除：任命。

［9］考工地：指考工官衙所在之地。考工，官名，掌管制造器械。

［10］武庫：存放武器的库房，

［11］退：指收斂。

［12］坐：使动用法。蓋（gě）：汉县名，在今山东沂水县西北。南鄉：面向南。按：汉代室内座次以东向为尊。

［13］橈：屈。使动用法。

［14］甲：居第一位。

［15］屬（zhǔ）：连接。

［16］曲旃（zhān）：曲柄的旃。旃，纯色帛制成的旗。按：据《说文》，曲旃是古代国君招聘隐士用的，田蚡立曲旃，在当时是僭越的行为。

［17］稍稍：渐渐。引：向后退，指离开魏其。

灌將軍夫者，潁陰人也[1]。夫父張孟，嘗爲潁陰侯嬰舍人[2]，得幸，因進之至二千石，故蒙灌氏姓爲灌孟[3]。

吳楚反時，潁陰侯灌何爲將軍[4]，屬太尉[5]，請灌孟爲校尉[6]。夫以千人與父俱。灌孟年老，潁陰侯彊請之[7]，鬱鬱不得意，故戰常陷堅，遂死吳軍中。軍法，父子俱從軍，有死事，得與喪歸[8]。灌夫不肯隨喪歸，奮曰：“願取吳王若將軍頭[9]，以報父之仇。”於是灌夫被甲持戟[10]，募軍中壯士所善願從者數十人。及出壁門[11]，莫敢前。獨二人及從奴十數騎馳入吳軍，至吳將麾下[12]，所殺傷數十人。不得前，復馳還，走入漢壁，皆亡其奴，獨與一騎歸。夫身中大創十餘，適有萬金良藥，故得無死。夫創少瘳[13]，又復請將軍曰：“吾益知吳壁中曲折[14]，請復往。”將軍壯義之[15]，恐亡夫，乃言太尉，太尉乃固止之。吳已破，灌夫以此名聞天下。潁陰侯言之上，上以夫爲中郎將[16]。數月，坐法去。後家居長安，長安中諸公莫弗稱之。孝景时，至代相。孝景崩，今上初即位，以爲淮陽天下交[17]，勁兵處，故徙夫爲淮陽太守。建元元年，入爲太僕[18]。二年，夫與長樂衛尉竇甫飲[19]，輕重不得[20]，夫醉，搏甫。甫，竇太后昆弟也。上恐太后誅夫，徙爲燕相。數歲，坐法去官，家居長安。

［1］潁陰：汉县名，在今河南许昌市。

［2］潁陰侯：姓灌名嬰，从刘邦起兵，文帝时任丞相。舍人：汉初，王公贵族的侍从宾客、亲近

左右通称舍人。

[3] 蒙：冒。

[4] 灌何：灌婴之子。

[5] 太尉：官名，掌管军事的最高官员，这里指周亚夫。

[6] 校尉：武官名。

[7] 彊：竭力。請之：为之请求。之，指灌孟。

[8] 與（yù）：陪同，护送。喪（sāng）：指灵柩。

[9] 若：或。

[10] 被（pī）：披。

[11] 壁：军营。

[12] 麾（huī）：大将的旗帜。

[13] 少：稍。瘳（chōu）：病愈。

[14] 曲折：等于说底细。

[15] 壯義：意动用法。

[16] 中郎將：官名，皇帝的侍从武官，属郎中令。

[17] 淮陽：汉郡名，即今河南淮阳县。天下交：四面八方交汇的地点。

[18] 太僕：官名，九卿之一，掌管皇帝车马。

[19] 衛尉：官名，九卿之一，负责保卫宫禁。

[20] 輕重不得：意思是发生争执，互不相让。輕重，等于说得失。得，等于说相宜。

灌夫爲人剛直使酒[1]，不好面諛。貴戚諸有勢在己之右[2]，不欲加禮，必陵之[3]；諸士在己之左，愈貧賤，尤益敬，與鈞[4]。稠人廣衆，薦寵下輩[5]。士亦以此多之[6]。夫不喜文學[7]，好任俠[8]，已然諾[9]。諸所與交通[10]，無非豪桀大猾[11]。家累數千萬，食客日數十百人。陂池田園，宗族賓客爲權利[12]，橫於潁川。潁川兒乃歌之曰："潁水清，灌氏寧；潁水濁，灌氏族[13]。"灌夫家居雖富，然失勢，卿相侍中賓客益衰[14]。及魏其侯失勢，亦欲倚灌夫引繩批根生平慕之後棄之者[15]。灌夫亦倚魏其而通列侯宗室爲名高[16]。兩人相爲引重，其游如父子然[17]。相得驩甚[18]，無厭[19]，恨相知晚也[20]。

[1] 使酒：因酒而使气，等于说借酒撒疯。

[2] 右：等于说上。按：古人除乘车外，以右为上，以左为下。

[3] 陵：压过，侵犯。

[4] 鈞：通"均"，平等。

[5] 寵：荣耀，使动用法。

[6] 多：意动用法，这里有推重、称扬的意思。

[7] 文學：文章经术。

[8] 任俠：凭借权威、勇力或财力扶助弱小。

［9］已：兑现。

［10］交通：等于说交往。

［11］猾：奸诈，用作名词。

［12］爲權利：指追逐权势钱财。

［13］族：灭族。

［14］侍中：加官名。按：在原有的官职上加“侍中”，就可以侍从皇帝左右，出入宫禁。

［15］引繩批根：这里是排斥、抨击的意思。按：“引繩”和“批根”原是木匠的事，“引繩”，使合于绳墨；“批根”，批削根株以造成木器。这里两个并列的动宾结构合成一个成语，作及物动词用。

［16］通：交往。为名高：抬高自己的名望。

［17］游：交游。

［18］相得：彼此投合。

［19］厭：嫌忌。

［20］恨：遗憾。

灌夫有服[1]，過丞相[2]。丞相從容曰：“吾欲與仲孺過魏其侯[3]，會仲孺有服。”灌夫曰：“將軍乃肯幸臨況魏其侯[4]，夫安敢以服爲解[5]！請語魏其侯帳具[6]，將軍旦日蚤臨[7]。”武安許諾。灌夫具語魏其侯如所謂武安侯[8]。魏其與其夫人益市牛酒，夜灑埽，早帳具至旦。平明[9]，令門下候伺。至日中，丞相不來。魏其謂灌夫曰：“丞相豈忘之哉？”灌夫不懌[10]，曰：“夫以服請，宜往。”乃駕，自往迎丞相。丞相特前戲許灌夫[11]，殊無意往。及夫至門，丞相尚臥。於是夫入見，曰：“將軍昨日幸許過魏其，魏其夫妻治具，自旦至今，未敢嘗食。”武安鄂[12]，謝曰：“吾昨日醉，忽忘與仲孺言[13]。”乃駕往，又徐行，灌夫愈益怒。及飲酒酣，夫起舞屬丞相[14]，丞相不起，夫從坐上語侵之。魏其乃扶灌夫去，謝丞相。丞相卒飲至夜，極驩而去。

［1］服：丧服。

［2］過：拜访。

［3］仲孺：灌夫的字。

［4］況：通“贶”（kuàng），赐，等于说赏光。

［5］解：解说，这里是推辞的意思。

［6］帳：用作动词，设置帷帐。具：备办酒席。

［7］旦日：明日。蚤：通“早”。

［8］具：完全。謂：对……说。

［9］平明：天刚亮。

［10］懌（yì）：悦。

［11］特：只是。

［12］鄂：通“愕”，惊讶。

[13] 忽：恍惚。
[14] 屬（zhǔ）：邀请。

丞相嘗使籍福請魏其城南田[1]。魏其大望曰[2]：“老僕雖棄，將軍雖貴，寧可以勢奪乎！”不許。灌夫聞，怒，罵籍福。籍福惡兩人有郄[3]，乃謾自好謝丞相曰[4]：“魏其老且死，易忍，且待之。”已而武安聞魏其、灌夫實怒不予田，亦怒曰：“魏其子嘗殺人，蚡活之。蚡事魏其無所不可，何愛數頃田？且灌夫何與也[5]？吾不敢復求田。”武安由此大怨灌夫、魏其。

[1] 請：这里是索求的意思。
[2] 望：怨。
[3] 郄（xì）：通“郤”，嫌隙。
[4] 謾（mán）：说谎。
[5] 與（yù）：参与，干涉。

元光四年春[1]，丞相言灌夫家在潁川，横甚，民苦之。請案[2]。上曰：“此丞相事，何請？”灌夫亦持丞相陰事[3]，爲姦利[4]，受淮南王金[5]，與語言。賓客居閒[6]，遂止，俱解[7]。

[1] 元光：汉武帝的第二个年号。
[2] 案：查办。
[3] 陰事：不可告人的事。
[4] 利：求利。
[5] 淮南王：刘邦的庶孙刘安。按：“受淮南王金，與語言”事详后。
[6] 居閒：在中间调解。
[7] 解：和解。

夏，丞相取燕王女爲夫人，有太后詔，召列侯宗室皆往賀。魏其侯過灌夫，欲與俱。夫謝曰：“夫數以酒失得過丞相[1]，丞相今者又與夫有郄。”魏其曰：“事已解。”彊與俱。飲酒酣，武安起爲壽[2]，坐皆避席伏[3]。已，魏其侯爲壽，獨故人避席耳，餘半膝席[4]。灌夫不悦。起行酒[5]，至武安，武安膝席曰：“不能滿觴。”夫怒，因嘻笑曰：“將軍貴人也！”屬之。時武安不肯。行酒次至臨汝侯[6]，臨汝侯方與程不識耳語[7]，又不避席。夫無所發怒，乃罵臨汝侯曰：“生平毀程不識不直一錢[8]，今日長者爲壽，乃效女兒呫囁耳語[9]！”武安謂灌夫曰：“程李俱東西宫衛尉[10]，今衆辱程將軍，仲孺獨不爲李將軍地乎？”灌夫曰：“今日斬頭陷胸，何知程李乎！”坐乃起更衣[11]，稍稍去[12]。魏其侯去，麾灌夫出[13]。武安遂怒曰：“此吾驕灌夫罪。”乃令騎留灌夫。灌夫欲出不得。籍福起爲謝，案灌夫項令謝。夫愈怒，不肯謝。武安乃麾騎縛夫置傳舍[14]，召長史曰[15]：“今日召宗室，有詔。”劾灌夫罵坐不敬，繫居室[16]。

遂按其前事，遣吏分曹逐捕諸灌氏支屬[17]，皆得棄市罪[18]。魏其侯大媿[19]，爲資使賓客請，莫能解。武安吏皆爲耳目，諸灌氏皆亡匿，夫系，遂不得告言武安陰事。

[1] 得過：得罪。

[2] 爲壽：献祝寿之辞。

[3] 避席伏：表示不敢当。避席，离开坐席。

[4] 膝席：置膝于席上，即指长跪。

[5] 行酒：依次敬酒。

[6] 臨汝侯：灌嬰的孙子灌贤。臨汝，汉县名，在今河南临汝县西北。

[7] 程不識：汉武帝时名将，与李广齐名，此时任长乐宫卫尉。

[8] 直：值。

[9] 呫囁（chè niè）：象声词，耳语的声音，等于说唧唧咕咕。

[10] 李：指李广，此时任未央宫卫尉。

[11] 更衣：上厕所的委婉说法。

[12] 稍稍：渐渐。

[13] 麾：挥，招手。

[14] 傳（zhuàn）舍：驿舍。

[15] 長史：官名，是诸史之长。

[16] 居室：少府所属的官署之一。

[17] 分曹：分班。

[18] 棄市：死刑。按：古代处决罪犯，多在闹市，说弃市，以示为人所弃。

[19] 媿：同“愧”。

魏其鋭身爲救灌夫[1]。夫人諫魏其曰：“灌將軍得罪丞相，與太后家忤[2]，寧可救邪?”魏其侯曰：“侯自我得之，自我捐之[3]，無所恨。且終不令灌仲孺獨死，嬰獨生。”乃匿其家[4]，竊出上書。立召入，具言灌夫醉飽事，不足誅。上然之[5]，賜魏其食，曰：“東朝廷辯之[6]。”

魏其之東朝，盛推灌夫之善[7]，言其醉飽得過，乃丞相以他事誣罪之。武安又盛毁灌夫所爲横恣，罪逆不道。魏其度不可奈何，因言丞相短。武安曰：“天下幸而安樂無事，蚡得爲肺腑，所好音樂狗馬田宅。蚡所愛倡優巧匠之屬[8]，不如魏其、灌夫日夜招聚天下豪桀壯士與論議，腹誹而心謗，不仰視天而俯畫地[9]，辟倪兩宫閒[10]，幸天下有變，而欲有大功。臣乃不知魏其等所爲。”於是上問朝臣：“兩人孰是?”御史大夫韓安國曰[11]：“魏其言灌夫父死事，身荷戟馳入不測之吴軍，身被數十創，名冠三軍，此天下壯士，非有大惡，争杯酒，不足引他過以誅也。魏其言是也。丞相亦言灌夫通姦猾，侵細民，家累巨萬，横恣潁川，淩轢宗室[12]，侵犯骨肉，此所謂‘枝大於本，脛大於股，不折必披[13]’，丞相言亦是。唯明主裁之。”主爵都尉汲黯是魏其[14]。内史鄭當時是魏其[15]，後不敢堅對。餘皆莫敢對。上怒内史曰：“公平生數言魏其、武安長短，今日廷論，局趨效轅下駒[16]，吾并斬若屬矣[17]。”即罷起，入，上食太后。太后亦已使人候伺，具以告太后。太后怒，不食，曰：“今我在也，而人皆藉吾弟[18]，令我百歲後[19]，皆魚肉之矣[20]。且帝寧爲石人邪[21]！此特帝在，即録録[22]，設百歲後，是屬寧有可信者乎？”上謝曰：“俱宗室外家，故廷辯之。不然，此一獄吏所決耳。”是時郎中令石建爲上分别言兩人事。

[1] 鋭身：等于说挺身。
[2] 忤：逆，作对。
[3] 捐：弃。
[4] 匿：瞒着。
[5] 然：意动用法，认为……对。
[6] 東朝：东宫。按：太后居长乐宫，在未央宫之东。
[7] 盛推：极力推崇。
[8] 倡：乐人。優：戏人。
[9] 仰视天，俯画地，这是诬指魏其、灌夫等人集聚一处，指天画地，密谋造反的情状。
[10] 辟倪（pì nì）：同“睥睨”，窥伺。
[11] 韓安國：字长孺。
[12] 淩轢（lì）：欺压。
[13] 披：裂。
[14] 主爵都尉：官名，掌管列侯。汲黯（jí àn）：人名。是：意动用法。
[15] 内史：官名，掌管京师行政。鄭當時：人名。
[16] 局趨：局促，形容缩手缩脚。
[17] 若屬：你们这班人。
[18] 藉（jí）：践踏，欺凌。
[19] 令：假令。百歲後：婉指死。
[20] 魚肉：意动用法。
[21] 石人：喻没有主见的人。
[22] 録録：随声附和的样子。

武安已罷朝，出止車門[1]，召韓御史大夫載，怒曰：“與長孺共一老秃翁，何爲首鼠兩端[2]?”韓御史良久謂丞相曰：“君何不自喜[3]？夫魏其毁君，君當免冠解印綬歸[4]，曰‘臣以肺腑幸得待罪[5]，固非其任，魏其言皆是’。如此，上必多君有讓，不廢君。魏其必内愧，杜門齰舌自殺[6]。今人毁君，君亦毁人，譬如賈豎女子争言[7]，何其無大體也!”武安謝罪曰：“争時急，不知出此。”

[1] 止車門：宫禁的外门名。百官上朝时，到此必须下车，步行入宫。
[2] 首鼠兩端：意思是游移不定。首鼠，即“踌躇”。
[3] 自喜：等于说自爱。

［4］綬：系印的佩带。按：绶带的颜色不同，标志官位的高低不同。歸：归还。

［5］待罪：即做官，谦词。

［6］杜：堵塞。齰（zé）：咬。

［7］賈豎：指商人。

於是上使御史簿責魏其[1]，所言灌夫頗不讎[2]，欺謾。劾系都司空[3]。孝景時，魏其常受遺詔[4]，曰“事有不便，以便宜論上[5]”。及繫，灌夫罪至族，事日急，諸公莫敢復明言於上。魏其乃使昆弟子上書言之，幸得復召見。書奏上，而案尚書大行無遺詔[6]。詔書獨藏魏其家，家丞封[7]。乃劾魏其矯先帝詔[8]，罪當棄市。五年十月，悉論灌夫及家屬[9]。魏其良久乃聞，聞即恚[10]，病痱[11]，不食欲死。或聞上無意殺魏其，魏其復食，治病，議定不死矣。乃有蜚語爲惡言聞上[12]，故以十二月晦論棄市渭城[13]。

［1］簿責：按簿籍追究。

［2］讎：符合。

［3］都司空：宗正属官，专管皇帝交办的案件。

［4］常：通“尝”，曾经。

［5］便宜：指斟酌事宜，不拘规制条文，自行处理。

［6］尚書：官署名，掌文书档案。大行：古时皇帝刚死，谥号未定，称大行。这里指景帝死。

［7］家丞封：由家臣盖印封藏。家丞，指魏其的家臣。

［8］矯：伪造。

［9］論：判罪，这里指处决。

［10］恚（huì）：怒。

［11］痱（féi）：中风。

［12］蜚語：流言。蜚，通“飞”。

［13］晦：一个月的最后一天。渭城：即秦时的咸阳。按：汉制，常在立春大赦，田蚡怕窦婴遇赦，所以在十二月晦杀了他。

其春[1]，武安侯病，專呼服謝罪[2]。使巫視鬼者視之，見魏其、灌夫共守，欲殺之。竟死。子恬嗣。元朔三年[3]，武安侯坐衣襜褕入宫[4]，不敬。

淮南王安謀反覺[5]，治。王前朝[6]，武安侯爲太尉，時迎王至霸上[7]，謂王曰：“上未有太子，大王最賢，高祖孫，即宫車晏駕[8]，非大王立當誰哉！”淮南王大喜，厚遺金財物。上自魏其時不直武安[9]，特爲太后故耳。及聞淮南王金事，上曰：“使武安侯在者，族矣。”

［1］其春：即元光五年的春天。按：汉武帝太初元年以前，以十月为岁首，每年先冬后春。

［2］專：等于说一味地。服（bó）：啼呼。

[3] 元朔三年：公元前126年。元朔，汉武帝第三个年号。
[4] 武安侯：指田恬。襜褕（chān yú）：短衣，不是正式朝服。
[5] 覺：被发觉。
[6] 前朝：前次朝见武帝。
[7] 霸上：也写作“灞上”，在灞水西，在今陕西长安县东。
[8] 即：假如。宫车晏駕：皇帝死的委婉语。晏，晚，迟。
[9] 直：意动用法。

太史公曰：“魏其、武安皆以外戚重[1]，灌夫用一時決筴而名顯[2]。魏其之舉以吴楚，武安之貴在日月之際[3]。然魏其誠不知時變，灌夫無術而不遜，兩人相翼[4]，乃成禍亂。武安負貴而好權，杯酒責望[5]，陷彼兩賢。嗚呼哀哉！遷怒及人，命亦不延[6]。衆庶不載[7]，竟被惡言[8]。嗚呼哀哉！禍所從來矣！”

[1] 重：指身居显要的职位。
[2] 用：因。一時決筴：指驰入吴军求报父仇的事。
[3] 日月之際：指武帝初即位、王太后当权的机会。日，喻武帝。月，喻太后。
[4] 翼：辅翼，袒护。
[5] 責望：责备怨恨。
[6] 延：长。
[7] 衆庶：百姓。載：通“戴”，拥戴。
[8] 被：遭受。

自学提示

(1) 掌握下列带点的词语：

從容言曰　軍吏過　輒令財取爲用　有如兩宫螫將軍　太后豈以爲臣有愛　多易　及孝景晚節　武安侯乃微言太后風上　推轂趙綰爲御史大夫　貌侵　非痛折節以禮詘之　天下不肅　君除吏已盡未　相屬於道　願取吴王若將軍頭　坐法去官　士亦以此多之　恨相知晚也　將軍乃肯幸臨況魏其侯　將軍旦日蚤臨　武安鄂　夫起舞屬丞相　籍福惡兩人有郄　乃謾自好謝丞相曰　且灌夫何與也　稍稍去　生平毁程不識不直一錢　自我捐之　辟倪兩宫閒　淩轢宗室　不折必披　局趣效轅下駒　何爲首鼠兩端　於是上使御史簿責魏其　所言灌夫頗不讎　以便宜論上　悉論灌夫及家屬　聞即恚　專呼服謝罪　杯酒責望　衆庶不載　竟被惡言　坐其兄蓋侯南鄉

(2) 重点掌握下列句子：

舉適諸竇宗室毋節行者，除其屬籍。
及魏其侯失勢，亦欲倚灌夫引繩批根生平慕之後棄之者。
程李俱東西宫衛尉，今衆辱程將軍，仲孺獨不爲李將軍地乎？
今我在也，而人皆藉吾弟，令我百歲後，皆魚肉之矣。
臣以肺腑幸得待罪。

魏公子列傳

魏公子無忌者，魏昭王少子而魏安釐王異母弟也[1]。昭王薨，安釐王即位，封公子爲信陵君[2]。是時范雎亡魏相秦[3]，以怨魏齊故，秦兵圍大梁[4]，破魏華陽下軍[5]，走芒卯[6]。魏王及公子患之。

公子爲人仁而下士，士無賢不肖皆謙而禮交之，不敢以其富貴驕士。士以此方數千里争往歸之，致食客三千人。當是時，諸侯以公子賢，多客，不敢加兵謀魏十餘年[7]。

公子與魏王博[8]，而北境傳舉烽，言"趙寇至，且入界"。魏王釋博[9]，欲召大臣謀。公子止王曰："趙王田獵耳，非爲寇也。"復博如故。王恐，心不在博。居頃[10]，復從北方來傳言曰："趙王獵耳，非爲寇也。"魏王大驚，曰："公子何以知之？"公子曰："臣之客有能深得趙王陰事者[11]，趙王所爲，客輒以報臣，臣以此知之。"是後魏王畏公子之賢能，不敢任公子以國政。

[1] 魏昭王：名遫，公元前 295 年—前 277 年在位。魏安釐（xī）王：名圉（yǔ），公元前 276 年—前 243 年在位。

[2] 信陵：古邑名，故址在今河南省宁陵县西。

[3] 范雎：字叔，魏人，因遭诬陷，几被魏齐（时为魏相）打死，后逃到秦国，改名张禄，为秦昭王相。《史记》有传。

[4] 大梁：魏国都城，故址在今河南开封市西北。

[5] 華陽：地名，在今河南密县境内。

[6] 走：使动用法，赶跑。芒卯：魏将。

[7] 按：据《史记·魏世家》记载，自魏安釐王立，无岁不有秦兵，而赵亦多次侵魏，所谓诸侯"不敢加兵謀魏十余年"，是太史公夸张之笔。

[8] 博：下棋。

[9] 釋：放下。

[10] 居頃：不久。

[11] 陰事：隐秘之事。

魏有隱士曰侯嬴，年七十，家貧，爲大梁夷門監者[1]。公子聞之，往請，欲厚遺之[2]。不肯受，曰："臣修身絜行數十年[3]，終不以監門困故而受公子財。"公子於是乃置酒大會賓客。坐定，公子從車騎[4]，虚左[5]，自迎夷門侯生。侯生攝敝衣冠[6]，直上載公子上坐，不讓，欲以觀公子。公子執轡愈恭。侯生又謂公子曰："臣有客在市屠中，願枉車騎過之[7]。"公子引車入市，侯生下見其客朱亥，俾倪故久立[8]，與其客語，微察公子[9]。公子顔色愈和[10]。當是時，魏將相宗室賓客滿堂[11]，待公子舉酒。市人皆觀公子執轡。從騎皆竊罵侯生。侯生視公子色終不變，乃謝客就車[12]。至家，公子引侯生坐上坐，遍贊賓客[13]，賓客皆驚。酒酣，公子起，爲壽侯生前[14]。侯生因謂公子曰："今日嬴之爲公子亦足矣。嬴乃夷門抱關者也[15]，而公子親枉車騎，自迎嬴於衆人廣坐之中，不宜有所過[16]，今公子故過之。然嬴欲就公子之名[17]，故久立公子車騎市中[18]，過客以觀公子，公子愈恭。市人皆以嬴爲小人，而以公子爲長者能下士也。"於是罷酒，侯生遂爲上客。

侯生謂公子曰："臣所過屠者朱亥，此子賢者，世莫能知，故隱屠閒耳。"公子往數請之[19]，朱亥故不復謝，公子怪之。

[1] 夷門：魏都大梁的东门。監者：守门人。

[2] 遺（wèi）：赐予。

[3] 絜（jié）：清白，后写作"洁"，这里是使动用法。

[4] 從：使动用法。

[5] 虚左：空着左边的座位。按：古时乘车，御者居中，尊者居左。

[6] 攝：整理。

[7] 枉：委屈，言屈尊就卑。過：探望。

[8] 俾倪（pì nì）：同"睥睨"，用眼角的余光偷看。故：故意。

[9] 微：暗中。

[10] 顔色：神态。和：谦和。

[11] 將相宗室賓客：指將相、国君宗室身份的宾客。

[12] 謝：辞别。

[13] 遍贊賓客：一一地向宾客介绍。贊，告知。

[14] 爲壽：祝酒。

[15] 抱關：守门。關，门闩。

[16] 過：过分，指超出常规的礼数。

[17] 就：成就。

[18] 久立：使动用法。

[19] 數（shuò）：多次。

魏安釐王二十年，秦昭王已破趙長平軍[1]，又進兵圍邯鄲。公子姊爲趙惠文王弟平原君夫人[2]，數遺魏王及公子書，請救於魏。魏王使將軍晉鄙將十萬衆救趙。秦王使使者告魏王曰："吾攻趙旦暮且下，而諸侯敢救者，已拔趙，必移兵先擊之。"魏王恐，使人止晉鄙，留軍壁鄴[3]，名爲救趙，實持兩端以觀望[4]。平原君使者冠蓋相屬於魏[5]，讓魏公子曰[6]："勝所以自附爲婚姻者，以公子之高義，爲能急人之困。今邯鄲旦暮降秦而魏救不至，安在公子能急人之困也！且公子縱輕勝，棄之降秦，獨不憐公子姊邪？"公子患之，數請魏王，及賓客辯士説王萬端。魏王畏秦，終不聽公子。公子自度終不能得之於王，計不獨生而令趙亡，乃請賓客，約車騎百餘乘[7]，欲以客往赴秦軍，與趙俱死。

[1] 秦破赵长平军事在公元前 260 年，是役秦将白起在长平（今山西高平县西北）击败赵国军队，活埋赵国降卒 40 余万人。

[2] 趙惠文王：名何，公元前 298—前 266 年在位。平原君：名胜，封号平原君，时为赵相。平原，古邑名，故址在今山东平原县南。

[3] 壁：营垒，这里用作动词，驻扎。鄴：魏国边邑，故址在今河北临漳县西南。

[4] 持兩端：言怀有二心。

[5] 冠蓋：泛指官员的冠服和车乘。蓋，车盖。屬（zhǔ）：连。

[6] 讓：责备。

[7] 約：指置办，配备。

行過夷門，見侯生，具告所以欲死秦軍狀[1]。辭決而行[2]，侯生曰："公子勉之矣，老臣不能從。"公子行數里，心不快，曰："吾所以待侯生者備矣，天下莫不聞，今吾且死而侯生曾無一言半辭送我[3]，我豈有所失哉?"復引車還，問侯生。侯生笑曰："臣固知公子之還也。"曰："公子喜士，名聞天下。今有難，無他端而欲赴秦軍[4]，譬若以肉投餒虎[5]，何功之有哉[6]？尚安事客[7]？然公子遇臣厚[8]，公子往而臣不送，以是知公子恨之復返也[9]。"公子再拜，因問。侯生乃屏人閒語[10]，曰："嬴聞晉鄙之兵符常在王臥内[11]，而如姬最幸[12]，出入王臥内，力能竊之。嬴聞如姬父爲人所殺，如姬資之三年[13]，自王以下欲求報其父仇，莫能得。如姬爲公子泣，公子使客斬其仇頭，敬進如姬[14]。如姬之欲爲公子死，無所辭，顧未有路耳[15]。公子誠一開口請如姬，如姬必許諾，則得虎符奪晉鄙軍，北救趙而西卻秦[16]，此五霸之伐也[17]。"公子從其計，請如姬。如姬果盜晉鄙兵符與公子[18]。

[1] 把打算与秦军拼死的想法全都告诉了他。狀，情状。

[2] 辭決：诀别。

[3] 曾（zēng）：竟。

[4] 他端：其他的办法。

[5] 餒（něi）：饥饿。

[6] 功：成效。

[7] 尚：还。安：怎么。

[8] 遇：对待。

[9] 恨：遗憾。

[10] 屏（bǐng）人：屏退众人。閒（jiàn）語：私语。

[11] 兵符：古代调兵用的符信。按：古代兵符一分为二，一半为将军所持，一半存于国君，国君有令，则命使者持符前往，以合符为信。

[12] 如姬：魏安釐王的宠妃。幸：宠幸。

[13] 資：蓄积，言蓄积于心。一说，重金悬赏。

[14] 進：送上。

[15] 顧：只不过。

[16] 卻：同“却”，退，使动用法。

[17] 五霸：指春秋五霸。伐：功业。

[18] 晉鄙兵符：指存于王所、与“晉鄙”所持相应的另一半兵符。

公子行，侯生曰：“將在外，主令有所不受，以便國家[1]。公子即合符，而晉鄙不授公子兵而復請之，事必危矣。臣客屠者朱亥可與俱，此人力士。晉鄙聽，大善；不聽，可使擊之。”於是公子泣。侯生曰：“公子畏死邪？何泣也？”公子曰：“晉鄙嚄唶宿將[2]，往恐不聽，必當殺之，是以泣耳，豈畏死哉？”於是公子請朱亥。朱亥笑曰：“臣乃市井鼓刀屠者[3]，而公子親數存之[4]，所以不報謝者[5]，以爲小禮無所用。今公子有急，此乃臣效命之秋也。”遂與公子俱。公子過謝侯生。侯生曰：“臣宜從，老不能。請數公子行日，以至晉鄙軍之日，北鄉自剄[6]，以送公子。”公子遂行。

[1] 便：利。

[2] 嚄唶（huò zé）：大声呼叫，形容勇悍。宿將：久经战阵的将军。

[3] 鼓：操。

[4] 存：省视。

[5] 報謝：报答感谢。

[6] 鄉：同“向”。剄（jǐng）：以刀割颈。

至鄴，矯魏王令代晉鄙。晉鄙合符，疑之，舉手視公子曰：“今吾擁十萬之衆，屯於境上，國之重任，今單車來代之，何如哉？”欲無聽[1]。朱亥袖四十斤鐵椎[2]，椎殺晉鄙，公子遂將晉鄙軍。勒兵下令軍中曰[3]：“父子俱在軍中，父歸；兄弟俱在軍中，兄歸；獨子無兄弟，歸養。”得選兵八萬人[4]，進兵擊秦軍。秦軍解去[5]。遂救邯鄲，存趙。趙王及平原君自迎公子於界，平原君負韊矢爲公子先引[6]。趙王再拜曰：“自古賢人未有及公子者也。”當此之時，平原君不敢自比於人。公子與侯生決[7]，至軍，侯生果北鄉自剄。

[1] 無：不。

[2] 袖：用作动词，袖藏。

[3] 勒兵：整饬军队。

[4] 選兵：等于说精兵。

[5] 解去：解除包围而离去。

[6] 韊（lán）矢：装着箭的箭囊。先引：在前引路。

[7] 決：诀别。

魏王怒公子之盜其兵符，矯殺晉鄙[1]，公子亦自知也。已卻秦存趙，使將將其軍歸魏，而公子獨與客留趙。趙孝成王德公子之矯奪晉鄙兵而存趙[2]，乃與平原君計[3]，以五城封公子。公子聞之，意驕矜而有自功之色[4]。客有說公子曰：“物有不可忘，或有不可不忘[5]。夫人有德於公子，公子不可忘也；公子有德於人，願公子忘之也。且矯魏王令，奪晉鄙兵以救趙，於趙則有功矣，於魏則未爲忠臣也。公子乃自驕而功之，竊爲公子不取也。”於是公子立自責[6]，似若無所容者。趙王埽除自迎[7]，執主人之禮，引公子就西階。公子側行辭讓[8]，從東階上[9]。自言罪過，以負於魏，無功於趙。趙王侍酒至暮，口不忍獻五城，以公子退讓也。公子竟留趙[10]。趙王以鄗爲公子湯沐邑[11]，魏亦復以信陵奉公子。公子留趙。

[1] 矯：矫命，假托君命。

[2] 趙孝成王：名丹，平原君之侄，公元前266—前245年在位。德：感激。

[3] 計：商议。

[4] 功：名词用作动词，意动用法，以为有功。

[5] 立：立即。

[6] 或：无定代词，有的。

[7] 埽除：清除尘秽。

[8] 側行：侧身而行，以示恭敬。

[9] 言魏公子自谦，不敢与赵王并列。按：《礼记·曲礼上》：“主人就东阶，客就西阶。客若降等，则就主人之阶。”

[10] 竟：终。

[11] 鄗（hào）：邑名，故址在今河北柏乡县北。湯沐邑：周代供诸侯朝见天子时住宿并斋戒沐浴的封地。后也指王公贵族收取赋税的私邑。

公子聞趙有處士毛公藏於博徒[1]，薛公藏於賣漿家，公子欲見兩人，兩人自匿不肯見公子。公子聞所在，乃閒步往[2]，從此兩人游[3]，甚歡。平原君聞之，謂其夫人曰：“始吾聞夫人弟公子天下無雙，今吾聞之，乃妄從博徒賣漿者游，公子妄人耳[4]。”夫人以告公子。公子乃謝夫人去[5]，曰：“始吾聞平原君賢，故負魏王而救趙，以稱平原君[6]。平原君之游，徒豪舉耳[7]，不求士也。無忌自在大梁時，常聞此兩人賢，至趙，恐不得見。以無忌從之游，尚恐其不我欲也，今平原君乃以爲羞，其不足從游。”乃裝爲去[8]。夫人具以語平原君。平原君乃免冠謝[9]，固留公子。平原君門下聞之，半去平原君歸公子，天下士復往歸公子，公子傾平原君客[10]。

[1] 處士：有才德而隐居不仕的人。藏：潜匿。博徒：赌徒。

[2] 閒步：私下步行。

[3] 游：交往。

[4] 妄人：平庸之人。

[5] 謝：辞别。

[6] 稱（chèn）：符合。

[7] 豪舉：声势显赫的举动。

[8] 裝：治装。

[9] 免冠：摘下冠，古人用以表示谢罪。

[10] 傾：倾倒。

公子留趙十年不歸。秦聞公子在趙，日夜出兵東伐魏。魏王患之，使使往請公子。公子恐其怒之，乃誡門下："有敢爲魏王使通者，死。"賓客皆背魏之趙，莫敢勸公子歸。毛公、薛公兩人往見公子曰："公子所以重於趙，名聞諸侯者，徒以有魏也。今秦攻魏，魏急而公子不恤，使秦破大梁而夷先王之宗廟[1]，公子當何面目立天下乎?"語未及卒，公子立變色，告車趣駕歸救魏[2]。

魏王見公子，相與泣，而以上將軍印授公子，公子遂將。魏安釐王三十年，公子使使遍告諸侯。諸侯聞公子將，各遣將將兵救魏。公子率五國之兵破秦軍於河外[3]，走蒙驁[4]。遂乘勝逐秦軍至函谷關，抑秦兵[5]，秦兵不敢出。當是時，公子威振天下，諸侯之客進兵法，公子皆名之[6]，故世俗稱魏公子兵法。

[1] 使：假使。夷：铲平。

[2] 趣（cù）：赶快。

[3] 五國：指韩、赵、楚、齐、燕。河外：指黄河以南。

[4] 蒙驁（ào）：秦将。

[5] 抑：阻止。

[6] 皆名之：诸侯之客所进兵法皆署以公子之名。

秦王患之，乃行金萬斤於魏，求晉鄙客，令毀公子於魏王曰[1]："公子亡在外十年矣，今爲魏將，諸侯將皆屬，諸侯徒聞魏公子，不聞魏王。公子亦欲因此時定南面而王，諸侯畏公子之威，方欲共立之。"秦數使反閒，僞賀公子得立爲魏王未也[2]。魏王日聞其毀，不能不信，後果使人代公子將。公子自知再以毀廢，乃謝病不朝，與賓客爲長夜飲，飲醇酒[3]，多近婦女。日夜爲樂飲者四歲，竟病酒而卒。其歲，魏安釐王亦薨[4]。

秦聞公子死，使蒙驁攻魏，拔二十城，初置東郡[5]。其後秦稍蠶食魏[6]，十八歲而虜魏王[7]，屠大梁。

高祖始微少時[8]，數聞公子賢。及即天子位，每過大梁，常祠公子。高祖十二年，從擊黥布還[9]，爲公子置守冢五家，世世歲以四時奉祠公子。

[1] 毀：谗毁。

[2] 僞：假做。

[3] 醇酒：醇厚的美酒。

[4] 薨（hōng）：诸侯死曰薨。

[5] 東郡：秦王政五年置，治所在今河南濮阳西南。

[6] 稍：逐渐。

[7] 十八歲：指魏公子死后十八年。

[8] 微：微贱。

[9] 黥（qíng）布：名英布，因受黥刑，故时人亦称之黥布；汉初名将，始从项羽，后归汉，以功封淮南王。因举兵反，高祖十二年被杀。《史记》有传。

太史公曰：吾過大梁之墟，求問其所謂夷門。夷門者，城之東門也。天下諸公子亦有喜士者矣，然信陵君之接巖穴隱者[1]，不恥下交，有以也[2]。名冠諸侯，不虛耳。高祖每過之而令民奉祠不絕也。

[1] 接：接待。

[2] 以：原因。按：战国四公子皆以好士著称，然孟尝君、平原君、春申君皆好士以自为，而信陵君则好士以为国，太史公曰“有以”当指此。

自学提示

（1）掌握下列带点的词语：

其後秦稍蠶食魏　告車趣駕歸救魏　從此兩人游　公子乃謝夫人去　公子與魏王博　嬴乃夷門抱關者也　讓魏公子曰　侯生乃屏人閒語　此五霸之伐也　而公子親數存之　公子與侯生決　乃閒步往　有以也

（2）重点掌握下列句子：

具告所以欲死秦軍狀。

今有難，無他端而欲赴秦軍，譬若以肉投餒虎，何功之有哉？尚安事客？

以無忌從之游，尚恐其不我欲也。

秦數使反閒，僞賀公子得立爲魏王未也。

漢書

《汉书》又叫《前汉书》，东汉班固撰。记事起自汉高祖元年（公元前206年），止于王莽地皇四年（公元23年），共230年，是我国第一部断代史。

班固（公元32—92年），字孟坚，扶风安陵（今陕西咸阳东）人。明帝时任兰台令史，和帝时随大将军窦宪出征匈奴，任中护军。后因窦宪谋反事败，受牵连入狱而死。班固27岁始作《汉书》，前后费时20余年，死时，尚未最后完成。后由其妹班昭和马续补写了八表和《天文志》。

班固写《汉书》，凡汉武帝以前的史实，基本上根据《史记》，只稍微作了些补充及文字上的变动。武帝以后的，则是在他父亲班彪所写的《后传》的基础上，经过采集史料，搜辑异闻，重新加工整理而成。

《汉书》基本上沿用了《史记》的编写体例，分十二本纪、八表、十志、七十列传，共100篇。《汉书》史料丰富，语言凝练，结构谨严，人物的描写也很细腻，对后代的史学、传记文学具有一定影响。

东汉末年，服虔、应劭给《汉书》作过音义。目前通行的《汉书》有唐代颜师古的集注本和清代王先谦的《汉书补注》等。

龔遂傳

龔遂，字少卿，山陽南平陽人也[1]。以明經爲官[2]，至昌邑郎中令[3]，事王賀[4]。賀動作多不正[5]，遂爲人忠厚，剛毅有大節，内諫争於王[6]，外責傅相[7]，引經義，陳禍福，至於涕泣，蹇蹇亡已[8]。面刺王過[9]，王至掩耳起走，曰："郎中令善媿人[10]。"及國中皆畏憚焉。

[1] 山陽：汉郡名，治所在昌邑（今山东金乡县西北），辖境当今山东省西南一带。南平陽：汉县名，今山东邹县。

[2] 明經：通晓经学。按："明經"是汉代选拔官员的名目之一。

[3] 昌邑：即昌邑国，汉武帝封其第五子刘髆（bó）为昌邑王。郎中令：官名，秦始置，汉初沿用此称，掌宫廷侍卫。

[4] 王賀：昌邑王刘贺，刘髆之子。

[5] 動作：行为举止。

[6] 争（zhèng）：直言规劝，后写作"诤"。

[7] 傅相：太傅、丞相。按：汉代各诸侯国都设有太傅、丞相等官职，由皇帝直接委派。

[8] 蹇蹇（jiǎn jiǎn）：直言规劝的样子。亡（wú）：通"无"。已：止。

[9] 面刺：当面指责。

[10] 媿：同"愧"，使动用法。

王嘗久與騶奴、宰人游戲飲食[1]，賞賜亡度[2]，遂入見王，涕泣厀行[3]，左右侍御皆出涕。王曰："郎中令何爲哭？"遂曰："臣痛社稷危也！願賜清閒竭愚[4]。"王辟左右[5]，遂曰："大王知膠西王所以爲無道亡乎[6]？"王曰："不知也。"曰："臣聞膠西王有諛臣侯得，王所爲儗於桀紂也[7]，得以爲堯舜也。王説其諂[8]，嘗與寢處[9]，唯得所言，以至於是[10]。今大王親近群小，漸漬邪惡所習[11]，存亡之機[12]，不可不慎也。臣請選郎通經術、有行義者與王起居[13]，坐則誦詩書，立則習禮容，宜有益。"王許之。遂乃選郎中張安等十人侍王。居數日，王皆逐去安等。

[1] 騶（zōu）奴：养马驾车的奴仆。宰人：掌管膳食的人。

[2] 亡：通"无"。

[3] 厀行：用膝盖行进。厀，同"膝"。

[4] 清閒：指清净无人的环境。竭愚：竭尽愚忠。

［5］辟：避开，使动用法。

［6］膠西王：刘印，景帝时与吴、楚谋反，事败被杀。所以：相当于“……原因”。

［7］儗（nǐ）：比拟。

［8］説：悦。

［9］是：指代前言为无道而亡一事。

［10］寑：同“寝”。

［11］漸（jiān）：浸润，习染。漬（zì）：沾染。邪惡所習：因邪恶之心所积习而成的坏的品德。

［12］機：关键。

［13］郎通經術、有行義者：郎中通晓经术、品德又好的人。郎，官名，宫中侍从的总称。其职务是护卫、侍从、备顾问等。起居：义同上文“寑處”。

久之，宫中數有妖怪[1]，王以問遂[2]，遂以爲有大憂，宫室將空，語在《昌邑王傳》[3]。

會昭帝崩，亡子，昌邑王賀嗣立，官屬皆徵入[4]。王相安樂遷長樂衛尉[5]，遂見安樂，流涕謂曰：“王立爲天子，日益驕溢，諫之不復聽，今哀痛未盡[6]，日與近臣飲食作樂，鬥虎豹，召皮軒[7]，車九流[8]，驅馳東西。所爲誖道[9]。古制寬，大臣有隱退，今去不得，陽狂恐知[10]，身死爲世戮，奈何？君，陛下故相，宜極諫争。”王即位二十七日，卒以淫亂廢。昌邑群臣坐陷王於惡不道[11]，皆誅，死者二百餘人，唯遂與中尉王陽以數諫争得減死，髡爲城旦[12]。

［1］數（shuò）：屡次。

［2］以：因。

［3］这句是说有关这件事的详细情况都写在《昌邑王傳》中。

［4］官屬：指昌邑王的下属官员。徵入：征召入京。

［5］遷：升迁。長樂：指长乐宫。衛尉：官名，汉代为九卿之一，掌宫门警卫。

［6］哀痛未盡：指为昭帝服丧的日子尚未期满。按：古礼，服丧期间禁止饮酒作乐。

［7］皮軒：用虎皮作屏障的车。

［8］九流：即九旒（liú），旗名。《礼记·乐记》：“龙旂九旒，天子之旌也。”皮軒、九流都是先行的仪仗。

［9］誖（bèi）：违背。

［10］陽：佯，假装。恐知：怕人发觉。

［11］坐：因……而获罪。

［12］髡（kūn）：古代刑罚之一，剃去头发。城旦：秦汉时刑名，为苦役，筑城四年。

宣帝即位[1]，久之，渤海左右郡歲飢[2]，盗賊並起，二千石不能禽制[3]。上選能治者，丞相御史舉遂可用，上以爲渤海太守。時遂年七十餘，召見，形貌短小，宣帝望見，不副所聞[4]，心内輕焉[5]，謂遂曰：“渤海廢亂，朕甚憂之。君欲何以息其盗賊，以稱朕意[6]？”遂對曰：“海瀕遐遠[7]，不霑聖化[8]，其民困於飢寒而吏不恤[9]，故使陛下赤子盗弄陛下之兵於潢池中耳[10]。今欲使臣勝之邪[11]，將安之也[12]？”上聞遂對，甚説，答曰：“選用賢良，固欲安之也。”遂曰：“臣聞治亂民猶治亂繩，不可急也；唯緩之，然後可治。臣願丞相御史且無拘臣以文法[13]，得一切便宜從事[14]。”上許焉，加賜黄金，贈遣[15]。

[1] 宣帝：汉宣帝刘询，公元前74年即位。

[2] 歲：年成。飢：饥荒。

[3] 二千石：指郡守等地方官。按：汉制，以所得俸禄多少来区分官吏的等级，汉代郡守俸禄为二千石。禽：擒。

[4] 副：符合。

[5] 輕：轻视。

[6] 稱（chèn）：符合。

[7] 瀕（bīn）：涯，水边。

[8] 霑（zhān）：浸润，这里指蒙受。

[9] 恤：抚恤，救济。

[10] 赤子：喻指百姓。潢池：积水的池塘。

[11] 邪（yé）：语气词，表示疑问语气。

[12] 將：连词，表示选择。

[13] 無：通“毋”，不要。拘：限制。文法：成文之法。

[14] 便（biàn）宜從事：指斟酌事宜，不拘规制条文，自行处理。

[15] 贈遣：赠送财物以遣使之。

乘傳至渤海界[1]，郡聞新太守至，發兵以迎，遂皆遣還，移書勑屬縣悉罷逐捕盗賊吏[2]。諸持鉏鉤田器者皆爲良民[3]，吏無得問，持兵者乃爲盗賊。遂單車獨行至府，郡中翕然[4]，盗賊亦皆罷。渤海又多劫略相隨[5]，聞遂教令，即時解散，棄其兵弩而持鉤鉏。盗賊於是悉平，民安土樂業。遂乃開倉廩假貧民[6]，選用良吏，尉安牧養焉[7]。

遂見齊俗奢侈，好末技[8]，不田作[9]，乃躬率以儉約[10]，勸民務農桑[11]，令口種一樹榆、百本韰、五十本葱、一畦韭[12]，家二母彘、五雞[13]。民有帶持刀劍者，使賣劍買牛，賣刀買犢，曰：“何爲帶牛佩犢！”春夏不得不趨田畝，秋冬課收斂[14]，益蓄果實菱芡[15]。勞來循行[16]，郡中皆有畜積，吏民皆富實。獄訟止息。

[1] 傳（chuán）：古代的驿车。

[2] 移書：下达文书。勑（chì）：命令。屬縣：渤海郡下属各县。罷：止，使动用法。

[3] 鉏（chú）：同“锄”，除草农具。鉤：镰刀。

[4] 翕（xī）然：十分肃静的样子。

[5] 略：掠夺。相隨：等于说相继发生。

[6] 假：指救济。

[7] 尉：安慰，后写作“慰”。牧養：指百姓。

[8] 末技：指工商业。

[9] 田作：在田间劳作。

[10] 躬：亲自。

[11] 勸：鼓励。

[12] 口：这里指每一口人。樹：量词，棵。本：量词，棵。韰（xiè）：同“薤”，菜名，状似韭菜。

[13] 彘（zhì）：猪。

[14] 課：考核。收斂：收获。

[15] 益：多。蔆芡（líng qiàn）：菱角和鸡头米，皆水生植物的果实，可食。

[16] 勞來（lài）：慰问，劝勉。循行：巡视。

數年，上遣使者徵遂，議曹王生願從[1]。功曹以爲王生素耆酒[2]，亡節度，不可使。遂不忍逆，從至京師[3]。王生日飲酒，不視太守。會遂引入宫，王生醉，從後呼，曰：“明府且止[4]，願有所白[5]。”遂還問其故，王生曰：“天子即問君何以治渤海[6]，君不可有所陳對，宜曰‘皆聖主之德，非小臣之力也。’”遂受其言。既至前，上果問以治狀，遂對如王生言。天子説其有讓[7]，笑曰：“君安得長者之言而稱之[8]？”遂因前曰[9]：“臣非知此，乃臣議曹教戒臣也。”上以遂年老不任公卿，拜爲水衡都尉[10]，議曹王生爲水衡丞[11]，以褒顯遂云[12]。水衡典上林禁苑[13]，共張宫館[14]，爲宗廟取牲[15]，官職親近，上甚重之，以官壽卒[16]。

[1] 議曹：官名，郡守的属吏，参与议事。

[2] 功曹：官名，郡守的属吏，掌管记录、考核功绩。耆（shì）：爱好，后写作“嗜”。

[3] 從：使动用法。

[4] 明府：对郡守的尊称。

[5] 白：禀告。

[6] 即：如果。

[7] 説：悦。

[8] 稱：述说。

[9] 前：走上前。

[10] 拜：授予官爵。水衡都尉：官名，汉武帝时始置，掌管上林苑。

[11] 水衡丞：水衡都尉的属吏。

[12] 褒顯：表彰。云：句尾语气词。

[13] 上林：秦旧苑，汉初荒废，至汉武帝时重新扩建，故址在今西安市西及周至县、户县界。典：掌管。

[14] 共：供给。張（zhàng）：帷幕，后写作“帐”。

[15] 牲：供祭祀用的牛羊豕等家畜。

[16] 以官壽卒：老死在任上。

自学提示

(1) 掌握下列带点的词语：

面刺王過　郎中令善媿人　賞賜亡度　王所爲儗於桀紂也　漸漬邪惡所習　所爲誖道　髡爲城旦　不副所聞　海瀕遐遠　將安之也　乘傳至渤海界　秋冬課收斂　勞來循行　願有所白　天子説其有讓　功曹以爲王生素耆酒　共張宫館　天子即問君何以治渤海

(2) 重点掌握下列句子：

以官壽卒。

古注

史記三家注

《史记三家注》，刘宋裴駰集解，唐司马贞索隐，唐张守节正义。

裴駰，字龙驹，生卒年不详，南朝宋河东闻喜（今山西闻喜）人，裴松之之子。以徐广《史记音义》为基础，吸收前人成果，撰成《史记集解》八十卷，是现存最早而又完整的《史记》旧注。

司马贞，字子正，生卒年不详，唐河内（今河南沁阳）人，时号“小司马”。采集《史记》旧注，作《史记索隐》三十卷，注音与释文并重，提出不少新的见解。

张守节，生平不详。《史记正义》一书，据张守节自序为三十卷，今本一百三十卷。据其自序，书成于开元二十四年（公元736年）。此书训释详备，尤长于地理。

三家注原各自单行，与《史记》卷数不相合。北宋时始将三家注散列正文之下，合为一编。

淮陰侯列傳（節選）

信[1]與張耳[2]以兵數萬欲東下井陘[3]擊趙[索隱] 案地理志[4]常山[5]石邑縣井陘山在西又穆天子傳[6]云至於陘山之隧升於三道之磴是也趙王[7]成安君[8]陳餘聞漢且[9]襲之也聚兵井陘口[正義] 井陘故關在并州石艾縣東十八里即井陘口號稱二十萬

[1] 信：指韓信。

［2］張耳：秦末农民起义将领之一，后为陈馀所败，投奔刘邦。

［3］井陘（xíng）：在今河北井陉县东北之井陉口。

［4］地理志：指《汉书·地理志》。

［5］常山：即恒山，避汉文帝刘恒讳改。

［6］穆天子傳：书名。晋太康二年汲县人自魏襄王墓所得。

［7］趙王：指赵歇。汉高祖二年陈馀迎代王赵歇为赵王。

［8］成安君：陈馀的封号。赵王歇曾立陈馀为代王，但陈馀留傅赵王，未之国。

［9］且：将。

廣武君[1]李左車說成安君曰聞漢將韓信涉西河[2]虜魏王[3]禽夏說[4]新喋血［索隱］喋舊音㗲非也案陳湯傳[5]喋血万里之外如淳[6]云殺人血流滂沱也韋昭[7]音徒協反閼與[8]今乃輔以張耳議欲下[9]趙此乘勝而去國遠鬬其鋒不可當臣聞千里餽[10]糧士有飢色樵蘇後爨［集解］漢書音義[11]曰樵取薪也蘇取草也師不宿[12]飽今井陘之道車不得方軌[13]騎不得成列行數百里其勢糧食必在其後願足下假臣奇兵三萬人從閒道[14]絕其輜重足下深溝高壘堅營勿與戰彼前不得鬬退不得還吾奇兵絕其後使野無所掠不至十日而兩將之頭可致於戲下[15]願君留意[16]臣之计否必爲二子所禽矣成安君儒者也常稱義兵不用詐謀奇計曰吾聞兵法十[17]則圍之倍則戰今韓信兵號數萬其實不過數千能千里而襲我亦已罷[18]极今如此避而不擊後有大者何以加之則諸侯謂吾怯而輕來伐我不聽廣武君策廣武君策不用

［1］廣武君：李左车的封号。

［2］西河：陕西、山西交界的一段黄河。

［3］魏王：指魏王豹。

［4］夏說（yuè）：代王陈馀之相。

［5］指《汉书·陈汤传》。

［6］如淳：三国魏人，曾注《汉书》。

［7］韋昭：三国吴人，曾注《汉书》。

［8］閼與（yù yǔ）：在今山西和顺。

［9］下：攻下。

［10］餽：通“馈”。

［11］漢書音義：作《汉书音义》者非止一家，但言书名时不详撰者。

［12］宿：隔夜的。

［13］方軌：并行。方：并。軌：车辙。

[14] 閒道：小路。

[15] 戲下：大旗之下。戏：通“麾”(huī)，主将的大旗。

[16] 留意：考虑。

[17] 十：十倍。

[18] 罷：通“疲”。

韓信使人閒視[1]知其不用還報則大喜乃敢引兵遂下〔正義〕引兵入井陘狹道出趙未至井陘口三十里止舍[2]夜半傳發〔集解〕漢書音義曰傳令軍中使發選輕騎二千人人持一赤幟從閒道萆山而望趙軍〔集解〕如淳曰萆音蔽[3]依山自覆蔽〔索隱〕案謂令從閒道小路向前望見陳餘軍營即住仍須隱山自蔽勿令趙軍知也萆音蔽蔽者盖覆也楚漢春秋[4]作卑山漢書作箄山說文云箄蔽也從竹卑声誡曰趙見我走必空壁[5]逐我若[6]疾入趙壁拔趙幟立漢赤幟令其裨將[7]傳飱〔集解〕徐廣[8]曰音餐也曰今日破趙會食〔集解〕服虔[9]曰立駐傳餐食也如淳曰小飯曰餐言破趙後乃當共飽食也〔索隱〕如淳曰小飯曰餐謂立駐傳餐待破趙乃大食也諸將皆莫信詳[10]應曰諾謂軍吏曰趙已先據便地[11]爲壁且彼未見吾大將旗鼓未肯擊前行恐吾至阻險而還信乃使萬人先行出背水陳[12]〔正義〕緜蔓水一名阜將一名回星自并州流入井陘界即信背水陣陷之死地即此水也趙軍望見而大笑

[1] 閒視：暗中侦察。

[2] 舍(shè)：军队住一夜。

[3] 萆音蔽：等于说“萆读为蔽”。

[4] 楚漢春秋：汉陆贾撰，已佚。

[5] 空：使动用法。壁：营垒。

[6] 若：你们。

[7] 裨(pí)將：副将。

[8] 徐廣：字野民，东晋时人，撰有《史记音义》。

[9] 服虔：字子慎，东汉经学家。

[10] 詳：通“佯”。

[11] 便地：有利地形。

[12] 陳(zhèn)：摆开阵势。

平旦[1]信建[2]大將之旗鼓鼓行出井陘口趙開壁擊之〔正義〕恆州鹿泉縣即六國時趙壁也大戰良久於是信張耳詳棄鼓旗走水上軍[3]水上軍開入

之[4]復疾戰趙果空壁爭漢鼓旗逐韓信張耳韓信張耳已入水上軍軍皆殊死戰不可敗信所出奇兵二千騎共候趙空壁逐利則馳入趙壁皆拔趙旗立漢赤幟二千趙軍已不勝不能得信等欲還歸壁壁皆漢赤幟而大驚以爲漢皆已得趙王將矣兵遂亂遁走趙將雖斬之不能禁也於是漢兵夾擊大破虜趙軍斬成安君泜水上［集解］徐廣曰泜音遲［索隱］徐廣音遲劉氏[5]音脂禽趙王歇

［1］平旦：天亮。

［2］建：竖立。

［3］水上軍：指背水摆阵的军队。

［4］開：打开营门。入：使……进入。

［5］劉氏：指唐刘伯庄，著有《史记音义》。

信乃令軍中毋殺廣武君有能生得者購[1]千金於是有縛廣武君而致戲下者信乃解其縛東鄉[2]坐西鄉對師事之

諸將效首虜[3]［索隱］如淳曰效致也晉灼[4]云效數也鄭玄注禮效犹呈見也休畢賀因問信曰兵法右倍[5]山陵前左水泽今者將軍令臣等反背水陳曰破趙會食臣等不服然竟以勝此何術也信曰此在兵法顧[6]諸君不察[7]耳兵法[8]不曰陷之死地而後生置之亡地而後存且信非得素[9]拊循[10]士大夫[11]也此所謂驅市人而戰之其勢非置之死地使人人自爲戰今予之生地皆走寧尚可得而用之乎諸將皆服曰善非臣所及也

［1］購：悬赏徵求。

［2］鄉：向，后写作“乡”。

［3］效首虜：献上首级和俘虏。

［4］晉灼：晋河南人，撰有《汉书音义》，已亡佚。

［5］倍：通“背”。

［6］顧：祇不过。

［7］察：仔细看。

［8］兵法：指《孙子兵法》。语见《孙子·九地》，原文是：“投之亡地然后存，陷之死地然后生。”

［9］素：平素。

［10］拊（fǔ）循：安抚。

[11] 士大夫：指将士。

自学提示

(1) 掌握加点的词语：

聞漢且襲之也　亦已罷極　使人閒視　必空壁逐我　若疾入趙壁　水上軍開入之　右倍山陵

(2) 重点掌握下列句子：

千里餽糧，士有飢色；樵蘇後爨，師不宿飽。

否，必为二子所禽矣。

信乃解其縛，東鄉坐，西鄉對，師事之。

漢書注

《汉书注》，唐颜师古注。颜师古（公元 581—645 年），字籀（一说名籀，字师古），唐京兆万年（今陕西西安西北）人，训诂学家，颜之推之孙。除《汉书注》外，还著有《急就章注》《匡谬正俗》等。

李廣傳（節選）

李廣隴西[1]成紀[2]人也其先曰李信秦時爲將逐得燕太子丹者也廣世世受射 師古曰受射法 孝文十四年匈奴大入蕭關[3] 師古曰在上郡[4]北 而廣以良家子[5]從軍擊胡用[6]善射殺首虜多爲郎騎常侍 師古曰官爲郎常騎以侍天子故曰騎常侍 數從射獵格殺猛獸文帝曰惜廣不逢時令當高祖世萬户侯豈足道哉

[1] 隴西：郡名，在今甘肃东部。

[2] 成紀：县名，在今甘肃秦安县北。

[3] 蕭關：在今甘肃环县西北。

[4] 上郡：郡名，在今陕西北部及内蒙古部分地区。

[5] 良家子：清白人家的子弟。按：汉代从军者有两种，一种是普通人家子弟，即“良家子”，另一种是因罪被贬谪戍边的囚徒。

[6] 用：因。

景帝即位爲騎郎將 師古曰爲騎郎之將主騎郎 吴楚反時爲驍騎都尉從太尉亞夫[1]戰昌邑[2]下顯名以梁王[3]授廣將軍印故還賞不行 文穎曰廣爲漢將私受梁印故不得賞也

爲上谷[4]太守數與匈奴戰典屬國[5]公孫昆邪[6]爲上泣曰服虔曰昆邪中國人也師古曰對上而泣也昆音下温反李廣材氣天下亡[7]雙自負其能數與虜确[8]恐亡之師古曰負恃也确謂競勝敗也确音角上乃徙廣爲上郡太守

［1］亞夫：即周亚夫，平定吴楚七国之乱时为统帅。

［2］昌邑：时为梁之要邑，在今山东金乡县西北。

［3］梁王：即梁孝王刘武，景帝胞弟，封于梁。

［4］上谷：郡名，在今河北西北部。

［5］典屬國：官名。

［6］公孫昆邪（hún yé）：人名。

［7］亡：通“无”。

［8］确（jué）：通“角”，角逐，争斗。

匈奴侵上郡上使中貴人[1]從廣服虔曰内臣之貴幸者勒習兵[2]擊匈奴中貴人者將數十騎從[3]張晏曰放從縱遊獵也師古曰張讀作縱此説非也直言將數十騎自隨在大軍前行而忽遇敵也從音才用反見匈奴三人與戰射傷中貴人殺其騎且盡中貴人走廣師古曰走趣也音奏廣曰是必射鵰者也文穎曰鵰鳥也故使善射者射之師古曰鵰大鷲鳥也一名鷲黑色翮可以爲箭羽音彫廣乃從[4]百騎往馳三人師古曰疾馳而逐之三人亡馬步行行數十里廣令其騎張左右翼師古曰旁引其騎若鳥翼之爲而廣身自射彼三人者殺其二人生得一人果匈奴射鵰者也已縛之上山望匈奴數千騎見廣以爲誘騎驚上山陳師古曰爲陳以待廣也廣之百騎皆大恐欲馳還走廣曰我去大軍數十里今如此走匈奴追射我立盡今我留匈奴必以我爲大軍之誘不我擊師古曰不我擊不敢擊我也廣令曰前未到匈奴陳二里所[5]止令曰皆下馬解鞍騎曰虜多如是解鞍即[6]急奈何廣曰彼虜以我爲走今解鞍以示不去用堅[7]其意師古曰示以堅牢令敵意知之有白馬將出護兵師古曰將之乘白馬者也護謂監視之廣上馬與十餘騎奔射殺白馬將而復還至其百騎中解鞍縱馬臥師古曰縱放也時會[8]暮胡兵終怪之弗敢擊夜半胡兵以爲漢有伏軍於傍欲夜取之即引去平旦[9]廣乃歸其大軍後徙[10]爲隴西北地雁門雲中太守

［1］中貴人：指宫中受宠幸的太监。

［2］勒習兵：习练治军。

［3］從（zòng）：纵马驰骋。按：《史记·李将军列传》作“縱”。

［4］從：使动用法。

［5］所：许，表概数。

［6］即：如果。

［7］堅：使动用法。

［8］會：适逢。

［9］平旦：天明。

［10］徙：调动官职。

武帝即位左右言廣名將也由是入爲未央[1]衛尉[2]而程不識時亦爲長樂[3]衛尉程不識故與廣俱以邊太守將屯[4]及出擊胡而廣行無部曲[5]行陳[6]師古曰續漢書百官志[7]云將軍領軍皆有部曲大將軍營五部部校尉一人部下有曲曲有軍候一人今廣尚於簡易故行道之中而不立部曲也就善水草頓舍人人自便師古曰頓止也舍息也便安利也音頻面反其下亦同不擊刁斗自衛孟康曰刁斗以銅作鐎[8]受一斗晝炊飯食夜擊持行夜名曰刁斗今在滎陽庫中也蘇林曰形如鋗[9]無緣[10]師古曰鐎音譙郡之譙温器也鋗音火玄反鋗即銚也今俗或呼銅銚音姚莫府[11]省文書晉灼曰將軍職在征行無常處所在爲治故言莫府也莫大也或曰衛青征匈奴絕大莫[12]大克[13]獲帝就拜大將軍於幕中府故曰莫府莫府之名始於此也師古曰二説皆非也莫府者以軍幕爲義古字通單用耳軍旅無常居止故以帳幕言之廉頗李牧市租[14]皆入幕府此則非因衛青始有其號又莫訓大於義乖矣省少也音所領反然亦遠[15]斥候[16]未嘗遇害程不識正[17]部曲行伍營陳擊刁斗吏治軍簿師古曰簿文簿音步户反至明軍不得自便不識曰李將軍極簡易然虜卒犯之無以禁師古曰卒讀曰猝而其士亦佚樂師古曰佚與逸同逸樂謂閑豫[18]也爲之死我軍雖煩擾虜亦不得犯我是時漢邊郡李廣程不識爲名將然匈奴畏廣士卒多樂從而苦程不識師古曰苦謂厭苦之也不識孝景時以數直諫爲太中大夫爲人廉謹於文法[19]

［1］未央：未央宫，天子所居。

［2］衛尉：禁卫军的长官。

［3］長樂：长乐宫，太后所居。

［4］將屯：率军驻防。

［5］部曲：古代军队的编制单位。

［6］行陳（zhèn）：行列阵势。

［7］續漢書百官志：即《后汉书·百官志》。

［8］鐎（jiāo）：古代炊具，多用于温羹。

［9］鋗（xuān）、銚（yáo）：皆古代盆形温器。

［10］緣：边。

［11］莫府：即幕府，将帅在外临时设置作为府署的营帐。

［12］絕大莫：穿过大漠。

［13］克：胜。

［14］市租：货物税款。按：《史记·廉颇蔺相如列传》作“市租皆输入莫府”。

［15］遠：使动用法。

［16］斥候：侦察敌情的哨兵。

［17］正：使动用法，饬正。

［18］豫：安乐。

［19］文法：条文法令。

後漢誘單于[1]以馬邑城使大軍伏馬邑傍而廣爲驍騎將軍屬護軍将军（師古曰韓安國）單于覺之去漢軍皆無功後四歲廣以衛尉爲將軍出雁門擊匈奴匈奴兵多破廣軍生得廣單于素聞廣賢令曰得李廣必生致之胡騎得廣廣時傷置兩馬間絡[2]而盛之[3]臥行十餘里廣陽[4]死睨其傍有一兒騎善馬（師古曰睨邪視也音五係反）暫[5]騰而上胡兒馬（師古曰騰跳躍也）因抱兒鞭馬南馳數十里得其餘軍匈奴騎數百追之廣行取兒弓射殺追騎（師古曰且行且射也）以故得脱於是至漢漢下廣吏[6]吏當[7]廣亡失多爲虜所生得（師古曰當謂處其罪也）當斬贖爲庶人

［1］單（chán）于：匈奴最高首领的称号。

［2］絡：用作动词，用绳索结成网络。

［3］之：当是衍文。

［4］陽：假装。

［5］暫：突然。

［6］下廣吏：把李广交给执法官吏审判。下，使动用法。

［7］當（dàng）：判决。

數歲與故潁陰侯屏[1]居藍田[2]南山中射獵（師古曰潁陰侯灌嬰之孫名彊）嘗夜從[3]一騎出從人田間飲還至亭[4]霸陵[5]尉醉呵止廣廣騎曰故李將軍尉

曰今將軍尚不得夜行何故也宿廣亭下居無何匈奴入遼西殺太守敗韓將軍蘇林曰韓安國韓將軍後徙居右北平[6]死於是上乃召拜廣爲右北平太守廣請霸陵尉與俱師古曰奏謂天子而將行至軍而斬之

…………

廣在郡匈奴號曰漢飛將軍避之數歲不入界

[1] 屏：退隐。

[2] 藍田：县名，在今陕西蓝田县西。

[3] 從：使动用法。

[4] 亭：驿亭。

[5] 霸陵：汉文帝的陵墓，在今陕西长安县东。

[6] 右北平：郡名，在今河北蓟县以东及辽宁部分地区。

自学提示

（1）掌握下列带点的词语：

屏居藍田南山中　還至亭　廣陽死　暫騰而上胡兒馬　然亦遠斥候　莫府省文書　謹於文法　前未到匈奴陳二里所止　數與虜确

（2）重点掌握下列句子：

漢下廣吏，吏當廣亡失多，爲虜所生得，當斬，贖爲庶人。

白 文

管晏列傳

选自《史记》，是春秋时期齐国名臣管仲、晏婴的合传。

管仲夷吾者潁上[1]人也少時常與鮑叔牙游[2]鮑叔知其賢管仲貧困常欺鮑叔鮑叔終善遇之不以爲言[3]已而鮑叔事齊公子小白[4]管仲事公子纠[5]及小白立爲桓公公子糾死管仲囚焉鮑叔遂進管仲管仲既用任政於齊齊桓公以霸九合諸侯一匡[6]天下管仲之謀也

[1] 潁上：颍水之滨。[2] 游：交往。[3] 不以爲言：这里是没有怨言的意思。[4] 公子小白：即齐桓公，姜姓，名小白。[5] 公子糾：公子小白的兄弟，与公子小白争夺君位，失败后被杀。[6] 匡：正，使动用法。

管仲曰吾始困時嘗與鮑叔賈[1]分財利多自與鮑叔不以我爲貪知我貧也吾嘗爲鮑叔

謀事而更窮困[2]鮑叔不以我爲愚知時有利不利也吾嘗三仕三見逐於君鮑叔不以我爲不肖知我不遭時也吾嘗三戰三走[3]鮑叔不以我爲怯知我有老母也公子糾敗召忽[4]死之吾幽囚受辱鮑叔不以我爲無恥知我不羞小節而恥[5]功名不顯於天下也生我者父母知我者鮑子也

鮑叔既進管仲以身下之子孫世禄[6]於齐有封邑者十餘世常爲名大夫天下不多[7]管仲之賢而多鮑叔能知人也

[1] 賈（gǔ）：坐地经商。[2] 窮困：处境窘迫，使动用法。[3] 走：言败逃。[4] 召（shào）忽：人名，与管仲一起事奉公子纠，公子纠被杀后，召忽自杀。[5] 羞、恥：意动用法。[6] 禄：享受俸禄。[7] 多：称赞。

管仲既任政相齊以區區之齊在海濱通貨[1]積財富國彊兵與俗同好惡故其稱曰[2]倉廩實而知禮節衣食足而知榮辱上服度[3]則六親[4]固四維[5]不張國乃滅亡下令如流水之原[6]令順民心故論卑而易行俗之所欲因而予之俗之所否因而去之

[1] 通貨：交换商货。[2] 稱曰：引自《管子·牧民篇》。引文与今本《管子》稍有出入。[3] 服度：遵行法度。[4] 六親：指父、母、兄、弟、妻、子。[5] 四維：指礼、义、廉、耻。維，纲纪。[6] 原：源。

其爲政也善因禍而爲福轉敗而爲功貴輕重[1]慎權衡[2]桓公實怒少姬南襲蔡[3]管仲因而伐楚責包茅[4]不入[5]貢於周室桓公實北征山戎[6]而管仲因而令燕修召公[7]之政於柯之會桓公欲背曹沫之約[8]管仲因而信之諸侯由是歸齊故曰[9]知與之爲取政之寶也

管仲富擬於公室有三歸[10]反坫[11]齊人不以爲侈管仲卒齊國遵其政常彊於诸侯

[1] 輕重：这里指控制物价、调节商品和货币流通。按：今《管子》有《轻重篇》。[2] 權衡：指理财。[3] 襲蔡：桓公二十九年，桓公与其夫人少姬在舟中相戏，少姬摇荡小舟惊吓了桓公，桓公怒，将她送回蔡国。蔡国很生气，又把少姬嫁给了别人。三十年春，桓公兴师伐蔡。[4] 包茅：成捆的菁茅。按：菁茅为楚国进贡给周王室的贡品，供祭祀时滤酒之用。[5] 入：纳。[6] 北征山戎：齐桓公二十三年，山戎伐燕，桓公救燕而伐山戎。山戎，古族名。[7] 召（shào）公：指召康公，名奭，周代燕国的始祖。[8] 曹沫之約：齐桓公五年，桓公与鲁庄公会盟于柯，鲁将曹沫以匕首挟持桓公，要求归还被侵占的土地，桓公应允。不久，桓公想要背约，管仲劝他实践诺言，于是归还了鲁国的土地。[9] 故曰：下文引自《管子·牧民篇》。[10] 三歸：本于《管子·山至数篇》“民之三有归于上”，指向国君交纳十分抽三的税率。[11] 反坫（diàn）：堂屋两柱间设有土台，供诸侯宴享放置酒器之用。按：管仲身为大夫，不当有三归、反坫。

後百餘年而有晏子焉

晏平仲嬰者萊[1]之夷維[2]人也事齊靈公莊公景公以節儉力行重於齊既相齊食不重肉妾不衣帛其在朝君語及之即危言[3]語不及之即危行[4]國有道即順命無道即衡命[5]以

此三世[6]顯名於諸侯

［1］萊：古国名，在今山东黄县东南。［2］夷維：古地名，即今山东高密。［3］危言：直言。［4］危行：慎行。［5］衡命：违命。衡，横。［6］三世：指齐灵公、庄公、景公三世。

越石父[1]賢在縲紲[2]中晏子出遭之涂[3]解左驂[4]贖之載歸弗謝[5]入閨[6]久之越石父請絕[7]晏子戄然[8]攝[9]衣冠謝[10]曰嬰雖不仁免子於戹[11]何子求絕之速也石父曰不然吾聞君子詘[12]於不知己而信[13]於知己者方吾在縲紲中彼不知我也夫子既已感寤而贖我是知己知己而無禮固不如在縲紲之中晏子於是延[14]入爲上客

［1］越石父：人名。［2］縲紲（léi xiè）：拘系犯人的绳索，这里指囚禁。［3］涂：道路。［4］驂（cān）：辕马外侧拉套的马。［5］謝：告辞。［6］閨：内室。［7］絕：断绝交情。［8］戄（jué）然：震惊的样子。［9］攝：整理。［10］謝：道歉。［11］戹（è）：困厄。［12］詘（qū）：屈，忍受委屈。［13］信：通“伸”。［14］延：请。

晏子爲齊相出其御[1]之妻從門閒而闚[2]其夫其夫爲相御擁大蓋策駟馬意氣揚揚甚自得也既而歸其妻請去夫問其故妻曰晏子長不滿六尺身相齊國名顯諸侯今者妾觀其出志念深矣常有以自下[3]者今子長八尺乃爲人僕御然子之意自以爲足妾是以求去也其後夫自抑損[4]晏子怪而問之御以實對晏子薦以爲大夫

［1］御：驾车的人。［2］闚（kuī）：偷看。［3］自下：甘居人下。［4］抑損：谦卑。

太史公曰吾讀管氏牧民山高乘馬輕重九府[1]及晏子春秋[2]詳哉其言之也既見其著書欲觀其行事故次[3]其傳至其書世多有之是以不論論其軼事

管仲世所謂賢臣然孔子小之豈以爲周道衰微桓公既賢而不勉之至王乃稱霸哉語曰[4]將[5]順其美匡救其惡故上下能相親也豈管仲之謂乎

方晏子伏莊公尸哭之成禮然後去[6]豈所謂見義不爲無勇[7]者邪至其諫說犯君之顏此所謂進思盡忠退思補過[8]者哉假令晏子而在余雖爲之執鞭所忻慕焉

［1］牧民、山高、乘馬、輕重、九府：皆《管子》一书中的篇名。［2］晏子春秋：书名，作者不详，旧题晏婴撰。［3］次：编次，撰写。［4］語曰：引自《孝经・事君》。［5］將：扶助。［6］成禮然後去：据《左传・襄公二十五年》记载，齐大夫崔杼弑庄公，晏婴进去，抱着庄公的尸体痛哭，尽了君臣之礼，然后才离开。［7］見義不爲無勇：语出《论语・为政》。［8］進思盡忠退思補過：语出《孝经・事君》。

第九单元

通　论

古书的标点和翻译

一、古书的标点

1. 培养古书标点能力的必要性

古人写文章是不使用标点符号的，古代的文献典籍也没有标点。古人读书的时候，需要自己去断句标点，叫做“句读（dòu）”。古代句读常用的符号有两种：一是“、”，二是“𠄌”。“、”读 zhǔ，《说文解字》云“有所绝止而识之也”。杨树达在《古书句读释例》中认为“、”就是“读”的本字。古人在语意未完而需要停顿的地方用“、”点在字间，在句终的地方点在字旁（后改为“。”号）。“𠄌”读 jué，《说文解字》云“鉤识也”。“鉤”就是“句”，是语意完了后告一段落的标志。刻书附有句读，是从宋代开始的，但一直到清末，绝大多数的书籍仍然是不加句读的。所以古人很注意句读的训练。《礼记·学记》说：“一年视离经辨志。”意思是，学子入学，一年后要考核他们“离经辨志”的情况。所谓“离经”就是离析经书的文句，即句读；所谓“辨志”，就是了解文章的思想内容。“句读”是阅读古书的基础。

我国传世载籍浩如烟海，据初步统计有 8 万多种，而迄今为止经过整理的只不过4 000多种，绝大多数古籍仍未经标点，阅读这些古书必须要具备一定的句读能力。另外，在已经标点的古书中，由于各种原因，也难免存在一些错误，也只有具备一定的标点古书的能力，才有可能予以甄别。因此，有意识地训练、培养古书标点的能力是必要的。《古代汉语》文选中那些没有标点的古注、白文，就是为这一目的设置的。

2. 怎样才能在标点古书中少犯错误

古人讲“离经辨志”，“离经”与“辨志”是相辅相成的。正确标点古书，要以读懂为基础。要读懂古书，需要积累以下四个方面的知识。

(1) 认真考察词义，注意古今词义的演变和发展。

标点古书产生错误的原因之一是对词义缺乏认真的考察。例如：

始武贤与赵充国有隙，后充国家杀辛氏，至庆忌为执金吾。《汉书·辛庆忌传》

联系上下文来看，这几句讲不通。问题就出在“杀”这个词上。句中的“杀”读（shài），意思是衰减、衰败。上句话的意思是，后来赵充国家衰败，而辛氏到了辛庆忌，官为执金吾。所以上句的正确标点当为“后充国家杀，辛氏至庆忌为执金吾”。

使尽之，而为之箪食，与肉，寘诸橐以与之。（王伯祥：《春秋左传读本》，中华书局，1957 年版）

上句是说，给他预备一筐饭和肉，放在口袋里给他。“箪食”后不当断句。标点者把“箪食与肉”中的连词“与”看作动词“给予”的“与”，就和后面“以与之”的“与”重复了。

(2) 掌握古今语法的不同特点。

标点古书，还要熟悉古代汉语语法，掌握古代汉语的基本句式，根据上下文，认真考察句子的结构，要搞清楚句子的主语、宾语，否则，就会造成误读。例如：

厩焚。子退朝。曰。伤人乎不。问马。《论语·乡党》

陆德明《经典释文》说，“一读至不字绝句”。这样断句无疑是错误的。因为在《论语》那个时代，还没有所谓“正反问句”，而且古代汉语中也没有在语气词“乎”后再加“不”的句式。

己未，或走马过汝阴王之门，卫士恐。有为乱者奔入杀王，而以疾闻，上不罪而赏之。《资治通鉴·齐纪·太祖高皇帝》

上句“己未，或走马过汝阴王之门”“上不罪而赏之”主语都非常明确，问题集中在“卫士恐。有为乱者奔入杀王，而以疾闻”：“为乱者”为什么要杀王？又是谁“以疾闻”？既是“为乱者”，齐高帝为什么“不罪而赏之”？标点者没有搞清楚原文的记叙线索，没有搞清楚“奔入杀王”的主语是谁，以致标点失误。根据上下文，汝阴王是南朝宋顺帝被废之后的封号，卫士奉齐高帝之命监守他。己未那天，卫士看见有人骑马跑过来，担心有作乱的人（劫持汝阴王），就跑进去把汝阴王杀了，以汝阴王病死的名义向上报告，高帝不仅没有惩处他们，而且奖赏了他们。因此，“有为乱者”是“恐”的宾语，“恐”后不当断句；“奔入杀王，而以疾闻”的主语都是“卫士”。正确的标点是：

己未，或走马过汝阴王之门，卫士恐有为乱者，奔入杀王，而以疾闻。上不罪而赏之。（吕叔湘：《〈通鉴〉标点琐议》，《中国语文》1979 年 1、2 期）

有时，断句对了，但标点符号使用错误，也会影响阅读。例如：

古之至兵，民之重令也。重乎天下，贵乎天子。《吕氏春秋·论威》（陈奇猷：《吕氏春秋校释》，学林出版社，1984 年版）

“民之重令也”不当独立成句，“重乎天下，贵乎天子”是对它的“解释”，而“之”正是“民重令”不独立成句的标记；因此，“民之重令也”后的句号应改为逗号。

绛侯周勃既就国，每河东守、尉行县至绛，勃自畏恐诛，常被甲，令家人持兵以见之。

上句的意思是，周勃因为害怕被杀，所以会见地方官时，自己常披着盔甲，叫家人也拿着兵器。“被甲”和“令家人持兵”应是并列，都是见的方式，逗号应改为顿号，即“常被甲、令家人持兵以见之”，否则“见”就由双承变为单承；全句由周勃见守尉，变为周勃披甲，由家人去见守尉了。（参见吕叔湘《〈通鉴〉标点琐议》）

綦毋张丧车，从韩厥曰：“请寓乘，从左右。”皆肘之，使立于后。《左传·成公二年》（王伯祥：《春秋左传读本》）

这是《左传》“齐晋鞌之战”中的一段故事。韩厥头一天晚上梦见他的父亲对他说，第二天作战时要避开战车左右的位置。所以，他代替御者在战车中间驾车，果然，车左、车右的人都被射死。这时，綦毋张请求搭车。綦毋张站在车左、车右，韩厥都用肘撞他，让他站在自己的后面。所以，“从左右”是綦毋张上车以后的动作，而不是他说的话，不应放在引号内，否则，“皆肘之”也没有着落了。正确的标点是：

綦毋张丧车，从韩厥曰：“请寓乘。”从左右，皆肘之，使立于后。

(3) 具备文字和音韵方面的基本知识。

标点古书，也需要一定的文字、音韵方面的知识。如果缺乏这方面的知识，也可能引起标点的错误。例如：

诸侯之地其削颇入汉者，为徙其侯国及封其子孙也，所以数偿之。《汉书·贾谊传》（中华书局标点本，1962 年版）

上句“为徙其侯国及封其子孙也，所以数偿之”不好理解。清代学者沈彤认为这两句当读作“为徙其侯国及封其子孙也所，以数偿之”，“也”读作“他”。我们同意沈说，这实际上是文字通假问题。又如：

赵王饿，乃歌曰：“诸吕用事兮，刘事微。迫胁王侯兮，强授我妃。我妃既妒兮，诬我以恶，谗女乱国兮，上曾不寤。我无忠臣兮何故。弃国自快中野兮，苍天与直。于嗟不可悔兮，宁早自贼。”

这是唐朝颜师古注《汉书·高五王传》时的断句。正确的标点应该是“我无忠臣兮，何故弃国？自快中野兮，苍天与直”。颜注标点的错误在于不明古韵。“国”“直”“贼”押韵，都是入声韵，上古属职部。

(4) 学习古代文化方面的常识。

古代文化方面的常识范围很广，包括天文、地理、职官、历法，以及各种文物典章制度等等。如果不熟悉它，也会造成标点古书的错误。例如：

彗星复见南方。十六日，夏太后死。《史记·秦始皇本纪》(《史记会注考证》)

上句的意思是说，彗星又在南方出现，彗星出现十六天之后，夏太后死了。可是，据上句标点，“十六日”成了夏太后死的日子，这是错误的。因为在东汉以前，例如《左传》《史记》，都是用干支记日的，数字和“日”连用，都是表示多少天，即表示时间的延续。因此，“十六日”是补充说明“见”的时间的，当属上，“南方”后不应断句。正确的标点是：

彗星复见南方十六日。夏太后死。

又如：

李晟行且收兵，亦自蒲津济军于东渭桥。《资治通鉴·唐纪·宣宗》

吕叔湘先生指出，蒲津与东渭桥相距较远，这句话的意思是先从蒲津渡河，然后在东渭桥驻军。应在“自蒲津济”后断句。因为不了解地理情况，误将两句连读。正确标点是：

李晟行且收兵，亦自蒲津济，军于东渭桥。(吕叔湘《〈通鉴〉标点琐议》)

《后汉书·五行志五》“熹平二年六月，洛阳民讹言虎贲寺东壁中有黄人”注引《风俗通》曰：“季夏土黄，中行用事，又在壁中，壁亦土也。”(中华书局标点本，1965年版)

上句牵涉到古代的“五行”说。“六月”属季夏之月，依五行当属土，见《礼记·月令》、《吕氏春秋·季夏纪》等；因此，“季夏，土”是对“熹平二年六月”的解释，当是一句。古人又将五色附于五行，《吕氏春秋·季夏纪》说“中央，土”，“黄”属于中央之色。因此，“黄，中行用事”是对“黄人”的解释，意思是，黄色，代表处在中央、主宰四方。正确的标点当是：

季夏，土。黄，中行用事。又在壁中，壁亦土也。

这样，“壁亦土也”的“亦”就能遥接前句了。

以上结合古书标点中的一些实例，我们简单分析了出现错误的主要原因，并说明了应该注意的问题。标点古书，看似容易，实则很难。要想培养标点古书的能力，没有什么捷径，首先，要熟读一定数量的文选，培养“语感”，“语感”是标点古书的基础；同时，要学习、积累各方面的知识；再有，就是多实践了。

二、古书的翻译

1. 古书翻译的两种方式

把古代作品译成现代汉语，是提高阅读古书能力的基础练习之一。

古书的翻译不外乎有两种方式：一种是直译，另一种是意译。

直译就是逐字逐句地进行翻译；它要求尽可能按原文的词义、词序、语法结构、语气进行表达。例如：

子曰："始吾于人也，听其言而信其行；今吾于人也，听其言而观其行。"《论语·公冶长》

译文：孔子说："最初，我对人家，听到他的话，便相信他的行为；现在，我对人家，听到他的话，却要考察他的行为。"

吾不能早用子，今急而求子，是寡人之过也。《左传·僖公三十年》

译文：我不能早用您，现在国家危急才来求您，这是我的过错。

吾其还也。《左传·僖公三十年》

译文：我还是回去吧。

意译是在正确理解原文的基础上进行整体的翻译；它不拘泥于原文的一字一句，而着重译文的内容，以及原文的艺术风格。例如：

尔何知？中寿，尔墓之木拱矣。《左传·僖公三十二年》

译文：你知道什么？如果你只活到六七十岁，你墓上的树木现在也该长到两手合抱了。

此例原文过简，需要增加较多词语，采用意译，才能比较准确地表达原文的意思。如果逐字对译，则是"你知道什么？六七十岁，你墓上的树木两手合抱了"，反而不容易读懂了。

关关雎鸠，在河之洲。窈窕淑女，君子好逑。《诗经·关雎》

译文：水鸟儿呱呱叫嚷，在河心小小洲上。好姑娘苗苗条条，哥儿想和她成双。(余冠英：《诗经选译》)

此例是韵文，韵文翻译，除了内容之外，还要考虑节奏、韵律，余译已经有再创作的性质了。

近代著名学者严复在翻译《天演论》时，概括归纳出的"信、达、雅"三项原则，可借鉴来作为古文今译的标准。所谓"信"，指译文要忠实于原文，表达要准确；所谓"达"，指译文表达要通顺、晓畅；所谓"雅"，指译文语言典雅，能再现原文的语言风格。"信、达、雅"三项是有机地联系在一起的，而"信"是基础。

本门课对古书翻译的要求是以直译为主，力求做到"信"。

2. 古书翻译中常见错误举例

(1) 对词义理解有误。例如：

自秦以前，匹夫之侠，湮灭不见，余甚恨之。《史记·游侠列传》

"余甚恨之"，有的译文译为"我特别怨恨它"，错在不了解古代汉语中"恨"的常用义是"遗憾"。

其痛或卒然而止者，或痛甚不休者，或痛甚不可按者，或按之而止者……凡此诸痛，各不同形，别之奈何?《素问·举痛论》

有的译文将“或”译为“或者”，错在不了解句中的“或”是无定代词。

夹涧有古松、老杉，大仅十人围，高不知几百尺。(白居易《草堂记》)

有的译文将“仅”译为“才”，错在不了解中古时期，作为限定范围的副词“仅”有两义：一是言其少或小，二是言其多或大。此例为后者，言树之大，可译为“几乎”。又如《晋书·赵王伦传》：“自兵兴六十馀日，战所杀害，仅十万人。”句中的“仅”，亦是言杀人之多。只不过此义在现代汉语口语中已经消失了。

(2) 对语法理解有误。例如：

将虢是灭，何爱于虞?《左传·僖公五年》

“何爱于虞”的意思是“对虞还爱什么”。有的译文译为“为什么还爱虞呢”，将前置的宾语“何”当成状语，显然是错了。

君子之于禽兽也，见其生，不忍见其死；闻其声，不忍食其肉。是以君子远庖厨也。《孟子·梁惠王上》

“远庖厨”中的“远”是使动用法，“君子远庖厨”是“君子使庖厨远离自己”的意思。有的译文译为“因此君子远离庖厨”，不确切。

冀复得兔，兔不可复得，而身为宋国笑。《韩非子·五蠹》

“身为宋国笑”是个被动句式，是“自己被宋国人嘲笑”的意思。有的译文译为“自己成了宋国的笑话”，将被动标记“为”误认为是动词，译成主动句，这就违背了原文的意思。

(3) 不明修辞而直译。例如：

我二十五年矣，又如是而嫁，则就木焉。《左传·僖公二十二年》

“就木”的“木”是修辞上的借代，“就木”就是“进棺材”的意思。有的译文按字面直译，译为“找木头”，这就让人感到莫名其妙了。

昔者有王命，有采薪之忧，不能造朝。今病小愈，趋造于朝。《孟子·公孙丑下》

“有采薪之忧”是古代托病辞谢的委婉说法，有的译文直译为“有不能去砍柴的忧虑”，则词不达意。古书中关于“死”有许多委婉说法，如“山陵崩”“千秋之后”“天崩地坼”之类，一般都不能按字面直译。

3. 古书翻译的基本方法

古书翻译的基本方法，可以概括为以下五个字：留、补、调、删、选。

(1) 留。指保留古今相同的基本词汇、词序、句子格式、语气，以及专有名词等。

古代汉语中的许多基本词汇一直沿用到今天，词义基本上没有变化，如《诗经·郑风·风雨》中的“风雨如晦，鸡鸣不已”，至少“风雨”“鸡鸣”“不”在译成现代汉语时都可以保留。专有名词包括国名、族名、人名（包括姓、氏、名、字、号、谥号）、地名、年号、庙号、职官等，译成现代汉语时一般直接引述即可（必要时可在文后另加注释）。例如：

孝景三年，吴楚反。《史记·魏其武安侯列传》

译文：公元前154年，吴国、楚国叛乱。

“孝景三年”是以帝王在位的年次纪年，译文将它转述为公元纪年固然意思不错，但却脱离了原文所述的历史背景，所以古书今译的惯例是直接引述。

古文中的词序、句子格式尽可能予以保留。例如：

冀复得兔，兔不可复得，而身为宋国笑。《韩非子·五蠹》

“兔不可复得”，有的译文译为“当然不能再得到兔子”，不妥。原文是受事主语句，译文不当改变原文的句子格式。此句当译为“兔子不可能再得到”。

古文中的语气也应尽可能予以保留。例如：

姜氏何厌之有?《左传·隐公元年》

有的译文译为“姜氏是贪得无厌的啊”，不妥。一是改变了原文的句式；二是改变了原文的语气。原文是反问句，而译文采用了陈述句的形式，其语气较之原句大大削弱了。此句宜译为“姜氏哪里有满足的时候”。

(2) 补。指增补必要的词语。

古代汉语的表达方式比现代汉语简洁，省略较多，有些是现代汉语所不允许的，如暗中转换主语，应依照现代汉语的语法规则和表达习惯予以增补。例如：

初，宣子田於首山，舍于翳桑。见灵辄饿，问其病，（ ）曰：“不食三日矣。”（ ）食之，（ ）舍其半。（ ）问之，（ ）曰：“宦三年矣，未知母之存否。今近焉，请以遗之。”（ ）使尽之，而为之箪食与肉，置诸橐以与之。既而（ ）与为公介，倒戟以御公徒，而免之。（ ）问何故，对曰：“（ ）翳桑之饿人也。”（ ）问其名居，（ ）不告而退。（ ）遂自亡也。《左传·宣公二年》

上段古文，凡加括号处，在译成现代汉语时都是需要增补主语的。有时不仅要增补主语，还要把原文省略、需要意会的内容增补出来。例如：

父母使舜完廪，捐阶，瞽叟焚廪。使浚井，出，从而揜之。《孟子·万章上》

这段话如果按字面一对一直译，便会令人莫名其妙：谁“捐阶”？为什么“焚廪”？让谁“浚井”？谁“出”？谁又“从而揜之”？下面译文中括号中的词语都是增补的，增补之后，句与句之间的逻辑关系就清楚了。

译文：父母打发舜修缮谷仓，（等舜上了屋顶，）便撤掉梯子，瞽叟烧了谷仓。（幸而舜设法逃了下来。）又打发（舜）淘井，（瞽叟不知道舜）出来了，随着填塞了井口。

又如：

夫战，勇气也。《左传·庄公十年》

译文：作战，（凭借的）是勇气。

千金，重币也；百乘，显使也。《战国策·齐策》

译文：黄金千斤是贵重的聘礼，（随行）一百辆车（的使者）是显贵的使者。

译文之所以增补括号中的词语，是为了符合现代汉语的表达。如果去掉括号中的词语，在现代汉语中是不符合逻辑的。

此外，古代汉语中量词很不发达，尤其是动量词在中古时期才产生，因此，像“三进及溜”中的“三进”，在译成现代汉语时，不仅要改变词序，还要增补量词，译为“往前走了三次”。

再如：判断句译成现代汉语时需增补系词“是”，作状语的名词译成现代汉语时需要根据其语法意义增补必要的词语，以及有些意合复句（或紧缩复句）译成现代汉语时需要增补必要的关联词语，等等，不一一列举。

(3) 调。指调整词序。凡古今词序不同的均需调整。

古代汉语中，在一定的语法条件下，宾语可以置于动词（或介词）之前，如《论语》中“吾谁欺，欺天乎”，译成现代汉语，“吾谁欺”要调整词序，译为“我欺骗谁”。

此外，动词后的介词结构，有些也要根据现代汉语的表达习惯调整到动词之前。以介词“于”为例：

引进行为主动者的“于”字结构调整至动词前，例如：

郤克伤于矢。《左传·成公二年》

“伤于矢”译为“被箭射伤”。

引进位移源点的“于”字结构调整至动词前，例如：

吾闻出于幽谷、迁于乔木者。《孟子·滕文公上》

“出于幽谷”译为“从幽暗的山谷中飞出来”。

引进比较对象的“于”字结构调整至动词前，例如：

苛政猛于虎也。《礼记·檀弓》

“猛于虎”译为“比虎凶猛”。

引进涉及对象的“于”字结构调整至动词前，例如：

叶公问孔子于子路。《论语·述而》

“问孔子于子路”译为“向子路问孔子的为人”。

(4) 删。指有些虚词当删除不需要翻译。

古代汉语中，有些虚词是作为语法标记使用的，在译成现代汉语的过程中，它们的标记作用已经消失了，因此是不需要（也无法）翻译的。例如：句首语气词“夫”，宾语前置的标记“之”“是”，判断句的“者”“也”，取消句子独立性的“之”等，这里就不再一一举例了。

(5) 选。指对以原词为成分（语素、或词）的词语的选择。

古代汉语中的词汇，除基本词汇为现代汉语直接继承外，大多数是作为语素保存在现代汉语中。如古代汉语中的“人”，在现代汉语中构成“人才”“人品”“人道”“人民”“人事”“人世”“别人”“人人”“人类”“人们”等一组词语。因此，将古文中的“人”译成现代汉语，需要仔细考察语境，选择合适的词语，以达到“信”。例如：

子无谓秦无人。《左传·文公十三年》　人：人才。

颂其诗，读其书，不知其人，可乎？《孟子·万章下》　人：人品。

荒侯市人病，不能为人，令其夫人与其弟乱而生他广。《史记·樊郦滕灌列传》　人：人道。

王夺之人，霸夺之与，强夺之地。夺之人者臣诸侯，夺之与者友诸侯，夺之地者敌诸侯。《荀子·王制》　人：人民。

简子疾，五日不知人，大夫皆惧。《史记·扁鹊仓公列传》　人：人事。

人之有技，若己有之。《尚书·秦誓》　人：别人。

非遇水旱之灾，民则人给家足。《史记·平准书》　人：人人。

总之，古书的翻译是一项综合的训练，是提高阅读古书能力不可缺少的、重要的一环。提高古文今译的水平不是一朝一夕之功，也没有捷径可走，但只要坚持多读古书，不断积累必要的知识，适当地做一些翻译训练，就能逐步达到预期的目的。

思考题

1. 怎样才能在标点古书中少犯错误？
2. 如何理解古文今译中的“留、补、调、删、选”？
3. 古文翻译常出现哪些错误？

文选

今注

詩經

《诗经》是我国最早的一部诗歌总集。它收集了从西周初年（公元前 11 世纪）到春秋中叶（公元前 6 世纪）大约 500 年间的诗歌 305 篇。先秦称《诗》，汉代被奉为经典之一，始称《诗经》。

《诗经》中的诗当初都是配乐的歌词，分为风、雅、颂三类。

风包括周南、召南、邶、鄘、卫、王、郑、齐、魏、唐、秦、陈、桧、曹、豳十五部分，合称十五国风（简称国风），共 160 篇，大部分是各诸侯国的民间歌谣。

雅是西周王畿地区的正声雅乐，分大雅、小雅，共 105 篇，大部分是贵族的作品，小部分是民间歌谣。

颂有周颂、鲁颂、商颂，共 40 篇，是西周及春秋时鲁国、宋国统治者进行宗庙祭祀的乐舞歌词。

《诗经》题材非常广泛，从不同角度反映了当时的社会面貌，具有很强的现实主义精神。

《诗经》在汉语发展史上具有重要的地位。它保存了先秦韵文语言的真实面貌。研究上古音韵和词汇，《诗经》是极为宝贵的材料。

《诗经》经秦火后，至汉复传，传诗者共有四家，即齐之辕固、鲁之申培、燕之韩婴、鲁之毛亨。四家解诗，多有不同。自东汉郑玄因毛传（zhuàn）作笺后，其他三家诗先后亡佚了。现在的《诗经》就是毛亨所传。

历代为《诗经》作注的著作很多，其中较好的注本有《毛诗正义》（汉毛亨传，郑玄笺，唐孔颖达疏）、《诗集传》（宋朱熹著）、《毛诗传笺通释》（清马瑞辰著）。今人高亨的《诗经今注》、余冠英的《诗经选》也可参考。

關雎

选自《国风·周南》。关雎，篇名。周南，当是周代黄河以南、江汉以北地区的民歌。《关雎》是一首情歌，描写了一个青年男子对一位少女的追求与日夜思慕之情。

關關雎鳩[1]，在河之洲。窈窕淑女，君子好逑[2]。
参差荇菜[3]，左右流之[4]。窈窕淑女，寤寐求之。
求之不得，寤寐思服[5]。悠哉悠哉[6]，輾轉反側[7]。
参差荇菜，左右采之。窈窕淑女，琴瑟友之[8]。
参差荇菜，左右芼之[9]。窈窕淑女，鐘鼓樂之[10]。

[1] 關關：鸟的和鸣声。雎（jū）鳩：水鸟名。

[2] 逑（qiú）：配偶。

[3] 参差（cēn cī）：长短不齐的样子。荇（xìng）：水草名，可食。

[4] 流：顺着水流采摘（依朱熹说）。

[5] 服：思念。

[6] 悠：思（依毛传）。

[7] 輾轉：转动。反側：翻来覆去。

[8] 琴瑟（sè）：古代乐器。琴有五弦或七弦，瑟有二十五弦。友：亲爱。按："琴瑟友之"与下文"鐘鼓樂之"都是男子的想象。

[9] 芼（mào）：择取。

[10] 樂：使动用法，使……快乐。

[韵部]

第一章　鳩、洲、逑，幽部。
第二章　流、求，幽部。
第三章　得、服、側，职部。
第四章　采、友，之部。
第五章　芼，宵部；樂，药部；宵药合韵。

自学提示

掌握下列带点的词语：

君子好逑　寤寐思服　悠哉　悠哉琴瑟友之　左右芼之

静女

选自《国风·邶风》。邶（bèi）：周代诸侯国名，后并入卫国，故址在今河南淇县以北至汤阴一带。《静女》是一首描写青年男女约会的爱情诗。

静女其姝[1]，俟我於城隅[2]。愛而不見[3]，搔首踟躕[4]。
静女其孌[5]，貽我彤管[6]。彤管有煒[7]，説懌女美[8]。
自牧歸荑[9]，洵美且異[10]。匪女之爲美[11]，美人之貽。

[1] 静：闲雅文静。其：音节助词。姝（shū）：美丽。
[2] 俟（sì）：等候。城隅（yǔ）：这里指城上的角楼。隅，角落。
[3] 愛：通“薆”，隐藏。
[4] 搔：挠。踟躕（chí chú）：徘徊，犹豫。
[5] 孌（luán）：美好。
[6] 貽（yí）：赠给。彤（tóng）管：指染成红色的竹管制成的笔（依毛传、郑笺）。彤，红色。
[7] 煒（wěi）：色红而有光泽。
[8] 説：悦。懌（yì）：喜欢。女：汝，指代彤管。
[9] 牧：郊外。按：《尔雅·释地》：“邑外谓之郊，郊外谓之牧。”歸（kuì）：通“馈”，赠给。荑（tí）：初生的茅草。
[10] 洵（xún）：确实。
[11] 匪：非。

[韵部]
第一章　姝、隅、躕，侯部。
第二章　孌、管，元部。煒，微部；美，脂部；微脂合韵。
第三章　荑、美，脂部。异，职部；贻，之部；职之合韵。

自学提示

掌握下列带点的词语：
静女其姝　愛而不見　搔首踟躕　説懌女美　自牧歸荑　洵美且異

柏舟

选自《国风·鄘风》。鄘：周代诸侯国名，后并入卫国，故址在今河南汲县境。《柏舟》是一首描写爱情的诗歌。诗中少女自已找好了对象，不顾母亲阻挠，表示誓死忠于爱情。

汎彼柏舟[1]，在彼中河[2]。髧彼兩髦[3]，實維我儀[4]。之死矢靡它[5]。母也天只[6]！不諒人只[7]！

汎彼柏舟，在彼河側。髧彼兩髦，實維我特[8]。之死矢靡慝[9]。母也天只！不諒人只！

［1］汎（fàn）：漂浮。

［2］中河：河中。

［3］髧（dàn）：头发下垂的样子。兩髦（máo）：古代儿童的发式。头发分垂两边，下齐眉毛，叫做“兩髦”。

［4］維：句中语气词，加强判断语气。儀：配偶。

［5］之：至。矢：通“誓”，发誓。靡（mǐ）：没有。它：同“他”，别的，这里指别的心。

［6］只：句尾语气词，表示感叹语气。

［7］諒：相信。

［8］特：配偶。

［9］慝（tè）：通“忒（tè）”，改变。

［韵部］

第一章　河、儀、它，歌部。天、人，真部。

第二章　側、特、慝，职部。天、人，真部。

自学提示

掌握下列带点的词语：

汎彼柏舟　實維我儀　不諒人只　實維我特　之死矢靡慝

氓

选自《国风·卫风》。卫：周代诸侯国名，故址在今河南北部及河北南部。《氓》是一首弃妇诗。诗中描述了女主人公恋爱的经过和婚后的遭遇，诉说了被遗弃后的痛苦心情。

氓之蚩蚩[1]，抱布貿絲[2]，匪來貿絲[3]，來即我謀[4]。送子涉淇[5]，至于頓丘[6]，匪我愆期[7]，子無良媒。將子無怒[8]，秋以爲期[9]。

［1］氓（méng）：民，诗中指弃妇的丈夫。蚩蚩（chī chī）：忠厚的样子。

［2］布：币。按：上古以布为币。貿：买。

［3］匪：非。

［4］即我：到我这里。即，就。謀：商议。

［5］淇：水名，在今河南淇县东北部。

［6］頓丘：地名，在今河南浚（xùn）县。

［7］愆（qiān）：错过，延误。

［8］將（qiāng）：愿。無：通“毋”，不要。

［9］秋：“以”的宾语。

［韵部］

蚩、丝、丝、谋、淇、丘、期、媒、期，之部。

乘彼垝垣[1]，以望復關[2]。不見復關，泣涕漣漣[3]；既見復關，載笑載言[4]。爾卜爾筮[5]，體無咎言[6]。以爾車來，以我賄遷[7]。

［1］乘：登。垝（guǐ）：毁，倒塌。垣（yuán）：墙。

［2］復關：地名，当是“氓”住的地方，这里用来指称“氓”。

［3］涕：泪。漣漣：泪流不止的样子。

［4］載：音节助词。

［5］卜：用龟甲占卜。筮（shì）：用蓍（shī）草的茎占卦。

［6］體：卦象，即卜筮所显示的征兆。咎言：不吉利的话。咎，凶。

［7］賄：财物。遷：指迁往男家。

［韵部］

垣、关、关、涟、关、言、迁，元部。

桑之未落，其葉沃若[1]。于嗟鳩兮[2]，無食桑葚[3]。于嗟女兮，無與士耽[4]。士之耽兮，猶可説也[5]；女之耽兮，不可説也。

［1］沃若：润泽的样子。

［2］于（xū）嗟：叹词。于，同“吁”。鳩：斑鸠。

［3］桑葚（shèn）：桑树的果实。据说斑鸠吃多了桑葚会昏醉，以告诫女子不要沉溺于爱情。

［4］士：男子的通称。耽（dān）：迷恋，沉溺。

［5］説（tuō）：通“脱”，摆脱。

［韵部］

落、若，铎部。葚、耽，侵部。说、说，月部。

桑之落矣，其黄而隕[1]。自我徂爾[2]，三歲食貧[3]。淇水湯湯[4]，漸車帷裳[5]。女也不爽[6]，士貳其行[7]。士也罔極[8]，二三其德[9]。

［1］隕（yǔn）：落。

［2］徂（cú）：往。

［3］三歲：三年。食貧：吃的东西缺乏。按：“三歲”表示“食貧”持续的时间。下文“三歲爲婦”同。

［4］湯湯（shāng shāng）：水大的样子。

［5］漸（jiān）：浸湿。帷裳：指车子的帷幔。按：连上句是描写诗中女主人公被遗弃后渡淇水回来时的情景。

［6］爽：差失。

［7］貳：不专一。行：行为。

［8］罔（wǎng）極：等于说无常。罔，无。極，准则。

[9] 二三：用作动词，使动用法，有反复改变的意思。

[韵部]

陨、贫，文部。汤、裳、爽、行，阳部。极、德，职部。

三歲爲婦，靡室勞矣[1]；夙興夜寐[2]，靡有朝矣[3]。言既遂矣[4]，至于暴矣[5]；兄弟不知，咥其笑矣[6]。静言思之[7]，躬自悼矣[8]。

[1] 靡：没有。室勞：家务劳动。按：连同下文考虑，这句的意思是家中的劳苦事，没有一样不去做。

[2] 夙（sù）興夜寐：早起晚睡。

[3] 朝（zhāo）：早晨，这里指片刻闲暇。

[4] 言：音节助词。遂：顺心。

[5] 暴：暴戾。

[6] 咥（xì）：笑的样子。

[7] 言：音节助词。

[8] 躬：自身。悼：伤心。

[韵部]

劳、朝、笑，宵部；暴、悼，药部；宵药合韵。

及爾偕老[1]，老使我怨[2]。淇則有岸，隰則有泮[3]。總角之宴[4]，言笑晏晏[5]。信誓旦旦[6]，不思其反[7]。反是不思[8]，亦已焉哉[9]！

[1] 及：同。

[2] 老：指偕老的想法。

[3] 隰（xí）：潮湿的低洼地。泮（pàn）：水边。

[4] 總角：古代儿童的头发扎成两个抓髻，形状如角，叫"總角"。總，束发。宴：欢乐。

[5] 晏晏：和悦的样子。

[6] 信誓：表示诚信的誓言。旦旦：诚恳的样子。

[7] 反：违反，指变心。

[8] 是：指代"誓"。

[9] 已：止，罢了。

[韵部]

怨、岸、泮、宴、晏、旦、反，元部。思、哉，之部。

自学提示

掌握下列带点的词语：

總角之宴　隰則有泮　言既遂矣　漸车帷裳　女也不爽　士貳其行　士也罔極　無與士耽　猶可說也　乘彼垝垣　以我賄遷　將子無怒　匪我愆期　來即我謀

七月

选自《国风·豳风》，共八章，每章十一句。豳（bīn）：也作“邠”，国名，在今陕西栒（xún）邑县西。《七月》是一首反映我国上古时代农奴生活的诗歌。这首诗以赋的艺术表现手法，铺叙了他们四季劳作的艰辛和受奴役欺凌的痛苦。

七月流火[1]，九月授衣[2]。一之日觱發[3]，二之日栗烈[4]。無衣無褐[5]，何以卒歲[6]？三之日于耜[7]，四之日舉趾[8]。同我婦子[9]，饁彼南畝[10]。田畯至喜[11]。

[1] 七月：指夏历七月。诗中兼用夏历与周历，凡称某月都是用夏历。流：向下行。火：星宿名，或称“大火”，即心宿二。按：周时夏历六月黄昏时，心宿二出现在正南方，七月便偏西下行。

[2] 授衣：把裁制冬衣的工作交给妇女去做。

[3] 一之日：指周历一月。凡称某之日都是用周历。按：周历以冬至所在之月为岁首，周历一月即夏历十一月。觱（bì）發：大风触物的声音。按：“觱發”及下文“栗烈”“肅霜”“滌場”都是双声联绵词。凡联绵词，其两个音节大多具有双声、叠韵的关系。所谓双声，是指两个音节的声母相同；所谓叠韵，是指两个音节的韵相同。

[4] 栗烈：即“凛冽”，寒冷的样子。

[5] 褐：粗毛编织的短衣。

[6] 卒歲：过完一年。卒，终了。

[7] 于：音节助词。耜（sì）：古代农具。这里用作动词，言修理耜类农具。

[8] 舉趾：言举足下田，开始耕种。

[9] 同：偕同。我：农家长者自称。婦子：妇女和孩子。

[10] 饁（yè）：送饭。南畝：泛指田地。

[11] 田畯（jùn）：监管农事的官员。至：极。

[韵部]

火、衣，微部。发、烈、褐、岁，月部。耜、趾、子、亩、喜，之部。

七月流火，九月授衣。春日載陽[1]，有鳴倉庚[2]。女執懿筐[3]，遵彼微行[4]，爰求柔桑[5]。春日遲遲[6]，采蘩祁祁[7]。女心傷悲，殆及公子同歸[8]。

[1] 載：开始。陽：暖和。

[2] 有：音节助词。倉庚：鸟名，即黄莺。

[3] 懿筐：深筐。

[4] 遵：循，沿着……走。微行：小路。

[5] 爰（yuán）：音节助词。柔桑：嫩桑叶。

[6] 遲遲：缓慢的样子。

[7] 蘩（fán）：菊科植物，又名白蒿。按：据说用煮蘩的水浇蚕子，蚕子易出。祁祁：众多的样子。

[8] 殆：只怕。公子：国君之子。

[韵部]

火、衣，微部。阳、庚、筐、行、桑，阳部。迟、祁，脂部。悲、归，微部。

七月流火，八月萑葦[1]。蠶月條桑[2]，取彼斧斨[3]，以伐遠揚[4]，猗彼女桑[5]。七月鳴鵙[6]，八月載績[7]。載玄載黄[8]，我朱孔陽[9]，爲公子裳。

[1] 萑（huán）葦：这里用作动词，言收割萑葦。萑，荻的别名。按：收割萑葦，以备来年做蚕箔。

[2] 蠶月：养蚕的月份，指夏历三月。條：这里用作动词，修剪枝条。

[3] 斨（qiāng）：方孔的斧子。

[4] 遠揚：指旁出扬起的枝条。

[5] 猗（jǐ）：通“掎”，拉，牵引。女桑，即柔桑。

[6] 鵙（jué）：鸟名，即伯劳。

[7] 績：缉麻。

[8] 載：音节助词。玄、黄：用作动词，言染成玄色、黄色。玄，黑红色。

[9] 朱：大红色。孔：很。陽：鲜明。

[韵部]

火、苇，微部。桑、斨、扬、桑，阳部。鵙、绩，锡部。黄、阳、裳，阳部。

四月秀葽[1]，五月鳴蜩[2]。八月其穫[3]，十月隕蘀[4]。一之日于貉[5]，取彼狐狸[6]，爲公子裘。二之日其同[7]，載纘武功[8]。言私其豵[9]，獻豜於公[10]。

[1] 秀：植物开花。葽（yāo）：植物名，又名远志。

[2] 蜩（tiáo）：蝉。

[3] 其：音节助词。

[4] 隕蘀（tuò）：草木落叶。

[5] 貉：兽名。用作动词，言猎取貉。

[6] 狸：山猫。

[7] 同：指会聚众人围猎。

[8] 載：音节助词。纘（zuǎn）：继续。武功：指围猎之事。

[9] 言：音节助词。私：用作动词，言私人占有。豵（zōng）：一岁的猪，这里泛指小兽。

[10] 豜（jiān）：三岁的猪，这里泛指大兽。

[韵部]

葽，宵部；蜩，幽部；宵幽合韵。穫、蘀、貉，铎部。狸、裘，之部。同、功、豵、公，东部。

五月斯螽動股[1]，六月莎雞振羽[2]。七月在野，八月在宇[3]，九月在户，十月蟋蟀入我牀下。穹窒熏鼠[4]，塞向墐户[5]。嗟我婦子，曰爲改歲[6]，入此室處。

[1] 斯螽（zhōng）：蝗类。股：大腿。按：古人认为斯螽发声是大腿摩擦所致。

[2] 莎（suō）雞：虫名，即纺织娘。

[3] 宇：屋檐，这里指屋檐下。

[4] 穹（qióng）：穷尽。窒：堵塞，这里指堵塞鼠洞。

[5] 向：朝北的窗户。墐（jǐn）：用泥涂抹。

[6] 曰：音节助词。改歲：更改年岁，言过年。按：夏历十月当周历十二月，所以十月说改岁。

［韵部］

股、羽、野、宇、户、处，鱼部。

六月食鬱及薁[1]，七月亨葵及菽[2]。八月剥棗[3]，十月穫稻。爲此春酒[4]，以介眉壽[5]。七月食瓜，八月斷壺[6]，九月叔苴[7]。采荼薪樗[8]，食我農夫[9]。

[1] 鬱（yù）：植物名，果实如李，可食。薁（yù）：即野葡萄。

[2] 亨（pēng）：煮，后写作“烹”。葵：菜名。菽：豆，这里指豆叶。

[3] 剥（pū）：通“攴”，击打。

[4] 春酒：酒冬酿春成，故名“春酒”。

[5] 介（gài）：通“丐”，求。眉壽：长寿。

[6] 斷：言摘下。壺：通“瓠”，葫芦。

[7] 叔：拾取。苴（jū）：麻籽，可食。

[8] 荼（tú）：苦菜。薪樗（chū）：拿臭椿当柴烧。薪：柴，意动用法。樗，臭椿。

[9] 食（sì）：养活。

［韵部］

薁、菽，觉部。枣、稻、酒、寿，幽部。瓜、壶、苴、樗、夫，鱼部。

九月築場圃[1]，十月納禾稼[2]：黍稷重穋[3]，禾麻菽麥。嗟我農夫，我稼既同[4]，上入執宫功[5]。晝爾于茅[6]，宵爾索綯[7]。亟其乘屋[8]，其始播百穀[9]。

[1] 築場圃：筑场于圃。场，打谷场。圃，菜园。按：毛传：“春夏为圃，秋冬为场。”

[2] 納：纳入。禾稼：泛指一切谷物。

[3] 黍：黏的小米。稷：黍的一种，指不黏的。重（tóng）：通“穜”，早种晚熟的谷。穋（lù）：同“稑”，晚种早熟的谷。

[4] 同：集中，言把谷物集中送入公家谷仓。

[5] 上入：言入公家。宫功：指家中劳役。宫，室。

[6] 于：音节助词。茅：茅草，用作动词，割茅草。

［7］索：用作动词，搓。綯（táo）：绳。

［8］亟（jí）：急，赶快。其：音节助词。乘：登。屋：房顶。

［9］其始：指岁始，即春初。

［韵部］

圃、稼，鱼部。穋，觉部；麦，职部；觉职合韵。同、功，东部。茅、綯，幽部。屋、穀，屋部。

二之日鑿冰冲冲[1]，三之日納于凌陰[2]。四之日其蚤[3]，獻羔祭韭。九月肅霜[4]，十月滌場[5]。朋酒斯饗[6]，曰殺羔羊。[7]躋彼公堂[8]，稱彼兕觥[9]，萬壽無疆[10]。

［1］冲冲：凿冰声。

［2］凌陰：冰窖。凌，冰。陰，通“窨”，地窖。

［3］蚤：通“早”，这里指早朝，是一种祭祀仪式。按：下文云，献上羔羊，祭以韭菜，这是祭祀司寒之神，祭后开窖取冰。

［4］肅霜：即肃爽，言天高气爽。

［5］滌場：即涤荡，言天地肃清，万物摇落无余。

［6］朋酒：两樽酒。朋，本义是两串贝，引申为两。斯：助词，“饗”的宾语“朋酒”前置的标记。饗：宴享。

［7］曰：音节助词。

［8］躋：登。公堂：国君接待国人的场所。

［9］稱：举。兕觥（sì gōng）：用犀牛角制成的饮酒器。

［10］萬壽無疆：祝颂之辞。無疆，没有止境。

［韵部］

冲、阴，冬部。蚤、韭，幽部。霜、场、飨、羊、堂、觥、疆，阳部。

自学提示

（1）掌握下列带点的词语：

九月肅霜　十月滌場　躋彼公堂　稱彼兕觥　四之日其蚤　亟其乘屋　七月亨葵及菽　八月剥棗　以介眉壽　九月叔苴　采荼薪樗　穹窒熏鼠　塞向墐户　十月隕蘀　載纘武功　我朱孔陽　遵彼微行　四月秀葽　猗彼女桑　一之日觱發　二之日栗烈

（2）重点掌握下列句子：

朋酒斯饗。

東山

选自《国风·豳风》，是描写一个远征士卒在归乡途中思念其家的一首诗。

我徂東山[1]，慆慆不歸[2]，我來自東，零雨其濛[3]。我東曰歸[4]，我心西悲[5]。制彼裳衣[6]，勿士行枚[7]。蜎蜎者蠋[8]，烝在桑野[9]。敦彼獨宿[10]，亦在車下。

[1] 徂（cú）：往。東山：诗中士卒戍守的地方。

[2] 慆慆（tāo）：长久。

[3] 零雨：小雨。零，雨徐徐而下。其：音节助词。濛：小雨濛濛的样子。

[4] 東：名词作状语，自东。曰：音节助词。

[5] 西：向西。

[6] 裳衣：指平民的衣裳。

[7] 士：通“事”，从事。行（háng）枚：指军旅征战之事。行，行阵。枚，衔枚。按：枚，形如筷子，两端有带，可系于颈上。士兵行军，横衔枚于口中，以防喧哗。

[8] 蜎蜎（yuān）：虫蠕动爬行的样子。蠋（zhú）：野蚕。

[9] 烝：久。

[10] 敦（duī）：独处的样子（依朱熹说）。

[韵部]

东、濛，东部。归、悲、枚，微部。野、下，鱼部。

我徂東山，慆慆不歸。我來自東，零雨其濛。果臝之實[1]，亦施于宇[2]。伊威在室[3]，蠨蛸在户[4]。町畽鹿場[5]，熠燿宵行[6]。不可畏也，伊可懷也[7]。

[1] 果臝（luǒ）：植物名，葫芦科，蔓生，又名瓜蒌。

[2] 施（yì）：蔓延。宇：屋檐。

[3] 伊威：虫名，俗称“潮虫”，或作“蛜蝛”。

[4] 蠨蛸（xiāo shāo）：一种长脚的小蜘蛛。

[5] 町畽（tǐng tuǎn）：舍旁空地（依朱熹说）。鹿場：野鹿来往之地。

[6] 熠燿（yì yào）：闪烁的样子。宵行：萤火虫。

[7] 伊：指示代词，是，此。

[韵部]

东、濛，东部。宇、户，鱼部。场、行，阳部。畏、怀，微部。

我徂東山，慆慆不歸。我來自東，零雨其濛。鸛鳴于垤[1]，婦歎于室[2]。洒埽穹窒[3]，我征聿至[4]。有敦瓜苦[5]，烝在栗薪[6]。自我不見，于今三年。

[1] 垤（dié）：小土堆。

[2] 婦：指士卒的妻子。

[3] 埽：同“扫”。穹（qióng）：穷尽。窒：堵塞，这里指堵塞鼠洞。

[4] 聿（yù）：音节助词。

[5] 敦（tuán）：通“团”，圆形。瓜苦：等于说“苦瓜”。按：此句以“瓜苦”喻分别之苦。

[6] 栗（liè）：通“裂”。按：此句以“栗薪”喻夫妇久别。

[韵部]

东、濛，东部。垤、室、窒、至，质部。薪、年，真部。

我徂東山，慆慆不歸。我來自東，零雨其濛。倉庚于飛[1]，熠燿其羽。之子于歸[2]，皇駁其馬[3]。親結其縭[4]，九十其儀[5]。其新孔嘉[6]，其舊如之何[7]？

[1] 于：音节助词。

[2] 之子：指士卒之妇。歸：出嫁。

[3] 皇駁：形容马的毛色非常鲜艳。皇，黄白色。駁，赤白色。

[4] 親：指出嫁女子的母亲。縭（lí）：佩巾。按：古代嫁女，母亲亲自为女儿结缡。

[5] 九十：极言结婚仪式繁多。按：以上数句追述新婚时的情景。

[6] 其新：指妻子新婚时的容貌。孔：很。嘉：美。

[7] 如之何：怎么样。

[韵部]

东、濛，东部。飞、归，微部。羽、马，鱼部。缡、仪、嘉、何，歌部。

自学提示

掌握下列带点的词语：

我徂東山　之子于歸　鸛鳴于垤　有敦瓜苦　烝在栗薪　亦施于宇　勿士行枚　我征聿至　伊可懷也

古注

毛诗笺

《毛诗笺》，汉，毛亨传，郑玄笺。

今存《诗经》最早的注释是毛亨的《毛诗故训传》，简称毛传。“传”本是传述的意思，旨在注释字句、阐明经义。郑玄在毛传的基础上作笺，补充与订正毛传。“笺”本是表识的意思。郑玄在《六艺论》（已佚，此据孔颖达《毛诗正义》所引）中说：“注诗宗毛为主，毛义若隐，略加表明，如有不同，即下己意，使可识别。”据郑说，所谓“表”，是指对毛传简略隐晦的地方加以阐明；所谓“识”，是指把不同于毛传的意见提出，使可识别。

河廣（衛風）

河廣宋襄公母歸于衛思而不止故作是詩也[1] 宋桓公夫人衛文公之妹生襄公而出[2]襄公即位夫人思宋義不可往故作詩以自止

誰謂河廣一葦杭之 杭渡也箋云誰謂河水廣與[3]一葦加之則可以渡之喻狹也今我之不渡直[4]自不往耳非爲其廣 誰謂宋遠跂[5]予望之 箋云予我也誰謂宋國遠與我跂足則可以望見之亦喻近也今我之不往直以義不往耳非爲其遠

誰謂河廣曾[6]不容刀 箋云不容刀亦喻狹小船曰刀 誰謂宋遠曾不崇朝[7] 箋云崇終也行不終朝亦喻近

[1] 诗的小序。关于小序的作者历来说法不一。一说小序为子夏、毛公二人所作；一说据《后汉书·儒林传》提出小序为东汉初年卫宏所作；一说小序非一人一时之作，小序首句为以前经师所传，以下续申之词，为治毛诗者补缀而成，东汉卫宏可能是最后的集录、写定者。相比之下，后说为宜。小序多以史证诗，穿凿附会，多不足取。按：作此诗者当是侨居卫国的宋人，未必如小序所言“宋襄公母”。

[2] 出：指被丈夫遗弃。

[3] 與（yú）：语气词。

[4] 直：只是。

[5] 跂（qǐ）：踮起脚后跟。

[6] 曾（zēng）：竟。

[7] 朝（zhāo）：早晨。

河廣二章章四句

［韵部］

第一章　廣、杭、望，阳部。

第二章　刀、朝，宵部。

自学提示

掌握下列带点的词语：

一葦杭之　曾不容刀　曾不崇朝　跂予望之

伐檀（魏風）

伐檀刺貪也在位貪鄙無功而受禄君子不得進仕爾[1]

坎坎伐檀兮寘之河之干[2]兮河水清且漣猗[3] 坎坎伐檀聲寘置也干厓也風行水成文曰漣伐檀以俟世用若俟河水清且漣箋云是謂君子之人不得進仕也 不稼不穡胡取禾三百廛[4]兮不狩不獵胡瞻爾庭有縣[5]貆兮 種之曰稼斂之曰穡一夫之居曰廛貆獸名箋云是謂在位貪鄙無功而受禄也冬獵曰狩宵[6]田曰獵胡何也貉子曰貆 彼君子兮不素餐兮 素空也箋云彼君子者斥[7]伐檀之人仕有功乃肯受禄

[1] 小序。

[2] 干（gān）：古注言“厓（yá）”，“干”“厓”以及下文“側”“漘”皆为岸、水边之义。

[3] 猗（yī）：语气词，用法同“兮”。

[4] 廛（chán）：古注言“一夫之居曰廛”，这里当指一夫所耕之田穀。按：“三百廛”甚言其多，并非确数。下文“三百億”“三百囷”同。

[5] 縣（xuán）：悬。

[6] 宵：夜。

[7] 斥：指。按：诗中君子，今人多释为不稼不穡的统治者，与郑笺不同。

［韵部］

檀、干、漣、廛、貆、餐，元部。

坎坎伐輻[1]兮寘之河之側兮河水清且直猗 輻檀輻也側猶厓也直直波也輻音福 不稼不穡胡取禾三百億[2]兮不狩不獵胡瞻爾庭有縣特兮 萬萬曰億獸三歲曰特箋云十萬曰億三百禾秉之數 彼君子兮不素食兮

[1] 輻：车轮上的辐条。古注言“檀輻”，指用以做辐的檀树。

[2] 億：指禾秉的数目。按：“億”有“古数”“今数”之别，《国语·楚语下》韦昭注：“十万曰亿，古书数也，今以万万为亿。”毛传曰“萬萬曰億”是今数，汉代以后通用；郑笺曰“十萬曰億”是古数，先秦通用。

［韵部］

辐、侧、直、亿、特、食，职部。

坎坎伐輪兮寘之河之漘兮河水清且淪猗 檀可以爲輪漘厓也小風如水成文轉如輪也 不稼不穡胡取禾三百囷[1]兮不狩不獵胡瞻爾庭有縣鶉兮 圓者爲囷鶉鳥也 彼君子兮不素飧[2]兮 熟食曰飧箋云飧讀如魚飧之飧

[1] 囷（qūn）：穀仓。析言之，圆者为囷，方者为仓。

[2] 飧（sūn）：也作“飱”，吃饭。

[韵部]

轮、漘、沦、囷、鹑、飧，文部。

伐檀三章章九句

自学提示

掌握下列带点的词语：

寘之河之干兮　河水清且直猗　胡瞻爾庭有縣特兮

崧高（大雅）

后附唐陆德明音义（参看第一单元《礼记正义》的说明）。

崧高尹吉甫美宣王也天下復平能建國親諸侯襃賞申伯焉[1]尹吉甫申伯皆周之卿士也尹官氏[2]申國名〇崧胥忠反釋名[3]云崧竦也[4]甫本又作父[5]音同後人名字放此[6]復音服又扶又反襃保毛反

[1] 小序。

[2] 尹官氏：尹是姓氏，是以官名为姓氏。

[3] 释名：训诂之书。东汉刘熙撰。其特点是用声音相同或相近的词注释，并试图探求语源。

[4] 崧（sōng）：《释名》云“竦”，高耸。

[5] 甫本又作父：“甫”字有的版本又作“父”。本又作，校勘术语，也作“本亦作”“本或作”。

[6] 放（fǎng）：仿照。

崧高維嶽駿[1]極于天維[2]嶽降神生甫及申崧高貌山大而高曰崧嶽四嶽也東嶽岱南嶽衡西嶽華北嶽恒堯之時姜氏爲四伯[3]掌四嶽之祀述諸侯之職於周則有甫有申有齊有許也[4]駿大極至也嶽降神靈和氣以生申甫之大功箋云[5]降下也四嶽卿士之官掌四時者也因主方嶽巡守之事在堯時姜姓爲之德當[6]嶽神之意而福興[7]其子孫歷虞夏商世有國土周之甫也申也齊也許也皆其苗冑[8]〇嶽字亦作岳魚角反白虎通[9]云嶽者何埆[10]功德也駿音峻守音狩本亦作狩夏户雅反下同維申及甫維周之翰[11]四國于蕃[12]四方于宣翰榦也箋云申申伯也甫甫侯也皆以賢知入爲周之楨榦之臣四國有難則扞往禦之爲之蕃屏四方恩澤不至則往宣暢之甫侯相穆王訓夏贖刑[13]美[14]此[15]俱出四嶽故連言之〇翰户旦反又音寒蕃方元反知音智本或作哲楨音貞難乃旦反扞户旦反相息亮反贖音樹一音常欲反

[1] 駿：通“峻”，高大。

[2] 維：语气词，表示判断、确认的语气。

[3] 四伯：笺云“四岳”；官名，掌管四岳、巡狩之事。

[4] “於周”句：至周代，姜氏的苗裔有甫，有申，有齊，有許。

[5] 箋云：“箋云”之下为郑笺。

[6] 當：符合。

[7] 興：使……兴盛。

[8] 苗胄：义与“苗裔”同，子孙后代。

[9] 白虎通：也称《白虎通义》，东汉班固撰。按：《白虎通》为儒家经学论文集，主要复述董仲舒的学说。

[10] 埆（què）：判定。按：《风俗通·五岳》：“岳者，埆功考德，黜陟幽明也。”

[11] 翰：通“榦”，栋梁，即笺云“楨榦之臣”。

[12] 四國于蕃：意思是保卫四方诸侯之国。蕃，通“藩”，屏蔽，保卫。于，宾语“四国”前置的标记。下文“四方于宣”结构同。

[13] 甫侯相穆王訓夏贖刑：言甫侯辅佐穆王，恐其因年老而重施刑罚，故教导穆王夏代赎罚之刑。

[14] 美：赞美。

[15] 此：代甫侯、申侯。

［韵部］

天、神、申，真部。翰、蕃、宣，元部。

亹亹[1] 申伯王纘[2] 之[3] 事于邑于謝[4] 南國是式[5]

謝周之南國也箋云亹亹勉也纘繼于往于於式法也亹亹然勉於德不倦之臣有申伯以賢入爲王之卿士佐王有功王又欲使繼其故諸侯之事往作邑於谢南方之國皆統理施其法度時改大其邑使爲侯伯故云然○亹亡匪反纘祖管反韓詩[6]作踐踐任也

王命召伯定[7] 申伯之[8] 宅登[9] 是南邦世執其功

召伯召公也登成也功事也箋云之往也申伯忠臣不欲離王室故主使召公定其意令往居謝成法度於南邦世世持其政事傳子孫也○離力智反下欲離同令力呈反下皆同傳直專反

[1] 亹亹（wěi wěi）：勤勉不倦的样子。

[2] 纘（zuǎn）：使继续。

[3] 之：代申伯。

[4] 于邑于謝：据郑笺，前“于”是动词，前往；后“于”是介词，引进处所；邑，建造都邑。

[5] 南國是式：统理南方之国。是，宾语“南国”前置的标记。式，施行法度。

[6] 韓詩：《诗经》经秦火后，汉初复传，传诗者共有齐、鲁、韩、毛四家，燕人韩婴所传的叫《韩诗》。

[7] 定：勘定。

[8] 之：助词。笺云“往”，误。

[9] 登：建成。按：“登”的施事当是召伯，其受事是“南邦”，笺云“成法度於南邦”，有增字

解经之嫌。

［韵部］

伯、谢，铎部。事，之部；式，职部；之职合韵。伯、宅，铎部。邦、功，东部。

王命申伯式是南邦因[1]是謝人以作爾庸[2] 庸城也箋云庸功也召公既定申伯之居王乃親命之使爲法度於南邦今因是故謝邑之人而爲國以起女之功勞言尤章顯[3]也○庸本亦作墉音容 王命召伯徹申伯土田 徹治也箋云治者正其井收[4]定其賦税○收手又反又如字後放此 王命傅御[5]遷其私人 御治事之官也私人家臣也箋云傅御者貳[6]王治事謂冢宰也

［1］因：依靠。《集传》：“言因谢邑之人而为国也。”

［2］庸：通“墉”，城。

［3］章顯：欲使申伯显扬。

［4］正其井收：指考察土地的肥沃与瘠薄，确定井田所收。

［5］傅御：官名，即“冢宰”，辅佐周王处理事务的大臣。

［6］貳：辅佐。

［韵部］

邦、痈，东部。伯，铎部；御，鱼部；鱼铎通韵。田、人，真韵。

申伯之功召伯是[1]營[2]有俶[3]其城寢廟[4]既成 俶作也箋云申伯居謝之事召公營其位而作城郭及寢廟定其人神所處○俶尺叔反 既成藐藐[5]王錫[6]申伯四牡[7]蹻蹻[8]鉤膺[9]濯濯[10] 藐藐美貌蹻蹻壯貌鉤膺樊纓也濯濯光明也箋云召公營位築之已成以形貌告於王王乃賜申伯爲將遣之○藐亡角反蹻渠略反濯直角反沈[11]士學反樊步丹反爲于僞反

［1］是：代“申伯之功”，“营”的宾语。

［2］營：安排，治理。

［3］俶（chù）：筑。

［4］寢廟：宗庙。古代宗庙分两部分，后面停放牌位和先人遗物的地方叫“寝”，前面祭祀的地方叫“庙”，合称“寝庙”。

［5］藐藐：美盛的样子。

［6］錫：通“赐”。

［7］牡：指驾车的公马。

［8］蹻蹻（jiǎo jiǎo）：威武强壮的样子。

［9］鉤膺（yīng）：套在马颈上和胸前的带饰，也叫樊缨。

［10］濯濯（zhuó zhuó）：明亮的样子。

［11］沈：沈氏。

［韵部］

营、城、成，耕部。藐、蹻，宵部；濯，药部；宵药合韵。

王遣申伯路車[1]乘[2]馬我圖[3]爾居莫如南土 乘馬四馬也箋云王以正礼遣申伯之国故復有車馬之賜因告之曰我謀女之所處無如南土之最善○乘繩證反注同復扶又反下同 錫爾介圭[4]以作爾寶 寶瑞也箋云圭長尺二寸謂之介非諸侯之圭故以爲寶諸侯之瑞圭自九寸而下[5]○介音界 往近[6]王舅南土是保[7] 近己也申伯宣王之舅也箋云近辞[8]也聲如彼記之子之記[9]保守也安也○近音記

［1］路車：古代贵族乘坐的车。

［2］乘（shèng）：古代一车四马，因以乘为四的代称。

［3］圖：考虑。

［4］介圭：大圭，长一尺二寸。

［5］“諸侯之瑞圭”句：圭是古代帝王诸侯朝聘、祭祀、丧葬等举行隆重仪式时所执的玉制礼器；条形，上尖下方，其名称、大小因爵位及用途不同而异；天子所执，一尺二寸，诸侯所执，自九寸而下。

［6］近：当是迈的讹字。迈（jì），语气词，略等于“矣”。

［7］南土是保：安于南土。是，宾语“南土”前置的标记。

［8］辞（cí）：“辭”的古字。按：“辞”是训诂术语。郑笺云“近，辞也”，是说“近”是虚词，无义。

［9］彼記之子之記：孔颖达疏：“近得为己，其声相近，故笺申之云，如彼己之己也。”据孔疏，该句疑是“彼己之己”之误。

［韵部］

马、居、土，鱼部。宝、舅、保，幽部。

申伯信[1]邁王餞于郿[2] 郿地名箋云邁行也申伯之意不欲離王室王告語之復重[3]於是意解[4]而信行餞送行飲酒也時王蓋省[5]岐周故于郿云○餞賤淺反沈祖見反一音賤字林[6]子扇反云送去食也郿亡悲反又亡冀反地名屬扶風今爲縣語魚據反重直用反解音蟹 申伯還南謝于誠歸[7] 箋云還南者北就王命于岐周[8]而還反[9]也謝于誠歸誠歸于謝 王命召伯徹申伯土疆以峙其粻[10]式遄[11]其行 箋云粻糧式用遄速也王使召公治申伯土界之所至峙其糧者令廬市[12]有止宿之委積用是速申伯之行○疆居良反峙直紀反本又作畤如字[13]兩通粻音張遄市專反委於偽反積子賜反

［1］信：确实。

［2］郿：故址在今陕西郿县东渭水北岸。

［3］復重（chóng）：重复。“告语”的状语，后置。

［4］意解：申伯不想离开王室的想法打消了。解，陆德明“音蟹”。按：依今音当读 jiě 为宜。

[5] 省（xǐng）：省视。

[6] 字林：字书，（晋）吕忱著，唐以后亡佚。

[7] 謝于誠歸："誠歸于謝"的倒装句式，为与"郿"协韵。

[8]"北就王命"句：言申伯朝见周天子。

[9] 反：返。

[10] 峙（zhì）其粻（zhāng）：言自京至谢，沿途止宿之所备好粮食。峙，储备。粻，粮食。

[11] 遄（chuán）：迅速，这里是使动用法。

[12] 廬市：沿途止宿之所。《周礼·地官·遗人》："掌其道路之委积。凡国野之道，十里有庐，庐有饮食；三十里有宿，宿有路室，路室有委；五十里有市，市有候馆，候馆有积。"

[13] 如字：训诂术语。用于多音多义字的注音。凡言"如字"者，表示被注字按其通常的读音来读。陆云"本又作畤如字"，是说"畤"读 zhì。两通：指"峙""畤"两字皆通。

[韵部]

郿，脂部；归，微部；脂微合韵。疆、粻、行，阳部。

申伯番番[1]既入于謝徒御嘽嘽[2] 番番勇武貌諸侯有大功則賜虎賁徒御嘽嘽徒行者御車者嘽嘽喜樂也箋云申伯之貌有威武番番然其入謝國車徒之行嘽嘽安舒言得禮也禮入國不馳[3]○番音波嘽吐丹反賁音奔樂音洛 周[4]邦咸喜戎[5]有良翰 箋云周徧也戎猶女也翰榦也申伯入謝徧邦内皆喜曰女乎有善君也相慶之言○翰協句[6]音寒徧音遍下同 不[7]顯[8]申伯王之元[9]舅文武是憲[10] 不顯申伯顯矣申伯也文武是憲言有文有武也箋云憲表也言爲文武之表式

[1] 番番（bō）：勇武的样子。毛传认为"番番"并非描写申伯个人，而是总言申伯一行，故云"諸侯有大功則虎賁"；郑笺云"申伯之貌有威武番番然"。按：当从郑笺。

[2] 嘽嘽（tān）：众多的样子。按：《小雅·采芑》"戎车嘽嘽"，毛传："嘽嘽，众也。"《大雅·常武》"王旅嘽嘽"，毛传："嘽嘽然，盛也。"

[3] 入國不馳：见《礼记·曲礼上》。國，指国都。

[4] 周：遍，全。

[5] 戎：你们。

[6] 協句：即协韵。音韵学术语，一种因不懂古今音异而随意把某字临时改读为某音以求和谐的做法，始于南北朝，盛行于宋朝。

[7] 不：音节助词。

[8] 顯：显赫。

[9] 元：年长。

[10] 文武是憲：文武之士皆以申伯为榜样。是，代申伯，"宪"的宾语。憲，效法。一说：申伯能以文王武王为榜样。是，宾语"文武"前置的标记。（见朱熹《诗集传》）

［韵部］

番、嘽、翰、宪，元部。

申伯之德柔惠且直揉[1]此萬邦聞[2]于四國箋云揉順也四國猶言四方也○揉本亦作柔汝又反又如又反一音柔注同聞音問 吉甫作誦[3]其詩孔[4]碩其風[5]肆[6]好以贈申伯吉甫尹吉甫也作是工師之誦也肆長也贈增也箋云碩大也吉甫爲此誦也言其詩之意甚美大風切[7]申伯又使之長行善道以此贈申伯者送之令以爲樂○風福鳳反注同王[8]如字云音也贈送也詩之本皆爾[9]鄭王申毛[10]並同崔[11]集注本作贈增也崔云增益申伯之美

［1］揉：安抚。

［2］聞：传播。

［3］誦：诗。

［4］孔：很。

［5］風：乐曲。

［6］肆：极。

［7］風切（fěng qiè）：讽喻切责。

［8］王：王肃，三国时魏人。

［9］爾：如此。

［10］鄭王申毛：郑玄、王肃陈述毛传之意。按：据陆音义云“贈送也詩之本皆爾”又云“鄭王申毛”，而郑笺云“以此贈申伯者送之令以爲樂”，以“送”释“贈”，疑毛传“贈增也”当作“贈，送也”。

［11］崔：崔氏。

［韵部］

德、直、国，职部。硕、伯，铎部。

崧高八章章八句

韵例：

（1）句尾韵；

（2）一章之内换韵（仅第七章一韵到底）；

（3）偶有交韵现象（如第二章、第三章）；

（4）偶数句句尾一般都是韵脚所在。

自学提示

（1）掌握下列带点的词语：

其風肆好　戎有良翰　徹申伯土疆　以峙其粻　式遄其行　路車乘馬　有俶其城　以作爾庸　王錫申伯　王纘之事　登是南邦

（2）重点掌握下列句子：

文武是憲。

謝于誠歸。

南土是保。

南國是式。

四國于蕃，四方于宣。

毛詩正義

《毛诗正义》，汉毛亨传，郑玄笺，唐孔颖达疏，陆德明音义。“疏”是疏通的意思，是古注的一种。孔疏先注释经文，然后依次注释毛传、郑笺。其体例详见第五单元通论“古书的注解。”

桃夭（周南）

桃夭后妃之所致也不妬忌則男女以正婚姻以時國無鰥民也[1]

老而無妻曰鰥[2]○桃夭於驕反桃木名說文作枖[3]云木少盛貌鰥[4]本亦作鰥古頑反

［疏］桃夭三章章四句至鰥民○正義曰作桃夭詩者后妃之所致也后妃内脩其化贊助君子致使天下有禮昏娶不失其時故曰致也由后妃不妬忌則令天下男女以正年不過限昏姻以時行不踰月故周南之國皆無鰥獨之民焉皆后妃之所致也此雖文王化使之然亦由后妃内贊之致故因上螽斯[5]后妃不妬忌後言其所致也且言致從家至國亦自近致遠之辭也男女以正三章上二句是也昏姻以時下二句是也國無鰥民焉申述所致之美於經[6]無所當也○箋老而至曰鰥○正義曰劉熙釋名云無妻曰鰥者愁悒[7]不寐目恆鰥鰥然[8]故其字從魚魚目不閉也無夫曰寡寡踝也單獨之名鰥或作矜同蓋古今字異王制[9]曰老而無妻謂之矜老而無夫謂之寡則鰥寡年老不復嫁娶之名也孝經注云丈夫六十無妻曰鰥婦人五十曰寡也知如此爲限者以内則[10]云妾雖老年未滿五十必與[11]五日之御[12]則婦人五十不复御明不復嫁矣故知稱寡以此斷也士昏禮[13]注云姆婦人年五十出[14]而無子者亦出於此也本三十男二十女爲昏婦人五十不嫁男子六十不復娶爲鰥寡之限也巷伯[15]傳曰吾聞男女不六十不閒居[16]謂婦人也内則曰唯及七十同藏[17]無閒謂男子也此其差也白虎通[18]云鰥之言鰥鰥無所親則寡者少也言少匹對耳故鴻鴈[19]傳偏喪曰寡此其對例也婦人無稱鰥之文其男子亦稱寡襄二十八年傳曰崔杼生成及彊[20]而寡故爾雅云無夫無婦並謂之寡丈夫曰索婦人曰嫠[21]又許慎曰楚人謂寡婦爲霜並其異名也鰥寡之名以老爲稱其有不得及時爲室家者亦同名焉即此無鰥民謂年不過時過則謂之鰥故舜年三十不娶書[22]曰有鰥在下曰虞舜唐傳孔子曰舜父頑母嚚[23]不見室家之端故謂之鰥是三十不娶稱鰥也又何草不黄[24]云何人不矜尚從軍未老不早還見室家亦謂之矜易大過九二[25]老夫得其女妻[26]無不利九五老婦得其士夫[27]无咎无譽彼鄭注云以丈夫年過娶二十之女老婦年過嫁于三十之男皆得其子彼言老若容男六十婦五十猶得嫁娶者禮宗子[28]雖七十無主婦是年過可以改娶則婦人五十或可以更嫁者言鰥寡據其不得嫁娶者也傳言崔杼爲寡則有子亦稱寡鰥寡據其困者多是無子故王制及周禮皆云天民之窮而無所告者傳以桃之夭夭言其少壯宜其室家爲不踰時則上句言其年盛下句言嫁娶得時也但傳說昏嫁年月於此不著摽有梅[29]卒章傳曰三十之男二十之女不待禮會而行之謂期盡之法則男女以正謂男未三十女未二十也此三章皆言女得以年盛時行則女自十

五至十九也女年既盛則男亦盛矣自二十至二十九也東門之楊[30]傳曰男女失時不逮[31]秋冬則秋冬嫁娶正時也言宜其室家無踰時則三章皆爲秋冬時矣鄭以三十之男二十之女仲春之月爲昏是禮之正法則三章皆上二句言婦人以年盛時行謂二十也下句言年時俱當謂行嫁又得仲春之正時也

[1] 诗的小序。

[2] 小序后的注释是郑笺。

[3] 枖（yāo）：今本《诗经》作“夭”。

[4] 鰥：同“鳏”。按：陆德明《音义》本作“鳏”。

[5] 螽（zhōng）斯：《诗经·周南》篇名。

[6] 經：指《桃夭》。

[7] 悒（yì）：忧郁不安。

[8] 鰥鰥然：因忧愁而张目不眠的样子。

[9] 工制：《礼记》篇名。

[10] 内则：《礼记》篇名。

[11] 與（yù）：参与。

[12] 御：侍寝。

[13] 士昏禮：《仪礼》篇名。

[14] 出：被丈夫休弃。

[15] 巷伯：《诗经·小雅》篇名。

[16] 閒（jiàn）居：指同居一室。閒，杂。

[17] 同藏：指男女同居。

[18] 白虎通：即《白虎通义》，东汉班固撰，儒家学派经学论文集。

[19] 鴻鴈：《诗经·小雅》篇名。

[20] 成、彊：人名，崔杼之子。

[21] 釐（lí）：通“嫠”，寡妇。

[22] 書：即《尚书》。

[23] 嚚（yín）：愚蠢。

[24] 何草不黃：《诗经·小雅》篇名。

[25] 易：即《周易》。大過：《周易》六十四卦之一。九二：指“大过”卦象中，由下而上第二爻，因是阳爻，故称“九”。按：阴爻称“六”。下引文即为“九二”爻辞。

[26] 女妻：年少之妻。

[27] 士夫：指年轻的丈夫。

[28] 宗子：古代宗法制度称宗族内大宗的嫡长子。

[29] 摽（biào）有梅：《诗经·召南》篇名。

[30] 東門之楊：《诗经·陈风》篇名。

[31] 逮：及，赶上。

桃之夭夭灼灼其華興[1]也桃有華之盛者夭夭其少壯也灼灼華之盛也箋云興者喻時婦人皆得以年盛時行[2]也○少詩照反之[3]子[4]于[5]歸[6]宜其室家之子嫁子也于往也宜以有室家無踰時者箋云宜者謂男女年時俱當[7]○當丁浪反［疏］桃之至室家○毛以爲少壯之桃夭夭然復有灼灼然此桃之盛華以興有十五至十九少壯之女亦夭夭然復有灼灼之美色正於秋冬行嫁然是此行嫁之子往歸嫁於夫正得善時宜其爲室家矣○鄭唯據年月不同又宜者謂年時俱當爲異[8]○傳桃有華之盛者○正義曰夭夭言桃之少灼灼言華之盛桃或少而未華或華而不少此詩夭夭灼灼並言之則是少而有華者故辨之言桃有華之盛者由桃少故華盛以喻女少而色盛也○箋時婦至時行○正義曰此言年盛時謂以年盛二十之時非時月之时下云宜其室家乃據時月耳○箋宜者至俱當○正義曰易傳[9]者以既説女年之盛又言之子于歸後言宜其室家則總上之辭故以爲年時俱當

［1］興（xìng）：诗歌的一种表现手法。

［2］行：言出嫁。

［3］之：这。

［4］子：指女子。

［5］于：音节助词。

［6］歸：出嫁。

［7］年時俱當：指少女出嫁的年龄和出嫁的季节都很合宜。

［8］鄭唯據……爲異：郑玄根据……提出不同的见解。

［9］易傳者：之所以改变毛传。易，改变。傳，指毛传。

［韵部］

華、家，鱼部。

桃之夭夭有[1]蕡[2]其實蕡實貌非但有華色又有婦德○蕡浮雲反之子于歸宜其家室家室猶室家也

［1］有：音节助词。

［2］蕡（fén）：果实累累的样子。

［韵部］

實、室，质部。

桃之夭夭其葉蓁蓁[1]蓁蓁至盛貌有色有德形體至盛也○蓁側巾反之子于歸宜其家人一家之人盡以爲宜箋云家人猶室家也○盡津忍反或如字他皆放此[2]［疏］箋家人猶室家○正義曰易傳者以其與上相類同有宜其之文明據宜其爲夫婦據其年盛得時之美不宜横[3]爲一家之人桓十八年左傳曰女有家男有室室家謂夫婦也此云家人家猶夫也人猶婦也以異章而變文耳故云家人猶室家也

［1］蓁蓁（zhēn zhēn）：树叶繁盛的样子。

［2］他皆放此：其他的“盡”的音义也都仿照此处，即“津忍反，或如字”。他，其他的。放（fǎng），仿照。

［3］横（hèng）：硬，勉强。

［韵部］

蓁、人，真部。

桃夭三章章四句

自学提示

（1）掌握下列带点的词语：

有蕡其實

（2）重点掌握下列句子：

之子于歸。

白 文

有形之類

选自《韓非子·喻老》。

有形之類大必起於小行久之物族[1]必起於少故曰天下之難事必作[2]於易天下之大事必作於細是以欲制物者於其細也故曰圖難於其易也爲大於其細也千丈之堤以螻蟻之穴潰百尺之室以突[3]隙之煙焚故曰白圭[4]之行[5]堤也塞其穴丈人之慎火也塗其隙是以白圭無水難丈人無火患此皆慎易以避難敬[6]細以遠[7]大者也扁鵲見蔡桓公立有間[8]扁鵲曰君有疾在腠理[9]不治將恐深桓侯曰寡人無扁鵲出桓侯曰醫之好治不病以爲功居十日扁鵲復見曰君之病在肌膚不治將益深桓侯不應扁鵲出桓侯又不悦居十日扁鵲復見曰君之病在腸胃不治將益深桓侯又不應扁鵲出桓侯又不悦居十日扁鵲望桓侯而還走[10]桓侯故[11]使人問之扁鵲曰疾在腠理湯熨[12]之所及也在肌膚鍼石[13]之所及也在腸胃火齊[14]之所及也在骨髓司命[15]之所屬無奈何也今在骨髓臣是以無請也居五日桓侯體痛使人索扁鵲已逃秦矣桓侯遂死故良醫之治病也攻[16]之於腠理此皆争之於小者也夫事之禍福亦有腠理之地故聖人蚤[17]從事焉

［1］族：众多。［2］作：始。［3］突：烟囱。［4］白圭：人名。［5］行：巡视。［6］敬：慎重。［7］遠：使动用法，离开。［8］有間：一会儿。［9］腠（còu）理：皮肤的纹理，这里指体表。［10］還走：转身跑了。［11］故：特意。［12］湯熨（tàng yùn）：这里指以药物熏洗热敷。湯，后写作“烫”。［13］鍼（zhēn）石：针灸用的金针和石针。［14］火齊（jì）：清火的汤药。齊，后写作“剂”。［15］司命：传说主宰人类生命的神。［16］攻：治。［17］蚤：通“早”。

隰斯彌見田成子

选自《韓非子·説林上》。

隰斯彌[1]見田成子[2]田成子與登臺四望三面皆暢南望隰子家之樹蔽之田成子亦不言隰子歸使人伐之斧離[3]數創[4]隰子止之其相室[5]曰何變之數[6]也隰子曰古者有諺曰知淵中之魚者不祥夫田子將有大事而我示之知微我必危矣不伐樹未有罪也知人之所不言其罪大矣乃不伐也

［1］隰（xí）斯彌：人名。［2］田成子：名常，春秋末齐国大夫。下文所言“大事”指田成子杀齐简公。［3］離：割，砍。［4］創：伤口。［5］相室：家臣。［6］數（shuò）：速。

第十单元

通　论

语音知识

一、为什么要学一些古音知识

语言是由语音、语法、词汇三种要素构成的符号系统。这三个要素都是在不断的发展变化的。

在学习古代汉语的过程中，古今汉语在词汇、语法方面的不同是比较容易体会得到的，而古今语音的差异却不那么容易察觉。其实有不少现象都透露出语音演变的信息。

我们读古代的诗歌，有的时候会发现，应该押韵的地方用现代汉语读出来却并不押韵，比如刘禹锡的《乌衣巷》：

> 朱雀桥边野草花，乌衣巷口夕阳斜。
> 旧时王谢堂前燕，飞入寻常百姓家。

这首诗的韵脚是“花、斜、家”，在“平水韵”里都属于麻韵。而按照普通话的读音，这三个字的韵母分别是 ua、ie、ia[①]，读起来并不押韵，这是由于语音发生了变化。

又如，汉字绝大多数是形声字，形声字的声符本来应该是表音的，但是我们经常会发现，有的形声字的声符与该字读音相差甚远，如：泄（世）、助（且）、霓（儿）、堕（隋）、圄（吾）、闻（门）。这也是语音变化造成的，在造字时，这些字和它们各自的声符在读音上都是很接近的。

---

① 本节使用的注音符号，不加方括号的是汉语拼音，加方括号的是国际音标。

再有，方言之间的语音差异是由于语音演变在地域上的不平衡性造成的，有些古音现象还保留在方言里，比如："知"厦门读［ti］，正是"古无舌上音"的"活化石"。①

语音是语言的物质外壳，在语言学研究中，语音研究是最基本的部分。不过，从学习古代汉语的次序来说，语音总是放在后边的。这是因为，汉字是表意文字，具有"超时空"的性质，虽然古今语音不同，但是对于一般的阅读并不会造成太大的障碍；这样一来，学习古音就显得不是那么迫切了。但是，当我们需要进一步提高古汉语水平的时候，情况就不是这样了。许多词汇语义现象，许多语法现象，还有古代文体的构成，都跟古音有关；阅读与理解的过程中遇到的不少问题要通过古音得到解决。所以，学习古汉语的过程中掌握一定的古音知识是重要的一环，研究古代汉语更要精通古音。

词汇问题是阅读古书遇到的首要问题，字义的理解有时候要涉及古音。比如说，古书中有很多文字"通假"现象，就是同一个词在不同的地方写成不同的字，其中有所谓"本字"，有所谓"假借字"，对假借字不能按照它的常用意义去理解，一定要知道它在这里是被当作另外一个字使用的。辨别假借字，就得以它们的古代读音为条件。一个词用两个或几个字来代表，这几个字的古代读音一定是相同或很接近，但是现代读音却不一定相同相近。不懂得古音条件，就没有办法准确辨别假借字。比如古书常常假借"罢"字代表"疲"字，这两个字的现代读音差别很大，但是它们上古都是并母、歌部，读音非常接近，所以能够通假。

古汉语中有一部分"联绵词"，联绵词的两个音节往往具有"双声"或者"迭韵"的关系，辨别联绵词及其语音关系也需要古音知识。比如："芣苢"（fú yǐ），二字上古同属之部，是叠韵联绵词；"玄黄"，二字上古同属匣母，是双声联绵词；但是从今音都已经看不出来了。又如"匍匐"，二字上古同属并母，是双声联绵词，依今音则有可能被认为是叠韵联绵词，而实际上"匍"字上古属鱼部，"匐"字上古属职部，韵母并没有关系。

词源研究也离不开古音知识。通常把音、义都有联系，并且有共同来源的一组词叫做同源词。研究同源词要以古音（主要是上古音）为依据，因为同源词的形成绝大多数是在上古。请看以下几组同源词：

"旁"是旁边，"房"是正室两旁的房间。二者古音都是并母、阳部。

"暗"是日无光，"阴"是山北，即阳光照射不到的一面。二者都有光线不足、阴暗的意思，古音同是影母、侵部。

"聚""凑"都是聚集的意思。"聚"古音从母、侯部，"凑"古音清母、侯部；韵

---

① 关于"古无舌上音"，请参看下文"上古音述略"部分。

部相同，声母只是清浊不同。

古代的诗歌以及其他韵文，都通过语音手段来构成它们的特有体裁，最常用的手段是押韵和平仄交替。押韵是把音节的后半部分（韵腹和韵尾）相同的字放在句子末尾，以造成回环叠加式的听觉美感；平仄规则是在一句话里交互使用音高不同的字（平声字和仄声字），以产生抑扬起伏的听觉美感。古代诗文的押韵、平仄都是按照古音安排的，不懂得一些古音知识也无法做到对这些诗文真正全面准确的理解。

古音知识对古籍校勘也很重要。举例来说，传世本《老子》有这样一段话："修之于身，其德乃真；修之于家，其德乃余；修之于乡，其德乃长；修之于国，其德乃丰。"从古音看，"身、真"（真部）、"家、余"（鱼部）、"乡、长"（阳部）分别都是押韵的，只有末一句"国"（职部）跟"丰"（东部）不押韵，因此可以推测后两句可能有问题。研究者认为，"国"字不是原文，原文应该是"邦"字，"邦"和"丰"在秦汉以前同在东部，押韵和谐；汉朝人为了避讳"邦"字（汉高祖名邦），而用同义字"国"代替了"邦"。近年考古发现的《老子》原文正是"邦"字。

二、传统音韵学基本知识

音韵学是分析汉字的字音及其历史演变的学科。一般认为，传统音韵学的建立是以东汉末年反切注音的出现为标志，已经有一千多年历史了。

下面简要介绍一些传统音韵学的基本知识。

1. 反切

"反切"是用两个汉字拼注另一个汉字读音的注音方法。例如：栋，多贡切。"栋"是被切字，"多"是反切上字（简称切上字、上字），只取其声母；"贡"是反切下字（简称切下字、下字），只取其韵母和声调；"切"是标志字（唐以前用"反"字，唐以后一般用"切"字）。换成现代的话来说，"多"字代表"栋"字的声母 d-，"贡"代表"栋"字的韵母和声调-òng，"反"标志 d-与-òng 相拼，"栋"字的读音就是 dòng。

反切出现以前，有"譬况""读如"和"直音"等注音方法。"譬况"就是用打比方、描写发音情况来说明字音，如东汉高诱注《淮南子》有："旄读近绸缪之缪，急气言乃得之。"用"急气言"说明发音情况。由于这种方法不是科学的语音描写，其准确的含义后人已经不得而知。"读如"（或称"读若"）就是用读音相同或相近的字来注音，如《说文解字》："珣，读若宣。""直音"就是用同音字注音，如《汉书》服虔注："傅音附。"

反切注音的方法产生于东汉末年，服虔、应劭等人注《汉书》时已经使用，魏晋以后开始广泛使用。由于反切可以准确地注出几乎每一个汉字的读音，所以很快成为最主要的注音方法。

语音是变化的，被切字、切上字、切下字的读音都在变化，如果处在不同的语音环境里，原本相同的声母、韵母和声调都有可能发生不同变化；因此，如果拿今天的读音去拼古代的反切，往往拼不出正确的读音，如：

萧，苏雕切。今读 xiāo，不读 siāo。被切字与切上字声母不同。

貌，莫教切。今读 mào，不读 miào。被切字与切下字韵母不同。

亥，胡改切。今读 hài，不读 hǎi。被切字与切下字声调不同。

而，如之切。今读 ér，不读 rī。被切字与切上字声母不同，与切下字韵母、声调不同。

因此，要利用古代的反切注音，就必须要学习相关的音韵学知识。

2. 字母

传统音韵学中，声母叫“声”、“纽”或者“声纽”。字母是声母的代表字，即用汉字来代表它所属的声母，如用“帮”代表声母［p］、用“端”代表声母［t］。字母的产生大概在唐代末年，是在翻译佛经的过程中受到梵文的影响创制的。现存最早的字母是 20 世纪初在敦煌发现的唐末和尚守温创制的“三十字母”。传统音韵学通行的是宋人创制的“三十六字母”（详见后文“1. 中古音述略”）。三十六字母大致可以代表唐宋间汉语的声母系统。

3. 韵

韵是指一个音节内包含主要元音、韵尾和声调的部分。韵和我们现在通常讲的韵母的概念并不相同，因为：韵母包含介音（韵头）的成分，而韵可以不考虑介音；韵包含声调的成分，而韵母则不区分声调。

按照韵尾的不同，韵可以分为三类：阴声韵（无韵尾或韵尾是元音），阳声韵（韵尾是鼻音），入声韵（韵尾是塞音）。古入声韵在普通话和多数北方方言中已经失去了辅音韵尾，演变成了阴声韵。

跟韵相关还有一个术语是“韵部”。韵部是指一个音节内包含主要元音和韵尾的部分，韵部与韵的差异在于韵部不需要区分声调。有些著作不区分韵和韵部两个术语，在阅读时需要注意辨别。

4. 四声

汉语是一种声调语言。最早发现汉语有声调的是南朝齐、梁间的周颙、沈约等人，他们发现了汉语有四个声调，并定名为“平、上、去、入”。这四个字是四声的代表字，不过最初可能带有描述调值的用意，但是详细的情况已经不得而知了。

四声当中，入声比较特殊，因为入声字带有塞音韵尾，所以与其他三声的区别不仅仅是在音高上。

古四声到现代汉语已经发生了很大的变化：平声分化为阴平和阳平两类，清声母字变为阴平，浊声母字变为阳平；上声中清声母和次浊声母字仍然是上声，全浊声母字变为去声；去声仍然是去声；入声消失，并入其他调类，全浊声母字变为阳平，次浊声母字变为去声，清声母字变到阴平、阳平、上声、去声的都有。

对于声调还应该注意区分调值和调类两个概念。调值是声调具体的高低升降的音值。调类是声调的类别，其命名是同古四声相关的，而与具体的调值无关。比如北京话的阴平、阳平之所以叫“平”，是因为它们主要来源于古平声。

三、汉语语音史述略

汉语语音发展的历史，大致可以分为上古、中古、近代和现代四个时期。上古音指先秦两汉时期的语音，可以以《诗经》音系为代表。中古音指六朝至唐宋时代的语音，一般以《切韵》音系为代表。《切韵》是隋朝陆法言等人所编的一部韵书，但此书的原本已失传，它的音系保存在北宋陈彭年等编写的《广韵》中。近代音指元明清时代的语音，以元代周德清所作的《中原音韵》音系为代表。现代音则以北京音系为代表。这是大家所熟悉的。

1. 中古音述略

为什么先讲中古音系呢？这是因为上古音系的研究是在中古音系的基础上建立起来的。

中古音系一般以《切韵》（隋代陆法言等编撰）为代表，但此书已亡佚，只留下部分残卷；但它的音系保存在北宋陈彭年等编写的《广韵》中。

《广韵》按声调分卷。平、上、去、入四声，却分为五卷，是因为平声字很多，合在一卷篇幅太大，跟其他各卷不平衡，所以分成上平声和下平声两卷。五卷总共206韵，上平声28韵，下平声29韵，上声55韵，去声60韵，入声34韵。同一横行的平、上、去三韵是一个韵类，其韵母相同而声调不同；收塞音韵尾的入声韵与收相同部位鼻音的阳声韵（如［ap］配［am］，［at］配［an］，［ak］配［aŋ］）相配。

下面是按照韵类排列的《广韵》206韵韵目表。

平声	上声	去声	入声
东第一	董第一	送第一	屋第一
冬第二		宋第二	沃第二
钟第三	肿第二	用第三	烛第三
江第四	讲第三	绛第四	觉第四
支第五	纸第四	寘第五	
脂第六	旨第五	至第六	
之第七	止第六	志第七	
微第八	尾第七	未第八	

鱼第九	语第八	御第九	
虞第十	麌第九	遇第十	
模第十一	姥第十	暮第十一	
齐第十二	荠第十一	霁第十二	
		祭第十三	
		泰第十四	
佳第十三	蟹第十二	卦第十五	
皆第十四	骇第十三	怪第十六	
		夬第十七	
灰第十五	贿第十四	队第十八	
咍第十六	海第十五	代第十九	
		废第二十	
真第十七	轸第十六	震第二十一	质第五
谆第十八	准第十七	稕第二十二	术第六
臻第十九			栉第七
文第二十	吻第十八	问第二十三	物第八
欣第二十一	隐第十九	焮第二十四	迄第九
元第二十二	阮第二十	愿第二十五	月第十
魂第二十三	混第二十一	慁第二十六	没第十一
痕第二十四	很第二十二	恨第二十七	
寒第二十五	旱第二十三	翰第二十八	曷第十二
桓第二十六	缓第二十四	换第二十九	末第十三
删第二十七	潸第二十五	谏第三十	黠第十四
山第二十八	产第二十六	襇第三十一	鎋第十五
下平声			
先第一	铣第二十七	霰第三十二	屑第十六
仙第二	狝第二十八	线第三十三	薛第十七
萧第三	篠第二十九	啸第三十四	
宵第四	小第三十	笑第三十五	
肴第五	巧第三十一	效第三十六	
豪第六	皓第三十二	号第三十七	
歌第七	哿第三十三	箇第三十八	
戈第八	果第三十四	过第三十九	
麻第九	马第三十五	祃第四十	

阳第十	养第三十六	漾第四十一	药第十八
唐第十一	荡第三十七	宕第四十二	铎第十九
庚第十二	梗第三十八	映第四十三	陌第二十
耕第十三	耿第三十九	诤第四十四	麦第二十一
清第十四	静第四十	劲第四十五	昔第二十二
青第十五	迥第四十一	径第四十六	锡第二十三
蒸第十六	拯第四十二	证第四十七	职第二十四
登第十七	等第四十三	嶝第四十八	德第二十五
尤第十八	有第四十四	宥第四十九	
侯第十九	厚第四十五	候第五十	
幽第二十	黝第四十六	幼第五十一	
侵第二十一	寝第四十七	沁第五十二	缉第二十六
覃第二十二	感第四十八	勘第五十三	合第二十七
谈第二十三	敢第四十九	阚第五十四	盍第二十八
盐第二十四	琰第五十	艳第五十五	叶第二十九
添第二十五	忝第五十一	㮇第五十六	帖第三十
	俨第五十二	酽第五十七	
咸第二十六	豏第五十三	陷第五十八	洽第三十一
衔第二十七	槛第五十四	鉴第五十九	狎第三十二
严第二十八			业第三十三
凡第二十九	范第五十五	梵第六十	乏第三十四

关于《切韵》音系的性质，历来众说纷纭，至今还有不同看法。我们赞同《切韵》音系并非隋代一时一地之音的说法，我们认为《切韵》音系是在隋代共同语的基础上吸收了南北方音和一些古音成分的一个综合音系。正因为这一音系具有综合性质，所以现代大部分汉语方言的语音差异都可以从中找到根源，从上古到现代的变化过程也便于参照它来作说明。

在唐代，"先"与"仙"、"删"与"山"人们就已经不能区别了。因此，唐代就出现了"同用""独用"的规定。所谓"同用"即规定《切韵》中邻近的几个韵可以互相押韵，如"宋、用"同用，"支、脂、之"同用之类。《广韵》基本上保存了《切韵》音系，与宋人的口语脱节，用它来指导文人作诗押韵，当然产生很大矛盾。所以到了南宋时期，江北平水刘渊编著《壬子新刊礼部韵略》时，索性把同用的几个韵加以合并，共得 107 韵。金人王文郁《平水新刊韵略》又归并为 106 韵。这 106 韵，就是通常人们所说的"平水韵"。"平水韵"虽然出现在南宋时代，但它却反映了唐代诗人用韵的情况。直至明清科举，仍以“平水韵”为官韵，文人作诗仍遵从“平水韵”。

中古音系的声母系统大致可以用传统的宋人三十六字母作代表。所谓三十六字母，就是三十六个声母的代号。如：“帮”母代［p］，“端”母代［d］。古代音韵学家根据声母的发音部位不同，把三十六字母分为喉音、牙音、舌音、齿音、唇音五类，叫做“五音”。后又在“五音”的基础上分出“半舌音”“半齿音”，是为“七音”。后又有“九音”之说（详见下表）。此外，古代音韵学家又根据声母的发音方法的不同，把三十六字母分为“清音”和“浊音”两大类。“清音”是指发音时声带不振动的辅音，“浊音”是指发音时声带振动的辅音。“清音”又细分为“全清”“次清”，“浊音”又细分为“全浊”“次浊”。下面将三十六字母按发音部位、发音方法的旧名称列于如下：

		全清	次清	全浊	次浊	全清	全浊
	重唇	帮	滂	并	明		
唇音	轻唇	非	敷	奉	微		
	舌头	端	透	定	泥		
舌音	舌上	知	彻	澄	娘		
	齿头	精	清	从		心	邪
齿音	正齿	照	穿	床		审	禅
牙音		见	溪	群	疑		
喉音		影			喻	晓	匣
半舌音					来		
半齿音	舌齿音			日			

宋人三十六字母是在唐代守温和尚的三十字母（敦煌《守温韵学残卷》）的基础上增补而成的。三十六字母所代表的声母系统，距今约有一千年了。它们演变到现代普通话，发生了很大的变化，全浊声母消失了，有的声母分化了，有的声母合流了，保持不变的只是少数。如果再向前推，上溯到《切韵》时代、《诗经》时代，古今声母系统的差别就更大了。

2. 近代音述略

近代音以元代周德清所作的《中原音韵》音系为代表。《中原音韵》音系是根据元代北曲的用韵归纳出来的。

《中原音韵》分 19 个韵部，每个韵部下又依平声阴、平声阳、上声、去声归字。

《中原音韵》19 部：

1. 东锺	2. 江阳	3. 支思	4. 齐微
5. 鱼模	6. 皆来	7. 真文	8. 寒山
9. 桓叹	10. 先天	11. 萧豪	12. 歌戈
13. 家麻	14. 车遮	15. 庚青	16. 尤侯
17. 侵寻 [-m]	18. 盐咸 [-m]	19. 廉纤 [-m]	

这19部与《广韵》音系面目全非，其突出特点是只有阴声韵和阳声韵，没有入声韵。（按：阳声韵仍然是 [-m] [-n] [-ŋ] 三类韵尾分立）

《中原音韵》的声调变化也很突出，平声分阴阳，入声派入阳平、上声和去声三声。

《中原音韵》的声母系统，据研究只有25个声母：

唇音	帮	滂	明	非	微
舌音	端	透	泥	来	
齿音	精	清	心		
	知	痴	十	日	
	之	嗤	诗	日	
喉牙音	见	溪	疑	晓	影

这个声母系统的最大特点是全浊声母已经清化了。

总之，《中原音韵》音系已经很接近现代普通话的语音系统了。

3. 上古音述略

上古音的研究是从古韵开始的。这是因为汉魏以后，人们读《诗经》等先秦韵文，觉得许多地方不押韵，因而开始进行探讨。但是，由于缺乏历史的观点，人们提出了种种错误的主张，其中影响最大的是"协句"说、"叶音"说。

所谓"协句"说、"叶音"说，都是指临时改读字音以求和谐。诗句中的韵脚字彼此和谐就叫"协句"。例如：《诗经·邶风·燕燕》三章："燕燕于飞，上下其音；之子于归，远送于南。瞻望弗及，实劳我心。"陆德明《经典释文》在"南"字下引梁人沈重《毛诗音》说："协句，宜乃林反"。沈重以他当时的语音去读《诗经》，认为"南"与"音""心"不押韵，为了协句，主张把"南"字临时改读为"乃林反"。到了宋代，这种以今律古的做法更为盛行，比如朱熹在他所著的《诗集传》中，就大量采用了"叶音"的办法。例如：《诗经·召南·行露》二、三章：

谁谓雀无角（叶卢谷反）?

何以穿我屋？
谁谓女无家（叶音谷）？
何以速我狱？
虽速我狱，
室家不足。

谁谓鼠无牙（叶五红反）？
何以穿我墉？
谁谓女无家（叶各空反）？
何以速我讼（叶祥容反）？
虽速我讼，
亦不女从。

在这两章诗里，朱熹不仅强改字音以就今读（即宋代音），而且在韵脚的确定上也有问题。第二章的“谁谓女无家”的“家”，本不应入韵，朱熹却错误地定为韵脚，并“叶音”为“谷”，以求与“角、屋、狱、狱、足”押韵。第三章的“家”字虽然入韵，但这章诗应该是两个韵，“牙”与“家”协，上古属鱼部；“墉”与“讼、讼、从”协，上古属东部。这是一种不完全交韵的押韵形式。朱熹不懂得古音不同于今音的道理，错误地认为这章诗是一韵到底。既然是两个韵，那么，无论是用上古音（当然，朱熹不可能用上古音），还是用宋代音去读，都不可能和谐。为了使“牙、家”与“墉、讼、讼、从”押韵，于是就临时把“牙”字改叶为“五红反”，把“家”改叶为“各空反”。显然，这是很荒谬的。因为“牙”“家”二字不论在上古，还是在宋代，都属于没有韵尾的阴声韵，怎么能人为地把它们改读为以鼻音收尾的阳声韵呢？

直到明代古韵研究才从“叶音”说中摆脱出来。功不可没的是明末的古音学家陈第。他用发展的观点观察古音，提出了“时有古今，地有南北，字有更革，音有转移”（《毛诗古音考》）的至理名言。在陈第看来，《诗经》里每一个入韵字都有它的固定读法，不可能时而读甲音，时而读乙音，如上文的“家”。可惜的是，陈第没有把自己的研究系统化，也没有进行古韵分部。

清初的古音学家顾炎武在陈第思想和著作的启发下，对《诗经》《楚辞》等韵文的用韵做了具体的分析和归纳，将古韵分为十部，写下了《音论》《诗本音》《易音》《唐韵正》《古音表》五种阐明古韵的著作，合称《音学五书》。

后来的古音学家（如：江永、段玉裁、戴震、孔广森、王念孙、章炳麟等）在顾氏研究的基础上，又进一步考察了《诗经》《楚辞》和其他先秦两汉的韵文的用韵以及谐声偏旁，分部越来越细。至王力先生考订《诗经》时代古韵为 11 类 29 部，《楚辞》

时代为30部。

下面是古韵11类30部：

	阴声韵	入声韵	阳声韵
第一类	1. 之部	2. 职部	3. 蒸部
第二类	4. 支部	5. 锡部	6. 耕部
第三类	7. 鱼部	8. 铎部	9. 阳部
第四类	10. 侯部	11. 屋部	12. 东部
第五类	13. 宵部	14. 药部	
第六类	15. 幽部	16. 觉部	17. 冬部
第七类	18. 微部	19. 物部	20. 文部
第八类	21. 脂部	22. 质部	23. 真部
第九类	24. 歌部	25. 月部	26. 元部
第十类		27. 缉部	28. 侵部
第十一类		29. 叶部	30. 谈部

根据王力先生对古音的构拟，上面所列，同一类韵部韵腹相同，如：鱼部、铎部、阳部，其韵腹都是［a］，侯部、屋部、东部，韵腹都是［o］；同一纵行，相邻的韵部，一般韵腹相近，韵尾相同，如入声韵：职部——觉部，韵尾都是［k］，物部——月部，韵尾都是［t］；缉部、叶部，韵尾都是［p］。一般说来，相邻韵部的字，语音相近。无论是诗歌的押韵，还是文字的通假现象、词汇的同源现象，都必须以语音相同或相近为前提。

例如“枯、涸、渴、竭”同源，从古音上看，“枯”属鱼部、溪母，王力先生拟音为［kha］（见《同源字典》，下同），“涸”属铎部、匣母，拟音为［hak］，“渴”属月部、溪母，拟音为［khat］，“竭”属月部、群母，拟音为［giat］，“枯、涸、渴、竭”韵腹相同，都是［a］，声母相同或相近，因此，声音可以相通。

上古每个韵部包括哪些字，首先是根据《诗经》《楚辞》等先秦韵文的用韵归纳出来的。至于没有用作韵脚的字，主要是根据谐声偏旁。一般地说，同一谐声偏旁的字属于同一韵部。例如，我们知道“豝”字属鱼部，而“豝”从巴得声，那么，凡从“巴”得声的“把、芭、笆、耙、葩”等也属鱼部。

关于上古的声母系统，研究的成绩远不如上古韵部系统，至今没有定论。前代学者在宋人三十六字母的基础上，根据古代文字训诂材料，考订了某些字母的合并与分化问题。比如清代学者钱大昕提出的“古无轻唇音”“古无舌头、舌上之分”

（《十驾斋养新录》），近代学者章炳麟提出的“娘日二母归泥说”（《国故论衡》）等，他们的研究都很有参考价值。根据前人的研究成果，暂定上古声母为 28 个，分列如下：

唇音	帮（非）	滂（敷）	并（奉）	明（微）			
舌音	端（知）	透（彻）	定（澄）	泥（娘）	来		
	章	昌	船	日	喻四	书	禅
齿音	精（庄）	清（初）	从（崇）			心（生）	邪
牙音	见	溪	群	疑			
喉音	影					晓	匣（喻三）

（按：唇音中，括号内的轻唇音“非”等四母都读为重唇音“帮”等四母。舌音、齿音、喉音同。）

上古汉语中，声调是肯定有的，但具体情况如何，远没有定论。清代学者段玉裁主张古无去声，只有平、上、入三声；近代学者黄侃提出上古只有平、入二声说；王力先生则主张上古有长平、短平、长入、短入四声 。这些主张都有参考价值，都值得进一步研究。

四、古书的读音

1. 破读

破读又称“读破”（按：“读破”术语另有一用，即指用本字来改读古书中的假借字），是用改变字（词）的读音以区别不同的意义或词性的一种方法。例如：《诗经·周南·序》云“风，风也”，《经典释文》引徐邈说“上如字，下福风反”。所谓“上如字”，即前一个“风”读它的本音，读平声，是名词，这里指国风；后一个“风”读去声，是动词，讽动之义。名词“风”本读平声，引申出“讽动”之义后，为了表示差异，改读去声，这就是破读。又如：《诗经·周南·关雎》“窈窕淑女，君子好逑”。《经典释文》说：“毛如字，郑呼报反。”因为毛传将“好”释为形容词（美好），是其本义，读平声；而郑笺将“好”释为动词（和好），是引申义，故破读，改读去声。破读现象大多是属于声调不同，古人把它叫做“四声别义”。“四声别义”是从词义演变的角度来说的，破读是从文字的读音方面来说的。

从文献记载来看，破读现象可以追溯到东汉时期，由于种种原因，只有部分保留在今天的口语中的，部分保留在书面语的旧读中，有的已完全消失了。今天破读字的读音原则上当以《现代汉语词典》为准。

破读保留在今天的口语中的、《现代汉语词典》作为今音收录的，自当遵从。例如：

冠，名词，平声 guān；动词，去声 guàn。

好，形容词，上声 hǎo；动词，去声 hào。

难，形容词，平声 nán；名词，去声 nàn。

号，动词，平声 háo；名词，去声 hào。

饮，动词，上声 yǐn；动词，使饮，去声 yìn。

传，动词，平声 chuán；名词，去声 zhuàn（按，声母亦有变化）。

乘，动词，平声 chéng；名词，去声 shèng（按，声母亦有变化）。

破读在口语中消失、《现代汉语词典》仍作为旧读保留的，有两种情况：

(1)《现代汉语词典》作为独立的音项、义项保留的，如：

王，名词，平声 wáng；动词，去声 wàng

衣，名词，平声 yī；动词，去声 yì

妻，名词，平声 qī；动词，去声 qì

为明义起见，当仍从旧读。例如：《孟子》中"保民而王"的"王"读 wàng，《孟子》中"许子必织布然后衣乎"的"衣"读 yì ，《论语》中"子谓公冶长可妻也"的"妻"读 qì 。

(2)《现代汉语词典》未作为独立音项、义项，而只是在括号中加以注明的，如：

从 cóng，动词（跟随），平声；名词（跟随的人），平声（旧读去声 zòng）。

行 xíng，动词，平声；名词（品行），平声（旧读去声 xìng）。

文 wén，名词，平声；动词（掩饰），平声（旧读去声 wèn）。

对这一类，宜放弃旧读。例如：《论语》中"小人之过也，必文"的"文"，宜从今读读作 wén。

至于破读在口语中消失，《现代汉语词典》也未作旧读保留的，自当放弃旧读，依《现代汉语词典》。如：

骑 qí，动词，平声；名词（骑兵），旧读 jì 去声，声母亦有变化，《现代汉语词典》只保留平声，在名词义项下，亦未标注旧读。因此，像《史记・项羽本纪》中的"沛公旦日从百馀骑来见项王"中的"骑"就毫无必要去读旧读了。

操 cāo，动词（持），平声；名词（操行），旧读 cào 去声。《现代汉语词典》"操行"义，仍读平声，亦未标注旧读。因此，像《韩非子・五蠹》中"聚徒属立节操"中的"操"，读平声即可。

2. 假借字的读音

假借字一般要按所标示的本字来读。如：

《论语・阳货》"歸孔子豚"，歸，假借为"馈"，当按"馈"音读 kuì。

《荀子·非相》"伊尹之状，面无须麋。"麋，假借为"眉"，当按"眉"音读 méi。

3. 韵文中韵脚字的读音

由于语音的演变，许多古代的韵文用今音读已经不押韵了。我们通过学习古音，了解这些韵文原本是押韵的就可以了，而没有必要用古音去读。有一种现象需要注意：有时人们会在读古诗时改变某个字的读音，以求押韵，如前文提到的《乌衣巷》的"斜"字，有人读成 xiá。这种做法其实就是一种"叶韵"，是不可取的。事实上，"斜"在中古也不读 xiá，按照中古音的构拟当为［zǐa］。

关于古书的读音，还有一点应当注意的，就是一些专名读音特殊，这些专名往往保存着较古的读音。如：皋陶（gāo yáo），陶不读 táo；龟兹（qiū cí），不读 guī zī；单于（chán yú），单不读 dān；仆射（pú yè），射不读 shè；等等。

思考题

1. 什么是"反切"？
2. 汉语语音发展的历史，大致可以分为几个时期？各以什么为代表？
3. 默写传统三十六字母发音方法、发音部位表。
4. 《中原音韵》音系与《广韵》音系比较有哪些突出的变化？
5. 举例说明什么叫"破读"。

文选

今注

楚辞

楚辞是公元前 4 世纪到前 3 世纪之间由楚国的伟大诗人屈原和他的学生在民间歌谣的基础上加工、创造而成的一种新的诗歌形式。它的句式参差错落，打破了《诗经》以四言为主的格局，因此适于表达更为复杂的思想内容。楚辞的作品都是"书楚语，作楚声，纪楚地，名楚物"的，所以具有浓厚的地方色彩。楚辞以铺陈见长，汉赋就是在它的直接影响下发展起来的。

楚辞最主要的代表作家是屈原。屈原名平，字原，出身于楚国贵族，生活在楚国由盛转衰的楚怀王、顷襄王时期。屈原博闻强识，明于治乱，娴于辞令，因主张修明法度，举贤任能，遭到朝廷保守势力的诋毁，两次遭到放逐，最后以忧愤自沉汨罗而死。在长期的流放生活中，他面对着政治的腐败，国运的垂危，写下了大量忧国忧民的不朽诗篇。他的主要作品有《离骚》《九歌》《天问》《九章》等。

西汉刘向把屈原、宋玉等人的作品汇编成集，题名《楚辞》。现存最早的注本是东汉王逸的《楚辞章句》。较好的《楚辞》注本有宋代洪兴祖的《楚辞补注》、朱熹的《楚辞集注》。

離騷（節選）

《离骚》是楚辞中最长的一首诗，共373句；本文节选了《离骚》的前一部分。对于“离骚”的解释，历来众说纷纭，其中汉代班固的解释较为通行。班固说：“离，犹遭也；骚，忧也。明己遭忧作辞也。”（《离骚赞序》）依班固说，“离骚”就是遭受忧愁的意思。离，通“罹”，遭。骚，忧。

帝高陽之苗裔兮[1]，朕皇考曰伯庸[2]。攝提貞于孟陬兮[3]，惟庚寅吾以降[4]。皇覽揆余初度兮[5]，肇錫余以嘉名[6]。名余曰正則兮，字余曰靈均[7]。

[1] 高陽：古帝颛顼（zhuān xū）的称号。苗裔：后代子孙。裔，衣服的边缘。按：据《史记·楚世家》载，楚之先祖出自帝颛顼高阳，事周成王，封于楚。传至楚武王，生子瑕，受封于屈，遂以屈为氏。屈原即其后代，所以屈原说自己是颛顼的子孙。

[2] 朕：我。按：先秦之人不论上下皆可自称朕，自秦始皇起朕始专用为皇帝自称。皇考：对亡父的尊称，亦称显考。皇，大，显。伯庸：屈原父亲的字。

[3] 攝提：太岁年名“攝提格”的简称，寅年的别名。按：古代天文学家把黄道附近的一周天分为十二等分，并由东向西分别用子丑寅卯等十二支与之相配。古人设想有一太岁星由东向西运行，十二年运行一周天；太岁运行到寅位，称为攝提格。貞：正当。孟陬（zōu）：指孟春正月。

[4] 惟：语气词。庚寅：指庚寅日。以：介词，引进时间。降：降生。

[5] 皇：皇考的简称。覽：观察。揆（kuí）：揣度。初度：初生的时辰。

[6] 肇（zhào）：始。錫：通“赐”。

[7] 名、字：都用作动词，取名，取字。

［韵部］

庸，东部；降，冬部；东冬合韵。名、耕部；均，真部；耕真合韵。

紛吾既有此内美兮[1]，又重之以脩能[2]。扈江離與辟芷兮[3]，紉秋蘭以爲佩[4]。汩余若將不及兮[5]，恐年岁之不吾與[6]。朝搴阰之木蘭兮[7]，夕攬洲之宿莽[8]。日月忽其不淹兮[9]，春與秋其代序[10]。惟草木之零落兮[11]，恐美人之遲暮[12]。不撫壯而棄穢兮[13]，何不改乎此度？乘騏驥以馳騁兮，來吾道夫先路[14]。

[1] 紛：盛多的样子。

[2] 重（chóng）：加上。脩：长。

[3] 扈：披。江離：香草名。辟芷：幽僻之处的芷草。

[4] 紉：用线连缀。秋蘭：即兰花，秋天开花，故称秋兰。佩：佩饰之物。

[5] 汩（yù）：水流迅疾的样子，喻时光疾如流水。

[6] 與：等待。

[7] 搴（qiān）：拔，采摘。阰（pí）：大的山坡。木蘭：香树名。

[8] 攬：采摘。宿莽：经冬不死的草。

[9] 忽：疾速的样子。其：助词。淹：滞留。

[10] 代：更迭。

[11] 惟：思，想。零：落。

[12] 美人：喻楚怀王。遲暮：指年老。

[13] 撫壯：趁着壮年。撫，持，凭借。穢：指秽恶之行。

[14] 道：引导，后写作“導”

［韵部］

能、佩，之部。与、莽、序，鱼部。暮、度、路，铎部。

昔三后之純粹兮[1]，固衆芳之所在[2]。雜申椒與菌桂兮[3]，豈維紉夫蕙茝[4]？彼堯舜之耿介兮[5]，既遵道而得路。何桀紂之猖披兮[6]，夫唯捷徑以窘步[7]。惟夫黨人之偷樂兮[8]，路幽昧以險隘。豈余身之憚殃兮[9]，恐皇輿之敗績[10]。忽奔走以先後兮[11]，及前王之踵武[12]。荃不察余之中情兮[13]，反信讒而齌怒[14]。余固知謇謇之爲患兮[15]，忍而不能舍也。指九天以爲正兮[16]，夫唯靈脩之故也[17]。曰黄昏以爲期兮，羌中道而改路[18]。初既與余成言兮[19]，後悔遁而有他[20]。余既不難夫離别兮，傷靈脩之數化[21]。

[1] 三后：指禹、汤、文王。后，君。純粹：指品德纯正无瑕。按：丝不杂为“纯”，米不杂为“粹”。

[2] 衆芳：喻群贤。

[3] 雜：交错，使动用法。申椒：申地产的花椒。菌桂：香木名。

[4] 維：只。蕙、茝（zhǐ）：香草名。

[5] 耿介：光明正大。

[6] 猖披：这里是狂乱放肆的样子。

[7] 捷：邪出。窘步：步履窘迫。

[8] 黨人：指楚怀王左右结党营私的小人。偷：苟且。

[9] 憚：怕。

［10］皇輿：国君所乘的高大的车，借指楚王朝。敗績：车覆，喻倾覆。

［11］先後：用作动词，跑前跑后。

［12］踵武：足迹。

［13］荃：香草名，喻怀王。

［14］齌（jì）：疾。按：齌，本指急火煮饭。

［15］謇謇（jiǎn jiǎn）：忠贞的样子。

［16］九天：上天。古人以为天有九重，故云九天。正：证。

［17］靈脩：指楚怀王。靈，神。脩，远。

［18］羌：楚方言，句首语气词。按：洪兴祖疑此二句为后人所增。

［19］成言：等于说有约定。

［20］遁：等于说变心。

［21］數（shuò）：屡次。化：变化。

［韵部］

在、茝，之部。路、步，铎部。隘、绩，锡部。武、怒、舍、故，鱼部。他、化，歌部。

余既滋蘭之九畹兮[1]，又樹蕙之百畝。畦留夷與揭車兮[2]，雜杜衡與芳芷。冀枝葉之峻茂兮[3]，願竢時乎吾将刈[4]。雖萎绝其亦何傷兮[5]，哀衆芳之蕪穢[6]。

［1］滋：栽种。畹（wǎn）：十二亩。

［2］畦（qí）：五十亩，用作动词，种一畦。留夷、揭車、杜衡、芳芷：都是香草名。

［3］冀：希望。峻茂：高大茂盛。

［4］竢（sì）：同“俟”，待。刈（yì）：收割。以上六句以香草喻贤者。

［5］萎絕：枯萎凋落。

［6］蕪穢：荒芜杂乱，喻变节。

［韵部］

亩、芷，之部。刈、秽，月部。

衆皆競進以貪婪兮[1]，憑不厭乎求索[2]。羌内恕己以量人兮[3]，各興心而嫉妬。忽馳騖以追逐兮[4]，非余心之所急。老冉冉其將至兮[5]，恐脩名之不立[6]。朝飲木蘭之墜露兮，夕餐秋菊之落英。苟余情其信姱以練要兮[7]，長顑頷亦何傷[8]。擥木根以結茝兮[9]，貫薜荔之落蘂[10]。矯菌桂以紉蕙兮[11]，索胡繩之纚纚[12]。謇吾法夫前脩兮[13]，非世俗之所服[14]。雖不周於今之人兮[15]，願依彭咸之遺則[16]。

［1］競：争。

［2］憑：满。

［3］恕己以量人：以己之心揣度他人。

［4］騖（wù）：驰。

［5］冉冉：渐渐。
［6］脩：美。
［7］信：确实。姱（kuā）：美好。練要：精粹，纯正。
［8］顑頷（kǎn hàn）：饿得面黄肌瘦的样子。
［9］擥（lǎn）：同“揽”，持。
［10］貫：穿连。薜（bì）荔：香草名。
［11］矯：举。
［12］索：搓绳。胡繩：香草名。纚纚（xǐ xǐ）：长而下垂的样子。
［13］謇（jiǎn）：楚方言，句首语气词。法：效法。前脩：前代的贤人。
［14］服：用，佩。
［15］周：合。
［16］彭咸：传说是殷代贤臣，因谏君不从，投水而死。遺則：留下的法则。

［韵部］
索、妬，铎部。急、立，缉部。英、伤，阳部。蘂、纚，支部。服、則，职部。

長太息以掩涕兮[1]，哀民生之多艱。余雖好脩姱以鞿羈兮[2]，謇朝誶而夕替[3]。既替余以蕙纕兮[4]，又申之以攬茝。亦余心之所善兮，雖九死其猶未悔。

［1］太息：叹息。掩：拭。涕：泪。
［2］雖：通“唯”，只。鞿（jī）羈；用作动词，约束。鞿，马缰绳。羈，马络头。
［3］誶（suì）：谏。替：废弃。
［4］蕙纕：蕙草做的佩带。

［韵部］
茝、悔，之部。
艰，文部；替，质部；文质合韵。

怨靈脩之浩蕩兮[1]，終不察夫民心[2]。衆女嫉余之蛾眉兮[3]，謡諑謂余以善淫[4]。固時俗之工巧兮[5]，偭規矩而改錯[6]。背繩墨以追曲兮[7]，競周容以爲度[8]。忳鬱邑余侘傺兮[9]，吾獨窮困乎此時也。寧溘死以流亡兮[10]，余不忍爲此態也。

［1］浩蕩：放荡自恣、不深思熟虑的样子。
［2］民心：等于说人心。
［3］衆女：喻众小人。蛾眉：形容貌美。
［4］謡諑（zhuó）：造谣诬蔑。
［5］工巧：擅长取巧。
［6］偭（miàn）：违背。規矩：喻法度。錯：通“措”，措置。
［7］繩墨：木匠取直的工具，喻正道。曲：邪曲。
［8］周容：苟合求容。度：法度，准则。

[9] 忳（tún）：忧愁的样子。鬱邑：忧愁烦闷的样子。侘傺（chà chì）：不得志的样子。

[10] 溘（kè）：忽然。流亡：顺水漂流而去。

[韵部]

心、淫，侵部。错、度，铎部。時、態，之部。

鷙鳥之不羣兮[1]，自前世而固然。何方圜之能周兮[2]，夫孰異道而相安[3]。屈心而抑志兮[4]，忍尤而攘詬[5]。伏清白以死直兮[6]，固前聖之所厚[7]。

[1] 鷙（zhì）鳥：鹰类猛禽。羣：用作动词，合群。

[2] 圜：同“圆”，圆形。

[3] 孰：何。

[4] 屈：使动用法，使委屈。

[5] 尤：罪过。攘（rǎng）：取。詬：耻辱。

[6] 伏：等于说保持。死直：为正直而死。

[7] 厚：重，意动用法，看重。

[韵部]

然、安，元部。诟、厚，侯部。

悔相道之不察兮[1]，延佇乎吾將反[2]。回朕車以復路兮[3]，及行迷之未遠。步余馬於蘭皋兮[4]，馳椒丘且焉止息[5]。進不入以離尤兮[6]，退將復脩吾初服[7]。制芰荷以爲衣兮[8]，集芙蓉以爲裳[9]。不吾知其亦已兮，苟余情其信芳。高余冠之岌岌兮[10]，長余佩之陸離[11]。芳與澤其雜糅兮[12]，唯昭質其猶未虧。忽反顧以遊目兮[13]，將往觀乎四荒[14]。佩繽紛其繁飾兮[15]，芳菲菲其彌章[16]。民生各有所樂兮，余獨好脩以爲常。雖體解吾猶未變兮[17]，豈余心之可懲[18]！

[1] 相（xiàng）：察看。察：看清楚。

[2] 延：长久。佇（zhù）：久立。

[3] 復路：回到原路上来。

[4] 步：慢走，使动用法。皋：水边高地。

[5] 且：暂且。焉：在那里。

[6] 進：指进仕。入：纳。離：通“罹”，遭。

[7] 退：指退隐。脩：治。初服：未仕前的服饰。

[8] 芰（jì）：菱，这里指菱叶。

[9] 芙蓉：荷花。衣：上衣。

[10] 高：使动用法。岌岌：高耸的样子。

[11] 長：使动用法。陸離：长长的样子。

[12] 澤：污垢。

[13] 顧：回头看。遊目：放眼四望。

[14] 四荒：四方荒远之地。

[15] 繽紛：五颜六色的样子。繁飾：众多的饰物。

[16] 菲菲：香气很盛的样子。彌章：更加显著。章，彰。

[17] 體解：肢解，古代一种酷刑。

[18] 懲：惩戒。

［韵部］

反、遠，元部。息、服，职部。裳、芳，阳部。离、亏，歌部。荒、章、常，阳部；懲，蒸部；阳蒸合韵。

自学提示

掌握下列带点的词语：

悔相道之不察兮　延佇乎吾將反　進不入以離尤兮　忍尤而攘詬　伏清白以死直兮　余雖好姱以鞿羈兮　謇朝誶而夕替　偭規矩而改錯　寧溘死以流亡兮　非世俗之所服　余既滋蘭之九畹兮　願竢時乎吾將刈　夫唯捷徑以窘步　惟夫黨人之偷樂兮　及前王之踵武　反信讒而齌怒　傷靈脩之數化　扈江離與辟芷兮　來吾道夫先路　肇錫余以嘉名　朕皇考曰伯庸

山鬼

选自《九歌》。《九歌》是屈原在楚国民间祭歌的基础上创作的一组诗歌。《九歌》虽名为“九”，实际却有 11 篇。前 10 篇每篇祭一个神，最后一篇为送神曲。山鬼，即山中之神，女性。一说，因不是正神，故称之为鬼。诗人赋予山鬼以人的性格，歌颂了山鬼对爱情的忠贞。

若有人兮山之阿[1]，被薜荔兮带女羅[2]。既含睇兮又宜笑[3]，子慕予兮善窈窕[4]。

[1] 若：音节助词。人：指山鬼。阿（ē）：山的转弯处，这里指山的深处。

[2] 被（pī）：披。薜（bì）荔、女羅：均为蔓生绿色植物。带：名词用作动词，意动用法，以……为带。

[3] 含睇（dì）：含情而视。睇，微微斜视。宜笑：指笑得很自然。

[4] 子：山鬼称自己思慕的对象。下文“灵脩”、“公子”、“君”同。予：山鬼自称。

［韵部］

阿、罗，歌部。笑、窕，宵部。

乘赤豹兮從文貍[1]，辛夷車兮結桂旗[2]。被石蘭兮帶杜衡[3]，折芳馨兮遺所思[4]。余處幽篁兮终不見天[5]，路險難兮獨後来。

［1］乘：驾驭。從：使动用法，使……跟随。文：指毛色有花纹。

［2］辛夷：香草名。結：编织。桂：桂树枝。

［3］石蘭、杜衡：均香草名。

［4］芳馨（xīn）：泛指香花香草。遺（wèi）：赠送。

［5］篁（huáng）：竹林。

［韵部］

貍、旗、思、來，之部。

表獨立兮山之上[1]，雲容容兮而在下[2]。杳冥冥兮羌晝晦[3]，東風飄兮神靈雨[4]，留靈脩兮憺忘歸[5]，歲既晏兮孰華予[6]？

［1］表：特出，与众迥异的样子。

［2］容容：飘动的样子。

［3］杳（yǎo）冥冥：形容天色昏暗。杳，幽暗。冥冥，昏暗的样子。羌：楚辞所特有的语气词。晦：昏暗。

［4］雨：降雨。

［5］留靈脩：为等待灵脩而留下。憺：安，泰然。

［6］歲：年岁。晏：指迟暮。華（huā）：花，使动用法，这里有“使……年轻”的意思。

［韵部］

下、雨、予，鱼部。

采三秀兮於山間[1]，石磊磊兮葛蔓蔓[2]。怨公子兮悵忘歸[3]，君思我兮不得閒[4]。

［1］三秀：灵芝草的别名。灵芝一年开花三次，故称“三秀”。秀，开花。

［2］磊磊（lěi lěi）：众石堆积的样子。葛：一种蔓生植物。蔓蔓：蔓延纠结的样子。

［3］悵（chàng）：惆怅。

［4］閒（xián）：空闲。

［韵部］

间、蔓、闲，元部。

山中人兮芳杜若[1]，飲石泉兮蔭松柏[2]。君思我兮然疑作[3]。靁填填兮雨冥冥[4]，猨啾啾兮狖夜鳴[5]。風颯颯兮木蕭蕭[6]，思公子兮徒離憂[7]。

［1］山中人：山鬼自称。芳杜若：像杜若一样芳香。杜若，香草名。

［2］蔭：以……为荫。

［3］君思我兮句：大意是你是否思念我呢？我既相信，又怀疑。然：信，与“疑”相对。作：产生。

［4］靁：古“雷”字。填填：象声词，雷声。

［5］猨：同“猿”。啾啾（jiū jiū）：象声词，猿叫声。狖（yòu）：长尾猿。

［6］颯颯（sà sà）：象声词，风声。蕭蕭：象声词，风吹树木发出的声音。

[7] 徒：空，白白地。離：通“罹”，遭受。

[韵部]

若、柏、作，铎部。冥、鸣，耕部。萧、忧，幽部。

自学提示

掌握下列带点的词语：

飲石泉兮蔭松柏　杳冥冥兮羌昼晦　歲既晏兮孰華予　乘赤豹兮從文貍　折芳馨兮遺所思　若有人兮山之阿　被薜荔兮帶女羅

哀郢

选自《九章》。楚顷襄王二十一年（公元前278年），秦将白起攻陷郢都（今湖北江陵县西北），屈原目击祖国垂危，人民离散，作《哀郢》，抒发悲愤之情。

皇天之不純命兮[1]，何百姓之震愆[2]？民離散而相失兮，方仲春而東遷[3]。

[1] 皇：大。純：专一。

[2] 震：指动荡不安。愆（qiān）：指遭罪。

[3] 方：正当。仲春：夏历二月。東遷：向东迁徙。按：郢都失陷后，楚迁都于陈（今河南淮阳县），陈在郢东。

[韵部]

愆、迁，元部。

去故鄉而就遠兮[1]，遵江夏以流亡[2]。出國門而軫懷兮[3]，甲之鼂吾以行[4]。發郢都而去閭兮[5]，怊荒忽其焉極[6]？楫齊揚以容與兮[7]，哀見君而不再得。望長楸而太息兮[8]，涕淫淫其若霰[9]。過夏首而西浮兮[10]，顧龍門而不見[11]。心嬋媛而傷懷兮[12]，眇不知其所蹠。[13]。顺風波以從流兮，焉洋洋而爲客[14]。淩陽侯之氾濫兮[15]，忽翺翔之焉薄[16]。心絓結而不解兮[17]，思蹇産而不釋[18]。

[1] 就：走向。

[2] 遵：沿着……走。江夏：长江、夏水。按：夏水源于长江，入汉水，在今湖北省境内。因江夏相距很近，所以楚辞中江夏常并称。

[3] 國：指国都郢。軫（zhěn）：悲痛。懷：怀念。

[4] 甲之鼂（zhāo）：甲日那一天的早晨。甲，十天干之一，这里是用天干纪日，指甲日。鼂，通“朝”，早晨。

[5] 閭（lǘ）：里巷的大门，这里指故居。

[6] 怊（chāo）荒忽：遥远的样子。怊，远的样子。按："怊荒忽"是楚辞中常见的三字状语，其结构是形容词加连绵词或叠音词。下文的"慘鬱鬱""蹇侘傺""瞭杳杳"等同。焉：何。極：至。

[7] 楫：船桨。揚：举起。容與：犹豫，这里指船徘徊不前的样子。

[8] 長楸（qiū）：高大的楸树。楸，落叶乔木。太息：叹息。

[9] 涕：泪。淫淫：流落不止的样子。霰（xiàn）：细雪珠。

[10] 夏首：夏水的源头。西浮：向西浮行。

[11] 顧：回头看。龍門：郢都东门。

[12] 嬋媛（chán yuán）：心有所牵挂的样子。

[13] 眇：通"渺"，遥远的样子。蹠（zhí）：踏，至。

[14] 焉：于是。洋洋：漂泊不定的样子。客：指流落他乡的人。

[15] 淩：乘。陽侯：水波之神，这里代指水波。氾濫：形容波涛起伏的样子。

[16] 忽：迅速的样子。薄：止，停下。

[17] 絓（guà）結：指心中郁结。

[18] 思蹇（jiǎn）産：指心情不舒畅。蹇産，迂曲的样子。釋：排解，消除。

[韵部]

亡、行，阳部。极、得，职部。霰、见，元部。蹠、客、薄、释，铎部。

將運舟而下浮兮[1]，上洞庭而下江。去終古之所居兮[2]，今逍遥而來東[3]。

[1] 運舟：行船。下浮：指顺江而下。

[2] 終古：永古，指自古以来。

[3] 逍遥：这里是漂泊的意思。

[韵部]

江、东，东部。

羌靈魂之欲歸兮[1]，何須臾而忘反。背夏浦而西思兮[2]，哀故都之日遠。登大墳以遠望兮[3]，聊以舒吾憂心。哀州土之平樂兮[4]，悲江介之遺風[5]。

[1] 羌：语气词。

[2] 背：背向。浦：水边。

[3] 墳：堤岸。

[4] 州土：指沿江的乡邑。平樂：太平安乐。

[5] 江介：江边。介，畔。遺風：指古代遗留下来的风俗。按：诗人想到沿江两岸的"平樂""遺風"即将遭到破坏，故"哀""悲"。

[韵部]

反、远，元部。心、风，侵部。

當陵陽之焉至兮[1]？淼南渡之焉如[2]？曾不知夏之爲丘兮[3]，孰兩東門之可蕪[4]？心不怡之長久兮[5]，憂與愁其相接。惟郢路之遼遠兮[6]，江與夏之不可涉。忽若去不信兮[7]，至今九年而不復[8]。慘鬱鬱而不通兮[9]，蹇侘傺而含慼[10]。

[1] 當：面对。陵陽：即上文“阳侯”，代指水波。按：相传古代陵阳国的国君陵阳侯溺水而死，成为水波之神，简称“阳侯”“陵阳”。

[2] 淼（miǎo）：大水茫无边际的样子。如：到……去。

[3] 曾：竟然。夏：通“厦”，指楚王的宫殿。丘：废墟。

[4] 孰：何。兩東門：指郢都的两个东门。蕪：荒芜。

[5] 怡：快乐。

[6] 惟：动词，思。

[7] 忽若：忽然。去：离开，这里指被放逐。信：被信任。

[8] 復：返回。

[9] 慘：忧愁。鬱鬱：郁结的样子。

[10] 蹇：困苦。侘傺（chà chì）：失意的样子。慼：忧戚。

［韵部］

如、芜，鱼部。接、涉，叶部。复、戚，觉部。

外承歡之汋約兮[1]，諶荏弱而難持[2]。忠湛湛而願進兮[3]，妒被離而鄣之[4]。堯舜之抗行兮[5]，瞭杳杳而薄天[6]。衆讒人之嫉妒兮，被以不慈之僞名[7]。憎慍惀之脩美兮[8]，好夫人之忼慨[9]。衆踥蹀而日進兮[10]，美超遠而逾邁[11]。

[1] 外：表面上。承歡：指奉承君主的欢心。汋（chuò）約：美好的样子，这里形容媚态。也作“绰约”、“淖约”。

[2] 諶（chén）：诚，实际上。荏（rěn）：软弱。

[3] 湛湛（zhàn zhàn）：忠厚的样子。

[4] 被（pī）離：纷乱的样子。鄣：同“障”，壅蔽，阻塞。

[5] 抗行：高尚的德行。

[6] 瞭：高远。杳杳：高远的样子。薄：迫近。

[7] 被：加在……上。僞名：不实的恶名。按：尧舜把天下传给了贤人，没有传给自己的儿子，众谗人就把“不慈”的恶名加在他们头上。

[8] 慍惀（yùn lǔn）：心有所蕴积而不善表达的样子。脩：美好。

[9] 夫（fú）：指示代词，那，那些。忼慨：这里指小人做出的慷慨激昂的样子。

[10] 衆：指众谗人。踥蹀（qiè dié）：小步行走的样子，这里形容奔走钻营的丑态。

[11] 美：指贤人。超遠：指被疏远。逾：通“愈”。邁：远。

［韵部］

持、之，之部。天，真部；名，耕部；真耕合韵。慨、物部；迈，月部；物月合韵。

亂曰[1]：曼余目以流觀兮[2]，冀壹反之何時[3]？鳥飛反故鄉兮，狐死必首丘[4]。信非吾罪而棄逐兮[5]，何日夜而忘之[6]？

［1］亂：乐歌的最后一章，相当于“尾声”。

［2］曼：引。曼目，等于说举目，放眼。浏觀：浏览，指四下观望。

［3］冀：希望。壹反：返回一次。

［4］首丘：头向着土丘。首，用作动词。按：土丘泛指狐穴所在。这里以鸟兽为喻，写人怀故国之情。

［5］信：诚，实在。

［6］之：指代故国。

［韵部］

时、丘、之，之部。

自学提示

掌握下列带点的词语：

亂曰　曼余目以流觀兮　狐死必首丘　諶荏弱而難持　堯舜之抗行兮　被以不慈之僞名　美超遠而逾邁　蹇侘傺而含感　曾不知夏之爲丘兮　惟郢路之遼遠兮　當陵陽之焉至兮　淼南渡之焉如　遵江夏以流亡　怊荒忽其焉極　眇不知其所蹠　忽翺翔之焉薄　何百姓之震愆　甲之鼂吾以行

古注

楚辭章句

《楚辞章句》，东汉王逸撰。王逸，字叔师，生卒年不详，东汉南郡宜城（今湖北宜城）人。事迹见《后汉书·文苑传》。刘向编辑的《楚辞》原本十六卷，王逸作《楚辞章句》，加上了自己的《九思》一卷，成十七卷。王逸生于楚地，又去古未远，能指明其中的楚地方言，对于后人研究《楚辞》很有帮助。

國殤[1] 謂死於国事者小爾雅[2]曰無主之鬼謂之殤

操吴戈兮被犀甲 戈戟也甲鎧也言國殤始從軍之時手持吴戟身被犀鎧而行也或曰操吾科吾科楯[3]之名也 車錯轂[4]兮短

兵接錯交也短兵刀劍也言戎車相迫輪轂交错長兵不施敌用刀劍以相接擊也旌蔽日兮敵若雲言兵士竟[5]路趣[6]敵旌旗蔽天敵多人衆來若雲也矢交墜兮士争先墜墮也言兩軍相射流矢交墮壯夫奮怒争先在前也凌余陣兮躐[7]余行凌犯也躐踐也言敵家來侵凌我屯陣踐躐我行伍也左驂殪[8]兮右刃傷殪死也言己所乘左驂馬死右騑馬被刃創也霾[9]兩輪兮縶四馬縶絆也詩曰[10]縶之維[11]之言己馬雖死傷更霾車兩輪絆四馬終不反顧示必死也援玉枹[12]兮擊鳴鼓言己愈自厲怒勢氣益盛天時[13]墜[14]兮威靈怒墜落也言己戰鬬適遭天威神怒健時命當墮落雖身死亡而不畏憚也嚴[15]殺盡兮棄原壄[16]嚴壯也殺死也言壯士盡其死命則骸骨棄於原壄而不土葬也

[1]《國殤》选自《楚辞·九歌》，是追悼阵亡将士的祭歌。东汉王逸章句。國殤（shāng）：指为国捐躯的将士。

[2]《小爾雅》：汉代训诂书。

[3] 楯：同“盾”。

[4] 轂（gǔ）：车轮中心用以贯轴的圆木。

[5] 竟：通“竞”，争。

[6] 趣（qū）：奔赴。

[7] 躐（liè）：践踏。

[8] 殪（yì）：死。

[9] 霾（mái）：通“埋”。

[10] 引诗见《诗经·小雅·白驹》。

[11] 維：系，拴住。

[12] 枹（fú）：鼓槌。

[13] 天時：天象。

[14] 墜：通“懟”（duì），怨恨。按：未采王逸说。

[15] 嚴：悲壮。

[16] 壄：古“野”字。

［韵部］

甲、接，叶部。云、先，文部。行、伤，阳部。马、鼓、怒、壄，鱼部。

出不入兮往不反言壯士出闘[1]不復顧入一往必死不復還反也平原忽[2]兮路超遠言身棄平原山壄之中去家道甚遠也帶長劍兮挾秦弓言身雖死猶帶劍持弓示不舍武也首身離兮心不懲懲忿[3]也言己雖死頭足分離而心終不懲忿誠既勇兮又以武終剛强兮不可凌言國殤之性誠以勇猛剛强之氣不可凌犯也身既死兮神以靈魂魄毅兮爲鬼雄言國殤既死之後精神强壯魂魄武毅長爲百鬼之雄傑也

[1] 閫（kǔn）：城门门槛。

[2] 忽：辽阔渺茫的样子。

[3] 惩（yì）：受创而知戒。

［韵部］

反、远，元部。弓、惩、凌、雄，蒸部。

自学提示

掌握下列带点的词语：

平原忽兮路超遠　嚴殺盡兮棄原壄　天時墜兮威靈怒　霾兩輪兮縶四馬　凌余陣兮躐余行

涉江[1]

此章言己佩服[2]殊異抗志[3]高遠國無人知之者徘徊江之上歎小人在位而君子遇害也

余幼好此奇服兮奇異也或曰奇服好服也年既老而不衰衰懈也言己少好奇偉之服履[4]忠直之行至老不懈帶長鋏之陸離[5]兮長鋏劍名也其所握長劍楚人名曰長鋏也冠切雲[6]之崔嵬崔嵬高貌也言己内脩忠信之志外帶長利之劍戴崔嵬之冠其高切[7]青雲也被[8]明月兮佩寶璐[9]在背曰被寶璐美玉也言己背被明月之珠要[10]佩美玉德寶兼備行度[11]清白也世溷[12]濁而莫余知兮溷亂也濁貪也吾方高馳而不顧言時世貪亂遭君蔽闇無有知我之賢然猶高行抗[13]志終不回曲[14]也駕青虬[15]兮驂[16]白螭[17]虬螭神獸宜於駕乘以喻賢人清白宜可信任也吾與重華遊兮瑤之圃重華舜名瑤玉也圃園也言己想侍虞舜遊玉園猶言遇聖帝升[18]清朝[19]也登崑崙兮食玉英猶言坐明堂[20]受爵位與天地兮比壽[21]與日月兮同光言己年與天地相敝[22]名與日月同耀也哀南夷之莫吾知兮屈原怨毒楚俗嫉害忠貞乃曰可哀哉南夷之人無知我賢者也旦余濟乎江湘旦明也濟渡也言己放棄以明旦之時始去遂渡江湘之水言明旦者紀時明刺君不明也

[1] 涉江：选自《楚辞·九章》。

[2] 佩服：佩戴。

[3] 抗志：高尚的志向。

[4] 履：实行。

[5] 陸離：长长的样子。

[6] 切雲：冠名。

[7] 切（qiè）：近。

[8] 被（pī）：披。

[9] 璐（lù）：美玉名。

[10] 要：腰。

[11] 行度：品行器度。

[12] 溷（hùn）：混乱。

[13] 高、抗：使动用法。

[14] 回曲：这里是屈服的意思。

[15] 虬（qiú）：龙类。

[16] 驂（cān）：以……为骖。驂，驾车时辕马旁拉边套的马。

[17] 螭（chī）：无角的龙。

[18] 升：登。

[19] 清朝：清明的朝廷。

[20] 明堂：古代帝王宣明政教的地方。

[21] 比壽：寿命相同。

[22] 敝：终。

［韵部］

衰、嵬，微部。璐、顾、圃，鱼部。英、光、湘，阳部。

乘鄂渚而反顧[1]兮乘登也鄂渚地名也欸[2]秋冬之緒風欸歎也緒餘也言己登鄂渚高岸還望楚國鄉[3]秋冬北風愁而長歎心中憂思也步[4]余馬兮山皋邸[5]余車兮方林邸舍也方林地名言我馬强壯行於山臯無所驅馳我車堅牢舍於方林無所載任也以言己才德方壯誠可任用棄在山野亦無所施也乘舲船余上沅[6]兮舲船有牕牖[7]者也齊[8]吴榜[9]以擊汰[10]吴榜船櫂也汰水波也言己始去乘牕船西上沅湘之水士卒齊舉大櫂而擊水波自傷去朝堂之上而入湖澤之中也或曰齊悲歌言愁思也船容與[11]而不進兮淹[12]回水[13]而疑滯[14]疑惑也滯留也言士衆雖同力引櫂船猶不進隨水回流使己疑惑有還意也朝發枉渚兮枉渚地名夕宿辰陽辰陽亦地名也言己乃從枉渚宿辰陽自傷去國日已遠也或曰枉曲也渚沚也辰時也陽明也言己將去枉曲之俗而趨時明之鄉也苟余心其端直兮苟誠也雖僻遠之何傷僻左[15]也言我惟行正直之心雖在遠僻之域猶有善稱無害疾也故論語曰子欲居九夷[16]也

[1] 顧：回头看。

[2] 欸（āi）：叹息。

[3] 鄉：面向。

[4] 步：慢走，使动用法。

[5] 邸（dǐ）：通“抵”，至，使动用法。

[6] 上沅：沿沅水逆流而上。

[7] 牕牖（chuāng yǒu）：窗户。按：《说文》："在墻曰牖，在屋曰囱。"牕、囱，同"窗"，天窗。屋，房顶。

[8] 齊：使动用法。

[9] 榜（bàng）：櫂，船桨。

[10] 汰（tài）：水波。

[11] 容與：徘徊。

[12] 淹：停留。

[13] 回水：回旋的湍流。

[14] 疑（níng）滯：滞留。按：王逸云"疑，惑"，不妥，"疑"当通"凝"。

[15] 左：这里是偏僻的意思。

[16] 引文见《论语·子罕》。

[韵部]

風、林，侵部。汰、滯，月部。阳、伤，阳部。

入溆浦[1]余儃佪[2]兮溆水名也迷不知吾之所如[3]迷惑也如之也言己思念楚國雖循江水涯意猶迷惑不知所之深林杳[4]以冥冥兮草木茂盛猨狖[5]之所居非賢士之道徑山峻高以蔽日兮言險阻危傾也下幽晦以多雨言暑濕泥濘也霰[6]雪紛其無垠[7]兮步冰凍之盛寒雲霏霏[8]而承[9]宇[10]室屋沈没與天連也或曰日以喻君山以喻臣霰雪以興[11]殘賊雲以象佞人山峻高以蔽日者謂臣蔽君明也下幽晦以多雨者羣下專擅施恩惠也霰雪紛其無垠者殘賊之政害仁賢也雲霏霏而承宇者佞人並進滿朝庭也哀吾生之無樂兮遭遇讒佞失官禄也幽獨處乎山中遠離親戚而斥逐也吾不能變心而從俗兮終不易志隨枉曲也固將愁苦而終窮愁思無聊身困窮也

[1] 浦：小水汇入江河处。

[2] 儃佪（chán huí）：徘徊。

[3] 如：往。

[4] 杳：昏暗。

[5] 狖（yòu）：长尾猿。

[6] 霰（xiàn）：小雪珠。

[7] 垠（yín）：边际。

[8] 霏霏：云雾弥漫的样子。

[9] 承：接，这里是弥漫的意思。

[10] 宇：天空。

[11] 興（xìng）：譬喻。

［韵部］

如、居、雨、宇，鱼部。中、穷，冬部。

接輿髡首[1]兮桑扈臝[2]行接輿楚狂接輿也髡剔也首頭也自刑身體避世不仕也桑扈隱士也去衣臝袒効夷狄也言屈原自傷不容於世引此隱者以自慰忠不必用兮賢不必以以亦用也伍子逢殃兮伍子伍子胥也爲吴王夫差臣諫令伐越夫差不聽遂賜劒而自殺後越竟滅吴故言逢殃也比干菹醢[3]比干紂之諸父[4]也紂惑妲己[5]作糟丘酒池[6]長夜之飲斷斮朝涉[7]刳剔孕婦[8]比干正諫紂怒曰吾聞聖人心有七孔於是乃殺比干剖其心而觀之故言菹醢也與前世而皆然兮謂行忠直而遇患害若比干子胥也吾又何怨乎今之人言自古有迷亂之君若紂夫差不用忠信滅國亡身當何爲復怨今之君乎余將董[9]道而不豫兮董正也豫猶豫也言己雖見先賢執忠被害猶正身直行不猶豫而狐疑也固將重[10]昏而終身昏亂也言己不逢明君思慮交錯心將重亂以終年命

［1］髡（kūn）首：剃去头发。

［2］臝（luǒ）：赤身露体。

［3］菹醢（zū hǎi）：古代一种酷刑，把人剁成肉酱，这里是被动用法。

［4］諸父：叔父。

［5］妲（dá）己：商纣的宠妃。

［6］糟丘酒池：言纣荒淫之行，积糟成丘，引酒为池。

［7］斷斮（zhuó）朝涉：纣的暴行，指斩断早晨涉水者的小腿，以视其骨髓多少。斮，斩。

［8］刳（kū）剔孕婦：纣的暴行，指剖开孕妇的肚子，以视其胎儿男女。刳，剖开。

［9］董：正，使动用法。

［10］重（chóng）：重复。按：朱熹云："重复暗昧，终不复见光明也。"与王逸章句有异，聊以备考。

［韵部］

以、醢，之部。人、身，真部。

亂[1]曰鸞鳥鳳皇日以遠兮鸞鳳俊鳥也有聖君則來無德則去以興賢臣難進易退也燕雀烏鵲巢堂壇兮燕雀烏鵲多口妄鳴以喻讒佞言楚王愚闇不親仁賢而近讒佞也露申[2]辛夷[3]死林薄[4]兮露暴也申重也叢木曰林草木交錯曰薄言重積辛夷露而暴之使死於林薄之中猶言取賢明君子棄之山野使之顛墜也腥臊并御芳不得薄[5]兮腥臊臭惡也御用也薄附也言不識味者並甘臭惡不知人者信任讒佞故忠信之士不得附近而放逐也陰陽易位時不當兮陰臣也陽君也言楚王惑蔽羣佞權臣將代君與之易位自傷不遇明時而當暗世懷信侘傺[6]忽[7]乎吾將行兮言己懷忠信不合於衆故悵然住立忽忘居止將遂遠行之它方也

［1］亂：乐歌的最后一章，相当于“尾声”。

［2］露申：“申”为“甲”字之误，露甲，香草名（依蒋骥说）。

［3］辛夷：香草名。

［4］林薄：交错丛生的草木。

［5］薄：接近，依附。

［6］侘傺（chà chì）：惆怅失意而神思恍惚的样子。

［7］忽：恍惚。

［韵部］

远、坛，元部。薄、薄，铎部。当、行，阳部。

自学提示

（1）掌握下列带点的词语：

芳不得薄兮　露申辛夷死林薄兮　余將董道而不豫兮　桑扈臝行　賢不必以　欸秋冬之緒風　邸余車兮方林　船容與而不進兮　忽乎吾將行兮

（2）重点掌握下列句子：

比干菹醢。

哀南夷之莫吾知兮。

白文

天下皆知美之爲美

选自《老子·二章》[1]。

天下皆知美之爲美斯[2]惡[3]已[4]皆知善之爲善斯不善已故有無相生難易相成長短相形[5]高下相傾[6]音聲相和前後相隨是以聖人處無爲之事行不言之教萬物作[7]焉而不辭[8]生而不有爲而不恃功成而弗居夫唯不居是以不去[9]

［1］《老子》又名《道德经》，相传是春秋后期楚国人老聃所著，共81章，约5 000字，基本上是韵文。学界认为：《老子》一书的思想具有浓厚的战国时代的色彩，当成书于战国时代。［2］斯：则。［3］惡：丑。［4］已：同“矣”。［5］形：显现。［6］傾：等于说依靠。［7］作：兴起。［8］不辭：意思是顺其自然。［9］去与居是反义词，有居然后有去，不居自然不去。

小國寡民

选自《老子·八十章》。

小[1]國寡民使有什伯[2]之器而不用使民重死而不遠徙雖有舟輿無所乘之雖有甲兵無所陳之使民復結繩[3]而用之甘[4]其食美其服安其居樂其俗鄰國相望鷄犬之聲相聞民至老死不相往来

[1] 小：使动用法。“寡”同。[2]什伯：指效用十倍百倍。伯，通“佰”。[3]結繩：指文字出现以前用以记事的方法。[4]甘：味美，意动用法。“美”“安”“乐”同。

附录　古注文选及白文标点文本

第一单元

古注文选

《里仁》十章（《論語集解·里仁》）

子曰："里仁爲美。鄭曰：里者，仁之所居。居於仁者之里，是爲美。擇不處仁，焉得知？"鄭曰：求居而不處仁者之里，不得爲有知。

子曰："不仁者，不可以久處約，孔曰：久困則爲非。不可以長處樂。孔曰：必驕佚。仁者安仁，包曰：惟性仁者自然體之，故謂安仁。知者利仁。"王曰：知仁爲美，故利而行之。

子曰："唯仁者能好人，能惡人。"孔曰：唯仁者能審人之所好惡。

子曰："苟志於仁矣，無惡也。"孔曰：苟，誠也。言誠能志於仁，則其餘終無惡。

子曰："富與貴，是人之所欲也；不以其道得之，不處也。孔曰：不以其道得富貴，則仁者不處。貧與賤，是人之所惡也；不以其道得之，不去也。時有否泰，故君子履道而反貧賤。此則不以其道得之，雖是人之所惡，不可違而去之。君子去仁，惡乎成名？孔曰：惡乎成名者，不得成名爲君子。君子無終食之間違仁，造次必於是，顛沛必於是。”馬曰：造次，急遽。顛沛，偃仆。雖急遽偃仆不違仁。

子曰：“我未見好仁者，惡不仁者。好仁者，無以尚之；孔曰：難復加也。惡不仁者，其爲仁矣，不使不仁者加乎其身。孔曰：言惡不仁者，能使不仁者不加非義於己，不如好仁者無以尚之爲優。有能一日用其力於仁矣乎？我未見力不足者。孔曰：言人無能一日用其力脩仁者耳。我未見欲爲仁而力不足者。蓋有之矣，我未之見也。”孔曰：謙不欲盡誣時人。言不能爲仁，故云：爲能有爾，我未之見也。

子曰：“人之過也，各於其黨。觀過，斯知仁矣。”孔曰：黨，黨類。小人不能爲君子之行，非小人之過。當恕而勿責之，觀過，使賢愚各當其所，則爲仁矣。

子曰：“朝聞道，夕死可矣。”言將至死不聞世之有道。

子曰：“君子懷德，孔曰：懷，安也。小人懷土；孔曰：重遷。君子懷刑，孔曰：安於法。小人懷惠。”包曰：惠，恩惠。

子曰：“放於利而行，孔曰：放，依也。每事依利而行。多怨。”孔曰：取怨之道。

季氏將伐顓臾《論語集解·季氏》

季氏將伐顓臾。冉有季路見於孔子，曰：“季氏將有事於顓臾。”孔曰：顓臾，伏羲之後，風姓之國。本鲁之附庸，當時臣属鲁。季氏貪其地，欲滅而有之。冉有與季路爲季氏臣，来告孔子也。孔子曰：“求，無乃爾是過與？孔曰：冉求爲季氏宰，相其室，爲之聚斂，故孔子獨疑求教也。夫顓臾，昔者先王以爲東蒙主，孔曰：使主祭蒙山也。且在邦域之中矣。孔曰：鲁七百里之封，顓臾爲附庸，在其域中也。是社稷之臣也，何以伐爲？”孔曰：已属鲁，爲社稷之臣，何用滅之爲？冉有曰：“夫子欲之，吾二臣者皆不欲也。”孔曰：歸咎於季氏也。孔子曰：“求，周任有言曰：‘陳力就列，不能者止。’馬曰：周任，古之良吏也。言當陳其才力，度己所任，以就其位；不能，則當止也。危而不持，顛而不扶，則將焉用彼相矣？包曰：言輔相人者，當能持危扶顛；若不能，何用相爲？且爾言過矣。虎兕出於柙，龜玉毁於櫝中，是誰之過與？”馬曰：柙，檻也。櫝，匵也。失虎毁玉，豈非典守者之過邪？冉有曰：“今夫顓臾，固而近於费，馬曰：固謂城郭完堅，兵甲利也。費，季氏邑。今不取，後世必爲子孫憂。”孔子曰：“求，君子疾夫孔曰：疾如女之言。舍曰欲之而必爲之辭。孔曰：舍其貪利之説，更作他辭，是所疾也。丘也聞有國有家者，不患寡而患不均，孔曰：國，諸侯。家，卿大夫。不患土地人民之寡少，患政治之不均平。不患貧而患不安。孔曰：憂不能安民耳。民安則國富。盖均無貧，和無寡，安無傾。包曰：政教均平，則不患貧矣；上下和同，不患寡矣；小大安寧，不傾危矣。夫如是，故遠人不服，則修文德以來之。既來之，則安之。今由與求也相夫子，遠人不服而不能來也，邦分崩離析而不能守也，孔曰：民有異心曰分，欲去曰崩，不可會聚曰離析。而謀動干戈於邦内；孔曰：干，楯也。戈，戟也。吾恐季孫之憂不在顓臾，而在蕭墻之内也。”鄭曰：蕭之言肅也。蕭牆，謂屏也。君臣相見之禮，至屏而加肃敬焉，是以謂之蕭牆。後季氏之家臣陽虎果囚季桓子。

伯高死於衛《禮記正义·檀弓上》

伯高死於衛，赴於孔子。赴，告也。凡有舊恩者，則使人告之。孔子曰：“吾惡乎哭諸？以其交會尚新。○惡，音烏。惡乎，猶於何也。兄弟，吾哭諸廟；父之友，吾哭諸廟門之外。别親疏也。○别，彼列反。下同。師，吾哭諸寢；朋友，吾哭諸寢門之外；所知，吾哭諸野。別輕重也。於野則已疏，於寢則已重。已，猶大也。夫由賜也見我，吾哭諸賜氏。”本於恩，哭於子貢寢門之外。〇夫，舊音扶；皇如字，謂丈夫，即伯高。見，如字；皇賢遍反。遂命子貢爲之主，明恩所由。曰：“爲爾哭也，來者拜之；知伯高而來者，勿拜也。”異於正主。〇爲，于僞反。下注“爲其疾”“爲褻”“爲我”“我爲”皆同。來者，一本作“爲爾哭也來者”。[疏]“伯高”至“拜也”〇正義曰：此一節論親疏所哭之處，各依文解之。〇注別親疏也〇正義曰：兄弟親，父友疏。必哭諸廟及廟門外者，兄弟是先祖子孫，則哭之於庙，此殷禮；周則哭於寢。故《雜記》云：有殯，聞遠兄弟之喪，哭之側室；若無殯，當哭諸正寢。父之友與父同志，故哭諸廟門外。非先祖之親，故在門外也。〇注別輕重也〇正義曰：師友爲重，所知爲輕。所以哭師於寢，寢是已之所居，師又成就於已，故哭之在正寢。此謂殷禮。若周禮，則《奔喪》云：師哭諸廟門外。故鄭答趙商之問亦以爲然。孫炎云：《奔喪》師哭諸廟門外，是周禮也。依禮而哭諸野，若不依此禮則不可，故下云：惡野哭者，以違禮爲野哭也。〇“曰爲”至“拜也”。〇夫子既命子貢爲主，又教子貢拜與不拜之法。若與女相知之人，爲爾哭伯高之故而來弔爾者，則爾拜之；若與伯高相知而來哭者，女則勿拜也。凡喪之正主，知生[19]知死[20]來者，悉拜。今與伯高相知而來，不拜。故鄭云“異於正主”。

白文

《論語》十章

有子曰：“其爲人也孝弟，而好犯上者，鮮矣；不好犯上而好作亂者，未之有也。君子務本，本立而道生。孝弟也者，其爲仁之本與！”（學而）

子曰：“不患人之不己知，患不知人也。”（學而）

子曰：“由，誨女知之乎？知之爲知之，不知爲不知，是知也。”（爲政）

子曰：“參乎！吾道一以貫之。”曾子曰：“唯。”子出，門人問曰：“何謂也？”曾子曰：“夫子之道，忠恕而已矣。”（里仁）

哀公問：“弟子孰爲好學？”孔子對曰：“有顔回者好學，不遷怒，不貳過。不幸短命死矣。今也則亡。未聞好學者也。”（雍也）

曾子曰：“士不可以不弘毅，任重而道遠。仁以爲己任，不亦重乎？死而後已，不亦遠乎？”（泰伯）

廄焚。子退朝，曰：“傷人乎？”不問馬。（鄉黨）

子適衛，冉有僕。子曰：“庶矣哉！”冉有曰：“既庶矣，又何加焉？”曰：“富之。”曰：“既富矣，又何加焉？”曰：“教之。”（子路）

楚狂接輿歌而過孔子曰：“鳳兮！鳳兮！何德之衰？往者不可諫，來者猶可追。已而！已而！今之從政者殆而！”孔子下，欲與之言。趨而避之，不得與之言。（微子）

长沮桀溺耦而耕。孔子過之，使子路問津焉。長沮曰：“夫執輿者爲誰？”子路曰：“爲孔丘。”曰：“是魯孔丘與？”曰：“是也。”曰：“是知津矣。”問於桀溺，桀溺曰：“子爲誰？”曰：“爲仲由。”曰：“是魯孔丘之徒與？”對曰：“然。”曰：“滔滔者，天下皆是也，而誰以易之？且而與其從辟人之士也，豈若從辟世之士哉？”耰而不輟。子路行以告。夫子憮然，曰：“鳥獸不可與同羣。吾非斯人之徒與而誰與？天下有道，丘不與易也。”（微子）

第二单元

古注文选

“孟子去齊”二章《孟子章句・公孫丑下》

孟子去齊。尹士語人曰：“不識王之不可以爲湯武，則是不明也；識其不可，然且至，則是干澤也。千里而見王，不遇故去，三宿而後出晝，是何濡滯也？士則兹不悦。”尹士，齊人也。干，求也。澤，禄也。尹士與與論者言之云：孟子不知則爲求禄。濡滯，淹久也。既去，近留於晝三日，怪其淹久，故云：士於此事則不悦也。高子以告。高子，亦齊人，孟子弟子。以尹士之言告孟子也。曰：“夫尹士惡知予哉？千里而見王，是予所欲也。不遇故去，豈予所欲哉？予不得已也。孟子曰：夫尹士安能知我哉？我不得已而去耳。何汲汲而驅馳乎？予三宿而出晝，於予心猶以爲速，王庶幾改之。王如改諸，則必反予。我自謂行速疾矣，冀王庶幾能反覆招還我矣。夫出晝而王不予追也，予然後浩然有歸志。浩然，心浩浩有遠志。予雖然，豈舍王哉？王由足用爲善。王如用予，則豈徒齊民安，天下之民舉安。王庶幾改之。予日望之。孟子以齊大國，知其可以行善政，故戀戀望王之改而反之，是以安行也。豈徒齊民安，言君子達則兼善天下也。予豈若是小丈夫然哉？諫於其君而不受，則怒，悻悻然見於其面，去則窮日之力而後宿哉？”我豈若狷急小丈夫，恚怒其君而去，極日力而宿，懼其不遠者哉？《論》曰：悻悻然小人哉。言己志大，在於濟一世之民，不爲小節也。尹士聞之曰："士誠小人也。"尹士聞義則服。章指言：大德洋洋，介士察察。賢者志其大者，不賢者志其小者。此之謂也。

孟子去齊，充虞路問曰："夫子若有不豫色然。前日虞聞諸夫子曰：'君子不怨天，不尤人。'"路，道也。於路中問也。充虞謂孟子去齊有恨心，顏色不悦也。曰："彼一時，此一時也。五百年必有王者興，其閒必有名世者。由周而來，七百有餘歲矣。以其數，則過矣；以其時考之，則可矣。彼前聖賢之出是有時也，今此時亦是其一時也。五百年有王者興，有興王道者也。名世，次聖之才，物來能名正一世者，生於聖人之閒也。七百有餘歲，謂周家王迹始興，大王文王以來。考驗其時，則可有也。夫天未欲平治天下也；如欲平治天下，當今之世，舍我其誰也？吾何爲不豫哉？"孟子自謂能當名世之士，時又值之，而不得施，此乃天自未欲平治天下耳，非我之愆，我固不怨天，何爲不悦豫乎？章指：言聖賢興作，與天消息。天非人不因，人非天不成。是故知命者不憂不懼也。

不見諸侯《孟子章句·滕文公下》

陳代曰："不見諸侯，宜若小然；今一見之，大則以王，小則以霸。且《志》曰'枉尺而直尋'，宜若可爲也。"陳代，孟子弟子也。代見諸侯有來聘請孟子，孟子有所不見，以爲孟子欲以是爲介，故言此介得無爲狹小乎！如一見之，儻得行道，可以輒致霸王乎！志，記也。枉尺直尋，欲使孟子屈己信道，故言宜若可爲也。

孟子曰："昔齊景公田，招虞人以旌，不至，將殺之。虞人，守苑囿之吏也。招之當以皮冠，而以旌，故不至也。志士不忘在溝壑，勇士不忘喪其元。孔子奚取焉？取非其招不往也。如不待其招而往，何哉？志士，守義者也。君子固窮，故常念死無棺椁没溝壑而不恨也。勇士，義勇者也。元，首也。以義則喪首不顧也。孔子奚取？取守死善道。非禮招己則不往，言虞人不得其招尚不往，如何君子而不待其招，直事妄見諸侯者，何爲也？

且夫枉尺而直尋者，以利言也。如以利，則枉尋直尺而利，亦可爲與？尺小尋大，不可枉大就小而以要利也。昔者趙簡子使王良與嬖奚乘，終日而不獲一禽。嬖奚反命曰：'天下之賤工也。'趙簡子，晉卿也。王良，善御者也。嬖奚，簡子幸臣。以不能得一禽，故反命於简子，謂王良天下鄙賤之工師也。或以告王良。良曰：‘請復之。’聞嬖奚贱之，故請復與乘。强而後可。强嬖奚，乃肯行。一朝而獲十禽。嬖奚反命曰：‘天下之良工也。’以一朝得十禽，故謂之良工。簡子曰：‘我使掌與女乘。’掌，主也。使王良主與女乘。謂王良，良不可，王良不肯。曰：‘吾爲之範我馳驅，終日不獲一；爲之詭遇，一朝而獲十。範，法也。王良曰：我爲之法度之御，應禮之射，正殺之禽不能得一；横而射之曰詭遇，非禮之射，則能獲十。言嬖奚小人也，不習於禮。詩云：“不失其馳，舍矢如破。”我不貫與小人乘，請辭。’《詩·小雅·車攻》之篇也。言御者不失其馳驅之法，則射者必中之，順毛而入，順毛而出，一發貫臧，應矢而死者，如破矣。此君子之射也。貫，習也。我不習與小人乘，不願掌與嬖奚同乘，故請辭。御者且羞與射者比；比而得禽獸，雖若丘陵，弗爲也。如枉道而從彼，何也？孟子引此以喻陳代，云御者尚知羞恥此射者，不欲與比，子如何欲使我枉正道而從彼驕慢諸侯，而見之乎？且子過矣；枉己者，未有能直人者也。”謂陳代之言過謬也。人當以直矯枉耳，已自枉曲，何能正人？章指：言脩禮守正，非招不往，枉道富貴，君子不許。是以諸侯雖有善其辭命，伯夷亦不屑就也。

桀紂之失天下《孟子章句·離婁上》

孟子曰：“桀紂之失天下也，失其民也；失其民者，失其心也。失其民之心，則天下畔之。簞食壺漿以迎武王之師是也。得天下有道：得其民，斯得天下矣；得其民有道：得其心，斯得民矣；得其心有道：所欲與之聚之，所惡勿施，爾也。欲得民心，聚其所欲而與之。爾，近也。勿施行其所惡，使民近，則民心可得矣。民之歸仁也，猶水之就下，獸之走壙也。故爲淵敺魚者，獺也；爲叢敺爵者，鸇也；爲湯武敺民者，桀與紂也。今天下之君有好仁者，則諸侯皆爲之敺矣。雖欲無王，不可得已。民之思明君，猶水樂埤下，獸樂壙野，敺之則歸其所樂。獺，獱也。鸇，土鸇也。故云：諸侯好爲仁者，敺民若此也。湯武行之矣。如有則之者，雖欲不王，不可得也。今之欲王者，猶七年之病求三年之艾也。苟爲不畜，終身不得。苟不志於仁，終身憂辱，以陷於死亡。今之諸侯欲行王道，而不積其德，如至七年病，而却求三年時艾。當畜之，乃可得。以三年时不畜藏之，至七年而欲卒求之，何可得乎？艾可以爲灸人病，乾久益善，故以爲喻。志仁者，亦久行之；不行之，則憂辱以陷死亡。桀紂是也。詩云：'其何能淑，載胥及溺。'此之謂也。"《詩·大雅·桑柔》之篇。淑，善也。載，辭也。胥，相也。刺時君臣何能爲善乎？但相與爲沈溺之道也。章指：言水性趨下，民樂歸仁。桀紂之敺，使就其君。三年之艾，畜而可得。一時欲仁，猶將沉溺。所以明鑒戒也。

白文

燕人畔《孟子·公孫丑下》

燕人畔。王曰："吾甚慙於孟子。"陳賈曰："王無患焉。王自以爲與周公孰仁且智？"王曰："惡！是何言也！"曰："周公使管叔監殷，管叔以殷畔。知而使之，是不仁也；不知而使之，是不智也。仁智，周公未之盡也，而況於王乎？賈請見而解之。"

見孟子，問曰："周公何人也？"曰："古聖人也。"曰："使管叔監殷，管叔以殷畔也，有諸？"曰："然。"曰："周公知其將畔而使之與？"曰："不知也。""然則聖人且有過與？"曰："周公，弟也；管叔，兄也。周公之過，不亦宜乎？且古之君子過則改之，今之君子過則順之。古之君子，其過也，如日月之食，民皆見之；及其更也，民皆仰之。今之君子，豈徒順之，又從爲之辭。"

齊人有一妻一妾《孟子·離婁下》

齊人有一妻一妾而處室者，其良人出，則必饜酒肉而後反。其妻問所與飲食者，則盡富貴也。其妻告其妾曰："良人出，則必饜酒肉而後反，問其與飲食者，盡富貴也，而未嘗有顯者來，吾將瞯良人之所之。"

蚤起，施從良人之所之，徧國中無與立談者。卒之東郭墦間，之祭者，乞其餘；不足，又顧而之他。此其爲饜足之道也。其妻歸告其妾，曰："良人者，所仰望而終身也；今若此！"與其妾訕其良人，而相泣於中庭。而良人未之知也，施施從外來，驕其妻妾。

第三单元

古注文选

"滕文公問曰"三章《孟子注疏·梁惠王下》

滕文公問曰："滕，小國也，間於齐、楚。事齊乎？事楚乎？"

文公言：我居齊楚二國之間，非其所事，不能自保也。孟子對曰："是謀非吾所能及也。無已，則有一焉：鑿斯池也，築斯城也，與民守之，効死而民弗去，則是可爲也。"孟子以二大國之君皆不由禮義，我不能知誰可事者也。不得已，則有一謀焉。惟施德義以養民，與之堅守城池，至死使民不畔去，則是可以爲也。［疏］"滕文公"至"可爲也"○正義曰：此章言事無禮義國，不若得民心，與之守死善道也。"滕文公問曰滕小國也間於齊楚事齊乎事楚乎"者，是滕文公問孟子，言我之滕國則小國也，今間厕在齊楚二國之間，而我今當奉事齊國乎？楚國乎？故以此問孟子。"孟子對曰是謀非吾所能及也無已則有一焉鑿斯池"至"是可爲也"者，是孟子答文公，以謂若此之謀而指誰國可事，非我所能及知也。以其齊楚二國皆是無禮義之國，孟子所以答曰"是謀非吾所能及也"。言不得已則有一謀計焉，言但鑿此滕國之池，築此滕國之城，與人民堅守此滕國，至死使民不畔去，則是一謀可以爲也，其它非吾所及。

滕文公問曰："齊人將築薛，吾甚恐，如之何則可？"齊人並得薛，築其城，以偪於滕，故文公恐也。孟子對曰："昔者大王居邠，狄人侵之，去之岐山之下居焉。非擇而取之，不得已也。大王非好岐山之下，擇而居之焉，迫不得已，困於强暴，故避之。苟爲善，後世子孫必有王者矣。誠能爲善，雖失其地，後世乃有王者若周家也。君子創業垂統，爲可繼也。若夫成功，則天也。君如彼何哉？强爲善而已矣。"君子創業垂統，貴令後世可繼續而行耳。又何能必有成功？成功乃天助之也。君如彼齊何乎？但當自强爲善法，以遺後世而已矣。［疏］"滕文公"至"强爲善而已矣"。正義曰：此章言君子之道正己在天，强暴之來，非己所招，謂窮則獨善其身也。"滕文公問曰齊人將築薛吾甚恐如之何則可"者，言齊人並得薛地，將欲築其城於此，故滕文公恐其偪，乃問孟子當如何，則可免爲不見迫。"孟子對曰昔者大王居邠狄人侵之去之岐山之下居焉非擇而取之不得已也"者，孟子答滕文公，以謂往者大王居邠國，後爲戎狄之國所侵伐，遂去，之岐山下爲居焉。當此之時，非大王擇此岐山之下爲居焉，不得已而避狄所侵患，故之岐山下爲居耳。"苟爲善後世子孫必有王者矣"者，孟子言滕文公誠能爲善修德而布政於民，今雖失其薛地，至後世子孫必有王者興作矣。"君子創業垂統爲可繼也若夫成功則天也若如彼何哉强爲善而已矣"者，孟子又言君子在上基創其業，垂統法於後世，蓋令後世可以繼續而承之耳。若夫其有成功，乃天助之也。於人又不可必其成功。君今豈奈彼齊之大國何？但勉强自爲善，以遺法於後世也。

滕文公問曰："滕，小國也；竭力以事大國，則不得免焉，如之何則可？"問免難全國於孟子。孟子對曰："昔者大王居邠，狄人侵之。事之以皮幣，不得免焉；事之以犬馬，不得免焉；事之以珠玉，不得免焉。皮，狐貉之裘；幣，繒帛之貨也。乃屬其耆老而告之曰：'狄人之所欲者，吾土地也。吾聞之也，君子不以其所以養人者害人。二三子何患乎無君？我將去之。’去邠，踰梁山，邑於岐山之下居焉。屬，會也。土地生五穀，所以養人也。會長老，告之如此，而去之矣。邠人曰：‘仁人也，不可失也。’從之者如歸市。言樂隨大王如歸趨於市，若將有得也。或曰：‘世守也，非身之所能爲也，効死勿去。’君請擇於斯二者。”或曰：土地乃先人之所受也，世世守之，非己身所能專爲，至死不可去也。欲令文公擇此二者惟所行也。

［疏］“滕文公問曰”至“擇於斯二者”。○正義曰：此章言大王去邠，權也；効死守業，義也。“滕文公問曰滕小國也竭力以事大國則不得免焉如之何則可”者，是滕文公問孟子，言我之滕國小國也，今竭盡其力以奉事大國，則不得免其侵伐，當如何則可以免焉。“孟子對曰昔者大王居邠狄人侵之”至“事之以珠玉不得免焉”者，孟子答文公，以謂往大王所居邠國，後爲戎狄所侵伐。是時也，大王事之以皮幣，且尚不免其侵伐，又事之以犬馬，又不得免其侵伐，復事以珠玉，又且猶不免其侵伐焉。“乃屬耆老而告之曰”至“邑於岐山居焉邠人曰仁人也不可失也從之者如歸市”者，孟子言大王以皮幣犬馬珠玉奉事戎狄，猶不免其侵伐，乃會耆老而告之曰：狄人所欲者，在我之土地也。我聞君子不以所養人之土地而殘賊其民，汝二三子何憂患乎無君？我將去之，以讓狄也。遂去邠國，踰梁山，而邑於岐山下居焉。邠國之人遂聞大王此言，乃曰：仁人之君，不可失去也。故從之者如歸趨於市，若將有所得耳。“或曰世守也非身之所能爲也効死勿去”者，孟子又言，或人有云：土地者，乃先人之所受也，非己身所能爲者也，乃世世守之也，當効死而不可去也。故請文公擇斯二者而處之。二者，其一如大王去邠，其二如或云効死勿去是也。○注“皮狐貉之裘幣繒帛之貨”○正義曰：蓋狐貉之皮爲裘也。釋云：狐貉，妖獸也。後人以其狐貉性多疑，故以皮爲之裘也。孔子曰“黄衣狐裘”，又曰“狐貉之厚以居”是也。《周禮·行人》職云：“合六幣：圭以馬，璋以皮，璧以帛，琮以錦，琥以繡，璜以黼。此六物以和諸侯之好。”鄭注云：“合，同也。六幣，所以享也。”是幣即繒帛之貨也。云“屬會也”，《释文》云：“會也，又曰付也。”

孟子謂戴不勝曰《孟子注疏·滕文公下》

孟子謂戴不勝曰：“子欲子之王之善與？我明告子。不勝，宋臣。有楚大夫於此，欲其子之齊語也，则使齊人傅諸？使楚人傅諸？”孟子假喻有楚大夫在此，欲變其子使學齊言，当使齊人傅之？使楚人自傅相之邪？曰：“使齊人傅之。”不勝曰：使齊人。曰：“一齊人傅之，衆楚人咻之，雖日撻而求其齊也，不可得矣。引而置之莊嶽之間數年，雖日撻而求其楚，亦不可得矣。言使一齊人傅相，衆楚人咻之。咻之者，讙也。如此雖日撻之欲使齊言，不可得矣。言寡不勝衆也。莊嶽，齊街里名也。多人處之數年，而自齊也。子謂薛居州善士也，使之居於王所。在於王所者，長幼卑尊皆薛居州也，王誰與爲不善？孟子曰：不勝常言居州，宋之善士也，欲使居於王所。如使在王所者，小大皆如居州，則王誰與爲不善者也。在王所者，長幼卑尊皆非薛居州也，王誰與爲善？一薛居州，獨如宋王何？”如使在王左右者皆非居州之疇，王當誰與爲善乎？一薛居州，獨如宋王何而能化之也？周之末世，列國皆僭號自稱王，故曰宋王也。［疏］“孟子謂戴不勝”至“如宋王何”。〇正義曰：此章言自非聖人，在所變化，故諺曰“白沙在泥，不染自黑；蓬生麻中，不扶自直”之類也。“孟子謂戴不勝曰”至“亦不可得矣”。不勝，宋王之臣也，姓戴名不勝。孟子謂之曰：子今欲子之宋王爲善歟？我今明言而告子，且假喻今有楚國之大夫於此，欲使其子學齊人之言，則當使齊人傅諸？使楚人傅諸？“曰使齊人傅之”。不勝答之，以爲當使齊人傅相之。孟子又言：如使一齊人傅相其子之言，而衆楚人皆咻嚾之，雖日加鞭撻其子，而求爲齊言也，不可得已。如引其子置之閭巷之間，數年之久，雖日加鞭撻，而求其子爲楚言，亦不可得已。“子謂薛居州善士也”至“如宋王何”。孟子又言：今不勝謂薛居州善士者也，使之居於宋王之所，如在宋王之所者，長幼卑尊皆如薛居州善士者也，則宋王誰與爲不善也？如在宋王之左右，長幼卑尊皆非薛居州之善者也，則宋王誰能與爲善？今以一薛居州獨佐於宋王爲善，其能如宋王何？無他，以其一人之寡不能勝其衆也。故孟子所以齊人楚人而比喻之也。薛居州，宋國之善士者也。

白文

夫子當路於齐《孟子·公孫丑上》

公孫丑問曰：“夫子當路於齊，管仲晏子之功可復許乎？”

孟子曰：“子誠齊人也，知管仲晏子而已矣。或問乎曾西曰：‘吾子與子路孰賢？’曾西蹵然曰：‘吾先子之所畏也。’曰：‘然則吾子與管仲孰賢？’曾西艴然不悦，曰：‘爾何曾比予於管仲？管仲得君，如彼其專也；行乎國政，如彼其久也；功烈，如彼其卑也。爾何曾比予於是！’”曰：“管仲，曾西之所不爲也，而子爲我願之乎？”

曰：“管仲以其君霸，晏子以其君顯。管仲晏子猶不足爲與？”

曰：“以齊王，由反手也。”

曰：“若是，則弟子之惑滋甚。且以文王之德，百年而後崩，猶未洽於天下。武王周公繼之，然後大行。今言王若易然，則文王不足法與？”

曰：“文王何可當也？由湯至於武丁，賢聖之君六七作，天下歸殷久矣，久則難變也。武丁朝諸侯，有天下，猶運之掌也。紂之去武丁未久也，其故家遺俗，流風善政，猶有存者；又有微子、微仲、王子比干、箕子、膠鬲，皆賢人也，相與輔相之，故久而後失之也。尺地莫非其有也，一民莫非其臣也，然而文王猶方百里起，是以難也。齊人有言曰：‘雖有智慧，不如乘勢；雖有鎡基，不如待時。’今時則易然也。夏后殷周之盛，地未有過千里者也，而齊有其地矣。雞鳴狗吠相聞而達乎四境，而齊有其民矣。地不改辟矣，民不改聚矣，行仁政而王，莫之能禦也。且王者之不作，未有疏於此時者也；民之憔悴於虐政，未有甚於此時者也。飢者易爲食，渴者易爲飲。孔子曰：‘德之流行，速於置郵而傳命。’當今之時，萬乘之國行仁政，民之悦之，猶解倒懸也。故事半古之人，功必倍之。惟此時爲然。”

今有負其子而汲者《墨子·七患》

今有負其子而汲者，隊其子於井中，其母必從而道之。今歲凶、民饑、道餓，重其子此疚於隊，其可無察邪？故時年歲善，則民仁且良；時年歲凶，則民吝且惡。夫民，何常此之有？爲者寡，食者衆，則歲無豐。故曰：財不足則反之時，食不足則反之用。故先民以時生財。固本而用財，則財足。故雖上世之聖王，豈能使五穀常收，而旱水不至哉？然而無凍餓之民者，何也？其力時急，而自養儉也。故《夏書》曰“禹七年水”，《殷書》曰“汤五年旱”。此其離凶餓甚矣，然而民不凍餓者，何也？其生財密，其用之節也。

第四单元

古注文选

鄭伯克段于鄢《春秋經傳集解·隱公元年》

初，鄭武公娶于申，曰武姜。中國，今南陽宛縣。○娶，七住切。宛，於元切。生莊公及共叔段。段出奔共，故曰共叔，猶晉侯在鄂，謂之鄂侯。○共，音恭。共，地名。凡國名、地名、人名字、氏族，音不重。音疑者復出。後放此。鄂，五各切。莊公寤生，驚姜氏，故名曰寤生，遂惡之。寐寤而莊公已生，故驚而惡之。○寤，五故切。惡，烏路切。注同。愛共叔段，欲立之。欲立以爲大子。亟請於武公，公弗許。及莊公即位，爲之請制。公曰：“制，巖邑也，虢叔死焉，佗邑唯命。”虢叔，東虢君也。恃制巖險而不脩德，鄭滅之。恐段復然，故開以佗邑。虢國，今熒陽縣。○亟，欺冀切，數也。爲，于僞切。巖，本又作嚴，五銜切。虢，瓜伯切。復，扶又切。請京，使居之，謂之京城大叔。公順姜請，使段居京，謂之京城大叔，言寵異於衆臣。京，鄭邑，今熒陽京縣。○大，音泰。注及下同。

祭仲曰："都城過百雉，國之害也。祭仲，鄭大夫。方丈曰堵，三堵曰雉。一雉之牆長三丈，高一丈。侯伯之城方五里，徑三百雉。故其大都不得過百雉。○過，古卧切。後不音者皆同。堵，丁古切。長，直亮切；又如字。高，古報切；又如字。徑，古定切。先王之制，大都不過參國之一，三分國城之一。○參，七南切；又音三。中五之一，小九之一。今京不度，非制也。不合法度，非先王制。君將不堪。"公曰："姜氏欲之，焉辟害？"對曰："姜氏何厭之有？不如早爲之所，使得其所宜。○焉，於虔切。厭，於鹽切。無使滋蔓，蔓難圖也；蔓草猶不可除，況君之寵弟乎？"公曰："多行不義，必自斃，子姑待之。"斃，踣也。姑，且也。○蔓，音萬。斃，婢世切；本又作弊，舊扶設切。踣，蒲北切。

既而大叔命西鄙北鄙貳於己。鄙，鄭邊邑。貳，兩屬。公子吕曰："國不堪貳，君將若之何？公子吕，鄭大夫。欲與大叔，臣請事之；若弗與，則請除之。無生民心。"叔久不除，則舉國之民當生他心。公曰："無庸，將自及。"言無用除之，禍將自及。大叔又收貳以爲己邑，前兩屬者，今皆取以爲己邑。至于廩延。言轉侵多也。廩延，鄭邑，陳留酸棗縣北有延津。○廩，力錦切。子封曰："可矣！厚將得衆。"子封，公子吕也。厚謂土地廣大。公曰："不義不暱，厚將崩。"不義於君，不親於兄，非衆所附，雖厚必崩。○暱，女乙切，親也。

大叔完聚，完城郭，聚人民。○完，音桓。繕甲兵，具卒乘，步曰卒，車曰乘。○繕，市戰切。卒，尊忽切。注及下同。乘，繩證切。注及下同。將襲鄭。夫人將啓之。啓，開也。公聞其期，曰："可矣。"命子封帥車二百乘以伐京。古者兵車一乘，甲士三人，步卒七十二人。京叛大叔段。段入於鄢。公伐諸鄢。五月辛丑，大叔出奔共。共國，今汲郡共縣。○共，音恭，汲，居及切。

…………

遂寘姜氏于城潁，城潁，鄭地。○寘，之豉切，置也。而誓之曰："不及黄泉，無相見也！"地中之泉，故曰黄泉。既而悔之。

潁考叔爲潁谷封人，封人，典封疆者。○疆，居良切。聞之，有獻於公。公賜之食。

食舍肉。公問之，對曰："小人有母，皆嘗小人之食矣，未嘗君之羹。請以遺之。"食而不啜羹，欲以發問也。宋華元殺羊爲羹饗士，蓋古賜賤官之常。○舍，音捨。遺，唯季切。下同。啜，川悅切。華，户化切。公曰："爾有母遺，緊我獨無。"緊，語助。○緊，烏兮切；又烏帝切。潁考叔曰："敢問何謂也？"據武姜在。設疑也。公語之故，且告之悔。對曰："君何患焉？若闕地及泉，隧而相見，其誰曰不然？"隧，若今延道。○語，魚據切。闕，其月切。隧，音遂。公從之。公入而賦："大隧之中，其樂也融融。"賦，賦詩也。融融，和樂也。○樂，音洛。注及下同。融，羊弓切。姜出而賦："大隧之外，其樂也洩洩。"洩洩，舒散也。○洩，羊世切。遂爲母子如初。

君子曰："潁考叔，純孝也。純，猶篤也。愛其母，施及莊公。詩曰：'孝子不匱，永錫爾類。'其是之謂乎！"不匱，純孝也。莊公雖失之於初，孝心不忘；考叔感而通之，所謂'永錫爾類'。詩人之作，各以情言；君子論之，不以文害意；故《春秋傳》引《詩》不皆與今說詩者同。他皆放此。○施，以豉切；又式智切。匱，其位切。

晉公子重耳之亡《春秋經傳集解·僖公二十三年》

晉公子重耳之及於難也，晉人伐諸蒲城。事在五年。○難，乃旦切蒲城人欲戰，重耳不可，曰："保君父之命而享其生禄，享，受也。保，猶恃也。於是乎得人。以禄致衆。有人而校，罪莫大焉。校，報也。○校，音教。吾其奔也。"遂奔狄。從者狐偃、趙衰、衰，趙夙弟。○衰，初危切。顛頡、魏武子、武子，魏犨。○頡，户結切。犨，尺由切。司空季子。胥臣臼季也。時狐毛、賈佗皆從，而獨舉此五人，賢而有大功。○臼，其久切。佗，徒何切。狄人伐廧咎如，廧咎如，赤狄之别種也，隗姓。○廧，在良切。咎，古刀切。隗，五罪切。下文皆同。獲其二女，叔隗、季隗，納諸公子。公子取季隗，生伯儵、叔劉；以叔隗妻趙衰，生盾。盾，趙宣子。○儵，直由切，本又作儵，音同。妻，七計切，下同。盾，徒本切。將適齊，謂季隗曰："待我二十五年，不來而後嫁。"對曰："我二十五年矣，又如是而嫁，則就木焉。言將死入木，不復成嫁。請待子。"處狄十二年而行。以五年奔狄，至十六年而去。〇請待子，絕句。

過衛，衛文公不禮焉。出於五鹿，五鹿，衛地。今衛縣西北有地名五鹿，陽平元城縣東亦有五鹿。乞食於野人。野人與之塊。公子怒，欲鞭之。子犯曰："天賜也。"得土有國之祥，故以爲天賜。〇塊，苦對切，又苦怪切。稽首，受而載之。

及齊，齊桓公妻之，有馬二十乘，四馬爲乘，八十匹也。〇乘，繩證切，注及下皆同。公子安之。從者以爲不可。將行，謀於桑下。齊桓既卒，知孝公不可恃故。蠶妾在其上，以告姜氏。姜氏殺之，姜氏，重耳妻，恐孝公怒其去，故殺妾以滅口。而謂公子曰："子有四方之志，其聞之者，吾殺之矣。"公子曰："無之。"姜曰："行也！懷與安，實敗名。"公子不可。姜與子犯謀，醉而遣之。醒，以戈逐子犯。無去志，故怒。〇敗，必邁切。醒，星頂切。

及曹，曹共公聞其駢脅，欲觀其裸。浴，薄而觀之。薄，迫也。駢脅，合幹。〇共，音恭。聞其駢脅，絕句。駢，薄賢切。脅，許業切。《說文》：駢脅，并也；《廣雅》云：脅幹謂之肋；《通俗》云：腋下謂之脅。欲觀，如字，絕句；一讀至裸字絕句。裸，力果切，又户化切。浴，音欲。薄，如字。《國語》云：薄，簾也。幹，古旦切。僖負羈之妻曰："吾觀晉公子之從者，皆足以相國。若以相，若遂以爲傅相。〇羈，紀宜切。相，息亮切。夫子必反其國。反其國，必得志於諸侯。得志於諸侯而誅無禮，曹其首也。子盍蚤自貳焉？"自貳，自别異於曹。〇盍，户臘切。蚤，音早。别，彼列切。乃饋盤飧，寘璧焉。臣無竟外之交，故用盤藏璧飧中，不欲令人見。〇饋，其貴切，遺也。飧，音孫。《說文》云：餔也；《字林》云：水澆飯也。寘，之豉切。竟，音境。令，力呈切。公子受飧反璧。

及宋，宋襄公贈之以馬二十乘。贈，送也。

及鄭，鄭文公亦不禮焉。叔詹諫曰："臣聞天之所啓，人弗及也。啓，開也。晉公子有三焉，天其或者將建諸，君其禮焉。男女同姓，其生不蕃。蕃，息也。〇蕃，音煩，注同。晉公子，姬出也，而至於今，一也；犬戎狐姬之子，故曰姬出。離外之患，出奔在外。而天不靖晉國，殆將啓之，二也；有三士足以上人，而從之，三也。《國語》：狐偃、趙衰、賈佗，三人皆卿才。○從，如字，一音才用切。晉鄭同儕，儕，等也。○儕，仕皆切。其過子弟，固將禮焉，況天之所啓乎？”弗聽。

及楚，楚子饗之，曰：“公子若反晉國，則何以報不穀？”對曰：“子女玉帛，則君有之；羽毛齒革，則君地生焉。其波及晉國者，君之餘也。其何以報君？”曰：“雖然，何以報我？”對曰：“若以君之靈，得反晉國，晉楚治兵，遇於中原，其辟君三舍。若不獲命，三退不得楚止命也。○過，古禾切。其左執鞭、弭，右屬櫜、鞬，以與君周旋。”弭，弓末無緣者。櫜以受箭，鞬以受弓。屬，著也。周旋，相追逐也。○弭，莫爾切。屬，音燭，注同。櫜，古刀切。鞬，九言切。緣，悦絹切。子玉請殺之。畏其志大。楚子曰：“晉公子廣而儉，志廣而體儉。文而有禮。其從者肅而寬，肅，敬也。忠而能力。晉侯無親，外内惡之。晉侯，惠公也。○惡，烏路切。吾聞姬姓，唐叔之後，其後衰者也，其將由晉公子乎！天將興之，誰能廢之？違天，必有大咎。”乃送諸秦。

秦伯納女五人，懷嬴與焉。懷嬴，子圉妻。子圉謚懷公，故號爲懷嬴。○咎，其九切。與，音預。奉匜沃盥，既而揮之。匜，沃盥器也。揮，湔也。○奉，芳勇切。匜，以支切，一音以紙切。《説文》云：似羹魁，柄中有道，可注水。盥，古緩切。揮，許韋切。湔，音薦；王音贊，一音箭，又音牋。怒曰：“秦、晉匹也，何以卑我？”匹，敵也。公子懼，降服而囚。去上服，自拘囚以謝之。○去，起吕切。拘，音俱。他日，公享之。子犯曰：“吾不如衰之文也，有文辭也。○衰，初危切，下同。請使衰從。”公子賦《河水》，《河水》，逸詩，義取河水朝宗于海，海喻秦。公賦《六月》。《六月》，《詩・小雅》。道尹吉甫佐宣王征伐，喻公子還晉，必能匡王國。古者禮會，因古詩以見意，故言賦詩斷章也。其全稱詩篇者，多取首章之義。他皆放此。○見，賢遍切。斷，端緩切。趙衰曰：“重耳拜賜。”公子降，拜，稽首。公降一級而辭焉。下階一級，辭公子稽首。○級，音急。衰曰：“君稱所以佐天子者命重耳，重耳敢不拜？”詩首章言匡王國，次章言佐天子，故趙衰因通言之，爲明年秦伯納之張本。

白文

子産不毁鄉校《左傳·襄公三十一年》

鄭人游于鄉校，以論執政。然明謂子産曰："毁鄉校，何如？"子産曰："何爲？夫人朝夕退而游焉，以議執政之善否。其所善者，吾則行之；其所惡者，吾則改之。是吾師也。若之何毁之？我聞忠善以損怨，不聞作威以防怨。豈不遽止？然猶防川，大決所犯，傷人必多，吾不克救也；不如小決使道，不如吾聞而藥之也。"然明曰："蔑也今而後知吾子之信可事也。小人實不才。若果行此，其鄭國實賴之，豈唯二三臣？"仲尼聞是語也，曰："以是觀之，人謂子産不仁，吾不信也。"

楚子將以商臣爲大子《左傳·文公元年》

初，楚子將以商臣爲大子，訪諸令尹子上。子上曰："君之齒未也，而又多愛，黜乃亂也。楚國之舉，恒在少者。且是人也，蠭目而豺聲，忍人也，不可立也。"弗聽。既，又欲立王子職，而黜大子商臣。商臣聞之而未察，告其師潘崇曰："若之何而察之？"潘崇曰："享江芈而勿敬也。"從之。江芈怒曰："呼，役夫！宜君王之欲殺女而立職也。"告潘崇曰："信矣。"潘崇曰："能事諸乎？"曰："不能。""能行乎？"曰："不能。""能行大事乎？"曰："能。"冬十月，以宫甲圍成王。王請食熊蹯而死。弗聽。丁未，王縊。謚之曰"靈"，不瞑；曰"成"，乃瞑。

第五单元

古注文选

鄭子産有疾《春秋左傳正義·昭公二十年》

鄭子産有疾，謂子大叔曰："我死，子必爲政。唯有德者能以寬服民，其次莫如猛。夫火烈，民望而畏之，故鮮死焉；水懦弱，民狎而翫之，狎，輕也。○鮮，息淺反。懦，乃亂、乃臥二反。一音儒。狎，户甲反。翫，五亂反。則多死焉；故寬難。"難以治。○治，直吏反。疾數月而卒。

大叔爲政，不忍猛而寬。鄭国多盗，取人於萑苻之澤。萑苻，澤名。於澤中劫人。○數，所主反。萑，音丸。苻，音蒲；又如字。大叔悔之，曰："吾早從夫子，不及此。"興徒兵以攻萑苻之盗，盡殺之。盗少止。

仲尼曰："善哉！政寬則民慢，慢則糾之以猛；糾，猶攝也。○"盡殺之"本或作"盡之"，"殺"衍字。糾，居黝反。［疏］盡殺之盗少止○正義曰：既言盡殺之，復云盗少止者，蓋謂盡萑苻之内盗也。少止，謂鄭国餘處之盗由此少止。猛則民殘，殘則施之以寬。寬以濟猛，猛以濟寬，政是以和。《詩》曰：'民亦勞止，汔可小康。惠此中國，以綏四方。'施之以寬也。《詩·大雅》。汔，其也。康、綏，皆安也。周厲王暴虐，民勞於苛政，故詩人刺之，欲其施之以寬。○汔，許乙反。苛，音何。'毋從詭隨，詭人、隨人無正心，不可舍從。○"毋"本又作"無"。從，子又反；注同。詭，九委反。以謹無良。謹，勑慎也。式遏寇虐，慘不畏明。'糾之以猛也。式，用也。遏，止也。慘，曾也。言爲寇虐，曾不畏明法者，亦當用猛政糾治之。○遏，於葛反。慘，七感反。'柔遠能邇，以定我王。'平之以和也。柔，安也。邇，近也。遠者懷附，近者各以能進，則王室定。［疏］"詩曰"至"和也"○正義曰：此《詩·大雅·民勞》之篇，刺厲王之詩也。其下十句，詩之文也。仲尼分爲三段，每以一句釋之。汔，其也。康、綏，皆安也。止，辭也。於是厲王以苛政勞民，故言當今之民亦大疲勞止，其可以小息之。中國，京師也。四方，諸夏也。施惠於此京師中國，以綏彼諸夏之民。此四句者，欲其施之以寬也。詭隨，謂詭人爲善，隨人小惡。此雖惡之小者，其事不可舍從也。毋得從此詭隨之人，以謹勑彼無善之人。無善之惡大於詭隨。詭隨不從，則無善息止。是謹勑之也。寇虐之惡人又大於無善。式，用也。遏，止也。慘，曾也。王當嚴爲刑威，用止臣民之間有爲寇盗、苛虐、曾不畏明白之刑者。此四句者欲其糾之以猛也。柔，安也。邇，近也。能，謂才能也。王者當以寬政安慰遠人，使之懷附；則各以才能自進者，是近人也。遠者懷而歸，近者以能自進用，此以定我爲王之功。此二句者，言平之以和也。○注詩大雅云云○正義曰：《釋詁》云：汔，幾也。杜以"幾""其"同聲，故以汔爲其也。"康綏皆安"及下注"遏止"皆《釋詁》文也。"式用"、"慘曾"，《釋言》文也。

又曰：'不競不絿，不剛不柔。《詩·殷頌》。言湯政得中和。競，强也。絿，急也。○絿，音求。布政優優，百禄是遒。'優優，和也。遒，聚也。○遒，在由反；又子由反。和之至也。"

及子産卒，仲尼聞之，出涕曰："古之遺愛也。"子産見愛，有古人之遺風。

［疏］"又曰"至"至也"○正義曰：《詩·商頌·長發》之篇，述成湯之德也。湯之爲政，不大强，不大急，不大剛，不大柔，布行政教優優然，和綏百種福禄，於是聚而歸之。言其和之至也。"競强"，《釋言》文也。"絿急"、"遒聚"，《毛傳》文也。○"及子"至"聞之"○正義曰：案：上子大叔悔後已云"仲尼曰善哉"，今方言"及子産卒聞之"者，上所云先美子大叔之善法政，用子産生時法也。此出涕，重美子産身之賢。故傳云"及子産卒"，欲顯仲尼美之意也。

邵公諫厲王止謗《國語注·周語上》

厲王虐，國人謗王。厲王，恭王之曾孫，夷王之子，厲王胡也。謗，誹也。邵公告王曰："民不堪命矣。"邵公，邵康公之後穆公虎也，爲王卿士。言民不堪暴虐之政令。王怒，得衛巫，使監謗者。衛巫，衛國之巫也。監，察也。以巫有神靈，有謗必知之。以告，則殺之。巫言謗王，王則殺之。國人莫敢言，道路以目。不敢發言，以目相眄而已。

王喜，告邵公曰："吾能弭謗矣，乃不敢言。"弭，止也。邵公曰："是鄣之也。鄣，防也。防民之口，甚於防川。流者曰川。言川不可防，而口又甚也。川壅而潰，傷人必多，川之潰決害於人也。民亦如之。民之敗亂害於上也。是故爲川者決之使導，爲，治也。導，通也。爲民者宣之使言。宣，猶放也。觀民所言，以知其得失。故天子聽政，使公卿至於列士獻詩，獻詩以風也。列士，上士也。瞽獻典，無目曰瞽。瞽，樂師。典，樂典也。史獻書，史，外史也。《周官》：外史掌三皇五帝之書。師箴，師，小師也。箴，箴刺王闕，以正得失。瞍賦，無眸子曰瞍。賦，賦公卿列士所獻詩也。矇誦，有眸子而無見曰矇。《周禮》：矇主弦歌、風誦。誦，謂箴諫之語也百工諫，百工，執技以事上者。諫者執藝事以諫，謂若匠師慶諫魯莊公丹楹刻桷者。庶人傳語，庶人卑賤，見時得失不得達，傳以語王也。近臣盡規，近臣，謂驂僕之屬也。盡規，盡其規以告王也。親戚補察，補，補過。察，察政也。《傳》曰："自王以下，各有父兄子弟，以補察其過。"瞽史教誨瞽，樂大師。史，大史也。掌陰陽天時禮法之書以相教誨者。單襄公曰："吾非瞽史，焉知天道？"耆艾修之，耆艾，師傅也。修，脩理瞽史之教，以聞於王。而後王斟酌焉，斟，取也。酌，行也。是以事行而不悖。悖，逆也。民之有口也，猶土之有山川也，財用於是乎出；猶，若也。山川所以宣地氣而出財用，口亦以宣人心而言善敗。猶其有原隰衍沃也，衣食於是乎生。廣平曰原，下濕曰隰，下平曰衍，有溉曰沃。口之宣言也，善敗於是乎興。行善而備敗，民所善者行之，其所惡者備之。所以阜財用衣食者也。阜，厚也。夫民慮之於心，而宣之於口，成而行之，胡可壅也？若壅其口，其與能幾何？"與，辭也。能幾何，言不久也。

王弗聽。於是國人莫敢出言。三年，乃流王於彘。流，放也。彘，晉地。漢爲彘縣，屬河東，今曰永安。

白文

滕侯薛侯來朝《左傳・隱公十一年》

十一年，春，滕侯、薛侯來朝，争長。薛侯曰："我先封。"滕侯曰："我，周之卜正也；薛，庶姓也，我不可以後之。"公使羽父請於薛侯曰："君與滕君辱在寡人，周諺有之曰：'山有木，工則度之；賓有禮，主則擇之。周之宗盟，異姓爲後。寡人若朝於薛，不敢與諸任齒。君若辱貺寡人，則願以滕君爲請。"薛侯許之，乃長滕侯。

齊桓公伐楚《左傳・僖公四年》

四年，春，齊侯以諸侯之師侵蔡。蔡潰，遂伐楚。

楚子使與師言曰："君處北海，寡人處南海，唯是風馬牛不相及也。不虞君之涉吾地也，何故？"管仲對曰："昔召康公命我先君大公曰：'五侯九伯，女實征之，以夾輔周室。'賜我先君履：東至於海，西至於河，南至於穆陵，北至於無棣。爾貢包茅不入，王祭不共，無以縮酒，寡人是徵；昭王南征而不復，寡人是問。"對曰："貢之不入，寡君之罪也，敢不共給？昭王之不復，君其問諸水濱。"

師進，次於陘。

夏，楚子使屈完如師。師退，次於召陵。

齊侯陳諸侯之師，與屈完乘而觀之。齊侯曰："豈不穀是爲？先君之好是繼。與不穀同好，如何？"對曰："君惠徼福於敝邑之社稷，辱收寡君，寡君之願也。"齊侯曰："以此衆戰，誰能禦之？以此攻城，何城不克？"對曰："君若以德綏諸侯，誰敢不服？君若以力，楚國方城以爲城，漢水以爲池，雖衆，無所用之。"

屈完及諸侯盟。

第六单元

古注文选

齊人有馮煖者《戰國策校注・齊策四》

齊人有馮煖《史》作"驩"，並況袁反。補曰："煖"即"諼"。故"諼"或作"喧"。者，貧乏不能自存，使人屬孟嘗君，屬，囑同願寄食門下。孟嘗君曰：“客何好？”曰：“客無好也。”曰：“客何能？”曰：“客無能也。”孟嘗君笑而受之，曰：“諾。”

左右以君賤之也，食以草具。草，不精也。具，饌具。〇正曰：草，菜也。《陳平傳》“惡草具”注，去肴肉云云。居有頃，倚柱彈其劍補曰：以下文例之，疑當有鋏字。歌曰：“長鋏歸來乎！鋏，劍把也。欲與俱去。補曰：《莊子音義》，鋏，從棱向刃。食無魚。”左右以告。孟嘗君曰：“食之，比門下之客。”補曰：《列士傳》：孟嘗君廚有三列，上客食肉，中客食魚，下客食菜。〇一本“比門下之魚客”。居有頃，復彈其劍鋏，歌曰：“長鋏歸來乎！出無車。”左右皆笑之，以告。孟嘗君曰：“爲之駕，比門下之車客。”乘車之客。於是乘其車，揭其劍，《集韻》：揭，舉也，擔也。過其友曰：“孟嘗君客我。”待我以客。後有頃，復彈其劍鋏，歌曰：“長鋏歸來乎！無以爲家。”補曰：《吴氏韻補》：家，叶工乎反。左右皆惡之，以爲貪而不知足。孟嘗君問：“馮公有親乎？”對曰：“有老母。”孟嘗君使人給其食用，無使乏。於是馮煖不復歌。

後孟嘗君出記，記，疏也。問門下諸客：“誰習計會，計會，會，總合也。正曰：會，古外反。《周禮》“司會”注，大計也。《小宰》“要會”注，計最之簿書，月計曰要，歲計曰會。能爲文收責於薛者乎？”責，債同。《集韻》：通財也。馮煖署曰：“能。”署，書也。孟嘗君怪之，曰：“此誰也？”左右曰：“乃歌夫長鋏歸來者也。”孟嘗君笑曰：“客果有能也，言果，則孟嘗固意其能也。吾負之，未嘗見也。”請而見之，謝曰：“文倦於是，是，謂國事。正曰：一本“是”作“事”，蓋因音而訛。“説閔王”章，“則是”作“則事”，亦此類。憒於憂，憒，潰同。憒，亂也。以憂思昏亂。而性懧愚，懧，當作“懦”。《集韻》：弱也。沉於國家之事，開罪於先生。得罪於煖，自我啓之。補曰：沉，没溺也。下“沉於”義同。先生不羞，乃有意欲爲收責於薛乎？”馮煖曰：“願之。”於是約車治裝，載券契而行。券，亦契。契別書之，以刀判其旁辭曰：“責畢收，以何市而反？”孟嘗君曰：“視吾家所寡有者。”

驅而之薛，使吏召諸民當償者，悉來合券。券徧合，赴，凡券，取者與者各收一。責則合驗之，徧合矣，乃來聽命。補曰：一本“赴”作“起”，則“起”屬下文，謂作起而矯命也。“合”讀，“起”句，亦通。矯命《汲黯傳》注：矯，託也。託言孟嘗之命。以責賜諸民，因燒其券，民稱萬歲。祝孟嘗也。

長驅到齊，行不留也。晨而求見。孟嘗君怪其疾也，衣冠而見之，曰：“責畢收乎？來何疾也？”曰：“收畢矣。”“以何市而反？”孟嘗問也。馮煖曰：“君云‘視吾家所寡有者’，臣竊計君宮中積珍寶，狗馬實外廄，美人充下陳，陳，猶列。君家所寡有者以義耳。竊以爲君市義。”孟嘗君曰：“市義奈何？”曰：“今君有區區之薛，不拊愛子其民，拊，循，猶摩也。因而賈利之。臣竊矯君命，以責賜諸民，因燒其券，民稱萬歲，乃臣所以爲君市義也。”孟嘗君乃補曰：一本作“不”。説，曰：“諾。先生休矣。”休，息也。

後朞年，齊王謂孟嘗君曰：“寡人不敢以先王之臣爲臣。”補曰：此遣其就國而爲之辭，猶漢世所謂列侯，亦無由教訓其民。孟嘗君就國於薛。未至百里，民扶老攜幼，迎君道中終元作“正”。（正）日。補曰：一本無此二字。孟嘗君顧謂馮煖：“先生所爲文市義者，乃今日見之。”

馮煖曰：“狡兔有三窟，僅元作“今”。補曰：姚本“今”作“僅”。得免其死耳；今有一窟，未得高枕而卧也。請爲君復鑿二窟。”孟嘗君予車五十乘，金五百斤，西遊於梁，謂梁元作“惠”。（惠）王昭。正曰：文奔魏，在昭王時，此固辭不往，事必在前，史作秦王。曰：“齊放其大臣孟嘗君此非當時所稱，追書云爾。於諸侯，諸侯先迎之者，富而兵强。”於是梁王虛上位，以故相爲上將軍，補曰：徙故相爲上將軍，而虛相位以待孟嘗也。遣使者黄金千斤，車百乘，往聘孟嘗君。馮煖先驅，誡孟嘗君曰：“千金，重幣也；百乘，顯使也。齊其聞之矣。”梁使三反，孟嘗君固辭不往也。

齊王聞之，君臣恐懼。遣太傅本周官，此齊大臣也。齎黄金千斤，文車二驷，文，彩繪也。服劍一，王所自佩者。封書一，補曰：一本“書”下無“一”字，則上當以“封”字句。謝孟嘗君曰：“寡人不祥，被於宗廟之祟，沉於諂諛之臣，開罪於君。寡人不足爲也，願君顧先王之宗廟，姑反國統萬人乎！”《集韻》：統，攝理也。馮煖誡孟嘗君曰：“願請先王之祭器，立宗廟於薛。”前自靖郭君時，既立廟矣，今又請立，則所謂宗廟者，非一王也。廟成，還報孟嘗君曰：“三窟已就，君姑高枕爲樂矣。”

孟嘗君爲相數十年，無纖介之禍者，介，獨也。獨則不衆，故爲微細之詞。一說：喻草芥也。正曰：介芥通。馮煖之計也。《孟嘗傳》有。彪謂：能者客之，人孰不能？客無能者，孟嘗於是爲不可幾也。煖之市義，賢矣；而爲之營窟，則亦聲利之客耳。嗟乎！氣俗之移，人莫覺悟也。以煖之賢而不能自擢於衆，況不賢者乎？補曰：史文稍異，末無三窟之説爲勝。正曰：馮公自言無能，非真無能也。孟嘗蓋已知之，故聞其署，則曰：客果有能也。魏子予粟，馮公焚券，孟嘗卒蒙其力。百乘之家，不畜聚斂之臣，豈迂也哉？○“食以”“食之”之“食”，音嗣。“爲君”“爲文”“足爲”之“爲”，去聲。

蘇秦始將連横《戰國策校注·秦策一》

蘇秦始將連横文穎曰：關東爲從，西爲横。孟康曰：南北爲從，東西爲横。瓚曰：以利合曰從，以威勢相脅曰横。正曰：高注，連關中之謂横，合關東之謂從。《大事記》取。説秦惠王曰：“大王之國，西有巴、蜀、漢中之利，三郡並屬益州。北有胡貉、胡，樓煩、林胡之類。《集韻》：貉似狐。代馬之用，代，幽州郡。南有巫山、在南郡巫。補曰：正義云，夔州巫山縣。黔中之限，黔，故楚地。秦地距此二郡耳，故言“限”。秦昭三十年始定爲黔中郡，後爲武陵郡。見《後志》。補曰：《大事記》：今黔、辰、施、元等州。正曰：高注，皆有塞險，故謂之“限”。東有殽、函之固。《始皇紀》注：殽，二殽；函，函關也。在弘農。補曰：《左氏》：殽有二陵。杜注：在澠池縣西。函，見《周策》。田肥美，民殷富，殷，盛也。戰車萬乘，奮擊百萬，士之能奮擊者。沃野千里，沃，言其肥潤。蓄積饒多，地勢形便，地勢與形便於攻守。此所謂天府。言蓄聚之富，非人力也。天下之雄國也。物之雄者强。以大王之賢，士民之衆，車騎之用，騎，士之便馬者。兵法之教，教，猶習。可以并諸侯，吞天下，稱帝而治。願大王少留意，臣請奏其効。”奏，進；効，功也。

秦王曰："寡人聞之，毛羽不豐滿者不可以高飛，文章不成者文章，法令也。不可以誅罰，道德不厚者不可以使民，政教不順者逆人之心。不可以煩大臣。逆人心，則行之難，故大臣劳。今先生儼然矜莊皃。不遠千里而庭教之，教之於廣庭。願以異日。"異，猶他也。俟成順然後承教，以此知爲惠王初。補曰：《史》，時方誅商鞅，疾辯士，弗用。

蘇秦曰："臣固疑大王之不能用也。昔者神農伐補遂，國名，未詳。黄帝伐涿鹿屬上谷。而禽蚩尤，九黎氏之後，事見《史》。堯伐驩兜，《書》止言憂之，豈嘗伐之而不服邪？正曰：《書》：放驩兜。又堯伐驩兜，禹伐共工，見《荀子》。此游士之辭。下言五帝三王，不能坐而致地，故以戰續之。此不過欲售其攻戰之説耳。凡戰國言帝王事，類如此，皆不足辨。後放此。舜伐三苗，國名，縉雲氏之後。正曰：事見《書》，不必泛引。禹伐共工，伐，乃流之。湯伐有夏，文王伐崇，崇侯虎，紂卿士，道之爲惡。武王伐紂，齊桓任戰任，猶用也。作内政，寄軍令是也。而伯天下。由此觀之，惡有不戰者乎？古者使車轂擊馳，轂，輻所凑也。相擊而馳，言其衆。補曰：轂擊，説見《齊策》。言語相結，約親也。補曰：《後語》注：結，音吉，此古韻協也。下文悉然。天下爲一，約從連横，兵革不藏。文士並餝，文，謂辯也。餝，飾同。諸侯亂惑，萬端俱起，不可勝理。科條既備，科，程也。《集韻》：條，件也。民多僞態；書策稠濁，策，簡也，大事書之。稠，多也。言有司文書多，閲者昏亂。正曰：稠，多；濁，亂也。百姓不足。上下相愁，民無所聊；《集韻》：聊，賴也。明言章理，文章法理。正曰：章，亦明也。謂明著之言，章顯之理。下句"文辭"，謂辭之文者。三語文勢同。兵甲愈起；辯言偉服，偉，奇也。補曰：偉，一作"僞"。戰攻不息；繁稱文辭，游説也。正曰：明言者，教令；辯言者，游説；文辭者，書策。明言章理，即科條既備；辯言偉服，即言語相結；繁稱文辭，即書策稠濁。天下不治；舌敝耳聾，不見成功；行義約信，天下不親。於是，乃廢文任武，厚養死士，敢死之士。綴甲厲兵，《集韻》：厲，嚴也。正曰：厲，即礪。效勝於戰場。效，致其功也。夫徒處而致利，徒，猶空也。言無所爲。安坐而廣地，雖古五帝、三王、五伯，明主賢君，常欲坐而致之，其勢不能，故以戰續之。寬則兩軍相攻，迫則杖戟相撞，迫，近也。杖，如杖劍。戟，謂持戟，戟有支矛。撞，手擣也。正曰：杖，持執也，直亮反。戟有支兵。然後可建大功。是故兵胜於外，義强於内；論戰，故獨言義。威立於上，民服於下。今欲并天下，凌萬乘，《集韻》：凌，侵尚也，當從仌。詘敵國，詘，服也。制海内，子元元，元，善也。民之類善，故稱元。臣諸侯，言敵國，又言諸侯，則侯非其敵者。非兵不可。今之嗣主，時君，皆繼世者也。忽於至道，皆惛於教，惛，不明也。亂於治，迷於言，惑於語，沉於辯，沉，猶溺。溺於辭。溺，謂爲所冒没。以此論之，王固不能行也。”

説秦王，書十上而説不行。黑貂之裘敝，貂，鼠屬，大而黄黑，出丁零國。黄金百斤盡，資用乏絕，資，貨也。去秦而歸。羸滕《方言》：擔，齊、楚、陳、宋曰“攍”，通作“羸”。滕，緘也。正曰：一本“羸縢”，是“羸”与“縲”、“纍”字通用，倫追反。《易》“羸其角，羸其瓶”，孔穎達云：拘纍纏繞也。《詩》“邪幅在下”注：如今行縢，即《禮》所謂偪也。注説下與履蹻不倫，而擔囊又已言矣。履蹻，躡也。正曰：《史》“虞卿躡蹻”注：草履也，“蹻”與“屩”通。負書擔橐，高注：橐，囊也。然則此字元作“橐”。從此説，則上“縢”字當從巾，囊也。橐無底，囊有底。正曰：一本作“橐”。高注：“橐”、“囊”通言。形容枯槁，面目黧元作“犂”。補曰：古字“黧”、“犂”通借。黑，《集韻》：黧，黑黄色。正曰：黧，黑色，《集韻》誤，見《魏策》。狀有歸補曰：當作“愧”，姚氏亦云。色。歸至家，妻不下紝，機縷也。不下，言自若。嫂不爲炊，父母不與言。蘇秦喟然歎曰：喟，太息也。“妻不以我爲夫，嫂不以我爲叔，父母不以我爲子，是皆秦之罪也。乃夜發書，陳篋數十，篋，藏也。得太公《陰符》之謀，《漢志》有《陰符經》。正曰：《陰符經》恐非此所指。《索隱》云：《陰符》是太公兵法。伏而誦之，簡練以爲揣摩。簡，猶擇。練，湅帛也。取其熟。揣，量。摩，研也。游説之術，或量其情，或研切之。讀書欲睡，引錐自刺其股，錐，鋭也，鍼之類。血流至足，曰：“安有説人主不能出其金玉錦繡，取卿相之尊者乎？”朞年，揣摩成，曰：“此真可以説當世之君矣。”

於是乃摩燕烏集闕，摩，言切近過之。闕名未詳。補曰：高注，闕，塞名也。見説趙王肅侯。於華屋之下，見説，見而説也。華，高麗也。抵掌而談。《集韻》：抵，側擊也。趙王大悦，封爲武安君。補曰：武安，趙邑。正義云，潞州武安縣。受相印，革車百乘，兵車也。錦繡千純，《集韻》：四端曰純。正曰：高注，純，束也，徒本反。白璧百雙，補曰：璧，玉環也，肉倍好曰璧。黄金萬鎰，一鎰四十四兩。補曰：鎰説見前。以隨其後，約從散横，以抑强秦。故蘇秦相於趙而關不通。六國之關不通秦也。正曰：即所謂秦兵不敢窺函谷關者。

當此之時，天下之大，萬民之衆，主侯之威，謀臣之權，皆欲決於蘇秦之策。決，言用之不疑。策，謀也。不費斗糧，未煩一兵，未戰一士，未絕一弦，未折一矢，諸侯相親，賢於兄弟。賢，猶勝。夫賢人在而天下服，一人用而天下從。故曰：式於政，不式於勇；式，猶用。式於廊廟之内，廊，東西序。廟，以尊先祖。人君之居，謂之巖廊廟堂，尊嚴之稱。正曰：文穎云，廊，殿下外屋。顔師古云，堂下周廂，又巖廊高屋也。愚按：此言宫與廟也。"廟堂"字，見《徐樂梅福傳》。劉向《九歎》王逸注，人君爲政，舉事告宗廟，議於明堂。今人稱宰相爲廟堂，蓋誤。不式於四境之外。當秦之隆，蘇秦隆盛之時。黄金萬鎰元從水。補曰：此書"溢"、"鎰"通。爲用，轉轂連騎，後車之盛。正曰：車騎之盛。炫熿於道，光耀也。山東之國，從風而服，以草偃爲喻也。使趙大重。爲從主，諸侯尊之。且夫蘇秦，特窮巷掘門、鑿垣爲門。補曰：掘，即窟，古字通。《齊策》"掘穴窮巷"。《鄒陽書》"伏死掘穴"。《楚策》亦有。桑户棬樞之士耳，樞，門牝也，楺木爲之，如棬。棬，屈木盂也。伏軾車前横木。撙銜，《集韻》：撙，挫也，蓋猶頓。銜，勒也。横歷天下，歷，過也，猶横行。庭説諸侯之主，猶庭教云。杜左右之口，杜，猶塞。天下莫之能伉。《集韻》：匹也。正曰：姚云，錢、劉作"抗"，當也。一本"天下莫之能伉"，"伉"、"抗"古字通。

將説楚王，威。路過洛陽。漢爲河南郡。父母聞之，清宫除道，清，汛掃也。張樂設飲，張，施也。郊迎三十里。迎於郊。妻側目而視，不敢正視。傾耳而聽；嫂蛇行匍伏，蛇不直行。伏，音匐，匍匐，伏地也。四拜自跪而謝。《集韻》：跪，小拜也。既拜復膝地。蘇秦曰："嫂，何前倨而後卑也？"倨，不避也。嫂曰："以季子位尊而多金。"譙周曰：秦字季子。正曰：司馬貞曰，此嫂呼小叔爲季子，未必字也。蘇秦曰："嗟乎！貧窮則父母不子，富貴則親戚畏懼。人生世上，勢位富厚，蓋可忽乎哉！"忽，輕也。此《策》、《史》略同。合從，在趙肅侯十六年，此四年。彪謂秦之自刺，可謂有志矣。而志在於金玉卿相，故其所成就，適足誇嫂婦。而此《史》極口稱頌之，是亦利禄徒耳。惡睹所謂大丈夫之事哉？正曰：按《史》，秦出游數歲，困歸，兄弟嫂妹妻妾竊笑之。於是得周書《陰符》讀之，以出揣摩。乃求説周顯王，弗信。至秦説惠王，弗用。乃之趙，奉陽君弗説之。去就燕，文侯資之。至趙，奉陽君死，乃説肅侯合從。説楚後，還過洛陽，顯王除

道郊勞。与
《策》小異。

白文

察今《吕氏春秋·慎大覽》

上胡不法先王之法？非不賢也，爲其不可得而法。先王之法，經乎上世而來者也，人或益之，人或損之，胡可得而法？雖人弗損益，猶若不可得而法。東夏之命，古今之法，言異而典殊。故古之命多不通乎今之言者，今之法多不合乎古之法者。殊俗之民有似於此。其所爲欲同，其所爲異。口惛之命不愉，若舟車衣冠滋味聲色之不同。人以自是，反以相誹。天下之學者多辯，言利辭倒，不求其實，務以相毀，以勝爲故。先王之法胡可得而法？雖可得，猶若不可法。

凡先王之法，有要於時也。時不與法俱至，法雖今而至，猶若不可法。故擇先王之成法，而法其所以爲法。先王之所以爲法者，何也？先王之所以爲法者，人也。而己亦人也。故察己則可以知人，察今則可以知古。古今一也，人與我同耳。有道之士，貴以近知遠，以今知古，以所見知所不見。故審堂下之陰，而知日月之行，陰陽之變；見瓶水之冰，而知天下之寒，魚鼈之藏也；嘗一脟肉，而知一鑊之味，一鼎之調。

荆人欲襲宋，使人先表澭水。澭水暴益，荆人弗知，循表而夜涉，溺死者千有餘人，軍驚而壞都舍。嚮其先表之時可導也，今水已變而益多矣，荆人尚猶循表而導之，此其所以敗也。今世之主法先王之法也，有似於此。其時已與先王之法虧矣，而曰此先王之法也，而法之，以此爲治，豈不悲哉？

故治國無法則亂，守法而弗變則悖，悖亂不可以持國。世易時移，變法宜矣。譬之若良醫，病萬變，藥亦萬變，病變而藥不變，嚮之壽民今爲殤子矣。故凡舉事必循法以動，變法者因時而化，若此論則無過務矣。夫不敢議法者，衆庶也；以死守者，有司也；因時變法者，賢主也。是故有天下七十一聖，其法皆不同。非務相反也，時勢異也。故曰良劍期乎斷，不期乎鏌鋣；良馬期乎千里，不期乎驥驁。夫成功名者，此先王之千里也。

楚人有涉江者，其劍自舟中墜於水，遽契其舟，曰："是吾劍之所從墜。"舟止，從其所契者入水求之。舟已行矣，而劍不行；求劍若此，不亦惑乎？以此故法爲其國，與此同。時已徙矣，而法不徙，以此爲治，豈不難哉？

有過於江上者，見人方引嬰兒而欲投之江中。嬰兒啼。人問其故，曰："此其父善游。"其父雖善游，其子豈遽善游哉？此任物，亦必悖矣。荆國之爲政，有似於此。

功名《韓非子》

明君之所以立功成名者四：一曰天時，二曰人心，三曰技能，四曰勢位。非天時，雖十堯不能冬生一穗；逆人心，雖賁、育不能盡人力。故得天時則不務而自生，得人心則不趣而自勸，因技能則不急而自疾，得勢位則不進而名成。若水之流，若船之浮。守自然之道，行毋窮之令，故曰明主。

夫有材而無勢，雖賢不能制不肖。故立尺材於高山之上，則臨千仞之谿，材非長也，位高也。桀爲天子，能制天下，非賢也，勢重也。堯爲匹夫，不能正三家，非不肖也，位卑也。千鈞得船則浮，錙銖失船則沉；非千鈞輕錙銖重也，有勢之與無勢也。故短之臨高也以位，不肖之制賢也以勢。人主者，天下一力以共載之，故安；衆同心以共立之，故尊；人臣守所長，盡所能，故忠。以尊主（主）御忠臣，則長樂生而功名成。名實相持而成，形影相應而立，故臣主同欲而異使。人主之患，在莫之應，故曰：一手獨拍，雖疾無聲。人臣之憂，在不得一，故曰：右手畫圓，左手畫方，不能兩成。故曰：至治之國，君若桴，臣若鼓，技若車，事若馬。故人有餘力易於應，而技有餘巧便於事。立功者不足於力，親近者不足於信，成名者不足於勢，近者不親，而遠者不結，則名不稱實者也。聖人德若堯舜，行若伯夷，而位不載於（世）［勢］，則功不立，名不遂。故古之能致功名者，衆人助之以力，近者結之以成，遠者譽之以名，尊者載之以勢。如此，故太山之功長立於國家，而日月之名久著於天地。此堯之所以南面而守名，舜之所以北面而效功也。

第七单元

古注文选

匠石之齊《莊子注・人間世》

匠石之齊，至乎曲轅，見櫟社樹。其大蔽數千牛，絜之百圍，其高臨山十仞而後有枝，其可以爲舟者旁十數。觀者如市，匠伯不顧，遂行不輟。

弟子厭觀之，走及匠石，曰："自吾執斧斤以隨夫子，未嘗見材如此其美也。先生不肯視，行不輟，何邪？”曰：“已矣，勿言之矣。散木也，以爲舟則沈，以爲棺槨則速腐，以爲器則速毁，以爲門户則液樠，以爲柱則蠹。是不材之木也，無所可用，故能若是之壽。”不在可用之數，故曰散木。

匠石歸。櫟社見夢曰：“女將惡乎比予哉？若將比予於文木邪？凡可用之木爲文木。夫柤梨橘柚果蓏之屬，實熟則剝，剝則辱，大枝折，小枝泄。此以其能苦其生者也，故不終其天年而中道夭，自掊擊於世俗者也。物莫不若是。物皆以自用傷。且予求無所可用久矣，幾死，乃今得之，數有睥睨己者，唯今匠石明之耳。爲予大用。積無用，乃爲濟生之大用。使予也而有用，且得有此大也邪？若有用，久見伐。且也，若與予也皆物也，奈何哉其相物也？而幾死之散人，又惡知散木？”以戲匠石。

匠石覺而診其夢。弟子曰：“趣取無用，則爲社何邪？”猶嫌其以爲社自榮，不趣取於無用而已。曰：“密！若無言。彼亦直寄焉，社自來寄耳，非此木求之爲社也。以爲不知己者詬厲也。言此木乃以社爲不知己而見辱病也，豈榮之哉！不爲社者，且幾有翦乎！本自以無用爲用，則雖不爲社，亦終不近於翦伐之害。且也，彼其所保與衆異，彼以無保爲保，而衆以有保爲保。而以義喻之，不亦遠乎！”利人長物，禁民爲非，社之義也。夫無用者，泊然不爲而羣才自用，用者各得其叙而不與焉，此無用之所以全也。汝以社譬之，無緣近也。

勸學（節選）《荀子注》

君子曰：學不可以已。青，取之於藍而青於藍；冰，水爲之而寒於水。以喻學則才過其本性也。木直中繩，輮以爲輪，其曲中規，雖有槁暴，不復挺者，輮使之然也。輮，屈；槁，枯；暴，乾；挺，直也。《晏子春秋》作“不復贏矣”。故木受繩則直，金就礪則利。君子博學而日參省乎己，則知明而行無過矣。參，三也。曾子曰：日三省吾身。行，下孟反。故不登高山，不知天之高也；不臨深谿，不知地之厚也；不聞先王之遺言，不知學問之大也。大，謂有益於人。干越夷貉之子，生而同聲，長而異俗，教使之然也。干越，猶言吴越。《吕氏春秋》：荆有次非，得寶劒於干越。高誘曰，吴邑也。貉東，北夷。同聲，謂啼聲同。貉，莫革反。詩曰："嗟爾君子，無恒安息。靖共爾位，好是正直。神之聽之，介爾景福。"《詩·小雅·小明》之篇。靖，謀；介，助；景，大也。無恒安息，戒之，不使懷安也。言能謀恭其位，好正直之道，則神聽而助之福。引此詩以喻勤學也。神莫大於化道，福莫長於無禍。爲學則自化道，故神莫大焉；省身則自無禍，故福莫長焉。

吾嘗終日而思矣，不如須臾之所學也；吾嘗跂而望矣，不如登高之博見也。跂，舉足也。登高而招，臂非加長也，而見者遠；順風而呼，聲非加疾也，而聞者彰。假輿馬者，非利足也，而致千里；假舟楫者，非能水也，而絕江河。能，善。絕，過。君子生非異也，善假於物也。皆以喻脩身在假於學。生非異，言與衆人同也。

南方有鳥焉，名曰蒙鳩，以羽爲巢，而編之以髮，繫之葦苕。風至苕折，卵破子死。巢非不完也，所繫者然也。蒙鳩，焦鷯也。苕，葦之秀也。今巧婦鳥之巢，至精密，多繫於葦竹之上是也。蒙，當爲蔑。《方言》云，鷦鷯，自關而西謂之桑飛，或謂之蔑雀。或曰一名蒙鳩，亦以其愚也。言人不知學問，其所置身亦猶繫葦之危也。《説苑》客謂孟嘗君曰：鷦鷯巢於葦苕，箸之以髮，可謂完堅矣。大風至則苕折卵破者，何也？所託者然也。西方有木焉，名曰射干，莖長四寸，生於高山之上，而臨百仞之淵。木莖非能長也，所立者然也。《本草》藥名有射干，一名烏扇。陶弘景云，花白莖長，如射人之執竿。又引阮公詩云：射干臨層城。是生於高处也。據《本草》在草部中，又生南陽川谷。此云"西方有木"，未詳。或曰：長四寸即是草，云木，誤也。蓋生南陽，亦生西方也。射，音夜。蓬生麻中，不扶而直；白沙在涅，與之俱黑。蘭槐之根是爲芷，其漸之滫，君子不近，庶人不服。其質非不美也，所漸者然也。蘭槐，香草，其根是爲芷也。《本草》：白芷一名白茝。陶弘景云，即《離騷》所謂蘭茝也。蓋苗名蘭茝，根名芷也。蘭槐當是蘭茝别名，故云"蘭槐之根是爲芷"也。漸，漬也，染也。滫，溺也。言雖香草，浸漬於溺中，則可惡也。漸，子廉反。滫，思酒反。故君子居必擇鄉，遊必就士，所以防邪僻而近中正也。

物類之起，必有所始；榮辱之來，必象其德。肉腐出蟲，魚枯生蠹；怠慢忘身，禍災乃作。强自取柱，柔自取束。

凡物，强則以爲柱而任勞，柔則見束而約急，皆其自取也。邪穢在身，怨之所構。構，結也。言亦所自取。施薪若一，火就燥也；布薪於地，均若一，火就燥而焚之矣。平地若一，水就溼也。草木疇生，禽獸羣焉，物各從其類也。疇，與儔同，類也。是故質的張而弓矢至焉，林木茂而斧斤至焉，所謂召禍也。質，射侯；的，正鵠也。樹成蔭而衆鳥息焉，醯酸而蜹聚焉。喻有德則慕之者衆。故言有召禍也，行有招辱也。君子慎其所立乎！禍福如此，不可不慎所立。所立，即謂學也。

積土成山，風雨興焉；積水成淵，蛟龍生焉；積善成德，而神明自得，聖心備焉。神明自得，謂自通於神明。故不積蹞步，無以至千里；半步曰蹞。蹞，與“跬”同。不積小流，無以成江海。騏驥一躍，不能十步；駑馬十駕，言駑馬十度引車，則亦及騏驥之一躍。據下云“駑馬十駕，則亦及之”，此亦當同，疑脱一句。功在不舍。鍥而舍之，朽木不折；鍥而不舍，金石可鏤。言立功在於不舍。舍，與“捨”同。鍥，刻也，苦結反。《春秋傳》曰：陽虎借邑人之車，鍥其軸。螾無爪牙之利，筋骨之强，上食埃土，下飲黄泉，用心一也。螾，與“蚓”同。蟹六跪而二螯，非蛇蟺之穴無可寄託者，用心躁也。跪，足也。《韓子》以刖足爲刖跪。螯，蟹首上如鉞者。許叔重《説文》云，蟹六足二䲒也。是故無冥冥之志者，無昭昭之明；無惛惛之事者，無赫赫之功。冥冥、惛惛，皆専默精誠之謂也。行衢道者不至，事兩君者不容。《爾雅》云：四達謂之衢。孫炎云：衢，交道四出也。或曰：衢道，兩道也。不至，不能有所至。下篇有“楊朱哭衢塗”。今秦俗猶以兩爲衢，古之遺言歟？目不能兩視而明，耳不能兩聽而聰。螣蛇無足而飛，《爾雅》云：螣，螣蛇。郭璞云：龍類，能興雲霧而遊其中也。梧鼠五技而窮。梧鼠，當爲“鼫鼠”，蓋本誤爲“鼯”字，傳寫又誤爲“梧”耳。技，才能也。言技能雖多，而不能如螣蛇專一，故窮。五技謂能飛不能上屋，能緣不能窮木，能游不能度谷，能穴不能掩身，能走不能先人。詩曰：“尸鳩在桑，其子七兮。淑人君子，其儀一兮。其儀一兮，心如結兮。”故君子結於一也。《詩·曹風·尸鳩》之篇。毛云：尸鳩，鴶鞠也。尸鳩之養七子，旦從上而下，暮從下而上，平均如一。善人君子，其執義，亦當如尸鳩之一。執義一，則用心堅固，故曰“心如結”也。

白文

秋水（節選）《莊子》

秋水時至，百川灌河。涇流之大，兩涘渚崖之間，不辯牛馬。於是焉河伯欣然自喜，以天下之美爲盡在己。順流而東行，至於北海；東面而視，不見水端。於是焉河伯始旋其面目，望洋向若而歎曰：“野語有之曰：‘聞道百，以爲莫己若’者，我之謂也。且夫我嘗聞少仲尼之聞，而輕伯夷之義者，始吾弗信，今我睹子之難窮也，吾非至於子之門，則殆矣。吾長見笑於大方之家。”

天論（節選）《荀子》

天行有常，不爲堯存，不爲桀亡。應之以治則吉，應之以亂則凶。彊本而節用，則天不能貧；養備而動時，則天不能病；循道而不貳，則天不能禍。故水旱不能使之饑，寒暑不能使之疾，袄怪不能使之凶。本荒而用侈，則天不能使之富；養略而動罕，則天不能使之全；倍道而妄行，則天不能使之吉。故水旱未至而飢，寒暑未薄而疾，袄怪未至而凶。受時與治世同，而殃禍與治世異，不可以怨天，其道然也。故明於天人之分，則可謂至人矣。

星隊木鳴，國人皆恐。曰：是何也？曰：無何也。是天地之變，陰陽之化，物之罕至者也。怪之可也，而畏之非也。夫日月之有蝕，風雨之不時，怪星之黨見，是無世而不常有之。上明而政平，則是雖並世起，無傷也。上闇而政險，則是雖無一至者，無益也。夫星之隊，木之鳴，是天地之變，陰陽之化，物之罕至者也。怪之可也，而畏之非也。

第八单元

古注文选

淮陰侯列传（節選）《史記三家注》

信與張耳以兵數萬，欲東下井陘擊趙。［索隱］案：《地理志》常山石邑縣，井陘山在西。又《穆天子傳》云“至於陘山之隧，升於三道之磴”是也。趙王成安君陳餘聞漢且襲之也，聚兵井陘口，

［正義］井陘故關在并州石艾縣東十八里，即井陘口。號稱二十萬。

廣武君李左車說成安君曰："聞漢將韓信涉西河，虜魏王，禽夏說，新喋血［索隱］喋，舊音歃，非也。案：《陳湯傳》"喋血萬里之外"，如淳云"殺人血流滂沱也"。韋昭音徒協反。閼與。今乃輔以張耳，議欲下趙，此乘勝而去國遠鬬，其鋒不可當。臣聞千里餽糧，士有飢色，樵蘇後爨，［集解］《漢書音義》曰："樵，取薪也。蘇，取草也。"師不宿飽。今井陘之道，車不得方軌，騎不得成列，行數百里，其勢糧食必在其後。願足下假臣奇兵三萬人，從閒道絕其輜重，足下深溝高壘，堅營勿與戰。彼前不得鬬，退不得還，吾奇兵絕其後，使野無所掠，不至十日而兩將之頭可致於戲下。願君留意臣之計。否，必爲二子所禽矣。"成安君，儒者也，常稱義兵不用詐謀奇計，曰："吾聞兵法十則圍之，倍則戰。今韓信兵號數萬，其實不過數千。能千里而襲我，亦已罷極。今如此避而不擊，後有大者，何以加之？則諸侯謂吾怯，而輕來伐我。"不聽廣武君策，廣武君策不用。

韓信使人閒視，知其不用，還報，則大喜。乃敢引兵遂下。［正義］引兵入井陘狹道，出趙。未至井陘口三十里，止舍。夜半傳發，［集解］《漢書音義》曰："傳令軍中使發。"選輕騎二千人，人持一赤幟，從閒道萆山而望趙軍，［集解］如淳曰："萆音蔽。依山自覆蔽。"［索隱］案：謂令從閒道小路向前，望見陳餘軍營即住，仍須隱山自蔽，勿令趙軍知也。萆音蔽。蔽者，蓋覆也。《楚漢春秋》作"卑山"，《漢書》作"箄山"。《說文》云"箄，蔽也，從竹，卑聲"。誡曰："趙見我走，必空壁逐我，若疾入趙壁，拔趙幟，立漢赤幟。"令其裨將傳飱，［集解］徐廣曰："音餐也。"曰："今日破趙會食。"［集解］服虔曰："立駐傳餐食也。"如淳曰："小飯曰餐。言破趙後乃當共飽食也。"［索隱］如淳曰："小飯曰餐。謂立駐傳餐，待破趙乃大食也。"諸將皆莫信，詳應曰："諾。"謂軍吏曰："趙已先據便地爲壁，且彼未見吾大將旗鼓，未肯擊前行，恐吾至阻險而還。"信乃使萬人先行，出，背水陳。［正義］緜蔓水，一名阜將，一名回星，自并州流入井陘界，即信背水陣陷之死地，即此水也。趙軍望見而大笑。

平旦，信建大將之旗鼓，鼓行出井陘口，趙開壁擊之。

［正義］恆州鹿泉縣，即六國時趙壁也。大戰良久。於是信、張耳詳棄鼓旗，走水上軍。水上軍開入之，復疾戰。趙果空壁爭漢鼓旗，逐韓信、張耳。韓信、張耳已入水上軍，軍皆殊死戰，不可敗。信所出奇兵二千騎，共候趙空壁逐利，則馳入趙壁，皆拔趙旗，立漢赤幟二千。趙軍已不勝，不能得信等，欲還歸壁，壁皆漢赤幟，而大驚，以爲漢皆已得趙王將矣，兵遂亂，遁走，趙將雖斬之，不能禁也。於是漢兵夾擊，大破虜趙軍，斬成安君泜水上。［集解］徐廣曰："泜音遲。"［索隱］徐廣音遲。劉氏音脂。禽趙王歇。

信乃令軍中毋殺廣武君，有能生得者購千金。於是有縛廣武君而致戲下者，信乃解其縛，東鄉坐，西鄉對，師事之。

諸將效首虜，［索隱］如淳曰："效，致也。"晉灼云："效，數也。"鄭玄注《禮》"效猶呈見也。"休畢賀，因問信曰："兵法右倍山陵，前左水澤。今者將軍令臣等反背水陳，曰破趙會食，臣等不服。然竟以勝，此何術也？"信曰："此在兵法，顧諸君不察耳。兵法不曰'陷之死地而後生，置之亡地而後存'？且信非得素拊循士大夫也，此所謂'驅市人而戰之'，其勢非置之死地，使人人自爲戰，今予之生地，皆走，寧尚可得而用之乎？"諸將皆服，曰："善。非臣所及也。"

李廣傳（節選）《漢書注》

李廣，隴西成紀人也。其先曰李信，秦時爲將，逐得燕太子丹者也。廣世世受射。師古曰：受射法。孝文十四年，匈奴大入蕭關，師古曰：在上郡北。而廣以良家子從軍擊胡，用善射，殺首虜多，爲郎，騎常侍。師古曰：官爲郎，常騎以侍天子，故曰騎常侍。數從射獵，格殺猛獸，文帝曰："惜廣不逢時，令當高祖世，萬户侯豈足道哉！"

景帝即位，爲騎郎將。師古曰：爲騎郎之將，主騎郎。吴楚反時，爲驍騎都尉，從太尉亞夫戰昌邑下，顯名。以梁王授廣將軍印，故還，賞不行。文穎曰：廣爲漢，私受梁印，故不得賞也。爲上谷太守，數與匈奴戰。典屬國公孫昆邪爲上泣曰：服虔曰：昆邪，中國人也。師古曰：對上而泣也。昆音下温反。"李廣材氣，天下亡雙，自負其能，數與虜确，恐亡之。"師古曰：負，恃也。确謂競勝敗也。确音角。上乃徙廣爲上郡太守。

匈奴侵上郡，上使中貴人從廣服虔曰：内臣之貴幸者。勒習兵擊匈奴。中貴人者將數十騎從，張晏曰：放縱遊獵也。師古曰：張讀作縱，此説非也。直言將數十騎自隨，在大軍前行而忽遇敵也。從音才用反。見匈奴三人，與戰。射傷中貴人，殺其騎且盡。中貴人走廣，師古曰：走，趣也，音奏。廣曰："是必射鵰者也。"文穎曰：鵰，鳥也，故使善射者射之。師古曰：鵰，大鷙鳥也，一名鷲，黑色，翮可以爲箭羽，音彫。廣乃從百騎往馳三人。師古曰：疾馳而逐之。三人亡馬步行，行數十里。廣令其騎張左右翼，師古曰：旁引其騎，若鳥翼之爲。而廣身自射彼三人者，殺其二人，生得一人，果匈奴射鵰者也。已縛之上山，望匈奴數千騎，見廣，以爲誘騎，驚，上山陳。師古曰：爲陳以待廣也。廣之百騎皆大恐，欲馳還走。廣曰："我去大軍數十里，今如此走，匈奴追射，我立盡。今我留，匈奴必以我爲大軍之誘，不我擊。"師古曰：不我擊，不敢擊我也。廣令曰："前！"未到匈奴陳二里所，止，令曰："皆下馬解鞍！"騎曰："虜多如是，解鞍，即急，奈何？"廣曰："彼虜以我爲走，今解鞍以示不去，用堅其意。"師古曰：示以堅牢，令敵意知之。有白馬將出護兵。師古曰：將之乘白馬者也。護謂監視之。廣上馬，與十餘騎奔射殺白馬將，而復還至其百騎中，解鞍，縱馬臥。師古曰：縱，放也。時會暮，胡兵終怪之，弗敢擊。夜半，胡兵以爲漢有伏軍於傍欲夜取之，即引去。平旦，廣乃歸其大軍。後徙爲隴西、北地、雁門、雲中太守。

武帝即位，左右言廣名將也，由是入爲未央衛尉，而程不識時亦爲長樂衛尉。程不識故與廣俱以邊太守將屯。及出擊胡，而廣行無部曲行陳，師古曰：《續漢書．百官志》云"將軍領軍，皆有部曲。大將軍營五部，部校尉一人。部下有曲，曲有軍侯一人"。今廣尚於簡易，故行道之中而不立部曲也。就善水草頓舍，人人自便，師古曰：頓，止也。舍，息也。便，安利也，音頻面反。其下亦同。不擊刁斗自衛，孟康曰：刁斗，以銅作鐎，受一斗。晝炊飲食，夜擊持行夜，名曰刁斗。今在滎陽庫中也。蘇林曰：形如銷，無緣。師古曰：鐎音譙郡之譙，温器也。銷音火玄反。銷即銚也。今俗或呼銅銚，音姚。莫府省文書晉灼曰：將軍職在征行，無常處，所在爲治，故言莫府也。莫，大也。或曰，衛青征匈奴，絕大莫，大克獲，帝就拜大將軍於幕中府，故曰莫府。莫府之名始於此也。師古曰：二説皆非也。莫府者，以軍幕爲義，古字通單用耳。軍旅無常居止，故以帳幕言之。廉頗、李牧市租皆入幕府，此則非因衛青始有其號。又莫訓大，於義乖矣。省，少也，音所領反。然亦遠斥候，未嘗遇害。程不識正部曲行伍營陳，擊刁斗，吏治軍簿師古曰：簿，文簿，音步户反。至明，軍不得自便。不識曰："李將軍極簡易，然虜卒犯之，無以禁；師古曰：卒讀曰猝。而其士亦佚樂，師古曰：佚與逸同。逸樂，謂閑豫也。爲之死。我軍雖煩擾，虜亦不得犯我。"是時漢邊郡李廣、程不識爲名將，然匈奴畏廣，士卒多樂從，而苦程不識。師古曰：苦謂厭苦之也。不識孝景時以數直諫爲太中大夫，爲人廉，謹於文法。

後漢誘單于以馬邑城，使大軍伏馬邑傍，而廣爲驍騎將軍，屬護軍將軍。師古曰：韓安國。單于覺之，去，漢軍皆無功。後四歲，廣以衛尉爲將軍，出雁門擊匈奴。匈奴兵多，破廣軍，生得廣。單于素聞廣賢，令曰："得李廣必生致之。"胡騎得廣，廣時傷，置兩馬間，絡而盛（之）臥。行十餘里，廣陽死，睨其傍有一兒騎善馬，師古曰：睨，邪視也，音五係反。暫騰而上胡兒馬，師古曰：騰，跳躍也。因抱兒鞭馬南馳數十里，得其餘軍。匈奴騎數百追之，廣行取兒弓射殺追騎，師古曰：且行且射也。以故得脱。於是至漢，漢下廣吏。吏當廣亡失多，爲虜所生得，師古曰：當謂處其罪也。當斬，贖爲庶人。

數歲，與故潁陰侯屏居藍田南山中射獵。師古曰：潁陰侯，灌嬰之孫，名彊。嘗夜從一騎出，從人田間飲。還至亭，霸陵尉醉，呵止廣，廣騎曰："故李將軍。"尉曰："今將軍尚不得夜行，何故也！"宿廣亭下。居無何，匈奴入遼西，殺太守，敗韓將軍。蘇林曰：韓安國。韓將軍後徙居右北平，死。於是上乃召拜廣爲右北平太守。廣請霸陵尉與俱，師古曰：奏謂天子而將行。至軍而斬之。

……………

廣在郡，匈奴號曰“漢飛將軍”，避之，數歲不入界。

白文

管晏列傳《史記》

管仲夷吾者，潁上人也。少時常與鮑叔牙游，鮑叔知其賢。管仲貧困，常欺鮑叔，鮑叔終善遇之，不以爲言。已而鮑叔事齊公子小白，管仲事公子糾。及小白立爲桓公，公子糾死，管仲囚焉。鮑叔遂進管仲。管仲既用，任政於齊，齊桓公以霸，九合諸侯，一匡天下，管仲之謀也。

管仲曰："吾始困時，嘗與鮑叔賈，分財利多自與，鮑叔不以我爲貪，知我貧也。吾嘗爲鮑叔謀事而更窮困，鮑叔不以我爲愚，知時有利不利也。吾嘗三仕三見逐於君，鮑叔不以我爲不肖，知我不遭時也。吾嘗三戰三走，鮑叔不以我爲怯，知我有老母也。公子糾敗，召忽死之，吾幽囚受辱，鮑叔不以我爲無恥，知我不羞小節而恥功名不顯於天下也。生我者父母，知我者鮑子也。"

鮑叔既進管仲，以身下之。子孫世禄於齐，有封邑者十餘世，常爲名大夫。天下不多管仲之賢而多鮑叔能知人也。

管仲既任政相齊，以區區之齊在海濱，通貨積財，富國彊兵，與俗同好惡。故其稱曰："倉廩實而知禮節，衣食足而知榮辱，上服度則六親固。四維不張，國乃滅亡。下令如流水之原，令順民心。"故論卑而易行。俗之所欲，因而予之；俗之所否，因而去之。

其爲政也，善因禍而爲福，轉敗而爲功。貴輕重，慎權衡。桓公實怒少姬，南襲蔡，管仲因而伐楚，責包茅不入貢於周室。桓公實北征山戎，而管仲因而令燕修召公之政。於柯之會，桓公欲背曹沫之約，管仲因而信之，諸侯由是歸齊。故曰："知與之爲取，政之寶也。"

管仲富擬於公室，有三歸、反坫，齊人不以爲侈。管仲卒，齊國遵其政，常彊於诸侯。

後百餘年而有晏子焉。

晏平仲嬰者，萊之夷維人也。事齊靈公、莊公、景公，以節儉力行重於齊。既相齊，食不重肉，妾不衣帛。其在朝，君語及之，即危言；語不及之，即危行。國有道，即順命；無道,即衡命。以此三世顯名於诸侯。

越石父賢，在縲紲中。晏子出，遭之涂，解左驂贖之，載歸。弗謝，入閨。久之，越石父請絕。晏子戄然，攝衣冠謝曰：“嬰雖不仁，免子於戹，何子求絕之速也?”石父曰：“不然。吾聞君子詘於不知己而信於知己者。方吾在縲紲中，彼不知我也。夫子既已感寤而贖我，是知己；知己而無禮，固不如在縲紲之中。”晏子於是延入爲上客。

晏子爲齊相，出，其御之妻從門閒而闚其夫。其夫爲相御，擁大蓋，策駟馬，意氣揚揚甚自得也。既而歸，其妻請去。夫問其故。妻曰：“晏子長不滿六尺，身相齊國，名顯諸侯。今者妾觀其出，志念深矣，常有以自下者。今子長八尺，乃爲人僕御，然子之意自以爲足，妾是以求去也。”其後夫自抑損。晏子怪而問之，御以實對。晏子薦以爲大夫。

太史公曰：吾讀管氏《牧民》、《山高》、《乘馬》、《輕重》、《九府》，及《晏子春秋》，詳哉其言之也。既見其著書，欲觀其行事，故次其傳。至其書，世多有之，是以不論，論其軼事。

管仲世所謂賢臣，然孔子小之。豈以爲周道衰微，桓公既賢，而不勉之至王，乃稱霸哉？語曰“將順其美，匡救其惡，故上下能相親也”。豈管仲之謂乎？

方晏子伏莊公尸哭之，成禮然後去，豈所謂“見義不爲無勇”者邪？至其諫說，犯君之顏，此所謂“進思盡忠，退思補過”者哉！假令晏子而在，余雖爲之執鞭，所忻慕焉。

第九单元

古注文选

河廣《毛詩箋・衛風》

《河廣》，宋襄公母歸于衛，思而不止，故作是詩也。宋桓公夫人，衛文公之妹，生襄公而出。襄公即位，夫人思宋，義不可往，故作詩以自止。

誰謂河廣？一葦杭之。杭，渡也。箋云：誰謂河水廣與？一葦加之，則可以渡之，喻狹也。今我之不渡，直自不往耳，非爲其廣。誰謂宋遠？跂予望之。箋云：予，我也。誰謂宋國遠與？我跂足則可以望見之，亦喻近也。今我之不往，直以義不往耳，非爲其遠。

誰謂河廣？曾不容刀。箋云：不容刀，亦喻狹。小船曰刀。誰謂宋遠？曾不崇朝。箋云：崇，終也。行不終朝，亦喻近。

《河廣》二章，章四句。

伐檀《毛詩箋·魏風》

《伐檀》，刺貪也。在位貪鄙無功而受禄，君子不得進仕爾。

坎坎伐檀兮，寘之河之干兮，河水清且漣猗。坎坎，伐檀聲。寘，置也。干，厓也。風行水成文曰漣。伐檀以俟世用，若俟河水清且漣。箋云：是謂君子之人不得進仕也。不稼不穡，胡取禾三百廛兮？不狩不獵，胡瞻爾庭有縣貆兮？種之曰稼，斂之曰穡。一夫之居曰廛。貆，獸名。箋云：是謂在位貪鄙無功而受禄也。冬獵曰狩，宵田曰獵。胡，何也。貉子曰貆。彼君子兮，不素餐兮！素，空也。箋云：彼君子者，斥伐檀之人，仕有功，乃肯受禄。

坎坎伐輻兮，寘之河之側兮，河水清且直猗。輻，檀輻也。側，猶厓也。直，直波也。輻，音福。不稼不穡，胡取禾三百億兮？不狩不獵，胡瞻爾庭有縣特兮？萬萬曰億。獸三歲曰特。箋云：十萬曰億。三百，禾秉之數。彼君子兮，不素食兮！

坎坎伐輪兮，寘之河之漘兮，河水清且淪猗。檀可以爲輪。漘，厓也。小風如水成文，轉如輪也。不稼不穡，胡取禾三百囷兮？不狩不獵，胡瞻爾庭有縣鶉兮？圓者爲囷。鶉，鳥也。彼君子兮，不素飧兮！熟食曰飧。箋云：飧，讀如"魚飧"之"飧"。

《伐檀》三章，章九句。

崧高《毛詩箋·大雅》

《崧高》，尹吉甫美宣王也。天下復平，能建國，親諸侯，褒賞申伯焉。尹吉甫、申伯，皆周之卿士也。尹，官氏。申，國名。〇崧，胥忠反。《釋名》云：崧，竦也。甫，本又作父；音同。後人名字放此。復，音服；又扶又反。褒，保毛反。

崧高維嶽，駿極于天。維嶽降神，生甫及申。崧，高貌。山大而高曰崧。嶽，四嶽也。東嶽岱，南嶽衡，西嶽華，北嶽恒。堯之時，姜氏爲四伯，掌四嶽之祀，述諸侯之職；於周則有甫，有申，有齊，有許也。駿，大。極，至也。嶽降神靈和氣，以生申甫之大功。箋云：降，下也。四嶽，卿士之官，掌四時者也；因主方嶽巡守之事。在堯時，姜姓爲之，德當嶽神之意，而福興其子孫。歷虞夏商世有國土，周之甫也、申也、齊也、許也，皆其苗胄。〇嶽，字亦作岳，魚角反。《白虎通》云：嶽者何？埆功德也。駿，音峻。守，音狩；本亦作狩。夏，户雅反。下同。維申及甫，維周之翰。四國于蕃，四方于宣。翰，幹也。箋云：申，申伯也。甫，甫侯也。皆以賢知入爲周之楨榦之臣。四國有難，則扞往禦之，爲之蕃屏；四方恩澤不至，則往宣暢之。甫侯相穆王，訓夏贖刑。美此俱出四嶽，故連言之。〇翰，户旦反；又音寒。蕃，方元反。知音智；本或作哲。楨音貞。難，乃旦反。扞，户旦反。相，息亮反。贖音樹；一音常欲反

亹亹申伯，王纘之事。于邑于謝，南國是式。謝，周之南國也。箋云：亹亹，勉也。纘，繼。于，往。于，於。式，法也。亹亹然勉於德不倦之臣有申伯，以賢入爲王之卿士，佐王有功。王又欲使繼其故諸侯之事，往作邑於謝，南方之國皆統理，施其法度。時改大其邑，使爲侯伯，故云然。〇亹，亡匪反。纘，祖管反；《韓詩》作踐；踐，任也。王命召伯，定申伯之宅。登是南邦，世執其功。召伯，召公也。登，成也。功，事也。箋云：之，往也。申伯忠臣，不欲離王室；故主使召公定其意，令往居謝，成法度於南邦，世世持其政事，傳子孫也。〇離，力智反。下欲離同。令，力呈反。下皆同。傳，直專反。

王命申伯，式是南邦。因是謝人，以作爾庸。庸，城也。箋云：庸，功也。召公既定申伯之居，王乃親命之，使爲法度於南邦。今因是故謝邑之人而爲國，以起女之功勞，言尤章顯也。〇庸，本亦作墉；音容。王命召伯，徹申伯土田。徹，治也。箋云：治者，正其井收，定其賦稅。〇收，手又反；又如字。後放此。王命傅御，遷其私人。御，治事之官也。私人，家臣也。箋云：傅御者貳王治事，謂冢宰也。

申伯之功，召伯是營。有俶其城，寢廟既成。俶，作也。箋云：申伯居謝之事，召公營其位，而作城郭及寢廟，定其人神所處。〇俶，尺叔反。既成藐藐，王錫申伯。四牡蹻蹻，鉤膺濯濯。藐藐，美貌。蹻蹻，壯貌。鉤膺，樊纓也。濯濯，光明也。箋云：召公營位，築之已成，以形貌告於王。王乃賜申伯，爲將遣之。〇藐，亡角反。蹻，渠略反。濯，直角反；沈士學反。樊，步丹反。爲，于僞反。

王遣申伯，路車乘馬。我圖爾居，莫如南土。乘馬，四馬也。箋云：王以正礼遣申伯之国，故復有車馬之賜，因告之曰：我謀女之所處，無如南土之最善。〇乘，繩證反。注同。復，扶又反。下同。錫爾介圭，以作爾寶。寶，瑞也。箋云：圭長尺二寸謂之介。非諸侯之圭，故以爲寶。諸侯之瑞圭，自九寸而下。〇介，音界。往近王舅，南土是保。近，已也。申伯，宣王之舅也。箋云：近，辝也；聲如彼記之子之記。保，守也，安也。〇近，音記。

申伯信邁，王餞于郿。郿，地名。箋云：邁，行也。申伯之意不欲離王室，王告語之復重，於是意解而信行。餞，送行飲酒也。時王蓋省岐周，故于郿云。○餞，賤淺反；沈祖見反；一音賤。《字林》子扇反，云：送去食也。郿，亡悲反；又亡冀反；地名，屬扶風，今爲縣。語，魚據反。重，直用反。解，音蟹。申伯還南，謝于誠歸。箋云：還南者，北就王命于岐周，而還反也。謝于誠歸，誠歸于謝。王命召伯，徹申伯土疆。以峙其粻，式遄其行。箋云：粻，糧。式，用。遄，速也。王使召公治申伯土界之所至，峙其糧者，令廬市有止宿之委積，用是速申伯之行。○疆，居良反。峙，直紀反；本又作時，如字；兩通。粻，音張。遄，市專反。委，於伪反。積，子賜反。

申伯番番，既入于謝，徒御嘽嘽。番番，勇武貌。諸侯有大功則賜虎賁徒御。嘽嘽：徒行者、御車者嘽嘽，喜樂也。箋云：申伯之貌有威武番番然，其入謝國，車徒之行嘽嘽安舒，言得禮也。禮，入國不馳。○番，音波。嘽，吐丹反。賁，音奔。樂，音洛。周邦咸喜，戎有良翰。箋云：周，徧也。戎，猶女也。翰，榦也。申伯入謝，徧邦内皆喜曰：女乎，有善君也。相慶之言。○翰，協句，音寒。徧，音遍。下同。不顯申伯，王之元舅，文武是憲。不顯申伯：顯矣，申伯也。文武是憲：言有文有武也。箋云：憲，表也。言爲文武之表式。

申伯之德，柔惠且直，揉此萬邦，聞于四國。箋云：揉，順也。四國，犹言四方也。○揉，本亦作柔，汝又反；又如又反；一音柔。注同。聞，音問。吉甫作誦，其詩孔碩。其風肆好，以贈申伯。吉甫，尹吉甫也。作是工師之誦也。肆，長也。贈，增也。箋云：碩，大也。吉甫爲此誦也，言其詩之意甚美大，風切申伯，又使之長行善道，以此贈申伯者，送之令以爲樂。○風，福鳳反，注同；王如字，云音也。贈，送也。詩之本皆爾。鄭王申毛，並同。崔《集注》本作“贈，增也”。崔云：增益申伯之美。

《崧高》八章，章八句。

桃夭《毛詩正義·周南》

《桃夭》，后妃之所致也。不妬忌，則男女以正，婚姻以時，國無鰥民也。老而無妻曰鰥。○桃夭，於驕反，桃，木名。《説文》作“枖”，云木少盛貌。鰥，本亦作“鱞”，古頑反。［疏］“桃夭三章章四句”至“鰥民”○正義曰：作桃夭詩者，后妃之所致也。后妃内脩其化，贊助君子，致使天下有禮，昏娶不失其時，故曰致也。由后妃不妬忌，則令天下男女以正年不過限，昏姻以時行不踰月，故周南之國皆無鰥獨之民焉，皆后妃之所致也。此雖文王化使之然，亦由后妃内贊之致。故因上《螽斯》后妃不妬忌，後言其所致也。且言致，從家至國，亦自近致遠之辭也。男女以正，三章上二句是也；昏姻以時，下二句是也；國無鰥民焉，申述所致之美，於经無所當也。○箋“老而”至“曰鰥”○正義曰：劉熙《釋名》云：無妻曰鰥者，愁悒不寐，目恆鰥鰥然；故其字從魚，魚目不閉也。無夫曰寡，寡，踝也，單獨之名。鰥，或作“矜”，同，蓋古今字異。《王制》曰：老而無妻謂之矜，老而無夫謂之寡。則鰥寡，年老不復嫁娶之名也。《孝經》注云：丈夫六十無妻曰鰥，婦人五十曰寡也。知如此爲限者，以《内則》云：妾雖老，年未滿五十，必與五日之御。則婦人五十不復御，明不復嫁矣。故知稱寡以此斷也。《士昏禮》注云：姆，婦人年五十出而無子者。亦出於此也。本三十男二十女爲昏，婦人五十不嫁，男子六十不復娶，爲鰥寡之限也。《巷伯》傳曰：吾聞男女不六十不閒居，謂婦人也。《内則》曰：唯及七十同藏無閒，謂男子也。此其差也。《白虎通》云：鰥之言鰥鰥無所親，則寡者，少也，言少匹對耳。故《鴻鴈》傳：偏喪曰寡。此其對例也。婦人無稱鰥之文，其男子亦稱寡。《襄二十八年傳》曰：崔杼生成及彊而寡。故《爾雅》云：無夫無婦並謂之寡，丈夫曰索，婦人曰嫠。又許慎曰：楚人謂寡婦爲霜。並其異名也。鰥寡之名以老爲稱，其有不得及時爲室家者，亦同名焉。即此無鰥民，謂年不過時，過則謂之鰥。故舜年三十不娶，《書》曰：有鰥在下曰虞舜。唐傳：孔子曰：舜父頑，母嚚，不見室家之端，故謂之鰥。是三十不娶稱鰥也。又《何草不黄》云：何人不矜，尚從軍，未老，不早還見室家，亦謂之矜。《易・大過》九二：老夫得其女妻，無不利。九五：老婦得其士夫，无咎无譽。彼鄭注云：以丈夫年過娶二十之女，老婦年過嫁于三十之男，皆得其子。彼言老，若容男六十婦五十，猶得嫁娶者，禮宗子雖七十，無主婦，是年過可以改娶，則婦人五十或可以更嫁者。言鰥寡，據其不得嫁娶者耳。《傳》言崔杼爲寡，則有子亦稱寡。鰥寡據其困者多是無子，故《王制》及《周禮》皆云：天民之窮而無所告者。傳以桃之夭夭言其少壯，宜其室家爲不踰時，則上句言其年盛，下句言嫁娶得時也。但傳説昏嫁年月於此不著。《摽有梅》卒章傳曰：三十之男，二十之女，不待禮會而行之，謂期盡之法。則男女以正，謂男未三十，女未二十也。此三章皆言女得以年盛時行，則女自十五至十九也。女年既盛，則男亦盛矣，自二十至二十九也。《東門之楊》傳曰：男女失時，不逮秋冬。則秋冬嫁娶正時也。言宜其室家無踰時，則三章皆爲秋冬時矣。鄭以三十之男，二十之女，仲春之月爲昏，是禮之正法。則三章皆上二句言婦人以年盛時行，謂二十也；下句言年時俱當，謂行嫁又得仲春之正時也。

桃之夭夭，灼灼其華。興也。桃有華之盛者。夭夭，其少壯也。灼灼，華之盛也。箋云：興者，喻時婦人皆得以年盛時行也。○少，詩照反。**之子于歸，宜其室家。**之子，嫁子也。于，往也。宜以有室家，無踰時者。箋云：宜者，謂男女年時俱當。○當，丁浪反。[疏]"桃之"至"室家"○毛以爲少壯之桃夭夭然，復有灼灼然，此桃之盛華，以興有十五至十九少壯之女亦夭夭然，復有灼灼之美色，正於秋冬行嫁。然是此行嫁之子往歸嫁於夫，正得善時，宜其爲室家矣。○鄭唯據年月不同，又宜者，謂年時俱當爲異。○傳"桃有華之盛者"○正義曰：夭夭，言桃之少；灼灼，言華之盛。桃或少而未華，或華而不少。此詩夭夭、灼灼並言之，則是少而有華者，故辨之言桃有華之盛者。由桃少，故華盛，以喻女少而色盛也。○箋"時婦"至"時行"○正義曰：此言年盛時，謂以年盛二十之時，非時月之時。下云宜其室家，乃據時月耳。○箋"宜者"至"俱當"○正義曰：易傳者以既説女年之盛，又言之子于歸，後言宜其室家，則總上之辭，故以爲年時俱當。

桃之夭夭，有蕡其實。蕡實貌。非但有華色，又有婦德。○蕡，浮雲反。**之子于歸，宜其家室。**家室，猶室家也。

桃之夭夭，其葉蓁蓁。蓁蓁，至盛貌。有色，有德，形體至盛也。○蓁，側巾反。**之子于歸，宜其家人。**一家之人盡以爲宜。箋云：家人猶室家也。○盡，津忍反，或如字。他皆放此。[疏]箋"家人猶室家"○正義曰：易傳者以其與上相類，同有"宜其"之文，明據宜其爲夫婦，據其年盛得時之美，不宜横爲一家之人。《桓十八年左傳》曰：女有家，男有室。室家謂夫婦也。此云家人，家猶夫也，人猶婦也，以異章而變文耳。故云家人猶室家也。

《桃夭》三章，章四句。

白文

有形之類《韓非子·喻老》

有形之類，大必起於小；行久之物，族必起於少。故曰："天下之難事必作於易，天下之大事必作於細。"是以欲制物者於其細也。故曰："圖難於其易也，爲大於其細也。"千丈之堤，以螻蟻之穴潰；百尺之室，以突隙之煙焚。故曰：白圭之行堤也塞其穴，丈人之慎火也塗其隙；是以白圭無水難，丈人無火患。此皆慎易以避難，敬細以遠大者也。扁鵲見蔡桓公，立有間。扁鵲曰："君有疾在腠理，不治將恐深。"桓侯曰："寡人無。"扁鵲出，桓侯曰："醫之好治不病以爲功。"居十日，扁鵲復見，曰："君之病在肌膚，不治將益深。"桓侯不應。扁鵲出，桓侯又不悦。居十日，扁鵲復見，曰："君之病在腸胃，不治將益深。"桓侯又不應。扁鵲出，桓侯又不悦。居十日，扁鵲望桓侯而還走。桓侯故使人問之，扁鵲曰："疾在腠理，湯熨之所及也；在肌膚，鍼石之所及也；在腸胃，火齊之所及也；在骨髓，司命之所屬，無奈何也。今在骨髓，臣是以無請也。"居五日，桓侯體痛，使人索扁鵲，已逃秦矣。桓侯遂死。故良醫之治病也，攻之於腠理。此皆争之於小者也。夫事之禍福亦有腠理之地，故聖人蚤從事焉。

隰斯彌見田成子《韓非子·説林上》

隰斯彌見田成子，田成子與登臺四望。三面皆暢，南望，隰子家之樹蔽之。田成子亦不言。隰子歸，使人伐之。斧離數創，隰子止之。其相室曰："何變之數也？"隰子曰："古者有諺曰：'知淵中之魚者不祥。'夫田子將有大事，而我示之知微，我必危矣。不伐樹，未有罪也；知人之所不言，其罪大矣。"乃不伐也。

第十单元

古注文选

國殤 謂死於國事者。《小爾雅》曰：無主之鬼謂之殤。

《楚辭章句》

操吴戈兮被犀甲，戈，戟也。甲，鎧也。言國殤始從軍之時，手持吴戟，身被犀鎧而行也。或曰：操吾科，吾科，楯之名也。車錯轂兮短兵接。錯，交也。短兵，刀劍也。言戎車相迫，輪轂交錯，長兵不施，故用刀劍以相接擊也。旌蔽日兮敵若雲，言兵士竞路趣敵，旌旗蔽天，敵多人衆，來若雲也。矢交墜兮士争先。墜，墮也。言兩軍相射，流矢交墮，壯夫奮怒，争先在前也。凌余陣兮躐余行，凌，犯也。躐，踐也。言敵家來侵凌我屯陣，踐躐我行伍也。左驂殪兮右刃傷。殪，死也。言己所乘左驂馬死，右騑馬被刃創也。霾兩輪兮縶四馬，縶，絆也。詩曰"縶之維之"，言己馬雖死傷，更霾車兩輪，絆四馬，終不反顧，示必死也。援玉枹兮擊鳴鼓。言己愈自厲怒，勢氣益盛。天時墜兮威靈怒，墜，落也。言己戰鬭，適遭天威神怒健，時，命當墮落，雖身死亡，而不畏憚也。嚴殺盡兮棄原壄。嚴，壯也。殺，死也。言壯士盡其死命，則骸骨棄於原壄而不土葬也。

出不入兮往不反，言壯士出鬭，不復顧入，一往必死，不復還反也。平原忽兮路超遠。言身棄平原山壄之中，去家道甚遠也帶長劍兮挾秦弓，言身雖死，猶帶劍持弓，示不舍武也。首身離兮心不懲。懲，忢也。言己雖死，頭足分離，而心終不懲忢。誠既勇兮又以武，終剛强兮不可凌。言國殤之性，誠以勇猛，剛强之氣，不可凌犯也。身既死兮神以靈，魂魄毅兮爲鬼雄。言國殤既死之後，精神强壯，魂魄武毅，長爲百鬼之雄傑也。

涉江

此章言己佩服殊異，抗志高遠，國無人知之者；徘徊江之上，歎小人在位，而君子遇害也。

《楚辭章句》

余幼好此奇服兮，奇，異也。或曰：奇服，好服也。年既老而不衰。衰，懈也。言己少好奇偉之服，履忠直之行，至老不懈。帶長鋏之陸離兮，長鋏，劍名也。其所握長劍，楚人名曰長鋏也。冠切雲之崔嵬。崔嵬，高貌也。言己内脩忠信之志，外帶長利之劍，戴崔嵬之冠，其高切青雲也。被明月兮佩寶璐，在背曰被。寶璐，美玉也。言己背被明月之珠，要佩美玉，德寶兼備，行度清白也。世溷濁而莫余知兮，溷，亂也。濁，貪也。吾方高馳而不顧。言時世貪亂，遭君蔽闇，無有知我之賢；然猶高行抗志，終不回曲也。駕青虬兮驂白螭，虬，螭，神獸，宜於駕乘，以喻賢人清白宜可信任也。吾與重華遊兮瑶之圃。重華，舜名。瑶，玉也。圃，園也。言己想侍虞舜遊玉園，猶言遇聖帝升清朝也。登崑崙兮食玉英，猶言坐明堂，受爵位。與天地兮比壽，與日月兮同光。言己年與天地相敝，名與日月同耀也。哀南夷之莫吾知兮，屈原怨毒楚俗嫉害忠貞，乃曰：可哀哉，南夷之人，無知我賢者也。旦余濟乎江湘。旦，明也。濟，渡也。言己放棄，以明旦之時始去，遂渡江湘之水。言明旦者，紀時明，刺君不明也。

乘鄂渚而反顧兮，乘，登也。鄂渚，地名也。欸秋冬之緒風。欸，歎也。緒，餘也。言己登鄂渚高岸，還望楚國，嚮秋冬北風，愁而長歎心中憂思也。步余馬兮山皋，邸余車兮方林。邸，舍也。方林，地名。言我馬强壯，行於山皋，無所驅馳；我車堅牢，舍於方林，無所載任也。以言己才德方壯，誠可任用，棄在山野，亦無所施也。乘舲船余上沅兮，舲船，有牕牖者也。齊吳榜以擊汰。吳榜，船櫂也。汰，水波也。言己始去，乘牕船西上沅湘之水，士卒齊舉大櫂而擊水波，自傷去朝堂之上，而入湖澤之中也。或曰：齊悲歌，言愁思也。船容與而不進兮，淹回水而疑滯。疑，惑也。滯，留也。言士衆雖同力引櫂，船猶不進，隨水回流，使己疑惑有還意也。朝發枉渚兮，枉渚，地名。夕宿辰陽。辰陽，亦地名也。言己乃從枉渚宿辰陽，自傷去國日已遠也。或曰：枉，曲也。渚，沚也。辰，時也。陽，明也。言己將去枉曲之俗，而趨時明之鄉。苟余心其端直兮，苟，誠也。雖僻遠之何傷？僻，左也。言我惟行正直之心，雖在遠僻之域，猶有善稱，無害疾也。故《論語》曰“子欲居九夷”也。

入漵浦余儃佪兮，漵，水名也。迷不知吾之所如。迷，惑也。如，之也。言己思念楚國，雖循江水涯，意猶迷惑不知所之。深林杳以冥冥兮，草木茂盛。猨狖之所居。非賢士之道徑。山峻高以蔽日兮，言險阻危傾也。下幽晦以多雨。言暑濕泥濘也。霰雪紛其無垠兮，涉冰凍之盛寒。雲霏霏而承宇。室屋沈没，與天連也。或曰：日以喻君，山以喻臣，霰雪以興殘賊，雲以象佞人。山峻高以蔽日者，謂臣蔽君明也。下幽晦以多雨者，羣下專擅施恩惠也。霰雪紛其無垠者，殘賊之政害仁賢也。雲霏霏而承宇者，佞人並進滿朝庭也。哀吾生之無樂兮，遭遇讒佞，失官禄也。幽獨處乎山中。遠離親戚而斥逐也。吾不能變心而從俗兮，終不易志隨枉曲也。固將愁苦而終窮。愁思無聊，身困窮也。

接輿髡首兮，桑扈臝行。接輿，楚狂接輿也。髡，剔也。首，頭也。自刑身體，避世不仕也。桑扈，隱士也。去衣臝袒効夷狄也。言屈原自傷不容於世，引此隱者以自慰。忠不必用兮，賢不必以。以，亦用也。伍子逢殃兮，伍子，伍子胥也。爲吳王夫差臣，諫令伐越，夫差不聽，遂賜劒而自殺，後越竟滅吳，故言逢殃也比干菹醢。比干，紂之諸父也。紂惑妲己，作糟丘酒池長夜之飲，斷斮朝涉，刳剔孕婦。比干正諫。紂怒曰：吾聞聖人心有七孔。於是乃殺比干，剖其心而觀之。故言菹醢也。與前世而皆然兮，謂行忠直而遇患害，若比干、子胥也。吾又何怨乎今之人？言自古有迷亂之君，若紂夫差不用忠信，滅國亡身，當何爲復怨今之君乎？余將董道而不豫兮，董，正也。豫，猶豫也。言己雖見先賢執忠被害，猶正身直行，不猶豫而狐疑也。固將重昏而終身。昏，亂也。言己不逢明君，思慮交錯，心將重亂以終年命。

亂曰：鸞鳥鳳皇日以遠兮，鸞、鳳，俊鳥也。有聖君則來，無德則去，以興賢臣難進易退也。燕雀烏鵲巢堂壇兮。燕雀、烏鵲多口妄鳴，以喻讒佞。言楚王愚闇，不親仁賢而近讒佞也。露申辛夷，死林薄兮，露，暴也。申，重也。叢木曰林，草木交錯曰薄。言重積辛夷，露而暴之，使死於林薄之中。猶言取賢明君子，棄之山野，使之顛墜也。腥臊並御，芳不得薄兮。腥臊，臭惡也。御，用也。薄，附也。言不識味者並甘臭惡；不知人者信任讒佞；故忠信之士不得附近而放逐也。陰陽易位，時不當兮；陰，臣也。陽，君也。言楚王惑蔽羣佞，權臣將代君，與之易位。自傷不遇明時而當暗世。懷信侘傺，忽乎吾將行兮。言己懷忠信，不合於衆，故悵然住立，忽忘居止，將遂遠行，之它方也。

白文

天下皆知美之爲美《老子·二章》

天下皆知美之爲美，斯惡已；皆知善之爲善，斯不善已。故有無相生，難易相成，長短相形，高下相傾，音聲相和，前後相隨。是以聖人處無爲之事，行不言之教；萬物作焉而不辭，生而不有，爲而不恃，功成而弗居。夫唯不居，是以不去。

小國寡民《老子·八十章》

小國寡民。使有什伯之器而不用，使民重死而不遠徙。雖有舟輿，無所乘之；雖有甲兵，無所陳之。使民復結繩而用之。甘其食，美其服，安其居，樂其俗。鄰國相望，鷄犬之聲相聞，民至老死，不相往來。

新编 21 世纪远程教育精品教材

公共基础课系列

书　名	作者
应用写作（第四版）（“十一五”国家级规划教材）	孙秀秋
计算机应用基础	李　刚
马克思主义哲学原理（第二版）	霍福广
“毛泽东思想和中国特色社会主义理论体系概论”教学专题研究	王向明
全国高校网络教育大学英语词汇必备手册	王建华
全国高校网络教育大学英语学习与考试辅导	王建华
高等数学“学习包”（第二版）	张家琦　曹承宾
北京地区成人本科学士学位英语统一考试历年试题解析	常红梅
北京地区成人本科学士学位英语统一考试辅导（第三版）	常红梅
大学语文	黄　鹤
大学英语学习与考试辅导	常红梅
数据库基础教程	苏　俊
毛泽东思想概论	江长仁

经济与管理系列

书　名	作者
西方经济学（第二版）（微观经济学部分）	刘凤良
西方经济学（第二版）（宏观经济学部分）	刘凤良
经济法概论（第三版）	宋立成
国际金融（第二版）	刘　震
税务管理	王秀芝
邮政储汇实务	周艳海
中国税制（第二版）	杨　虹
投资银行学教程（第二版）	胡海峰等
金融学概论（第三版）	宋　玮
国际贸易实务（第二版）	王晓明
财政管理	王秀芝
保险学	戴稳胜
证券投资学（第二版）	赵锡军　李向科

续前表

书　名	作者
统计学教程（第二版）	金勇进
财政学	安秀梅
中国政治制度史	侯　力
经济学原理	韦曙林
商务英语	王学文
国际贸易理论与政策	王亚星
国际投资	胡曙光
人力资源开发与管理（第四版）	姚裕群
项目管理（第三版）（“十一五”国家级规划教材）	李　涛
物流管理（第三版）（“十一五”国家级规划教材）	刘　刚
组织行为学（第二版）	徐建平
公共政策原理	谢　明
公共政策案例分析	谢　明
公共管理伦理学	李传军
公共政策导论（第二版）	谢　明
公共经济学导论	代　鹏
公共关系学（第二版）	李兴国
领导力	祁凡骅
企业战略管理	邹昭晞
管理学原理	安　维
公务员管理	王甫银
秘书工作实务	张大成
人员选拔与聘用管理	苏　进　刘建华
绩效管理	徐　斌
质量管理学	李晓光
营销渠道决策与管理	吕一林
高级会计学（第二版）	张志凤　谢瑞峰
公司财务管理（第二版）	肖　万
财务管理学（第三版）	孙茂竹　范　歆

续前表

书　名	作者
基础会计学（第三版）	徐　泓
管理会计	孙茂竹
审计学（第二版）	杨闻萍
财务会计学（第二版）	郭建华
成本会计	曹　伟
纳税筹划教程	张中秀
会计制度设计（第二版）	阎至刚
计算机会计理论与实务（第二版）	蔡立新
税务筹划教程	张中秀
国际税收（第二版）	杨志清

法学系列

书　名	作者
刑事诉讼法（第三版）	王新清　李　蓉
民事诉讼法（第二版）	汤维建等
行政法与行政诉讼法（第三版）	胡锦光　罗　杰
宪法学（第三版）	胡锦光　任端平
劳动法和社会保障法（第三版）	黎建飞
保险法（第三版）	贾林青
刑法学（第二版）	黄京平
中国法制史（第二版）	赵晓耕
企业和公司法学（第二版）	王欣新
税法（第三版）	朱大旗
海商法（第二版）	贾林青
刑法学	徐松林
继承法（第二版）	孙若军
破产法学（第二版）	王欣新
经济法（第二版）	吴宏伟
国际法（第二版）	白桂梅　朱利江
法理学（第二版）	张曙光
法律文书写作（第二版）	陈卫东　刘计划
民法学（第二版）	龙翼飞

汉语言文学系列

书　名	作者
中国古代文学史（一）（先秦至魏晋南北朝）（第二版）	叶君远
中国古代文学史（二）（隋唐五代宋辽金）（第二版）	冷成金
中国古代文学史（三）（元明清及近代）（第二版）	张国风
现代汉语（第二版）	吴永焕
外国文学作品导读（第二版）	刘洪涛
中国民间文学概论（第二版）	黄　涛
美学概论（第二版）	牛宏宝
文学概论（第二版）	许　鹏
中国古代文学作品选读（一）	诸葛忆兵
中国古代文学作品选读（二）	王　燕
中国文学理论史简编	成复旺
中国现当代文学作品导读	姚　丹
影视文学教程	邹　红
电视剧批评与欣赏	刘晔原
中国现当代文学	刘　勇
语言学概论	岑运强
西方文论概要	杨慧林
新时期文学思潮	张永清
古代汉语（第二版）	殷国光
文艺心理学	金元浦

新闻与传播系列

书　名	作者
新闻理论教程	陈力丹　张建中
中国新闻传播史	赵云泽　孙　萍
外国新闻传播史	陈力丹　钱　婕
新媒体实务	黄　河
广告学概论	王　菲
新闻采访与写作	张　征

图书在版编目（CIP）数据

古代汉语/殷国光编著．—2版．—北京：中国人民大学出版社，2016.1
新编21世纪远程教育精品教材．汉语言文学系列
ISBN 978-7-300-20668-4

Ⅰ.①古… Ⅱ.①殷… Ⅲ.①古汉语—远程教育—教材 Ⅳ.①H109.2

中国版本图书馆CIP数据核字（2015）第018129号

新编21世纪远程教育精品教材·汉语言文学系列
古代汉语（第二版）
殷国光 编著
Gudai Hanyu

出版发行	中国人民大学出版社		
社　址	北京中关村大街31号	邮政编码	100080
电　话	010－62511242（总编室）		010－62511770（质管部）
	010－82501766（邮购部）		010－62514148（门市部）
	010－62515195（发行公司）		010－62515275（盗版举报）
网　址	http://www.crup.com.cn		
	http://www.ttrnet.com(人大教研网)		
经　销	新华书店		
印　刷	北京东君印刷有限公司	版　次	2003年9月第1版
规　格	185 mm×260 mm　16开本		2016年1月第2版
印　张	24	印　次	2016年1月第1次印刷
字　数	462 000	定　价	48.00元